权威·前沿·原创

皮书系列为
"十二五""十三五"国家重点图书出版规划项目

中国社会科学院创新工程学术出版资助项目

金融监管蓝皮书
BLUE BOOK OF FINANCIAL REGULATION

中国金融监管报告（2018）

ANNUAL REPORT ON CHINA'S FINANCIAL SUPERVISION AND REGULATION (2018)

主　编／胡　滨
副主编／尹振涛　郑联盛

社会科学文献出版社
SOCIAL SCIENCES ACADEMIC PRESS (CHINA)

图书在版编目(CIP)数据

中国金融监管报告.2018/胡滨主编.--北京：社会科学文献出版社，2018.3（2018.5重印）
（金融监管蓝皮书）
ISBN 978-7-5201-2403-4

Ⅰ.①中… Ⅱ.①胡… Ⅲ.①金融监管-研究报告-中国-2018 Ⅳ.①F832.1

中国版本图书馆CIP数据核字（2018）第048172号

金融监管蓝皮书
中国金融监管报告（2018）

主　　编／胡　滨
副 主 编／尹振涛　郑联盛

出 版 人／谢寿光
项目统筹／周　丽　王楠楠
责任编辑／史晓琳　李　佳

出　　版／社会科学文献出版社・经济与管理分社（010）59367226
　　　　　地址：北京市北三环中路甲29号院华龙大厦　邮编：100029
　　　　　网址：www.ssap.com.cn

发　　行／市场营销中心（010）59367081　59367018
印　　装／三河市龙林印务有限公司

规　　格／开　本：787mm×1092mm　1/16
　　　　　印　张：30　字　数：455千字
版　　次／2018年3月第1版　2018年5月第2次印刷
书　　号／ISBN 978-7-5201-2403-4
定　　价／98.00元

皮书序列号／PSN B-2012-281-1/1

本书如有印装质量问题，请与读者服务中心（010-59367028）联系

▲ 版权所有 翻印必究

《中国金融监管报告（2018）》编委会

主　任　胡　滨

副主编　尹振涛　郑联盛

撰稿人　（以姓氏拼音为序）

巴劲松　巴洁如　白啸威　曹顺明　陈　旭
程梦凡　杜晓宇　何　昕　胡　滨　胡予喆
李　欢　李育峰　李泽广　林　楠　刘　亮
吕志成　马　楠　马羽思　钱若晨　孙才华
王　刚　王斐然　王向楠　王一涵　魏鸣昕
吴　亮　夏诗园　肖　节　星　焱　杨　光
杨　楷　尹振涛　袁增霆　张　坤　郑联盛
周华林　朱　鹤

主编单位及主要编撰者简介

金融法律与金融监管研究基地是由中国社会科学院批准设立的院级非实体研究单位,是首批国家高端智库——国家金融与发展实验室下属的研究机构,专门从事金融法律、金融监管及金融政策等领域的重要理论和实务问题研究。研究基地主任为中国社会科学院金融研究所副所长胡滨研究员。

研究基地自成立起,即整合了中国社会科学院院内外多学科专家、学者等研究力量,并与我国金融监管部门、相关金融机构及研究机构建立了稳定的合作关系。研究基地致力于从事金融法律和金融监管相关理论、政策和实务研究,为政府部门、监管机构和国内外企业和单位提供咨询服务,努力成为金融法律和金融监管领域的理论研究基地、政策咨询基地和学术交流基地。研究基地每年组织编写《中国金融监管报告》,作为中国金融监管领域的年度出版物。

研究基地主页:金融监管网 http://www.flr-cass.org

研究基地订阅号:FLR 金融监管(flr-cass)

胡 滨 男,1971年出生,安徽六安人,法学博士,研究员。现任中国社会科学院金融研究所副所长、国家金融与发展实验室副主任、金融法律与金融监管研究基地主任。主要研究领域为金融监管、法与金融理论、结构金融(资产证券化)等。

尹振涛 男,1980年出生,山东青岛人,经济学博士,副研究员。现任中国社会科学院金融研究所法与金融研究室副主任、国家金融与发展实验室金融法律与金融监管研究基地副主任兼秘书长。主要研究领域为金融监管、金融制度与金融史等。

郑联盛　男，1980年出生，福建泉州人，经济学博士，副研究员。现任国家金融与发展实验室金融法律与金融监管研究基地副主任，中国社会科学院金融研究所法与金融研究室副研究员。主要研究领域为金融监管、金融创新与宏观经济等。

About the Compilers

Research Center for Financial Laws and Regulations (FLR), Chinese Academy of Social Sciences (CASS) is a research institution focusing on the theoretical and practical topics in law and finance, financial regulation and financial policies. The Director of FLR is professor Hu Bin, Deputy Director General of Institute of Finance and Banking, CASS.

Since establishment, FLR has acted as a coordinator by unifying the academic and research capabilities of the scholars and experts, both within and outside the CASS with the objective of building a strong and stable partnership and cooperation in the fields of law and finance with other Chinese regulatory and supervisory commissions and agencies, related legal and financial institutions and research organizations. FLR is dedicated to the study and research, from a legal perspective, into all aspects of the financial development in China's modern economy with a view to announcing/publishing the results of its research thereby, promoting innovation in the theory of law and finance and promoting a healthy growth in the financial sector. FLR publishes "China Financial Supervision and Regulation Report", a yearly publication which reflects in a systematic, comprehensive, persistent and authoritative manner, the current status, the development and reformation of financial regulation in China.

Homepage of FLR: http://www.flr-cass.org
WeChat of FLR: flr-cass

HU Bin, Ph.D in law, is professor at CASS. He is deputy director general of Institute of Finance and Banking, deputy director of NIFD, the director of FLR. His main research areas include Financial Regulation, Law and Finance, and Structured Finance (asset securitization).

YIN Zhentao, Ph. D in economics, is associate professor of Institute of Finance and Banking, CASS and the Deputy Director and Secretary – general of FLR. His main research areas include Financial Regulation, Financial System and Financial History.

ZHENG Liansheng, Ph. D in economics, is associate professor of Institute of Finance and Banking, CASS and the deputy director of FLR. His main research areas include Financial Supervision, Financial Innovation and Macroeconomics.

摘　要

《中国金融监管报告》作为金融法律与金融监管研究基地的系列年度报告，秉承"记载事实""客观评论"，以及"金融和法律交叉研究"的理念，系统、全面、集中、持续地反映中国金融监管体系的现状、发展和改革历程，为金融机构经营决策提供参考，为金融理论工作者提供素材，为金融监管当局制定政策提供依据。

《中国金融监管报告（2018）》主要由"总报告"、"分报告"和"专题研究"组成。"总报告"有两篇：第一篇为"我国金融风险的类型、程度、比较与化解之策"，在系统地分析了我国系统性风险的来源以及目前存在的主要风险问题的基础上，提出守住不发生系统性风险的监管建议。第二篇为"2017年中国金融监管重大事件述评"，对2017年度中国金融监管领域发生的重大事件进行系统总结、分析和评论，并对2018年中国金融监管发展态势进行预测。"分报告"为分行业监管的年度报告，具体剖析了2017年度中国银行业、证券业、保险业、信托业以及外汇领域监管的进展，呈现给读者一幅中国金融监管全景路线图。"专题研究"深度分析了当前中国金融监管领域的重大问题，主要涉及网络互助计划、政府与社会资本合作、区块链金融、资管产品增值税、系统性风险度量等。

关键词：金融监管　系统性风险　监管协调　流动性风险

目 录

Ⅰ 总报告

B.1 我国金融风险的类型、程度、比较与化解之策
　　………………………………………… 胡　滨　郑联盛 / 001
B.2 2017年中国金融监管重大事件述评………… 尹振涛　魏鸣昕 / 046

Ⅱ 分报告

B.3 银行业监管年度报告………… 巴劲松　李育峰　白啸威 / 067
B.4 证券业监管年度报告………………………… 星　焱　吴　亮 / 100
B.5 保险业监管年度报告………………………… 孙才华　张　坤 / 119
B.6 信托业监管年度报告………………………………… 袁增霆 / 141
B.7 外汇管理年度报告…………………………………… 林　楠 / 155

Ⅲ 专题研究

B.8 资管产品增值税研究………… 王　刚　王斐然　胡予喆 / 179
B.9 美国现金贷市场监管政策及经验借鉴……… 尹振涛　李　欢 / 202
B.10　区块链金融及其监管 ……………………… 刘　亮　何　昕 / 214

B.11 融资融券业务担保物法律性质的界定
　　——以账户体系为视角 …………………………… 杨　光 / 227
B.12 论网络互助计划的保险属性及完善监管建议 ………… 曹顺明 / 251
B.13 更加主动、全面、深度参与国际金融监管标准的制定
　　………………………………… 王　刚　程梦凡　马羽思 / 264
B.14 政府与社会资本合作风险点探析 …………… 陈　旭　朱　鹤 / 270
B.15 系统性金融风险监测与度量
　　——基于风险仪表盘方法 ………………………… 王一涵 / 288
B.16 大数据在互联网金融监管领域的应用与发展
　　……………………………………………… 肖　节　尹振涛 / 305
B.17 金融科技监管政策分析与国际比较
　　……………………………………………… 杜晓宇　巴洁如 / 322
B.18 系统性风险宏观审慎监管的国际经验及启示 ………… 夏诗园 / 350
B.19 金融科技创新与监管模式的新挑战
　　………………………………… 李泽广　钱若晨　马　楠 / 362
B.20 保险偿二代的风险管控效果及制度完善 …… 王向楠　周华林 / 385
B.21 高频交易的市场影响
　　——以中国为例 …………………………………… 吴　亮 / 400
B.22 私募投资基金的风险特征及其监管研究 ……………… 杨　楷 / 414

Ⅳ 附录

B.23 2017年度金融监管大事记 …………………………… 吕志成 / 429

Abstract ……………………………………………………………… / 446
Contents …………………………………………………………… / 447

皮书数据库阅读使用指南

总报告

General Report

B.1
我国金融风险的类型、程度、比较与化解之策

胡滨 郑联盛*

摘 要： 中国经济进入"新常态"以来，宏观风险和金融风险不断累积。我国潜在的系统性金融风险主要来自宏观经济增速和结构演进对金融体系引致的系统性影响、金融体系快速膨胀及跨界经营以及国外政策变化外溢效应等三个方面。我国金融体系存在的主要风险是流动性风险、房地产泡沫、影子银行风险、地方债务问题、产能过剩或资产负债表风险，以及内外风险共振问题等。应对金融风险不仅需要金融领域的风险

---

* 胡滨，法学博士，研究员，中国社会科学院金融研究所副所长、国家金融与发展实验室副主任，金融法律与金融监管研究基地主任，主要研究领域为金融监管、法与金融理论、结构金融（资产证券化）等；郑联盛，经济学博士，副研究员，国家金融与发展实验室金融法律与金融监管研究基地副主任，中国社会科学院金融研究所法与金融研究室副研究员，主要研究领域为金融监管、金融创新与宏观经济等。

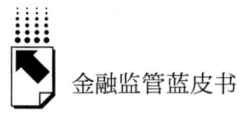

防范,更重要的是,需要从宏观经济整体的视角来全局、系统考虑金融风险问题,坚持系统协调,坚持深化改革,坚持政策统筹,坚决守住不发生系统性风险的底线。

关键词: 系统性风险 时间维度 空间维度

一 引言

国内系统性金融风险呈现逐步累积并有所显性化的态势。2013年以来,我国金融体系风险事件频发,并且出现从高风险环节向低风险环节逐步传染的趋势。最初是发展较为粗放、运作较为不规范、风险较为突出的互联网金融,后面发生风险的是低等级信用债,再进一步演化为较高等级信用债直至利率债以至国债。由于我国经济进入"新常态",经济转型压力较大,金融体系改革进入深水区,内在金融问题不断累积,宏观经济风险和金融体系风险逐步显现,风险在不同金融行业和市场跨界传递,甚至出现一系列具有系统性影响力的风险事件。防范化解系统性金融风险成为党和国家的重大任务和方针政策,2017年第五次全国金融工作会议和党的十九大报告都严格要求,要把防范化解金融风险放到更加重要的位置,确保不发生系统性金融风险。

在2017年7月14日全国金融工作会议中,习近平总书记强调,金融是国家重要的核心竞争力,金融安全是国家安全的重要组成部分,金融制度是经济社会发展中重要的基础性制度。必须加强党对金融工作的领导,坚持回归本源、优化结构、强化监管、市场导向四个原则,完成服务实体经济、防控金融风险、深化金融改革三项任务的各项目标。①

2017年10月18日,在十九大报告中,习近平总书记在部署加快完善

---

① 新华社:《第五次全国金融工作会议通稿》,2017年7月17日。

社会主义市场经济体制时进一步强调，要深化金融体制改革，增强金融服务实体经济能力，提高直接融资比重，促进多层次资本市场健康发展。健全货币政策和宏观审慎政策双支柱调控框架，深化利率和汇率市场化改革。健全金融监管体系，守住不发生系统性金融风险的底线。①

在防风险特别是系统性风险过程中，首要的问题是我国金融体系中系统性风险点在哪里？哪些重点领域的风险值得警惕？本文将在系统性金融风险演进的时间和空间维度上对国内系统性金融风险的重要环节进行分析，提出我国金融风险的类型。其后，分析各种类型风险的表现形式、严重程度并与国际经验进行对比。最后，提出我国应对金融系统性风险的框架以及具体的政策建议。

二 金融风险演进：基于系统性风险的逻辑

系统性金融风险是金融体系的内生性风险，是金融体系作为一个整体可能存在的重大风险及其可能对金融体系本身以及实体经济所造成的冲击。系统性金融风险是一种对金融体系整体稳定性和经济平稳发展的破坏性影响，即具有极大的负外部性。系统性金融风险可能是由金融体系内部触发，在整个金融体系传染并进一步传染至整个经济体系，比如银行危机、货币危机、债务危机等；也可能是由金融体系之外的因素与金融体系内部的风险因素相互结合，引发金融体系和外部因素的风险共振，进一步导致更为严重的系统性冲击。

系统性风险的存在和爆发，可能导致金融市场失灵，引起市场的极度恐慌，使得金融体系丧失基本的资金融通功能，甚至使经济陷入一个严重的衰退泥潭。一个金融行为事件对于单一机构可能是有利的，但是其对其他机构、整个市场乃至实体经济的冲击是难以评估的，即存在个体理性与合成谬

---

① 习近平：《决胜全面建成小康社会 夺取新时代中国特色社会主义伟大胜利——在中国共产党第十九次全国代表大会上的报告》，2017年10月27日。

误的问题。① 国内的金融市场同业业务就充分体现了这种合成谬误问题，给金融体系整体的流动性带来了重大风险。当然，亦有大型金融机构破产导致金融系统性风险的状况，美国金融危机中雷曼兄弟的倒闭就是典型表现。雷曼兄弟倒闭反映出两个重要的风险意义：一是大而不倒；二是内在关联性。

综合历史经验分析②，理论上可以将系统性风险的产生根源分为两类：时间维度和空间维度。③ 时间和空间两个维度的系统性风险框架在国际上被较为普遍的接受，理论框架主要由国际清算银行研究发展起来，国际货币基金组织、世界银行、全球金融稳定理事会等在较多场合运用了这个分析框架。

时间维度是指金融风险在时间维度上的演进、传染和放大的过程，尤其是金融体系和实体经济体系在时间维度中相互作用、放大风险、触发危机的机制，主要表现为金融体系的顺周期性（或亲周期性）。时间维度的系统性风险最主要关注两个层面：第一，在金融体系的自我反馈效应中，系统性金融风险是如何随时间变化（比如经济周期波动）和放大的；第二，系统性风险如何与金融、经济中的周期性变量相互叠加与强化，特别是信用波动和资产市场波动。④ 时间维度是指金融风险在时间系列上的触发、传染和放大的机制，主要是金融体系和实体经济在经济周期波动中相互作用、相互反馈并形成风险甚至自我强化，即金融体系顺周期性（或亲周期性）。在顺周期效应中，流动性风险被认为是最为重大的风险之一。顺周期效应是"明斯基时刻"的基础动因之一。⑤

空间维度是指在特定的时点，金融风险在金融体系不同行业、市场以及整个金融体系内累积、触发和传染，甚至引发整个经济体系的震荡，这主要体现为金融体系某个领域的风险向其他部门、市场或体系的传染过程。在空

---

① 郑联盛、何德旭：《宏观审慎管理与中国金融安全》，社会科学文献出版社，2012。
② BIS, Annual Report, June, 2001.
③ BIS, "Addressing Financial System Procyclicality: A Possible Framework", April 2009.
④ 郑联盛：《系统性风险与金融宏观审慎管理——基于理论的分析》，博士学位论文，中国社会科学院研究生院，2011。
⑤ 郑联盛：《系统性金融风险的来源、分布与防范》，《中国经济报告》2017年第6期。

间维度的金融风险传染机制中,存在四个方面的传染模式:第一种模式是机构到行业的传染,即一个金融机构向所在子行业传染的过程,最为重要的表现是大型金融风险的传染问题;第二种模式是行业到行业的传染,即一个金融子行业向其他子行业的风险蔓延过程,比如在美国金融危机初期就是房地产行业的风险向投资银行的风险传染;第三种模式是机构或行业向系统的传染,即一个金融机构或金融子行业的风险向整个金融或经济体系的冲击过程,比如,作为银行间市场最为重要的做市商之一的雷曼兄弟倒闭导致了美国短期资金市场的流动性出现枯竭并引发重大的系统性金融风险;第四种模式是一个经济体的金融风险向其他经济的金融体系的外溢影响。在国际金融一体化的进程中,金融机构的头寸相互交织,金融风险亦是跨境分布,这导致了金融风险较容易出现跨境传染的情况。东亚金融危机、本轮全球金融危机以及欧洲主权债务危机都是跨境传染的重要表现。[①]

空间维度的系统性金融风险需要重点关注四个重大的问题:其一,金融基础设施。这是金融风险演进过程中最为重要的一个领域,但也是政策界和学术界最容易忽视的领域。比如,在美国金融危机演进过程中,最为重要的基础设施问题是短期资金市场和定价机制及其相关的制度安排。以做市商制度作为支撑的美国短期资金市场严重依赖少数几个一级交易商,这导致个别机构在市场中具有重大的影响力。以市盯价(Mark to Market)为支撑的定价准则和会计制度使得金融机构的资产负债表在危机时刻面临巨大的减值压力,从而迅速恶化其资产负债表,进入一个资产下跌螺旋。其二,大而不倒或系统性重要性。即一个金融机构在特定的领域或市场中具有重大的影响力,比如美国金融危机中的雷曼兄弟,这个是典型的金融机构"大而不倒"问题,包括系统重要性金融机构(比如大型银行以及金融控股公司)以及系统重要性部门(房地产部门)。其三,机构和部门的脆弱性,尤其是杠杆率。比如2007年美国两大房地产抵押贷款担保机构——房地美和房利美杠

---

① 郑联盛:《系统性风险与金融宏观审慎管理——基于理论的分析》,博士学位论文,中国社会科学院研究生院,2011。

杆率非常高，对于资产负债表中的资产价格非常敏感，资产价格一定幅度下跌将使得其资产负债表变得不可持续，同时，比如房地美和房利美高达60倍的杠杆率背后是为其负债融资的金融机构，很容易受到杠杆崩溃的冲击，进而引发"羊群效应"。这是典型的高杠杆问题（比如金融市场业务）。其四，风险传播的机制或内在关联性。风险是点到点单向传播，还是点到面的多渠道传播，或者是多维度、多方向的交织传播，不同的空间传播机制及内在关联性将呈现不同的风险等级与冲击力。内在关联性已经取代"大而不倒"成为系统重要性的核心考量（比如影子银行、地方融资平台）因素。

在新的技术支撑下，系统性金融风险需要考虑到技术的影响，技术的运用使得系统性金融风险的空间传染机制变得更加复杂。比如，国内金融科技或互联网金融发展可能会对我国金融体系以及潜在的风险造成较为显著的影响。第一，金融基础设施的范畴扩大。随着第三方支付领域的崛起，我国支付清算系统的机构、产品、构成和风险分布都可能发生重大的变化，需要重点考虑这个领域潜在的风险及其系统性的影响。第二，系统重要性或内在关联性可能需要重新界定。在美国金融危机之后，系统重要性或内在关联性替代了"大而不倒"成为金融监管领域的核心关注，但是，这里的系统重要性或内在关联性仍然是在金融体系内部的。在金融科技兴起的时代，金融体系的系统重要性和内在关联性的内涵和外延可能都在发生变化，金融科技平台或公司是不是系统重要性或内在关联性的一个表现是一个重大的监管问题。第三，金融科技的资金配置引发虹吸效应以及区域结构问题。从配置角度上，金融科技的资金配置跨越了时间和区域的限制从而使得资金能够在全国进行配置，但是，可能会出现两个问题：一是不发达地区的资金被"虹吸"至发达地区的项目。因发达地区的项目收益率可能较高或风险可能较低，对于投资具有更大的吸引力，大型城市就成为资金的聚集地，整体上显示为资金的虹吸效应。二是资金配置的区域失衡进一步扭曲，不发达地区或者风险较高地区得不到资金，比如东北地区的融资整体就非常困难，这样可能使储蓄—投资转换机制在区域层面表现出较大的结构性特征，这对于经济长期发展和地区经济相对平衡是不是重大的冲击，值得持续关注。

三 我国金融风险的根源与类型

防范化解系统性金融风险成为党和国家的重大任务和方针政策，但是，系统性金融风险应对的基础工作是厘清我国金融体系中的潜在系统性金融环节，对各个环节的风险积累、演进、触发和传染等潜在问题进行全面的了解、认识和跟踪。在理论分析中，系统性金融风险与宏观经济基本面有着紧密的内在关联性，呈现出较为显著的"顺周期性"，即当经济形势呈现向上趋势，系统性金融风险被严重低估而基本没有踪影，但是，当经济形势逆转向下之时，系统性金融风险迅速暴露、严重恶化并可能进一步引发经济问题。同时，经济结构的调整可能会引发金融体系风险的产生、触发或者传染，可能使得经济结构问题与金融风险问题相互交织，比如，去杠杆问题可能就是具有经济和金融的两层政策含义。

（一）我国金融风险的根源

过去五年来，中国经济已经进入"新常态"，处在一个经济增长速度换挡期、结构调整阵痛期、前期刺激政策消化期"三期叠加"的阶段，经济下滑压力较大，经济结构转型进入攻坚阶段，金融改革进入攻坚期，宏观经济、主要行业和金融体系都存在一个风险持续累积甚至不断暴露的过程。总体上说，我国金融体系的系统性风险主要来自以下三个根源。[1]

第一个根源是我国宏观经济周期性或结构性变化对金融体系产生的系统性冲击。在经济"新常态"之前，金融体系的风险就一直存在并持续累积，但是，由于"新常态"之前我国经济增长速度较高，经济整体或主要行业的收益率整体超过了负债的成本，从资产负债表的角度上看不存在重大的问题，即高速增长态势掩盖和对冲了部分金融风险。我国经济步入"新常态"之后，经济增长速度由高速转为中高速，同时结构性调整显著，经济部门的收益率

---

[1] 胡滨：《系统性风险来源及防范》，《改革》2017年第8期。

随之下降而负债的压力并没有减少,金融风险"水落石出"呈现逐步或加速暴露的态势,金融系统的顺周期效应使得金融风险进一步恶化。

第二个根源是金融体系内部的自身演化和逐步累积的风险。过去十余年,在金融机构混业经营强化的状况下,部分金融机构存在一定的过度冒险行为,金融机构、行业和市场的内在关联性大大强化,金融产品的相互嵌套扑朔迷离,在经济下行的压力下,金融机构风险开始暴露,金融风险在我国金融体系内部的不同机构、不同市场、不同行业以及不同地区之间的传染、关联、共振,甚至存在内部金融风险和外部金融风险相互反馈的情况,导致金融风险的急剧放大和扩散,即不断出现跨越市场的系统性风险空间传染机制。

第三个根源是我国经济金融体系之外的外部风险溢出,主要是国际金融市场的营销。我国与世界经济的关联日益强化,与国际金融体系融合程度不断深化。在很大程度上,我国金融市场已经和国际金融市场相互关联成为一个相互反馈的有机体系。在现行的国际金融货币体系中,美元本位的制度安排使得外围经济体的货币、金融和经济体系都将面临不平等和不均衡的冲击。国外金融经济政策的变化,特别是美国货币政策和财政政策的变化都将使包括中国在内的外围经济体面临较为显著的外溢冲击。

(二)我国金融风险的类型

对于金融风险的类型,基于不同的分析框架的结果具有较大的差异性。国外研究者基本基于开放条件下的宏观经济学框架来分析我国金融体系存在的风险类型。美国布鲁金斯学会高级研究员、国际货币基金组织研究部金融处、中国处前处长 Prasad 较为详尽地分析了中国存在资本外流及逃逸、公共债务负担、银行不良资产、影子银行风险、股票市场震动以及政策不稳定性等风险类型。[①] 美国传统基金会高级研究员 William Wilson 在美国国会作

---

① Prasad, Eswar, "China's Economy and Financial Markets: Reforms and Risks", Testimony before the U.S. China Economic and Security Review Commission, on April 27, 2016.

证时提出中国金融体系存在（银行体系）信用风险、影子银行、公共债务以及流动性等四类重大潜在风险，并且会通过多个渠道影响美国金融稳定及经济发展。① 美国彼得森国际问题研究所高级研究员 Nicholas Lardy 则认为中国金融体系最为显著的风险就是信贷的持续扩张，特别是在金融风险防控提到更重要议程以及金融监管强化的情况下，信贷仍然没有紧缩的态势。信贷扩张的风险最后导致的结果只有两个：一是去杠杆有效进行，经济增长放缓；二是高杠杆持续，发生系统性风险。②

本文基于国际清算银行系统性风险的分析框架来讨论国内金融风险的演进及类型。

从时间维度看，我国金融体系存在的主要风险就是顺周期效应，典型的表现就是流动性风险。从空间传染的视角，我国金融体系存在系统性风险的潜在风险类型主要有房地产泡沫、资产负债表风险、地方债务风险、影子银行风险以及内外风险共振等五类（见图1）。

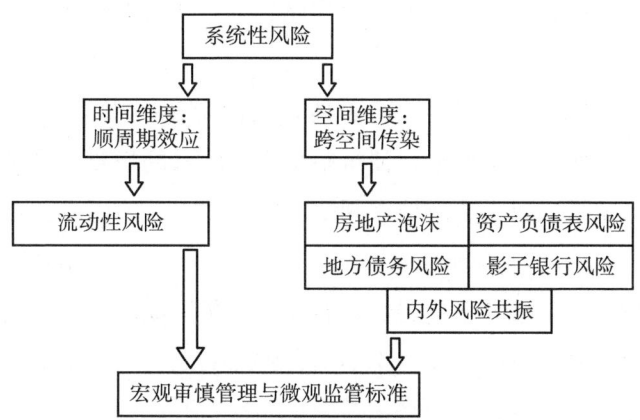

图1 系统性风险演进示意

---

① William, Wilson, "Evaluating the Financial Risks in China", Testimony before the Committee on Banking, Housing, and Urban Affairs, U.S Senate on July 14, 2016.

② Lardy, Nicholas R., "Focus on Financial Risk Puts China on a More Sustainable Path", Financial Times, August 22, 2017.

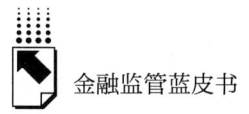

四 各类金融风险严重程度与国际比较

(一) 时间维度: 流动性风险

1. 流动性风险的本质

在金融危机的反思中,金融体系内生的顺周期性(或称为"亲周期")以及金融监管的顺周期性被认为是危机爆发和深化的一个重大诱因。相关研究认为,顺周期性是导致金融风险累积和危机爆发的内生性因素,是导致监管失败的重大根源,也是危机爆发之后导致金融体系进一步紧缩和市场预期恶化的原因。① 这种顺周期的经济行为实际上是经济行为主体应对风险收益抉择的一个自然的逻辑,而这些经济行为可能进一步强化周期波动的趋势特征,比如在经济下行阶段,受到监管资本的要求,银行将理性地减少信贷供给,这将进一步造成信用紧缩或系统性风险,甚至引发非线性和不连续的冲击以及系统性风险。②

流动性风险的本质就是整个金融体系的信用转换骤停。在经济下行中,信贷渠道的反馈效应更加明显,使得整个金融体系的信贷水平和流动性显得更加紧张,信贷渠道成为金融体系风险的放大器,可能由此导致信用骤停,流动性可能陷入枯竭。③ Bernanke and Gertler 认为,在经济下行期间,借款人违约率和抵押品价格的变化趋势具有强化信贷周期负面冲击的效应,即可能进一步放大顺周期效应:违约率随信贷紧缩周期到来而增加,资产价格随信贷紧缩周期到来而下降,信贷体系出现违约上升、资产价格下降和信贷紧缩相互强化的趋势,最后可能导致金融体系信用转换出现障碍、流动性紧缩

---

① Basel Committee on Banking Supervision, "Countercyclical Capital Buffer Proposal", July, 2010.
② Bernanke, Ben S and Cara S. Lown, "The Credit Crunch", Brookings Papers on Economic Ativity. No. 2, 1991, pp. 204 – 239.
③ Financial Stability Forum, "Report of the Financial Stability Forum on Addressing Procyclicality in the Financial System", April 2, 2009.

或枯竭以及经济总量萎缩。① 金融市场紧张状态将给信贷流动渠道造成显著冲击，不断扰乱信贷分布和风险分布的过程，市场流动性十分脆弱，甚至可能出现整个体系的信用转换停摆。

2. 流动性风险主要集中在银行间市场

流动性风险是金融体系系统性风险的核心环节之一，是时间维度的系统性金融风险的核心表现。在我国的金融体系中，流动性风险是极为重大的潜在系统性风险环节。2013年6月20日"钱荒"事件是我国金融体系流动性风险的一个重大的"压力测试"，充分凸显了我国金融体系特别是银行间市场的流动性存在一定的脆弱性，短期利率的定价机制以及金融机构的信用利差定价存在较大的完善空间。

近阶段以及未来2～3年，金融体系流动性风险集中体现在我国的银行间市场。我国是一个银行主导的金融体系，银行间市场及其流动性在我国金融体系中具有系统重要性。由于我国债券市场多头监管和整体上仍是相互分立的状况，特别是国债市场相对不发达，这导致长期收益率的定价基础相对薄弱，同时，短期利率形成机制不够完善，短期流动性的潜在脆弱性可能较为明显，加上机构信用利差定价不合理，银行间市场的流动性风险没有被充分认识。

流动性风险同时也体现在债券市场，这与银行间市场紧密关联在一起。截至2017年底，我国债券市场托管存量高达64.57万亿元，银行机构是债券市场的核心参与主体，债券是银行资产负债表上的重要资产，是流动性实现的核心资产。但是，我国债券市场是一个金融机构主导的市场，金融机构融资也严重依靠债券市场。我国债券市场存在金融机构"自娱自乐"的状况，这导致债券市场的直接金融属性被弱化，同时债券市场出现一定的杠杆化以及信用利差低估的趋势，这对于流动性风险是一种重要的低估。②

在我国目前的金融体系中，银行是主导机构，银行间市场是核心的基础

---

① Bernanke, Ben S, and Mark Gertler, "Inside the Black Box: The Credit Channel of Monetary Policy Transmission", NBER Working Papers No. 5146, 1995.
② 王国刚：《让债券回归直接金融，让金融回归实体经济》，《上海证券报》2015年2月2日。

市场,而流动性是银行主导的金融体系运作的核心变量。在经济"新常态"中,银行在面临不良贷款提升、过剩产能行业信用风险暴露、深入参与甚至主导非传统信贷业务(影子银行业务)以及在资产负债表出现多元化配置之后,其信用风险持续累积,期限错配管理难度提升,资产负债匹配更加困难,"资产荒"和"负债荒"同时出现,这些可能导致银行部门在流动性管理上面临实质性难题,进而导致银行体系以至整个银行间市场的流动性风险。

3. 隔夜拆借是流动性风险的最佳映射

在金融机构资产多元化、资产期限长期化以及跨界合作过程中,金融机构对短期流动性的依赖程度日益提升,典型表现在隔夜拆借市场上。在过去2～3年中,银行间市场已经成为一个严重依赖流动性的交易型市场。隔夜拆借规模从2015年2月的1.34万亿元飙升至2016年8月的9.44万亿元。2016年8月后,中国人民银行主动进行金融部门去杠杆并取得了积极进展,2017年3月隔夜拆借规模高达6.77万亿元①,2017年8月仍有5.43万亿元(见图2)。

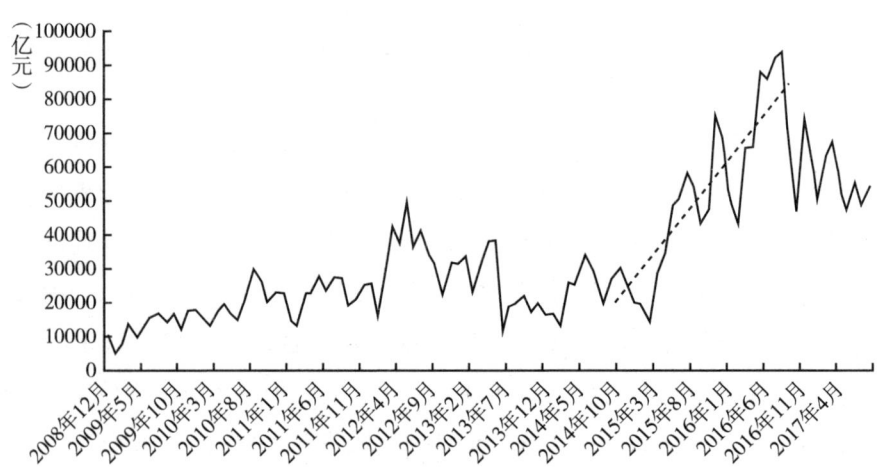

图2 银行间同业拆借隔夜交易规模(月度值)

资料来源:Wind。

---

① 郑联盛:《有效统筹四大矛盾,推动经济稳健持续发展》,《中国证券报》2017年4月27日。

银行间市场的调整将会导致市场流动性整体偏紧，利率可能持续上行。虽有季末因素，2017年3月30日质押式回购隔夜利率盘中最高达26.8%，2017年9月30日质押式回购隔夜利率盘中最高达20%，过去120日隔夜利率加权平均达到3.06%。债券市场收益率曲线亦整体上移。由于此前业务膨胀，银行及其他相关的金融机构对金融市场的依赖程度大大提高，金融市场整体存在过度交易甚至部分空转的状况，中国人民银行采取了稳步推进、相机而动的去杠杆操作，保持了流动性相对稳定，但是，整个市场流动性的脆弱性是显著的，利率上升压力也是明显的，较易引发重大的系统性风险。

4. 流动性风险的国际比较

2016年9月以来，银行间市场流动性紧张和债券市场收益率上升成为市场一个重要的趋势。这个现象主要有两个原因：一是金融监管当局主动强化金融监管、重点降杠杆，实施了更加主动的流动性管理，致力于缓释银行等金融机构严重依赖短期融资市场的风险（参见图3）。二是金融市场风险累积到一定程度后的映射，债券市场的流动性紧张与银行间市场的流动性偏紧成为"一个系统"，相互交织，收益率水平不断被抬升，最后可能会危及银行体系和金融体系的稳定性（见图4）。[①] 比如，国债市场跌停、国债收益率短期内上升100多个基点，都是流动性风险的重要表现（见图5）。国债收益率（作为无风险收益率以及其他利率定价的基础）在1个月内上升了60个基点、在6个月左右上升了100多个基点，是较为显著的流动性风险。

与国际经验进行比较，在欧洲主权债务危机发生阶段，"欧猪五国"（希腊、葡萄牙、西班牙、爱尔兰、意大利）的债券市场一度发生系统性风险，国债收益率一度飙升，使得市场流动性紧张，五个国家在国际市场上的融资非常困难。希腊10年期国债收益率在2012年8月6日达到25.6%，一度无法在国际市场上融资。由于希腊、爱尔兰、葡萄牙等经济规模非常小，我们看中大型经济体西班牙和意大利的情况，在欧债危机发生初期，西班牙

---

① 郑联盛：《系统性金融风险的来源、分布与防范》，《中国经济报告》2017年第6期。

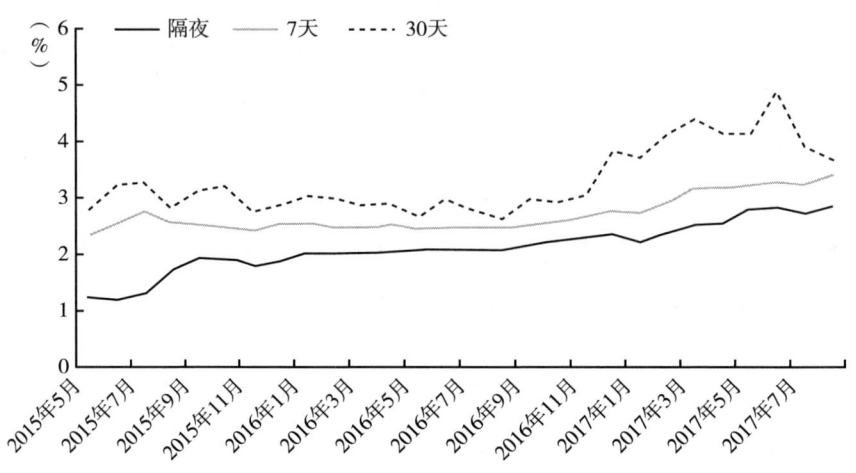

图3　银行间同业拆借利率走势

资料来源：Wind。

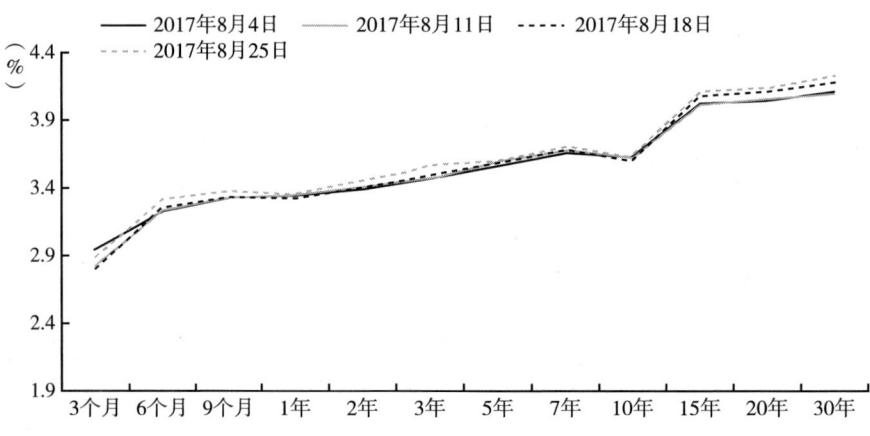

图4　2017年8月收益率曲线走势

资料来源：Wind。

和意大利10年期国债收益率基本在一个月左右从4%上升至5.5%（或150个基点）。在危机高潮阶段（爆发后约15个月），西班牙10年期国债收益率大致较危机前上升300个基点，意大利10年期国债收益率大致较危机前上升350个基点（见图6）。

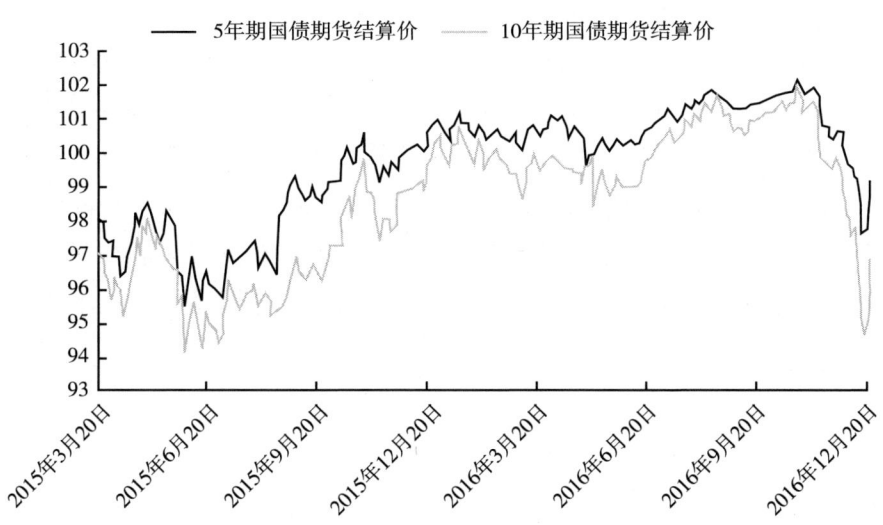

图 5　国债期货走势

资料来源：Wind。

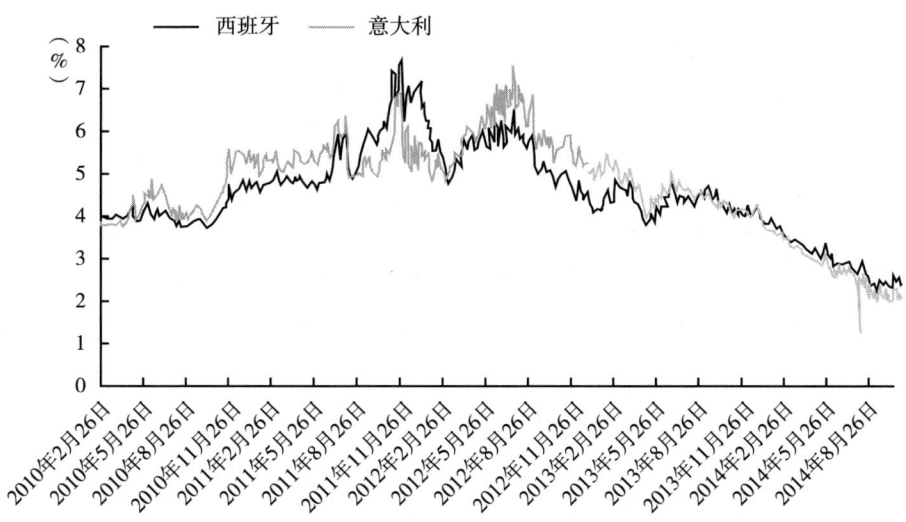

图 6　欧债危机中西班牙和意大利 10 年期国债收益率走势

资料来源：Wind。

从我国10年期国债以及国开债收益率走势看,一是收益率上升幅度较小;二是与欧洲主权债务危机发生初期的西班牙和意大利的状况有些类似;三是收益率是否能够有效回落是考验未来风险的重要指标(见图7)。欧洲主权债务危机发生之后,意大利、西班牙等经济体并没有及时采取有效举措来缓释国际市场对其主权信用风险的担忧,最后使得风险溢价不断上升,引发重大的债务危机以及流动性风险。西班牙和意大利亦面临较为显著的信用枯竭问题,不仅国内企业、金融机构甚至整个国家面临信用骤停、融资困难的窘境。

图7 部分债券收益率走势

资料来源:Wind。

(二)空间维度:房地产泡沫

1. 房地产市场"五高"特征

全球金融危机之后,随着我国多轮房地产调整的实施以及房地产市场供求关系的变化,房地产市场已经成为非常复杂的经济金融系统组成部分。房地产的风险不断累积,特别是2015年后的2年左右的价格上涨使得房地产市场形成了高价格、高库存、高杠杆、高度金融化和高度关联性等"五高"风险特征（见图8）。①

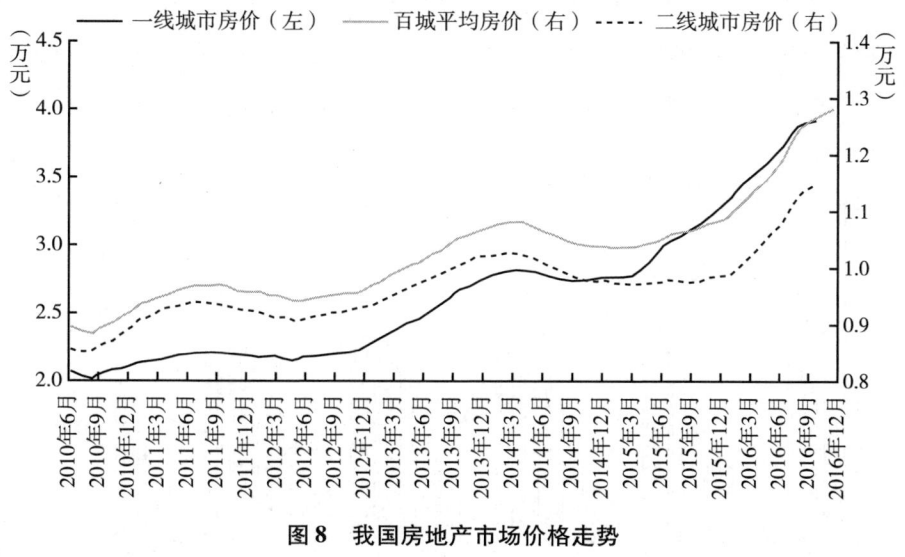

图8　我国房地产市场价格走势

资料来源：Wind。

这里以高杠杆为例，房地产部门发展整体上是负债率持续上升的状况，房地产部门负债率已经达到较高风险水平，尤其是居民部门加杠杆值得重点警惕。2015年底，房地产企业资产负债率达到76.4%。2008年金融危机后，居民部门的杠杆率出现了较快的上升，2008~2015年上涨了23个百分点，2016年末居民部门杠杆率提高至45%。其中，最重要的原因是住宅按揭贷款的高速增长。②

房地产市场价格持续上升，使得房地产市场出现高度金融化的状态，同时经济出现较为显著的地产化特征。目前我国一线城市和部分二线城市房地产市场具有一定的金融投资品属性，即越涨越买。一线城市及部分二线房地产市场成为金融品并引发重大的资金虹吸效应，使得经济体系进一步脱实入虚，金融体系膨胀更加迅猛。国内固定资产投资主要由三个部分组成：基础

---

① 郑联盛、王章慧：《着力化解楼市"五高"风险》，《中国金融》2016年第21期。
② 郑联盛、王章慧：《着力化解楼市"五高"风险》，《中国金融》2016年第21期。

设施投资、房地产投资、制造业投资。2016年以来,房地产投资对于股东资产投资及经济增长的贡献持续攀升,成为固定资产投资最为"亮丽"的领域。即使在2016年国庆期间史无前例的房地产调控之后,我国房地产投资仍然保持在较高的水平,并没有如政策预期的那样明显下滑。2017年1~7月房地产投资在严格调控之下仍然保持7.95%的投资增速,销售同比增长18.9%(见图9)。

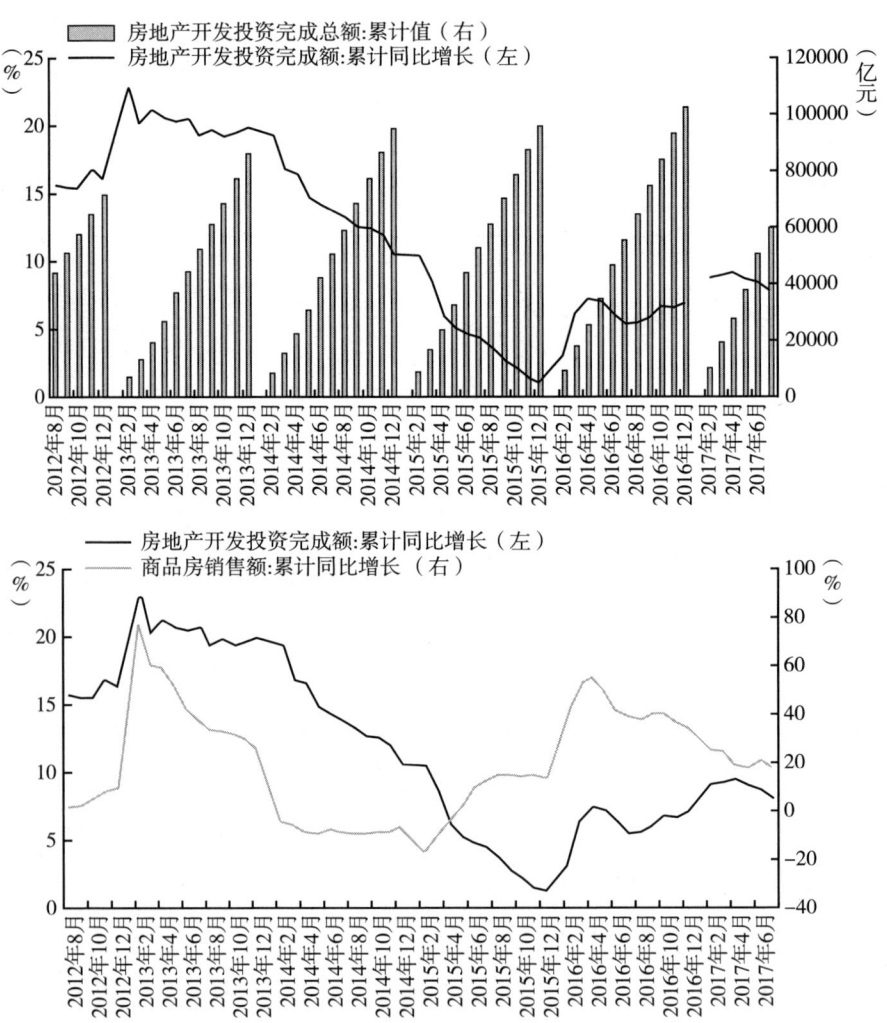

图9 房地产投资和销售走势

资料来源:Wind。

2. 房地产市场的传染风险

我国房地产部门是内在关联性最为广泛的一个领域，与商业银行、影子银行、信托公司、地方财政、经济产业以及宏观经济整体紧密相关。在2007年的投入产出表中，房地产部门的前向效应和后向效应之和位列所有经济部门的第一位。但是，经过过去十余年、三轮上涨之后，房地产部门存在供求错配、高度金融化等重大风险，可能导致银行部门信用违约、地方财政恶化、金融体系系统性风险以及系统性宏观经济冲击等问题。

一是银行部门的信用风险。房地产市场是有周期的，银行部门的信贷投放一样具有周期，两个周期通过抵押和信贷的相互反馈往往能够形成较为显著的金融加速器效应。但是，金融加速器效应的存在使得房地产部门对于银行部门的影响存在不对称性。这种不对称性存在的根源是当信贷市场遭遇"明斯基时刻"时会出现流动性枯竭以及"信用骤停"，下降阶段比上升阶段相对短暂且猛烈，呈现"反耐克型"。

二是地方债务及其融资平台风险。当房地产市场风险暴露时，以土地出让金作为核心要素的风险传递链条将严重冲击地方政府收支结构，收入必将大幅减少，在支出具有刚性的条件下，地方政府的负债率将迅速攀升，资产负债表急剧恶化，可能出现地方政府的债务风险。风险从房地产市场传递到地方财政体系时，可能使得房地产部门风险转变为政府财政以及国家信用风险。

三是系统性风险。在混业经营日益显著的金融体系下，风险传递模式会转变为多向传递、交叉传递等，当房地产市场风险转化为流动性风险时就容易引发自我强化的羊群效应。羊群效应的出现将扰乱金融市场稳定性和有效性的内生基础，流动性可能瞬间枯竭，资产负债表可能旋即崩溃，进而引发金融体系的系统性风险。

四是宏观经济长期稳定发展风险。从宏观层面看，房地产市场过度膨胀，经济由实入虚不断被强化，使得宏观经济整体地产化、金融化、泡沫化，这种非理性繁荣最终将严重伤害宏观经济的稳定性以及长期可持续发展。房地产过度发展使得资源配置脱实向虚，可能引发部分地区经济地产化和产业空心化。更重要的是，在房价下跌过程中，房地产市场可能大幅销蚀居民储蓄，弱化储蓄投资转换机制，长期增长的储蓄基础被销蚀。

3. 房地产市场风险国际比较

从房价绝对水平看，我国一线城市以及部分二线城市的房价已经非常高。在2015年底和2016年初，深圳、北京、上海房价已跻身国际高房价城市行列。① 更值得注意的是，我国房地产价格仍然处于较快的增长态势。根据第三方咨询公司 Knight Frank 的报告，截至2017年第一季度末，在全球十大上涨速度最快的房地产市场中，有3个为中国的城市，且分列第1、2、4位，分别是广州、北京和上海，涨幅分别达到36.2%、22.9%和19.8%（见图10）。②

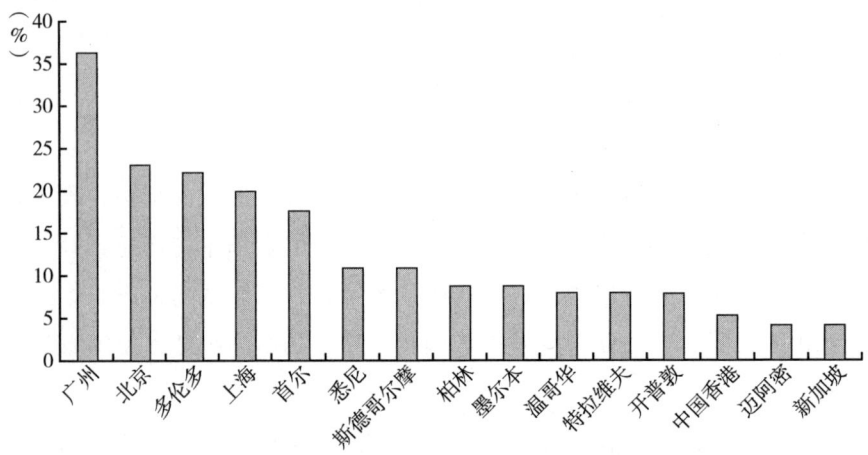

图10 2016Q1~2017Q1 全球部分城市房价涨幅

资料来源：Knight Frank, "Knight Frank Prime Global Cities Index", Q1, 2017。

2016年，根据第三方咨询公司 Knight Frank 的报告，上海和北京分列2015年全球最贵十大房地产市场，分别为第8名和第10名。十大最贵房地产市场分别为摩纳哥、中国香港、伦敦、纽约、日内瓦、悉尼、新加坡、上

---

① 王小娥：《从国际比较看中国一线城市房价》，《央行观察》2016年4月3日。
② Knight Frank, "Knight Frank Prime Global Cities Index", Q1, 2017.

海、巴黎和北京。① 2017年，该榜单（2016年全球最贵十大房地产）变化为摩纳哥、中国香港、纽约、伦敦、日内瓦、新加坡、上海、巴黎、北京和悉尼。② 可见，我国香港、上海、北京基本挤进了全球最贵房地产市场，值得注意的是，东京、首尔等基本在榜单之外。

房地产泡沫的潜在风险极其显著，房地产泡沫可能导致房地产市场以及金融体系的重大风险。以日本为例，1983~1991年东京地区、大板地区土地价格上涨3倍多。1990年，日本生产性行业的贷款比重下降到25%，非生产性行业的贷款比重却上升为37%，经济整体地产化、地产金融化，经济脱实向虚十分明显。但是在日本随后去泡沫过程中，大都市土地价格下跌约三分之二，房地产价格下跌亦超过50%。2005年日本全国平均地价出现了连续14年的下跌趋势，2005年全国平均地价仍只有1991年地价的一半水平，大致与日本地价暴涨之前的1985年水平相似。至2016年，日本土地价格指数进一步回落至50.2，仅相当于1973年的水平，商业地价指数回落至42.6，比1970年的水平更低（见图11）。

房地产市场的风险不断向金融体系传染，房地产市场泡沫引发了较为明显的资产估值效应，同时，空间传染的风险极为显著。房地产泡沫后，日经225指数在1年内下跌超过了60%。其中，1990年1月12日日本股市日经指数暴跌，其后日本股市下跌最严重时达70%。1993年日本21家主要银行宣告产生1100亿美元的坏账，其中三分之一与房地产直接相关。假定我国房地产市场出现系统性的价格调整，那么可能会引发资产价格的系统性重估，由于影子银行体系和房地产的高度关联性，资产重估效应可能更加严重且复杂。

（三）空间维度：资产负债表风险

1. 产能过剩与资产负债表风险

企业部门的资产负债表问题典型的是产能过剩问题，而产能过剩领域的

---

① Knight Frank, "Knight Frank's Annual Prime International Residential Index", May 2016.
② Knight Frank, "Knight Frank's Annual Prime International Residential Index", May 2017.

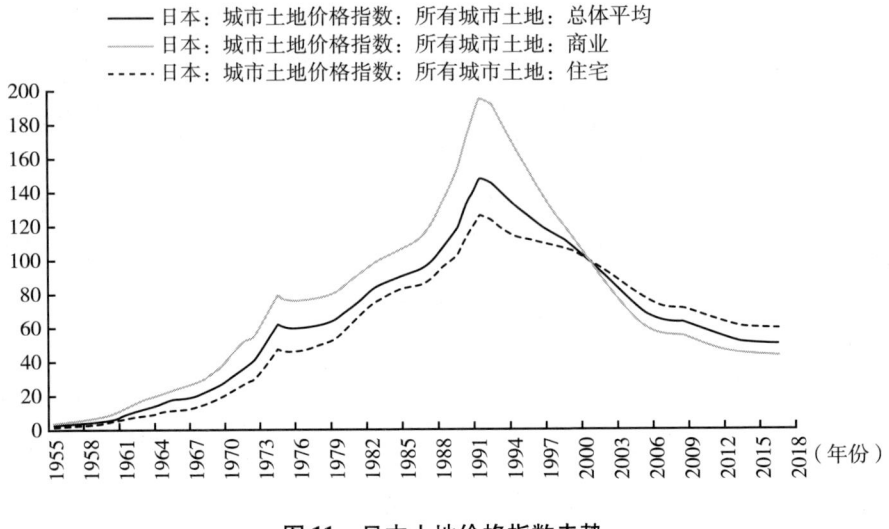

图11 日本土地价格指数走势

资料来源：Wind。

金融风险是典型的"僵尸企业"问题。产能过剩行业的企业资产负债表问题，本质上与目前"三去一降一补"政策及其实施紧密相关，更与企业市场经济主体地位的真正确立紧密相关。如果不让"僵尸企业"成为真正的市场主体，就无法建立完善的"僵尸企业"市场化处置机制，"僵尸企业"的资产负债表风险可能传导至银行部门的资产负债表，而在我国银行部门的资产负债表风险最后可能转化为政府部门的资产负债表。从我国的经济状况看，更需要警惕非周期性产能过剩及其对企业、金融部门资产负债表的影响，核心就是考察杠杆率的变化。

2016年以来，在"三去一降一补"的进程中，企业部门负债率持续上升的势头得到了遏制并出现了小幅下降，但是，企业部门的去杠杆仍然是一个长期的任务，同时，不同行业的负债率变化存在较为显著的差异性，部分行业的负债率是在上升的，比如，煤炭、石化、有色金属等，而这几个行业则是典型的产能过剩行业（见图12）。① 2017年，由于"去产能"等政策原因，煤炭、有

---

① 郑联盛：《系统性金融风险的来源、分布与防范》，《中国经济报告》2017年第6期。

色、钢铁、水泥等行业的资产负债表出现了较为"重大"的改善，甚至出现较大规模赢利，"去杠杆"似乎取得了重大的进展。但是，需要考虑的是：第一，这种政策主导的去产能和去杠杆是否可以持续？第二，相关行业和主体是否实质性地减少了负债规模，降低了负债成本，去产能引发的产品价格上涨是否掩饰了潜在的负债压力？第三，相关金融机构是从这些行业"全身而退"，还是越陷越深？

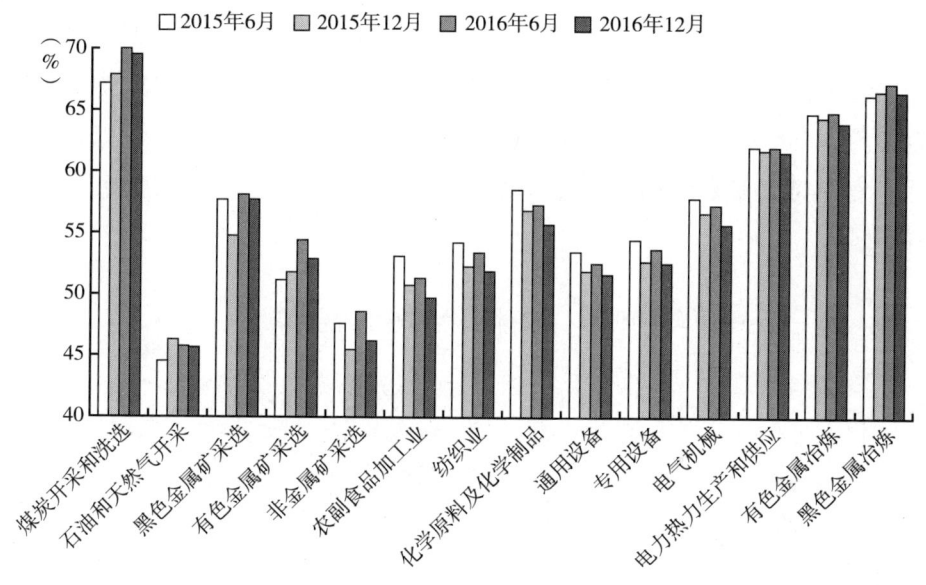

图 12　部分行业负债率状况

资料来源：Wind。

一定程度上，在考虑到政策变化导致的产品价格上涨因素之后，在我国产能过剩行业中，企业部门的负债率下降整体上看可能是相对有限的，企业部门特别是国有企业的资产负债表调整仍然面临实质性困难，长此以往可能导致资产负债表衰退。

由于产能过剩、需求不足，相关企业收入端和资产端无法有效改善，相关产品价格呈现较低水平，民营企业的产品价格甚至低于成本价，但是，其负债的压力并没有明显下降，这使得民间微观主体面临资产端缩水、负债端压力累积的双重压力。2015~2016年民间投资一度出现较大幅度下行，2017年有所缓解但仍然没有实质性改善。这对于未来经济结构转型、提高企业部门活力和降低企业部门杠杆率可能是不利的。

2.国有企业资产负债表风险是核心

根据中国社科院的测算，截至2015年底，金融部门、居民部门、包含地方融资平台的政府部门和非金融企业部门的债务规模与GDP之比分别为21%、40%、57%和156%，非金融企业部门的杠杆率显著高于其他部门。① 2015年末，全国国有企业负债总额为92.4万亿元，2015年全国GDP总额为68.9万亿元，国有企业负债总额与GDP之比为134%。国有企业负债率变化见图13，民营企业负债率变化见图14。2007年以来，我国企业部门负债率结构的基本特征是，国有企业加杠杆，民营企业去杠杆。②

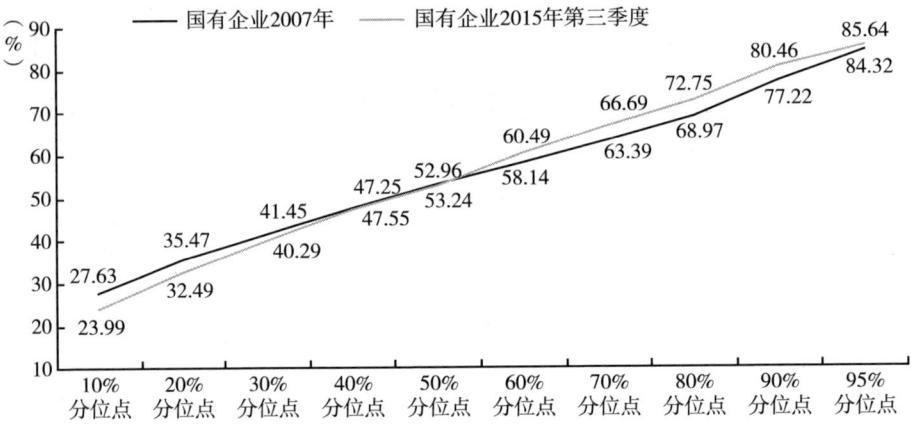

图13　国有企业负债率变化

资料来源：陈卫东、熊启跃《我国非金融企业杠杆率的国际比较与对策建议》，《国际金融研究》2017年第2期。

---

① 李扬等：《国家资产负债表2017》，社会科学文献出版社，2015。
② 陈卫东、熊启跃《我国非金融企业杠杆率的国际比较与对策建议》，《国际金融研究》2017年第2期。

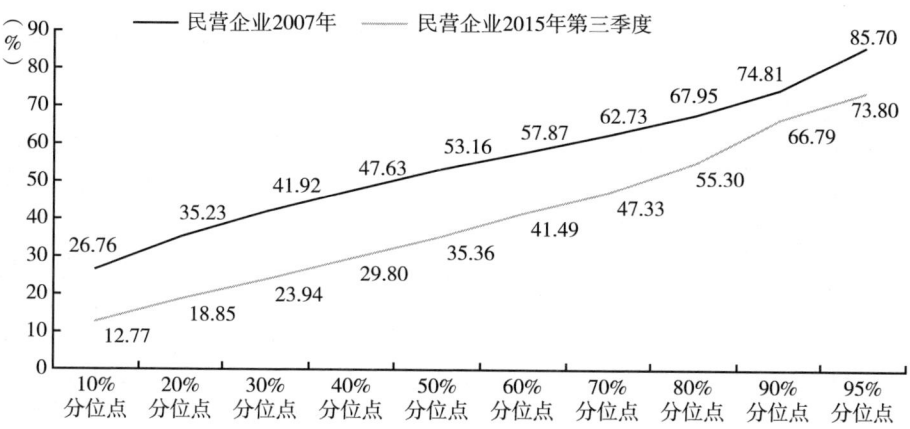

图14 民营企业负债率变化

资料来源：陈卫东、熊启跃《我国非金融企业杠杆率的国际比较与对策建议》，《国际金融研究》2017年第2期。

在企业部门的负债构成中，国企负债率在2007年以来持续上升，至2016年已经超过66%，为1997年以来的最高值；国企负债规模的占比常年保持在70%以上，企业部门的负债主要集中在国有企业中。而国有企业的净资产收益率则持续下滑，至2016年国企ROE略高于5%，仅略高于1年期贷款利率（见图15）。为此，全国金融工作会议强调，要把国有企业降杠杆作为重中之重，抓好处置"僵尸企业"工作，不仅要降低负债率，而且更需要提高其效益、提升净资产收益率，否则国企部门的资产负债表风险将十分显著。

虽然负债率上升得到一定的缓解，但是国有企业呈现继续增加负债规模的趋势，其未来的产能过剩仍将是显性问题。相对于民营部门而言，国有企业可能没有实质性或主动性去杠杆的态势，杠杆率下降的主要原因是产品价格上涨导致的收入端改善，负债端的调整可能没有实质性进展。"三去一降一补"政策改善了国企资产负债表，同时，国有企业的资金得到持续的补充，国有企业和相关产业的产能持续过剩，其负债率整体上仍然处在高位状态（见图16）。"三去一降一补"政策可能还未实质性地解决国有企业和相关产能过剩行业的未来发展问题，同时，是否存在以未来更大的产能过剩来

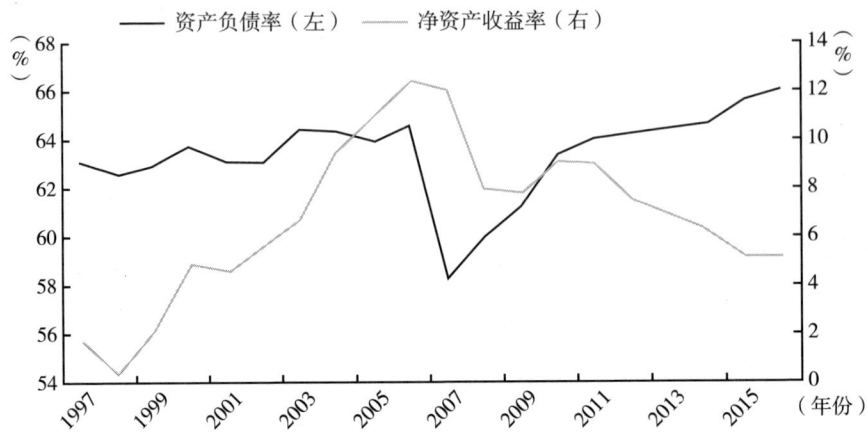

图 15　国有企业资产负债率与净资产收益率走势

资料来源：Wind。

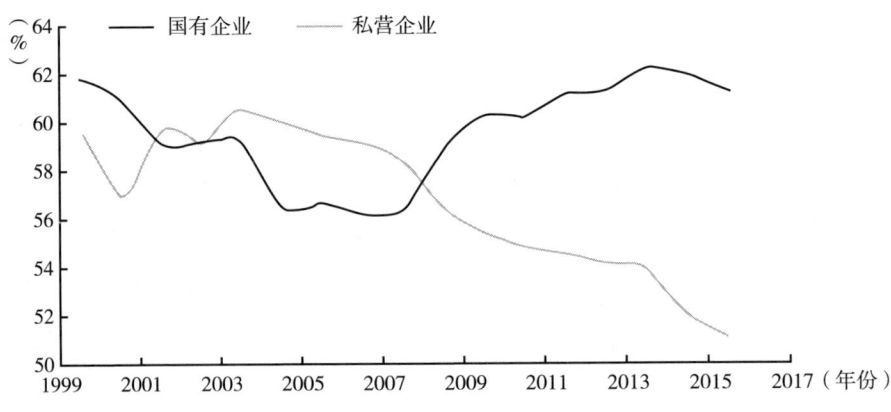

图 16　国有企业与私营企业资产负债率走势

资料来源：Wind。

应对当前的产能过剩问题是一个需要持续关注的政策议题。如果国企债务问题没有实质性缓解，未来国有企业的债务风险会向银行系统传导，国企资产负债表问题可能导致银行体系以及金融体系的资产负债表问题。

3.警惕向政府资产负债表风险传染

对于产能过剩行业的企业资产负债表问题，本质上与目前"三去一降一补"政策及其实施紧密相关,更与企业市场经济主体地位的真正确立紧密相关。过剩产能企业的资产负债表问题本质就是"僵尸企业"问题。① 如果不让"僵尸企业"成为真正的市场主体,就无法建立完善的"僵尸企业"市场化处置机制,僵尸企业的资产负债表风险可能传导至银行部门的资产负债表,而在我国银行部门的资产负债表风险最后可能转化为政府部门的资产负债表。

产能过剩问题是我国经济金融体系的长期问题,未来可能演化成为经济金融体系的资产负债表风险。在过去一段时间内,我国应对产能过剩的政策中,出现了两个重要的趋势,这两个趋势使得未来企业部门资产负债表风险不仅可能传染至银行部门,而且可能传染至公共部门或政府部门。其一,基本是以更大的产能过剩来应对此前的产能过剩问题,小的资产负债表问题像滚雪球一样越滚越大;其二,基本是以政府或国有企业作为主体来应对产能过剩问题,特别是在经济下行过程中,以政府及国有企业产能利用率提升或产能扩大作为经济增长支撑的趋势较为明显,政府性或政策性产能扩张较为显著,经济整体的资产负债表问题不断向公共部门资产负债表传染并集中。

4. 资产负债表风险的国际比较

从负债率的国际比较看,我国杠杆率整体上低于发达国家,但显著高于新兴经济体。根据国际清算银行的数据,2015年6月底,我国非金融部门总信贷与GDP的比重为243.7%,美国、欧元区和日本分别为247.5%,247.5%以及387.3%,但是巴西、印度和俄罗斯分别只有143%、126.8%和92.1%(见图17)。更重要的是,我国非金融部门负债率增速非常快,根据IMF的数据,2007~2014年我国非金融部门整体负债与GDP的比重增长了80.9个百分点,同时期,巴西、俄罗斯、墨西哥、印度尼西亚、南非和印度分别增长31.8、27.8、20.8、10.2、9.1和5.7个百分点。②

---

① 国内有不少国企为"僵尸企业"。僵尸的传说来自西非的一个原始部落,当部落成员去世后,部落的巫师通过巫术使得去世的人成为可以直立行走的僵尸,即每一个僵尸背后都有一个巫师。国内很多"僵尸企业"背后的巫师就是银行,即"僵尸企业"的资产负债表与银行的资产负债表是紧密关联的。

② 谭小芬、尹碧娇:《中国非金融企业杠杆率:现状和对策》,《中国外汇》2016年第11期。

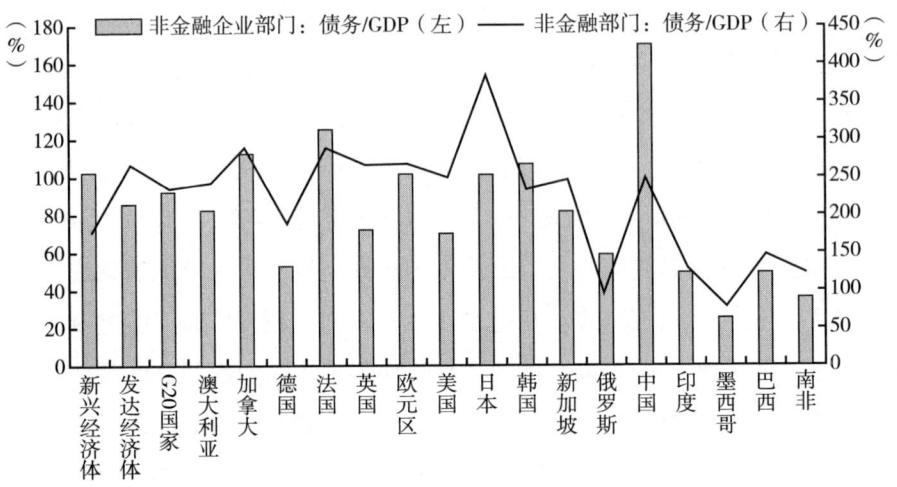

图17 非金融企业部门负债率的国际比较

资料来源：BIS。

更值得注意的是，从国际比较的情况看，我国产能过剩问题及企业资产负债表问题的核心在于两个方面：一方面，我国非金融企业部门的负债率过高；另一方面，我国非金融企业部门的负债主要体现为国有部门的负债率。2010年之前，我国非金融企业部门信贷与GDP的比重显著低于发达经济体，但是，2010年之后，该比重超过了发达经济体并快速增长。同时，以上市公司为例，截至2015年底，我国上市公司负债排名前20大企业占整个上市公司（2500多家）负债的30%，这些企业绝大部分是央企或地方国企。为此，我国国有企业是非金融企业部门负债的主要承担者，也是部分产能过剩行业的重要主体，是降杠杆的重中之重，也是防范资产负债表风险的核心。

（四）空间维度：地方债务风险

1. 地方举债冲动大，基建融资需求迫切

在经济增长放缓、结构调整和城镇化加速推进的背景下，地方政府资金需求仍较旺盛。从外部看，世界经济复苏缓慢抑制外部需求。从内部看，经济进入"新常态"，经济增长下滑压力持续存在。伴随着结构调整，产能过剩行业盈利能力下降侵蚀地方政府税基，新兴行业需要扶持而加大政府开支,"三去一降一补"加大政府政策性资金投入等都会影响债务水平。对于地方政府而言,在经济下行期,投资作为政府能够直接掌控的提振经济的手段,仍在完成增长任务中占据重要地位。为了实现全面小康发展目标,为了稳定经济增长,地方政府举债的需求十分显著。

自全球金融危机以来,我国的城镇化进程整体呈现加速推进状态。城镇化进程要求匹配更多的基础设施建设,地方政府存在持续的投融资需求。作为世界上最大的发展中国家,我国仍处在城镇化进程之中,对固定资产投资的资金需求较大。在固定资产投资中,基础设施投资对于地方政府和地方经济增长的重要性更为显著,但是,由于基础设施的成本收益率相对较低,地方政府的融资需求更为巨大。从过去的经验看,我国城镇化建设的投资资金来源主要是地方政府自筹资金和贷款,国家预算内资金仅占到所有资金来源的5%。

同时,保增长最为重要的手段就是强化基础设施建设,这也直接带动了地方政府融资需求。2015~2016年,我国整体处于保增长的发展状态,政府主导的力量较为显著,基础设施投资持续强化,这要求地方政府投入更多的资金,而在地方政府收入来源受限的情况下,地方政府因保增长任务日益强化了举债的需求。

2. 平台仍是举债主体,PPP等成为新举债方式

地方政府债务管理政策的变化使得地方政府融资的主体发生重要的变化。2015年以来,由于新《预算法》开始实施,同时在43号文的重大约束下,地方政府过去依靠的传统地方融资平台被剥离或者进行所谓的市场化转型,不过,由于地方政府融资需求巨大,部分地方政府融资平台并没有真正被剥离,很大一部分地方融资平台以所谓的"市场化主体"继续存在。这些"市场化主体"确实增加了市场化运作的治理、运作和风控体系建设,但是,最为核心的地方政府的隐性担保并没有真正剥离。2015年以来,地方金融控股公司成为新的融资平台,这些平台以PPP、产业投资基金、投贷联动、政府购买公共服务等继续从事地方政府融资的功能。[1] 甚至部分地方

---

[1] 郑联盛:《系统性金融风险的来源、分布与防范》,《中国经济报告》2017年第6期。

还出现多种形式的"民营机构"作为社会资本参与政府基础设施、公共服务以及其他事物的模式,而且这些"民营机构"以互联网金融的方式发布地方政府的基础设施项目信息、融资模式、利率水平等信息并进行相应的融资。

在政府监管政策强化和国家新兴政策支持的双重作用下,地方政府融资的渠道不仅没有被遏制反而出现不断创新融资方式的状况,并且这些方式更加隐秘、复杂和具有高度的关联性。除了最为核心的地方债发行之外,地方政府还通过金融创新、机制创新和模式创新等来拓展融资的渠道,政府和社会资本合作(PPP)、产业投资基金、投贷联动、政府购买公共服务、社会资产参与政府公共服务(P2G)等成为地方政府新的举债方式。这些新的融资方式对于地方经济发展起到了积极的作用,但是,部分新融资方式日益扭曲为地方政府举债的新渠道。名目繁多的"市场化主体"作为地方政府新的融资平台或新的融资手段,一方面使得地方政府融资继续维系平台模式,继续以预算外的诸多渠道进行地方融资的重要方式,另一方面使得地方政府债务负担表现形式更为隐秘,地方政府与国有企业、商业银行和其他金融机构的联系更为多元,融资平台及其潜在的地方政府债务风险更加复杂,地方政府债务规模的统计、风险的管理以及政策的应对反而面临更大的难题。

以 PPP 为例,在国家发改委和财政部的鼓励下,地方政府积极参与政府和社会资本合作。截至 2016 年底,财政部 PPP 综合信息平台已收录全国入库项目 1.1 万个,投资额达 13.5 万亿元。截至 2017 年 2 月底,国家发改委传统基础设施领域 PPP 项目库共入库 1.6 万个项目,项目总投资 15.9 万亿元。自 2015 年大力推行 PPP 以来,两个部委的项目库可能存在一定的重叠,但是,整体规模应该接近 20 万亿元。如果这些项目库的项目按 50% 的落地率计算,投资规模将超过 10 万亿元,远远超过 2008 年 4 万亿元刺激计划(参见图 18)。根据国内产业基金研究机构清科集团的统计,2015 年底国内产业投资基金规模超过 2.18 万亿元,2016 年预计接近 4 万亿元,加上产业投资基金的放大功能,预计带动的资金超过 10 万亿元。

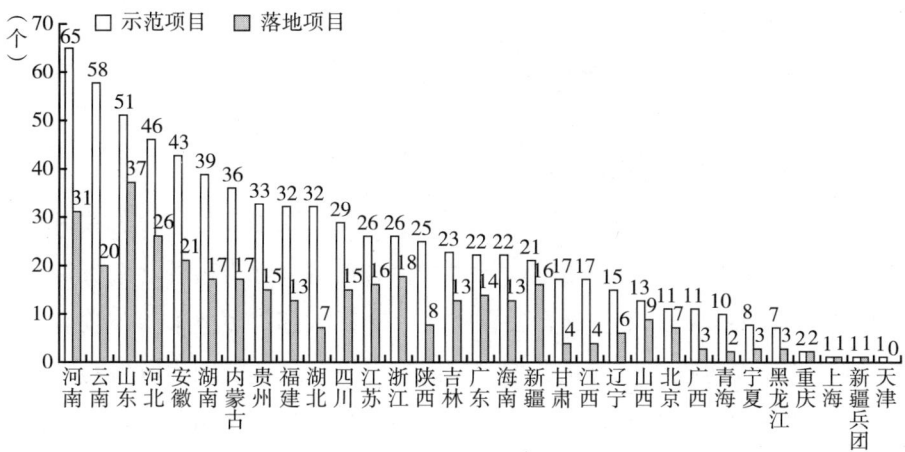

图18　各地PPP示范项目及落地项目情况（截至2016年底）

资料来源：Wind。

3. 地方债务风险核心不在债务率高低，而在于流动性

债务率不是债务风险的唯一核心指标，偿付能力在现实情况下更为重要。在一定程度上，地方政府债务率高企是其债务风险的重大表征，但是，债务率多高会引发重大的债务风险实际上并没有一个非常广泛的共识。从国家对比看，美国公共债务率超过90%，日本公共债务率超过240%，但是，两个经济体并没有发生债务危机。相反，"欧猪五国"在负债率低于90%的时候发生了债务危机。

值得特别注意的是，债务风险会更多地体现为偿付风险，即没有足够的现金流或流动性来偿付到期的债务。这种情况体现在三个层面：一是当期地方政府的财政收入减去应有支出之后，无法足额偿付到期的债务；二是当期政府虽有资产可以变现为流动性，但是，变现难度较大，无法获得及时的流动性支持；三是地方政府的资产负债缺口在扩大，即资产增长速度慢于负债增长速度，地方政府或有债务会出现即时甚至提前要求偿付的情况，容易发生挤兑。

对于我国地方政府，严重依赖土地收入的资金收入结构呈现巨大的脆弱性。土地收入的脆弱性与房地产市场整体的运行体系以及宏观政策框架更为

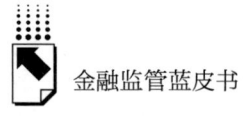

相关。在房地产泡沫日益恶化的情况下,政府出台严苛的限购政策是可预期的。2016年国庆以来,这种限购正在强化,这将弱化地方财政收入的"土地财政"基础。

4. 地方债务风险具有更广泛传染性

更重要的是,地方债务风险与银行体系、影子银行体系以及公共财政等紧密相关。依托融资平台、通过影子银行体系进行大规模市场化融资是地方政府融资的重要途径。融资平台往往作为一个私人部门主体来参与政府主导的基础设置建设等投资,但是,地方政府融资平台经常能因为政府的隐性担保获得公共信用增级。地方政府的显性或隐性的担保,让商业银行与影子银行体系即便对具体投资项目还本付息能力存疑,依旧愿意提供更多的资金,造成市场自发的风险抑制机制失灵。具有私人部门"名分"但发挥部分公共部门职能的融资平台与影子银行体系紧密关联在一起,将可能成为地方债务风险最早爆发的领域。

由于影子银行在国内是"银行的影子",地方政府债务问题导致的影子银行风险可能迅速演化为银行部门的风险。银行在面临地方政府债务风险、过剩产能行业信用风险暴露、深入参与甚至主导非传统信贷业务(影子银行业务)以及在资产负债表出现多元化配置之后,其信用风险持续累积,期限错配管理难度提升,资产负债匹配更加困难,可能导致银行部门在流动性管理领域面临实质性难题。

政府债务在经济下行或金融风险中将进一步暴露或加剧,政府财政作为"最后兜底"将承接行业、地产、金融等环节的系统性风险,特别是地方债务和融资平台可能面临巨大的偿付压力,违约的概率将明显提升,特别是在影子银行体系受到监管之后,"刚性兑付"不久将被打破,融资平台的风险将加速暴露,很有可能快速演绎成为系统性风险。

政府长期迷恋于过度举债或赤字预算,可能使得其失去对财政框架的资产负债表审慎性监控和整固。由于政府举债具有较高的便利性和弹性,政府在面临经济社会发展目标的时候往往具有举债建设或举债提供公共服务的冲动,由于负债端审慎性降低,政府可能在支出端也缺乏审慎性安排,从而导致收支两端的状况恶化，长此以往使得政府财政框架和资产负债表严重恶化。

政府过度举债和债务问题的长期累积可能引发较为严重的财政预算风险甚至是债务危机。在债务水平提升的过程中，政府的债务负担压力在提升，违约风险也在增加，从而会弱化政府的主权信用，将面临信用风险提升和融资成本增加的问题，从而触发进一步举债的可持续性问题。当政府偿付能力面临问题或者继续举债面临市场压力，那么政府债务问题可能演化为债务风险甚至是政府部门的资产负债表危机或主权信用危机。

（五）空间维度：影子银行风险

1. 国内影子银行具有系统重要性

在全球金融危机之后，我国信用供给一度较为宽松，但是，2010年之后随着政策的调整，信用可得性反而成为一个显性的问题，随之而来的金融创新和融资安排催生了诸多的非传统信贷融资模式，即所谓的影子银行业务。由于影子银行业务的监管相对薄弱，而且具有跨界经营特征的影子银行业务的监管套利机会相对更多，影子银行体系在过去近十年中发展十分迅猛。国内影子银行体系已经成为金融市场体系一个重要的组成部分，已经成为具有系统重要性的金融子领域，在资金供给、信用转换和风险管理等领域都是具有重要性的参与力量。

我国社会融资总量的结构变化本质上反映了影子银行体系在我国金融体系中的作用变化。在国内影子银行一定程度上已经成为"平行银行体系"。从社会融资的角度出发，早在2013年，表外信用扩张已占社会融资总量的30%，而表内信贷占社会融资总量的比重为51.4%，2002年该比例高达91.9%。[①] 影子银行的快速发展凸显了经济金融体制机制的弊端，比如余额宝等互联网货币基金爆发式增长以及诸多互联网理财产品的风靡与国内利率没有真正市场化、金融市场广度深度有待完善以及一定程度上的金融抑制等弊端直接相关。

以资产管理领域为例，在过去3~4年的快速发展中，国内影子银行已

---

① 郑联盛：《新常态下的影子银行体系》，《清华金融评论》2015年第1期。

经成为关联银行、信托、保险、房地产等多个子行业以及国有企业、地方政府等多个主体的复杂金融体系，并具有了系统重要性。由于此前国内的理财产品非常稀缺，居民投资的主要渠道为银行的存款，但是，存款回报率在全球金融危机以来一直处于较低水平，国内居民亟待收益率更好、风险水平可接受、种类丰富的理财产品或资产管理产品。资产管理业务应运而生，且呈现爆发式增长。2012年，金融监管机构逐步放开资产管理的相关限制，同时随着金融混业经营的趋势渐现和影子银行业务的高度创新，资产管理行业的整合与跨界经营日益凸显，迈入了"大资管时代"。截至2016年中期，我国资产管理行业的资产规模超过了60万亿元，约为当年GDP的81%。①资产管理的行业分布情况见图19。

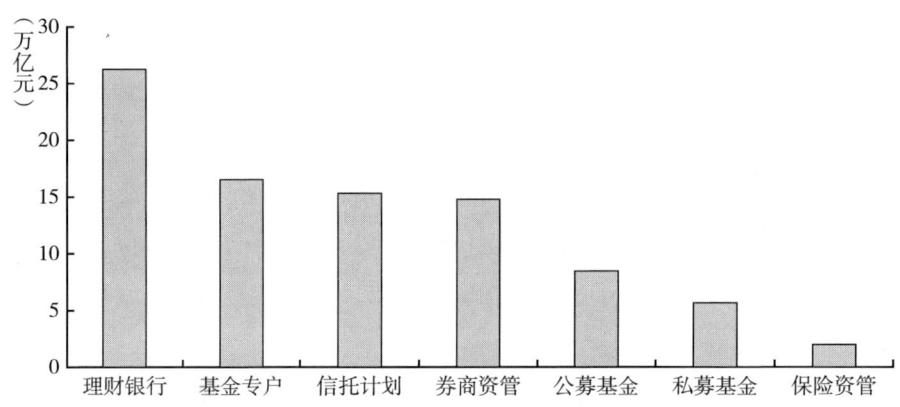

图19　我国资产管理的行业分布结构

资料来源：中国证监会副主席李超在《财经》年会2017论坛上的讲话，2016年11月17日。

2. 国内影子银行是"银行的影子"

国内影子银行体系具有两个有别于国外影子银行的特征，具有显著的"中国特色"，其复杂程度和潜在风险可能都超过了美国的影子银行：一是国内影子银行与商业银行的关联性十分密切，从事的很多是商业银行"影

---

① 郑联盛、范云朋：《穿透性金融监管发力点在哪里？》，《金融博览（财富）》2017年第8期。

子"业务，形成非传统信贷体系。国内影子银行很大程度上是"银行的影子"，比如，银行与信托合作中就存在大量非传统信用业务的情形。2008年信托业管理资产规模为1.22万亿元，2016年信托业管理资产规模高达20.22万亿元，为国内第二大金融子行业。信托业此前主要从事的是通道类业务，投资类和融资类资产占比较高（与银行等非传统信用业务关系紧密），至2016年底信托业投融资类资产占比仍然超过50%。二是国内影子银行机构及其业务存在较多的监管套利。国内影子银行并非不受监管，但是，由于分业监管与混业经营存在制度性错配，很多影子银行机构从中进行监管套利，获得跨市场操作的"监管红利"。国内影子银行在分业和机构监管的各自范畴内基本没有实质性的监管空白，但是，从整体金融体系上，国内影子银行又存在诸多的风险环节和监管规避（参见图20）。

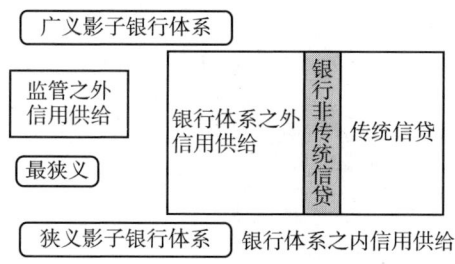

图20 我国影子银行体系与非传统信贷

资料来源：笔者绘制。

3. 影子银行风险的国际比较

对于银行部门的表外风险，需要重点关注影子银行体系的风险。国内影子银行体系与国外影子银行体系存在重大的区别。国外的影子银行具有两个重要的特征：第一，国外影子银行相对独立于商业银行，美国前财政部部长盖特纳将其称为"平行银行体系"。2007年金融危机爆发前夕，美国影子银行体系发行的产品规模已经超过了商业银行体系的产品规模（见图21）。第二，国外影子银行的本质特征是游离于监管体系之外或者是弱监管状态，可以通过强化监管来填补监管空白或监管漏洞。比如，美国在金融危机应对中

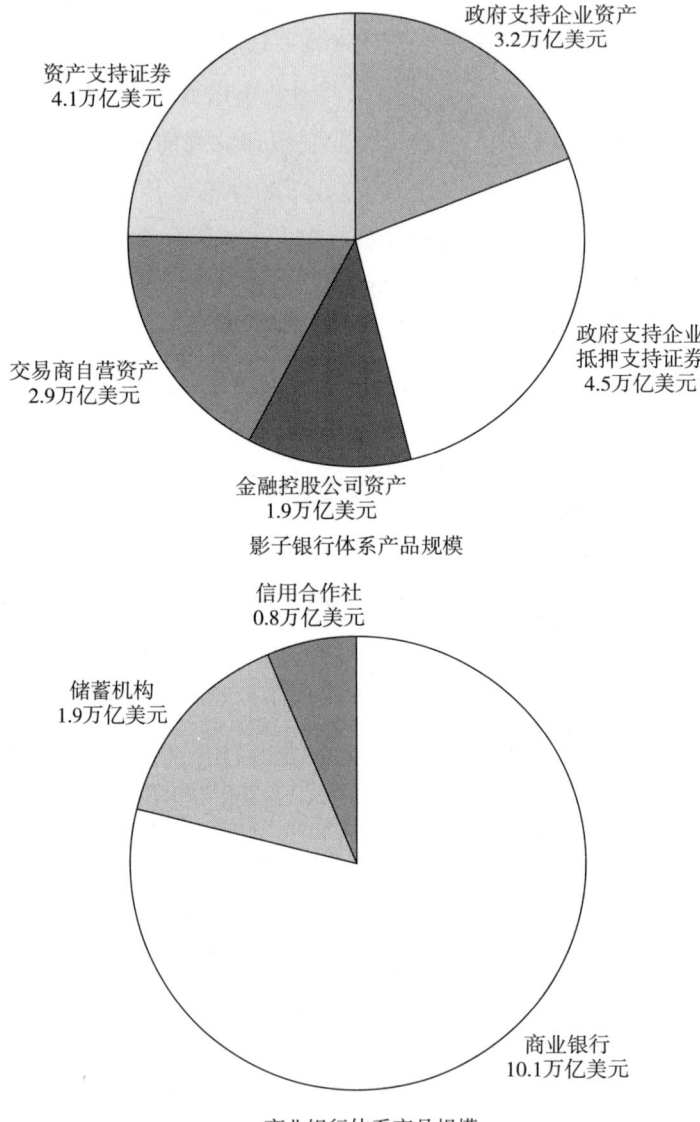

图 21 影子银行体系的产品规模超过商业银行体系（2007 年第二季度）

资料来源：Adrian, Tobias and Hyun Song Shin, "The Shadow Banking System: Implications for Financial Regulation", Federal Roserve Bank of New York Staff Report, No. 382, July, 2009。

强化了金融监管，出台了沃尔克规则，将影子银行等纳入监管框架，并限制了金融机构自营交易的规模。

在中国，截至2016年6月末总规模超过88万亿元的资产管理领域存在一些跨越分业监管体系进行监管套利的情况，资产管理业务本质以及监管标准的差异使得表内表外业务出现了两个重大的趋势：一是表内业务表外化，二是表外业务信用化。在这个过程中，存在部分金融机构主动跨界创新、刻意规避监管、深化跨界套利的行为，加上监管体系自身的分业监管、监管标准以及监管执行等方面的差异，资产管理领域的风险在逐步显性化，并且风险跨界传染的可能性大大加强，存在潜在的空间维度系统性风险。

（六）空间维度：内外风险共振

1. 资本较大规模流出

过去3~4年，我国资本项目的结构及其趋势发生了较大的变化。一方面，在长期资本流入方面发生了重大的变化，发达经济体的外商直接投资开始呈现放缓的态势，甚至出现了部分经济体长期资本回流的格局，比如美国的资本回流十分明显。另一方面，由于金融市场开放的深化，资本项目下的证券投资开始显示其重要性。2011年下半年以后，由于中国的金融市场以及资本项目开放呈现加速的状态，证券投资差额基本保持顺差，2013年第四季度出现了259.3亿美元的当季顺差，为历史第二高水平（历史最高水平为金融危机期间2008年第三季度的329.8亿美元）。整个2014年季度顺差亦保持在较高水平。

但是，2015年以来，证券投资差额开始发生逆转，2015年四个季度均为逆差，2016年第一季度出现了409亿美元的证券投资逆差。可见，我国资本与金融项目的失衡先是表现为较高额度的顺差，而目前的失衡则表现为较大幅度的逆差。证券投资逆差的根源可能有四个：一是2014年后人民币开始呈现双向波动态势，2015年人民币出现贬值的态势，对人民币及其资产的投资需求有所弱化；二是国内资本市场出现了较大幅度的波动，2015年6~8月股票市场大幅波动之际也是证券投资逆差扩大的阶段，2016年1

月熔断机制导致的市场短期剧烈波动更使证券投资逆差达到了历史性的高位；三是国内经济金融体系的风险呈现加速的态势，且经济社会问题较为复杂，国外投资者对中国市场及其稳定性的预期有所恶化，比如2016年底国债收益率提高了100个基点以及国债期货出现跌停，较大地恶化了国外投资者的市场预期；四是美国等资本市场的投资回报保持较高水平且较为平稳，美国股票市场持续上升、屡创新高，上市公司的现金流及分红水平在2014年就基本回升到金融危机之前的最好水平。

在美元保持相对强势和人民币保持相对弱势且国内经济基本面没有改变、深化经济体制改革没有实质性推进的情况下，资本流出或将是趋势，这将使得我国国际收支中的资本和金融项目出现趋势性的逆差。数据显示，中国经济面临的资本净外流在2016年第三季度与第四季度进一步加剧。2016年第三季度国际收支表口径的外汇储备缩水规模要超过央行口径的外汇储备缩水规模约1000亿美元。在人民币贬值、内部金融市场波动及其市场预期变化的推动下，以及国外资本市场向好的拉动下，国际收支中的资本项目出现了较大规模的逆差，外在表现就是资本的较大规模流出。要不是因为特朗普政府政策的不确定性，美元指数较难在2017年5月出现调整，我国资本流出压力就难以遏制。

2. 稳汇率与保外储的两难

过去2~3年，美联储货币政策框架正常化的趋势日益明显，最近美国政府实施了1986年以来美国最为重大的税收改革，企业所得税从35%下调至21%，美联储加息和缩表的节奏可能加快，加上美国经济复苏较为扎实的基本面，美元实际上具有较为扎实的基本面支撑，2017年以来美元的弱势与基本面出现了一定程度的背离，这种状况是否能够持续值得重点关注。由于美国经济复苏较为稳定，叠加特朗普政府减税、美联储加息加快、缩表日益深化，美元存在再度走强的可能性，这对中国汇率稳定和短期资本流动将带来显著的影响。如果我国汇率制度缺乏足够弹性，资本流出压力又较为显著，中央银行采取外汇市场干预来刻意维持对美元双边汇率的稳定，那么外汇储备的安全性就存在较大的压力，甚至形成汇率贬值、资本流出、央行干预与储备消耗的循环。

3. 资产价格下跌螺旋

从更加宏观和开放的视角看,我国存在内部风险和外部风险相互强化的可能性。除了全球增长低迷、欧洲银行业风险强化、英国脱欧等风险,更为重要的是美联储政策变化的外溢效应,可能导致内外风险共振,通过汇率、利率和信息渠道,可能引发人民币资产重估及下跌螺旋。国内经济下行压力仍然较大,内部金融市场风险加速呈现,在内外风险相互反馈方面,存在潜在的内外共振风险。特别值得注意的是,美国风险资产价格处于历史性的高位,如果发生重大"黑天鹅"或"灰犀牛"事件,那可能触发国外风险资产下跌螺旋。对于国内金融体系而言,如果资本外流加剧和人民币贬值加速(在特朗普政策不确定性加大和国内逆周期因子出台之后这个概率较小),可能引发国内日益显性化的风险与外部风险共振,导致国内资产价格的大幅调整,以及整个金融体系的系统性风险。

4. 货币政策独立性

人民币明显受制于美元的走势,且仍有一定的贬值预期。2016 年 8 月开始,中国人民银行先后重启 14 天和 28 天逆回购,加大 MLF 操作力度,致力于锁住短期利率,放开长期利率,并拉长期限。2017 年 2 月初,央行再次对逆回购和 SLF 上调利率"微加息",短端和长端利率全面上升,再贷款利率被实质性改变。这充分体现了美国货币政策对我国货币政策的外溢效应,10 年期国债收益率从 2016 年 8 月 15 日的 2.64% 快速上升至 2017 年前三个季度平均的 3.5~3.6%,直至 2017 年底突破 4%。市场变化以及央行政策实施的一个外部因素就是美元持续保持强势水平,人民币短端和长端利率上升相当于变相"加息",改变了利率平价及其对人民币汇率的短期以至中期预期,央行的操作成为稳定人民币币值、抑制资本外流的工具。2016 年底至 2017 年初,从人民币兑美元汇率的变化可见人民币汇率仍然受制于美元的走势及中美利差水平,当然,国内基本面、金融监管强化以及市场面的情况也发挥了重要的作用,中美利差有所缩窄。在内部变相"加息"和美元走强预期略微走软的过程中,人民币兑美元的贬值压力有所缓释,但是，国内的利率水平包括国债收益率这一无风险利率也被抬升。

2017年5月以来，美元下跌，人民币贬值、资本流出和外汇储备下降压力均有所下降，人民币兑美元在2017年9月阶段性回升至6.5左右，其后人民币小幅贬值但在2017年底又较快升值，2017年底人民币兑美元收在6.53左右。但是，中长期中如何应对外汇储备与汇率稳定之间的两难选择仍然是重大的政策问题。如果未来美元能够转而再次走向强势，人民币走势又较大地受制于美元，导致资本流出和外储消耗出现连锁反应，货币政策独立性也可能受到影响。

五 政策建议

防范化解系统性金融风险已经成为党和国家的重大方针政策，是宏观经济政策的重要组成部分。我国金融体系系统性金融风险的影响因素在时间维度、空间维度都存在，同时还有内外风险相互反馈的潜在威胁，这些风险因素呈现日益显性化的特征，是金融体系的系统性威胁。这在经济下行周期以及金融改革深化阶段是正常的，但是，防范化解系统性金融风险的压力在提升。在十九大报告中，习近平总书记在部署加快完善社会主义市场经济体制时进一步强调，要深化金融体制改革，健全货币政策和宏观审慎政策双支柱调控框架，深化利率和汇率市场化改革。健全金融监管体系，守住不发生系统性风险的底线。①

整体而言，防范化解系统性金融风险需要以第五次全国金融工作会议和党的十九大精神为指引，坚持稳中求进工作总基调，遵循金融发展规律和市场运行规律，坚持回归本源、优化结构、强化监管和市场导向等原则，紧紧围绕服务实体经济、防控金融风险、深化金融改革三项任务，重点防控时间维度和空间维度的重要风险因素，重点处置内外风险

---

① 习近平：《决胜全面建成小康社会 夺取新时代中国特色社会主义伟大胜利——在中国共产党第十九次全国代表大会上的报告》，2017年10月27日。

因素共振的威胁，金融体系就能保持稳健发展，就能守住不发生系统性金融风险的底线。

（一）把主动防范化解系统性金融风险放在更加重要的位置，建立健全系统性风险监测预警体系

一方面，相关金融监管主体应该基于中国金融体系系统性风险传染机制分析，对系统性风险根源、表现及传染渠道进行定性分析，甄别出关键性的风险因素，通过网络分析方法与行为系统模拟推断出中国金融系统性风险的规模、特征和时空分布，并据此对金融监管有效性进行量化评估，提出系统性金融风险防范的政策框架。另一方面，建议参照欧洲中央银行的经验和防范，构建符合我国国情、具有监测功能和预警功能的中国系统性风险指数和系统性风险"仪表盘"，对重要的金融行业、金融市场和金融要素形成全面、实时和动态的跟踪，致力于构建中国系统性风险指数，建立健全系统性风险的识别、监测、预警和处置机制。

（二）深化金融监管体系改革，注重功能监管、依法监管和监管协调

金融监管体系需要在系统性金融风险监测、功能监管、金融监管法制化、监管协调等领域开展针对性的改革，构建立足依法监管、重在实施功能监管、有效进行监管协调、具有系统性风险防控作用的金融监管体系。

首先，功能监管成为日益重要的监管框架，金融监管体系需要从机构监管向功能监管转换。混业经营的不断发展，金融业务出现跨业、跨市场的交叉，原有的机构监管模式逐渐不能防控金融风险的交叉传染，金融监管体系应该深化改革，向功能监管和行为监管的方式转变，形成机构监管、功能监管和行为监管有效融合的监管体系。

其次，金融监管亟待进一步法制化，金融监管体系改革应该立法先行、依法监管、有效监管。深化金融监管体系及其制度安排特别是监管的法律体系。重点提升金融监管政策的审慎性，监管政策出台或改革前需要充分论

证，对副作用和负面影响给予足够的考量。尽量避免"一刀切""运动式""反复性"监管，构建一个以法律为基础、依法监管、有效监管的金融监管体系。

最后，金融监管协调成为金融监管体系完善的核心任务之一。在我国的金融监管协调框架中，不仅要包括央行和专业的监管机构，还要包括非专业监管机构，在金融混业发展趋势下以及金融与实体融合深化条件下，需要建立一个以专业监管为核心、充分发挥非专业监管机构作用的金融监管协调机制。重要的是，金融监管协调需要在更高层面进行协调。2017年11月8日刚刚正式运行的国务院金融稳定发展委员会如何发挥统筹协调功能，如何进一步完善组织框架，如何进一步有效提升金融监管效率，是未来金融监管协调的重大任务。

（三）实施货币政策与宏观审慎双支柱政策框架，保障金融安全与稳定

一是货币政策当局需要重点关注系统性金融风险演进的时间视角，继续实施稳健中性、适度趋紧的货币政策，适应货币供应方式新变化，调节好货币总闸门，畅通货币政策传导渠道和机制，使得金融体系流动性保持适度紧缩、总体稳定的状态。二是强化宏观审慎管理机制，实施货币政策与宏观审慎双支柱政策体系，以逆周期资本、动态拨备等工具，降低金融体系顺周期性，重点缓释流动性风险，实现货币政策、宏观审慎、微观监管的有效统筹。三是进一步完善宏观审慎评估体系（MPA），强化对银行业的宏观审慎监管，重点强化对跨行业、跨市场、高关联的金融业务监管，比如房地产融资、信托计划、国企融资和地方政府融资等，根据金融体系变化动态调整系统重要性的内涵与外延，重点关注大型金融机构和金融基础设施"大而不倒"效应。

（四）坚持问题导向，重点防控系统性金融风险的核心要素

首先，注重系统性金融风险在时间维度上的传染机制，重点关注金融顺

周期性的风险冲击,强化流动性风险管控。创新流动性管理工具,强化货币政策和流动性管理预调微调功能,重点强化对短端利率形成机制的改革特别是隔夜拆借等短期利率的定价机制,缓释10年期国债收益率"破4"导致的流动性进一步趋紧和收益率曲线整体上移的风险。

其次,以供求关系作为房地产调控的基本准则,以系统和全局视角深化房地产市场的风险管控和制度改革。根据党中央关于"房子是用来住的,不是用来炒的"的科学定位,致力于构建多主体供给、多渠道保障、租购并举的住房制度。以市场供求作为基础,科学判断房地产市场价格持续上涨的供求不匹配的力量与根源,着重把土地供给和住房供给等供给因素作为调节的核心,有效满足刚性需求,合理引导投资需求。

再次,深化财税体系改革,加快建立现代财政制度,建立权责清晰、财力协调、区域均衡的中央和地方财政关系,进一步为地方政府公共产品的资本支出提供稳定的、跨周期的收入来源,提高地方政府财权与事权的匹配性,降低地方政府对土地财政的依赖性,缓释房地产市场对地方财政的"绑架"效应和地方政府负债冲动,打破房产—财政—土地的内生循环以及地方政府迂回负债的种种怪圈。

又次,注重市场规律,重点防范国有企业的债务风险。其一,坚持以市场规律为准绳和约束,以国有企业改革为突破,逐步凸显国有企业的市场主体功能。其二,重点发挥市场在资源配置中的决定性作用,逐步隔断银行体系和国有企业相互依存进而低估风险的内在机制,建立健全国有企业负债的市场化定价机制。其三,坚决打破刚性兑付,有效发挥信用利差的作用,让市场而非主管部门或上一级政府承担国有企业的潜在违约风险。

最后,重点整治影子银行体系,构建涵盖表内和表外的全口径监管体系。通过"穿透式"监管,坚持"实质重于形式",强化综合监管,突出功能监管和行为监管,重点防范混业经营与分业监管的制度性错配,重点整治以金融创新为名的多种扭曲、变异或出于规避监管目的的影子银行业务或混业金融业务。坚持宏观审慎与微观监管齐头并进、相辅相成,以金融市场、机构、产品和服务等微观监管标准为基础,以金融体系、功能、行为等宏观审慎监管为关键，构建跨市场、重功能、全覆盖的影子银行监管体系。

（五）有效统筹内外两个市场，重点防范内外因素相互反馈的风险

首先，继续深化经济体制机制改革，以供给侧结构性改革和需求管理有效统筹为支撑，减少经济转型期的结构性阵痛，提高经济发展的稳定性，夯实风险应对的经济基础。其次，重点深化人民币汇率机制改革，提高人民币汇率制度的弹性，以价格和市场手段缓释外部政策变化对我国经济和金融体系的冲击。再次，有效统筹短期资本流动管理、中长期汇率机制改革、长期资本项目开放以及人民币国际化的关系，构建内外市场有效互动、内外风险防控有效的制度安排。最后，中短期内重点防范美国税改、美联储加息和"缩表"对于我国资本流动、币值稳定、外储安全和金融稳定等的潜在影响。

（六）深化金融体系与实体经济互动机制，强化金融服务实体功能

其一，防范化解系统性金融风险不仅需要在金融领域进行有效防范，还需要从宏观经济整体以及经济体制机制的视角来全局、系统、全面考虑金融风险问题，坚持系统协调，坚持深化改革，坚持政策统筹，坚决守住不发生系统性金融风险的底线。系统性金融风险防范应提升至国家经济发展战略转型的高度上进行统筹。其二，防范化解系统性金融风险需要从金融体系与实体经济互动机制出发，重点防控金融脱实向虚，强化引导金融服务实体经济的功能。其三，加强党对金融工作的领导，坚持稳中求进工作总基调，遵循金融发展规律，坚持回归本源、优化结构、强化监管和市场导向等原则，紧紧围绕服务实体经济、防控金融风险、深化金融改革三项任务开展金融工作，实现金融体系的安全与稳定，更好地服务实体经济的长期可持续发展。最后，深化经济体制改革，加速转变经济发展模式，构建高质量经济增长制度、机制和法律体系。未来我国经济发展需要改变政府主导的发展模式，减少政策性或政府性资产扩张，接受速度较低但可持续的增长，提高财政资金使用效率，发挥市场化主体积极性、主动性和创造性，促进经济向高质量增长转型。缺乏健康的经济结构、有效的经济体制、可持续的实体经济和合理的经济政策，防范化解系统性金融风险将是无本之木。

B.2
2017年中国金融监管重大事件述评

尹振涛 魏鸣昕*

摘　要： 本文首先论述了全国金融工作会议确立的金融监管体制改革方向，并阐释了金融业服务实体经济的根本任务。随后，分析了银行业市场乱象整治和商业银行流动性风险管理强化、资管市场监管统筹协调及保险市场强监管。公募基金流动性风险管理加强将推动基金市场平稳运行。IPO和新股发审从严"双常态化"将进一步发挥资本市场作用。此外，监管层对于互联网金融市场进行专项整治，重点在网络贷款业务和虚拟货币。最后，本文对2018年金融监管工作的重点进行了展望。

关键词： 系统性风险　监管协调　互联网金融　流动性风险

2017年是中国国民经济和社会发展第十三个五年规划（简称"十三五"规划）的重要一年，是供给侧结构性改革的深化之年。2017年7月，第五次全国金融工作会议在北京召开，2017年的金融监管紧紧围绕会议提出的"服务实体经济、防控金融风险、深化金融改革"三项任务，针对银行、资本市场、资管行业、保险及互联网金融等领域出台超过20个重要监管文件。

---

* 尹振涛，经济学博士，副研究员，中国社会科学院金融研究所法与金融研究室副主任，国家金融与发展实验室金融法律与金融监管研究基地副主任、秘书长，主要研究领域为金融监管、金融制度、金融史；魏鸣昕，中国社会科学院研究生院2017级金融硕士研究生，主要研究领域为金融监管、金融政策。

银行业市场乱象得到整治，商业银行流动性风险管理强化；在资本市场，IPO和发审从严"双常态化"逐步确立；资管行业监管得到统筹协调；保险业监管机构确立万能险业务监管框架，金融市场风险得到有效防控，金融业服务实体经济能力进一步增强。此外，监管层对于互联网金融市场进行专项整治，重点在网络贷款和虚拟货币。

一 全国金融工作会议确立金融监管体制改革方向

2017年7月14~15日，第五次全国金融工作会议在北京召开。此次会议是党的十八大以来中国金融领域最重要的一次盛会。会议立足于当前我国金融形势，提出紧紧围绕"服务实体经济、防控金融风险、深化金融改革"三项任务，按照"回归本源、优化结构、强化监管、市场导向"四个原则，做好我国金融改革发展稳定工作，促进经济和金融良性循环、健康发展。会议对于金融监管工作做出了以下安排部署。

一是"要把主动防范化解系统性金融风险放在更加重要的位置"，"坚决守住不发生系统性风险的底线"。防止发生系统性金融风险是金融工作的永恒主题。目前中国金融体系的系统性风险主要来自宏观经济变化对于金融体系产生的系统性冲击、金融体系内部不断积累的风险和外部风险溢出，这三类风险极易通过风险叠加产生共振效应，引发更大规模和范围的系统性金融风险。[1] 全国金融工作会议提出，要坚定执行稳健的货币政策，继续推进去杠杆工作，对于国有企业降杠杆、规范金融市场交易行为、加强互联网金融监管等工作提出了要求。

增强防控系统性金融风险能力，就要着力防范化解重点领域风险，着力完善金融安全防线和风险应急处置机制。其一，继续强化金融去杠杆。要保持稳健中性的货币政策，努力畅通货币政策传导渠道和机制，维护流动性"稳中趋紧"。其二，稳步推进实体经济去杠杆。要防范企业债务风险，不

---

[1] 胡滨、尹振涛：《强化抑虚、防控风险与监管协调》，《学习时报》2017年7月26日。

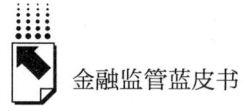
金融监管蓝皮书

仅需要依靠政府的引导或干预，更需要强化微观主体的市场经济主体地位和市场配置资源的决定性功能。要防范地方政府债务风险，理顺中央地方激励机制和财政关系，改善纠正地方政府财权事权错配，改革现行以土地出让收入为主的资本支出筹资模式。其三，尽快建立系统性风险监测体系和预警机制。通过完善征信体系，健全支付清算体系及信息挖掘，加强监管内部的信息整合共享，加快推进金融监管信息化建设。其四，继续秉承全面覆盖的监管理念。根据金融发展的需要和金融市场、机构、产品的风险水平，采取不同强度的监管措施，完善多层次、多机制、综合性的监管体系。

二是"加强金融监管协调"，"补齐监管短板"。当前的中国金融监管采取的是以"一行三会"为主体的分业监管模式。随着金融混业经营和金融创新的发展，跨部门、跨机构的交叉性金融风险日益突出。而"一行三会"间原有的监管联席会议制度没有充分发挥协调作用，监管机构之间缺少实体化、制度化的统筹协调机构。有鉴于此，全国金融工作会议提出，要设立国务院金融稳定发展委员会，强化中国人民银行宏观审慎管理和系统性风险防范职责。此外，针对中央和地方的监管协调问题，会议要求地方强化属地风险处置责任；针对金融基础设施和统计信息协调问题，会议强调加强互联互通和信息共享。2017年11月，国务院金融稳定发展委员会成立，并召开第一次全体会议。会议明确了金融稳定发展委员会将在落实金融工作决策部署、审议金融业改革发展重大规划、统筹金融改革发展与监管、研究风险防范处置和维护金融稳定重大政策及指导地方金融改革发展与监管五大方面发挥重要作用。

作为实体性、制度化的统筹协调机构，国务院金融稳定发展委员会应重点关注影子银行、资产管理行业、互联网金融和金融控股公司这四个领域的问题，并统筹对系统重要性金融机构的审慎管理；统筹各类金融基础设施和信息数据；统筹协调监管机构之间的权责利及跨域业务的监管合作；加强中央地方监管工作的分工协调；积极参与国际金融规则的制定，从而充分发挥宏观审慎管理作用。

三是"加强功能监管","更加突出行为监管"。全国金融工作会议提出加强功能监管,更加突出行为监管,显示了国家在金融监管理念方面的重大转变。功能监管强调在混业经营模式中,对不同机构开展的功能类似的业务进行统一监管。行为监管强调对金融机构经营行为提出规范性要求和监督管理,包括对金融消费者的保护和对金融机构道德操守、行为规范的要求。功能监管和行为监管的理念有助于弥补混业经营模式下机构监管的不足,促使金融机构规范经营行为,加强对金融消费者利益的保护。

二 增强金融业服务实体经济能力

实体经济是我国经济发展的根基,金融是实体经济的血脉,正确把握两者之间的关系,才能推动经济与金融的协调健康发展。随着金融业的发展,资金空转,脱实就虚的问题日益突出,主要表现在金融和实体经济杠杆率偏高,资金流向实体经济的渠道不够通畅;产业和社会资本非理性向金融服务业渗透,投机炒作之风盛行;货币供应量迅速扩大,但中小企业融资难融资贵的问题依然突出。全国金融工作会议再次强调,金融要回归本源,将为实体经济服务作为出发点和落脚点,这为未来金融业的发展明确了方向。

2017年以来,监管机构陆续对增强金融服务实体经济能力做出了制度性安排。银监会于2017年4月7日发布了《中国银监会关于提升银行业服务实体经济质效的指导意见》(银监发〔2017〕4号)。文件提出了包括实施差异化信贷政策、加快处置不良资产、促进房地产市场长期稳定发展、提升服务"三农"和小微企业金融服务水平等在内的十条措施,并提出了完善加强公司治理、发展普惠金融、推进投贷联动试点、发挥开发性政策性金融作用和推动民间资本进入银行业的五方面要求。证监会发言人在2017年2月10日的例会上表示,要推进IPO常态化改革;落实西部大开发战略,对西藏、新疆和贫困地区企业实施"即报即审、审过即发"的绿色通道政策;严格限制不符合国家宏观调控政策的企业利用资本市场扩大产能;积极

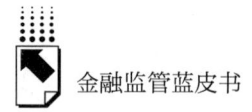

推动中小商业银行和中小企业上市等工作。① 保监会于 2017 年 5 月 4 日发布了《中国保监会关于保险业支持实体经济发展的指导意见》（保监发〔2017〕42 号）。文件提出推进保险资金参与 PPP 项目和国家重大项目建设，参与"一带一路"沿线国家和地区的重大基础设施建设，拓宽保险资金支持实体经济的渠道，发挥保险资金融通和引导的作用。

此外，发展普惠金融也是增强金融业服务实体经济能力的应有之义。党的十九大报告指出，当前中国社会主要矛盾，已经转化为人民日益增长的美好生活的需求和不平衡不充分的发展之间的矛盾。在我国经济发展不平衡不充分的背景下，我国不同地区、不同人群和不同企业拥有的金融基础设施和享受到的金融服务水平存在差距，农村、小微企业、城镇低收入人群、贫困人群及残疾人和老年人等特殊群体往往难以获得金融服务提供的便利。事实上，2013 年 11 月，党的十八届三中全会便首次提出了发展"普惠金融"这一概念。当前，在坚持精准扶贫、精准脱贫，打好扶贫脱贫攻坚战的新形势下，普惠金融又有了新的时代意涵。新时代经济社会背景下普惠金融发展要确立推动正规金融机构稳妥有序地进军普惠金融领域；积极发挥资本市场在普惠金融发展中的重要作用；正确理解并运用金融科技和监管科技扩展普惠金融的服务广度和深度的新思维、新模式。② 为弥补银行业服务小微企业和弱势群体的短板，落实 2017 年《政府工作报告》要求，银监会于 2017 年 5 月 25 日发布了《大中型商业银行设立普惠金融事业部实施方案》（银监发〔2017〕25 号）。文件要求 2017 年以内大中型银行设立聚焦小微企业、"三农"、创业创新群体和脱贫攻坚等领域的普惠金融事业部，加大信贷投入，倾斜资源配置，助推普惠金融发展。截至 2017 年 10 月，工、农、中、建、交等大型银行均设立普惠金融事业部，中小银行也加快了设立普惠金融事业部的步伐；全国银行小微企业贷款余额为 9.74 万亿元，占各项贷款余额的 24.21%，同比增长 15.36%，小微企业申贷获得率 94.87%，同比提高 1.58

---

① 《助力供给侧结构性改革，提升资本市场服务实体经济功能》，中国证监会网站，2017 年 2 月 10 日。
② 胡滨：《新时代的普惠金融》，《金融博览》2017 年第 12 期。

个百分点;涉农贷款余额达到30.6万亿元,同比增长10.8%。

金融服务实体经济的根本要求,是发挥金融进行资源分配的功能。要为实体经济提供更好的金融服务,就必须降低流通成本,提高金融的中介效率和分配效率。为此,要创造有助于资源有效配置的货币金融环境。

一是健全市场运行基准。我国的金融体系已初具现代格局,然而利率、国债收益率曲线、人民币汇率等引导市场配置资源的基准价格在相当程度上受到管制,资源配置的效率受到影响。所以,要推进利率市场化改革,建立健全由市场供求决定利率的机制和有效的利率传导机制;要完善国债发行制度,优化国债期限结构,使得国债收益率曲线能充分反映无风险收益率基准在各个期限上的分布;要大力发展外汇市场,有序扩大人民币汇率的浮动空间,完善人民币汇率的市场化形成机制。

二是要致力于提供长期资本。我国以银行为绝对主导的金融机构提供的资金供给期限较短,而工业化、城市化不断推进对长期资金的需求较大。银行只能通过负债的方式向实体经济提供资金,推高了微观主体的杠杆率。为解决"期限错配"和"权益错配",要进一步发展多层次资本市场,进一步推行IPO注册制改革,规范发展债券市场,并发展完善各类长期信用机构。

三是要发展普惠金融。在推动大中型银行开展普惠金融业务的同时,也要支持服务地方的小型金融机构发展,优化小微企业金融服务环境。此外,要重视互联网金融的普惠功能。大数据、云计算等现代信息技术手段的发展能大大降低交易成本,有效实现个性化、定制化的金融服务,为普惠金融提供了重要的发展路径。

四是要建立市场化的风险管理和处置机制。金融体系市场化程度的不断提高需要市场化的风险管控机制。要完善商业保险制度,促使保险业发展回归风险保障的本源;要建立存款保险制度,及时防范和化解金融业特别是银行业的金融风险;要明确金融机构经营失败时的退出规则,建立全面的风险补偿和分担机制。

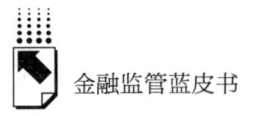

三 银行业市场乱象专项整治

2011年以来,随着我国经济增速的放缓、利率市场化的推进、客户需求特性的变化以及监管环境的趋严,商业银行传统业务盈利模式遭到挤压。银行寻求变革经营方式,调整业务结构。在这个过程中,银行表外业务迅速发展。截至2016年末,我国银行业表外业务余额为253.52万亿元,相当于表内总资产规模的109.16%,较上年末提高12.04个百分点;表外理财资产超过26万亿元,同比增长超过30%,高于同期贷款增速20个百分点。

表外业务的迅速发展导致风险在银行体系内逐渐积聚。一方面,银行利用表外理财等业务,将表内资产转移至表外,以提高资本充足率,满足监管要求,信贷额度等传统调控政策功能弱化,货币政策宏观调控的难度增大;另一方面,银行表外资金利用信托计划、定向资管计划等通道投资于非标资产、同业理财及资本市场,造成了严重的资金空转,成了实际上的"影子银行",其层层嵌套的方式极易造成系统性金融风险。中国人民银行于2017年第一季度进行宏观审慎评估(MPA)时,将表外理财纳入广义信贷框架内,以全面反映银行体系信用扩张情况,加强宏观审慎管理。

针对银行业市场的乱象,2017年3月底至4月初,银监会密集出台多部文件,对银行业市场乱象进行专项整治,对银行业风险防控提出全面要求。银监会于3月28日印发《关于开展银行业"违法、违规、违章"行为专项治理工作的通知》(银监办发〔2017〕45号)和《关于开展银行业"监管套利、空转套利、关联套利"专项治理的通知》(银监办发〔2017〕46号),于4月11日发布《关于开展银行业"不当创新、不当交易、不当激励、不当收费"专项治理工作的通知》(银监办发〔2017〕53号)。[①] 这三个通知都是要求银行进行业务、行为、制度的自查,并辅以监管部门的抽

---

① 《掀"强监管"风暴,一周之内银监会密集发布重磅文件》,《经济参考报》2017年4月13日。

查，45号文侧重于督促银行业金融机构加强合规管理；46号文侧重于针对当前银行业金融机构同业业务、理财业务、委外业务等跨市场、跨行业交叉性金融业务中存在的杠杆高、嵌套多、链条长、套利多等问题开展专项治理；53号文侧重于对银行对创新业务建立完整的制度控制，并对银行同业业务、理财业务、信托业务的自查制定了更为详细的规定。此外，银监会于4月7日发布《中国银监会关于银行业风险防控工作的指导意见》（银监发〔2017〕6号），提出包括信用风险、同业业务、理财业务、房地产融资、地方债务风险在内的十大类风险的具体防控要求，为银行业风险防控制定了监管框架。在银行的通道业务中，银信类业务占比较高，有鉴于此，银监会于2017年12月22日发布了《中国银监会关于规范银信类业务的通知》（银监发〔2017〕55号）。55号文进一步明确了银信通道业务的定义，对银信业务中银行实际承担信用风险的业务管理进行规定，并要求银行对信托公司实行名单制管理，不得利用信托通道规避监管；要求信托公司不得违法违规提供通道服务，不得将资金违规投向房地产、地方政府融资平台等限制或禁止领域。

专项整治工作对银行业同业业务和理财业务影响明显，银行业市场乱象频发高发势头得到遏制。截至2017年10月底，银行同业资产和同业负债分别比年初减少3.4万亿元和1.4万亿元。银行理财产品增速降至4.7%，比上年同期下降26.5个百分点，同业理财2017年已累计净减少2.7万亿元。而55号文将进一步规范银行的通道业务，全方位消除监管套利，全面监测银行资金流向。要引导银行表外业务健康有序发展，在推进监管政策实施过程中应注意以下几点。

一是加强政策协调，把握去杠杆与流动性的平衡。在强监管的政策环境下，银行负债端成本全面上升，对同业负债依赖度较高的中小银行面临较大的流动性压力。应把握好货币政策与监管政策的协调配合。央行应通过逆回购、MLF等货币政策工具的使用，"削峰填谷"熨平临时性、季节性因素对流动性的扰动，并在金融监管趋严或关键考核时点对流动性投放力度进行微调，以保持流动性松紧适度、相对平稳，防止发生系统性风险。

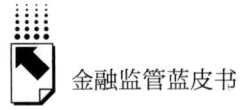

二是提高资本监管覆盖范围。继续坚持"穿透式"监管,针对跨市场、跨行业的交叉性金融风险,要按照"实质重于形式"的原则,将资金的来源、嵌套的环节和最终流向连接起来,针对银行具有清偿义务的业务,需要纳入资本监管的覆盖范围。同时,加强金融机构持股银行行为的监管,对通过持股放大杠杆水平的金融机构要加强并表监管,控制其杠杆水平。

三是强化信息统计和披露。对各类银行表外理财业务、同业业务的杠杆率和错配情况进行认真排查,督促银行及时、准确、完整披露各类表外理财业务信息,进一步统筹金融业综合统计,加快推进包括银行表外业务在内的数据统计共享机制和风险监测体系建设。

四 互联网金融风险专项整治

互联网金融是新科技、新技术在金融领域创新运用而产生并快速发展的新兴产业,包括网络支付、网络借贷、股权众筹融资、互联网基金销售以及互联网消费金融等业务类型,在满足消费者多元化、低门槛金融服务要求、扩大金融服务覆盖面、激发金融市场活力等方面发挥了积极作用。

互联网小额贷款是互联网金融的重要组成部分。自2007年我国第一家P2P网贷平台拍拍贷成立以来,网络贷款行业以其便捷、高效、不受地域限制和覆盖客户群体较广等优势,迎来了高速的发展。截至2017年第三季度,全国互联网P2P贷款余额为1.1万亿元,为3年前的17.7倍,高于小贷公司贷款余额0.97万亿元。在快速发展过程中,互联网贷款行业也暴露了信息等级托管体系薄弱、征信体系不健全、借款人违约风险大及资金用途不明确等问题,有些平台甚至涉及非法集资、集资诈骗等违法行为。2015年以来,"无场景依托、无指定用途、无客户群体限制、无抵押"的"现金贷"业务开始发展,其缺乏风险控制,以高利率覆盖高坏账率的经营模式造成了利率畸高、多头借贷等问题,其暴力催收、校园贷业务引发了社会问题。

针对网贷行业出现的种种问题,银监会于2017年8月24日印发《网络借贷信息中介机构业务活动信息披露指引》（银监办发〔2017〕113号）（下称《信息披露指引》），并附《信息披露内容说明》，明确了网络借贷信息中介业务活动中的基本概念、原则和应披露的内容，规范了披露的口径和标准，强调相关披露主体责任和管理要求。至此，包括银监会分别于2016年底和2017年初发布的《网络借贷信息中介机构备案登记管理指引》《网络借贷资金存管业务指引》在内的网贷行业"1+3"（一个办法三个指引）制度框架设计完成。互联网金融风险专项整治工作领导小组办公室、P2P网贷风险专项整治工作领导小组办公室于2017年12月1日共同发布了《关于规范整顿"现金贷"业务的通知》（整治办函〔2017〕141号）[①]，对"现金贷"业务的特点做出界定，明确"现金贷"业务须持牌经营并暂停发放网络小贷牌照，对于其资金来源、利率水平和贷款展期等业务流程进行规范，对于其暴力催收、侵犯个人隐私等突出问题进行整改，并再次强调不得为在校学生等无还款能力的借款人及购房融资需求提供借贷撮合服务。

首次代币发行（Initial Coin Offering，ICO）市场在2017年迅猛发展。ICO指企业通过众筹，在场外交易平台向不特定对象发行以区块链形式承载的代币，募集投资人的比特币。比特币诞生于2009年。随着金融科技的快速发展和广泛普及，2017年上半年，ICO在全球范围内迅猛发展。在狂热的投机氛围的推动下，2017年6月，ICO参与人次由上月的不足1万人飙升至将近6万人，融资金额由上月的2亿元飙升至14亿元，每枚比特币价格由年初的6000元左右飙升至超过2万元。由于虚拟货币方面的监管真空，ICO逐步演变为恶意炒作、非法集资和金融诈骗的手段，其技术风险、法律风险较为突出，投资者权益缺乏相应的保护。对此，中国人民银行、中央网信办、工业和信息化部、工商总局、银监会、证监会、保监会七个部门于2017年9月4日发布《关于防范代币发行融资风险的公告》，将ICO定性为非法融资行为，认为其涉嫌非法发售代币票券、非法发行证券以及非法集资、金融诈骗和传销等违法犯罪活动，并叫停国内各类ICO业务。

---

① 《规范整顿"现金贷"纳入互联网金融风险专项整治》，《经济日报》2017年12月2日。

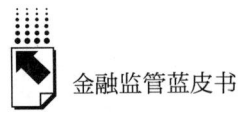

互联网金融风险专项整治工作对互联网金融市场的业务模式进行规范，对突出问题进行整改，对相关风险起到了一定的防范作用。目前，中国已经进入了互联网金融发展的2.0阶段，移动互联、大数据、云计算、人工智能，以及区块链等技术与金融体系紧密结合，出现了跨界化、去中介化、去中心化、自伺服等新特征。新技术、新特征的出现和发展对传统监管体系提出了更高的要求和挑战，对金融科技监管的新范式亟待建立。

一是构建金融科技监管体系。要改革金融科技监管组织架构，加强顶层设计；促进金融科技监管规则和工具的发展，建立具有针对性和有效性的金融科技监管基础设施、基本原则、微观指标和监管工具等；明确监管科技的发展规划及应对战略，在现有的分业监管格局下促进监管协调。

二是建立金融科技的监管沙盒计划。要确认监管沙盒的责任主体，制定详细计划，推进监管流程的透明化、标准化。完善微观标准，将具有系统重要性的金融科技企业纳入监管沙盒计划之中，并设立存量和增量的处置安排，实现创新促进和有效监管的融合，以监管创新促进金融创新。

三是强化金融监管的科技能力。监管部门要明确监管职责，强化监管科技，加快建立监管科技专业团队，提高监管者的信息科技知识水平；积极参与国际金融监管合作，共同制定监管科技应用的微观标准和技术指南。

四是构建金融科技监管长效机制。对金融科技的监管需要构建具有长期、动态视角的长效机制。监管机构要完善金融科技监管的基础设施和监管机制，完善金融监管体系的机构改革和组织架构，强化监管科技在金融监管框架中的运用，促进新兴技术在金融、经济乃至社会等多个领域的应用，同时又积极主动地防范风险。

五 资管新规加强监管统一

伴随着我国宏观经济的长期高速增长，居民个人和机构的财富迅速积累，对于多元化资产管理渠道和稳定投资回报的需求也不断强化。以"受人之托，代客理财"为核心的资产管理业务，迎来了一段相当长的蓬勃发展时期。2012年，一系列监管新规为金融机构开展资产管理业务松绑，① 中国资产管理市场进入混业经营的"大资管"时代。截至2016年底，中国资产管理市场规模达到104.24万亿元，是2012年市场规模的4.63倍，年均复合增长率高达46.68%。目前，几乎全部金融子行业提供资产管理业务，资金上游为以银行理财为代表的资金来源机构、中游为以基金公司和保险公司为代表的资金投资管理机构、下游为以证券公司和信托公司为代表的通道机构。

资管行业在快速发展的过程中暴露出很多问题。一是规避金融监管。在分业监管模式下，各监管主体间存在严重的信息不对称，使得跨市场、跨机构的交叉性资管产品具有套利空间。二是影响宏观调控。银行对非标资产的投资掩盖了真实的信贷规模，弱化了传统信贷额度等工具，加大了货币政策的调控难度。三是多层嵌套。大量资管产品采用结构化产品设计，通过层层嵌套的链条规避监管，导致了资金的空转，加剧了风险的积累。四是刚性兑付。为了扩大客源，我国资管市场刚性兑付产品普遍存在。刚性兑付的存在扭曲了风险收益相匹配的市场化定价基础，也使得风险在金融体系中积聚。

资管行业的种种问题亟须监管的协调与统一，中国人民银行、银监会、证监会、保监会和国家外汇管理局于2017年11月17日正式发布了《关于规范金融机构资产管理业务的指导意见（征求意见稿）》（以下简称《指导意见》）。《指导意见》是横跨各类机构、覆盖全面的纲领性原则性文件，其主要内容包括以下几个方面。

一是加强监管的统筹协调。目前，银监会负责监管银行理财和信托计划，证监会负责监管券商资管、基金和期货资管，保监会负责监管保险资

---

① 2012年5月，证监会发布《期货公司资产管理业务试点办法》，期货公司获准开展资产管理业务；2012年7月，保监会发布《保险资金委托投资管理暂行办法》，保险公司资产管理业务拓宽；2012年8月，证监会发布《关于推进证券公司改革开放、创新发展的思路与措施》，明确鼓励证券公司开展资产托管、结算、代理等业务；2012年11月，《基金管理公司特定客户资产管理业务试点办法》和《证券投资基金管理公司子公司管理暂行规定》开始施行，基金公司获准进入股权投资领域。

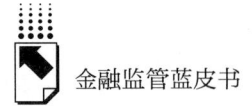

管。而此次资管新规由央行牵头,银监会、证监会、保监会和外管局共同参与,加强监管部门之间统筹协调方向一致,推动机构监管与功能监管相结合,有助于强化宏观审慎管理,建立资管业务的宏观审慎框架。

二是统一监管标准。《指导意见》针对各类资管产品在资产组合管理及集中度限制、风险准备金计提、杠杆率管理和投资者适当性管理标准等方面均提出了具体要求。监管标准的统一将减少资管产品的监管套利和风险转嫁,对跨行业、跨市场的交叉性金融风险进行更为有效的防控。

三是防止资金在金融体系内空转。《指导意见》要求除公募证券投资基金外,资产管理产品只可以投资一层资产管理产品,所投资的资产管理产品不得再投资其他资产管理产品,要求金融机构不得为其他金融机构的资产管理产品提供规避投资范围、杠杆约束等监管要求的通道服务。这一监管规定将遏制通过层层嵌套规避监管的情况,有助于对底层资产进行穿透式监管,全面掌握资金流向,推动资管行业去杠杆。

四是打破刚性兑付。《指导意见》明确资管产品不允许承诺保本保收益,并详细列举了刚性兑付的认定标准和处罚标准。这一监管规定将真正落实资管行业"卖者尽责,买者自负"的原则,进一步推动资管产品向净值管理转型。

五是鼓励资管产品投向国家战略或宏观调控引导的方向。《指导意见》鼓励资管产品支持国家重点领域和重大工程建设、科技创新和战略性新兴产业、"一带一路"建设、京津冀协同发展等领域。预计未来这些领域的专项产品发展空间会扩大,资管市场服务实体经济能力将进一步增强。

六 加强商业银行流动性风险管理

银行流动性风险管理是包括期限错配、货币错配、压力测试等方面在内的综合监管体系。金融危机后,全球监管者意识到建立统一的流动性监管要求的必要性,巴塞尔委员会于2010年发布了《巴塞尔协议Ⅲ》,提出流动性覆盖率(Liquidity Coverage Ratio,LCR)和净稳定资金比率(Net Stable

Funding Ratio，NSFR）两大流动性监管标准，并就引入 LCR 和 NSFR 的时间表达成一致。LCR 是优质流动性资产储备与未来 30 日的资金净流出量之比，引入该指标以期提高机构抵御短期流动性风险的能力；NSFR 是可用稳定资金与业务所需的稳定资金之比，引入该指标以期提高机构长期流动性风险管理能力。

目前，我国银行业表外业务杠杆高、嵌套多、链条长所引发的期限错配问题较为突出，需要把流动性风险管理放在更重要的位置。银监会于 2014 年发布《商业银行流动性风险管理办法》，引入了 LCR，其实施对象是资产规模在 2000 亿元以上的商业银行，中小型银行参照执行。然而，目前中小银行对同业资金依赖程度高，并利用同业负债加杠杆，进行期限错配，积累了大量的流动性风险，亟待确立统一监管标准。此外，按照巴塞尔委员会确立的时间表，NSFR 需从 2018 年开始在全球实行，其他对更丰富的期限错配和长短期流动性的监管指标与治理政策也应出台，以对流动性风险进行更为广泛的覆盖。

针对上述问题，银监会于 2017 年 12 月 6 日发布《商业银行流动性风险管理办法（修订征求意见稿）》（以下简称《流动性办法》）。《流动性办法》引入了 NSFR、优质流动性资产充足率和流动性匹配率三个量化指标，对不同规模的银行进行全面的流动性管理，并推动监管符合国际标准；增加日间流动性风险管理和融资管理等方面的要求，细化流动性风险管理相关要求；针对同业批发融资分不同期限设定限额，强化同业负债流动性管理。《流动性办法》通过强化流动性管理，对银行的业务模式产生重要影响。

一是银行将配置更多长期同业存单。《流动性办法》中针对所有银行引入了流动性匹配指标。流动性匹配指标对传统存贷款业务以及同业业务分别赋予了不同的折算率，存贷款的折算率比同业业务的折算率更利于达标，长期同业业务的折算率比短期同业业务的折算率更利于达标。可见流动性匹配指标一方面抑制银行在同业业务上用短期负债维系长期资产的错配套利；另一方面则是变相的贷存比考核，用不稳定的同业资金进行传统信贷业务的业务模式也是监管抑制的对象。预计未来银行会相应调整资产负债结构，提高

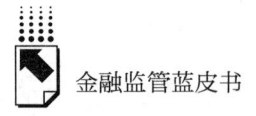

传统存贷业务的占比,加大同业负债和同业存单的久期。

二是抑制同业投资。根据相关监管规定,金融机构同业投资应严格风险审查和资金投向合规性审查,按照"实质重于形式"原则,根据所投资基础资产的性质,准确计量风险并计提相应资本与拨备。而《流动性办法》中三个核心指标的计算都与风险资本计提显著相关。所以,预计各行进行同业投资时将偏好节约净资本的长期限同业理财产品。

三是加强对中小银行流动性风险管理。《流动性办法》针对资产规模在2000亿元以下的中小银行引入了优质流动性资产充足率指标。因中小银行对同业市场融资的依赖性较高,这一指标可能对中小银行的融资和业务模式造成较大影响。为适应新的比率,中小银行需要加大高流动性资产配置,并对资产负债的久期做出调整。银行的流动性考核时点带来的流动性紧张将会加剧,流动性季节变化会增强。

七 IPO常态化改革

党的十九大报告和全国金融工作会议均指出,要把发展直接融资放在重要位置,促进多层次资本市场健康发展,增强金融服务实体经济能力。然而长期以来,我国A股市场IPO排队待审企业积压严重,2016年6月底,IPO在审企业数量达到了历史新高的895家。这一IPO"堰塞湖"现象影响了资本市场服务实体经济的能力,也造成了壳资源炒作等问题。

2016年下半年以来,IPO发行与新股发审从严"双常态化"趋势逐步确立。2017年以来,企业IPO平均审核周期缩短为1年零3个月左右,前11个月,发审委共审结IPO企业503家,其中核准发行359家,超过2010年的历史最高水平,IPO家数和融资规模均居同期全球前列。截至2017年11月,IPO排队总数已降至489家,较去年同期下降了32.6%,其中300多家为2017年新受理企业,为"堰塞湖"注入了"源头活水"。

同时,完善股票发审委制度,严把审核质量关,理顺发行、定价、配售等环节运行机制的改革也在进行。证监会于2017年7月修订了《中国证券监督管理委员会发行审核委员会办法》，提出改革原有的审核部门统筹的审核委员会机制，进行"选人、用人、监管"的三分离，并设立发行审核监察委员会，对发审委权力运行机制进行有效规范；提高发审委委员任职条件，完善对违法违规委员的追责制度，并明确专职委员禁止买卖股票，对发审委委员进行有效监督；合并主板发审委与创业板发审委，统一审核理念和标准，提高发行审核效率，为新股从严审核确立了制度保障。新一届发审委履职以来，发审监督机制不断完善，新股发行市场生态发生重大变化。截至2017年12月，新一届发审委共审核67家公司的IPO申请，共39家通过，通过率仅为58.2%，远低于2016年的93.2%和2017年前三个季度的84.1%。

从长远来看，目前的IPO发行与新股发审从严"双常态化"趋势有利于资本市场的健康发展。一是发审委严把准入关，为符合发行条件、符合国家发展战略的优秀企业上市融资提供更多市场配置空间，为经济结构转型升级不断提升资本市场服务功能。二是发审委通过终止和否决一批不符合发行条件的企业，净化市场环境，震慑违法违规行为，坚决杜绝企业"带病上市"的行为，从源头上为资本市场稳定健康发展创造条件，在提高上市公司质量方面起到积极作用。三是发审委重点审核IPO材料合规性及财务报表真实性，这对不良保荐人包装美容财务报表的行为是一个强大的警示和威慑，并将促使保荐人重回"保荐"本源，要求保荐人提高IPO材料的质量与真实性，保护投资者的合法权益。

八　加强公募基金流动性风险管理

公募基金流动性风险主要是指基金管理人未能及时变现基金资产以应对投资者的赎回申请，其风险管理本质上是基金组合资产的变现能力和投资者赎回管理的匹配平衡问题。2015年以来，中国股市经历了大幅波动，集中持有中小市值股票的基金公司面临较大流动性压力；债券市场信用风险逐步暴露，公募基金持仓债券发生违约容易引发持有人集中赎回，导致流动性风险；大量机构委外资金涌入公募基金，因持有人高度集中，机构同质化，市场突变下的赎回行为可能高度一致。所以，加强公募基金流动性风险管理具有必要性和紧迫性。

为加强公募基金流动性风险管理，证监会于 2017 年 8 月 31 日发布《公开募集开放式证券投资基金流动性风险管理规定》（中国证券监督管理委员会公告〔2017〕12 号）（以下简称《管理规定》），自 2017 年 10 月 1 日起开始施行。《管理规定》涉及管理人内控、产品设计、投资交易限制和申购赎回管理等八个方面，重点内容为以下几点。

一是强化投资者集中度管理。《管理规定》规定，当单一投资者持股达到或超过 50% 时，将采取发起式基金形式，抬高设立门槛；对于单一投资者持有份额达到或超过 20% 的基金产品，要严格披露。由于定制化基金管理费率低、分红可以避税，大量银行委外资金进入定制化基金，存在监管套利的情况。对投资者集中度的管理规定基本封堵了这种套利方式，将引导委外资金回归传统的专户渠道。

二是加强投资比例监管。在原有基金"双十比例"投资限制的基础上，《管理规定》进一步制定了同一管理人管理的全部开放式基金持有上市公司流通股 15% 的上限，以及全部投资组合持有流通股 30% 的上限。我国现行发行制度下存在流通股本与总股本差异较大的现象，对流通股投资比例的限制将有效保障产品的流动性，避免过度集中，保护其他投资者的权益。

三是多渠道确保赎回流动性。《管理规定》要求基金管理人每日对可变现资产的可变现价值进行审慎评估测算，在面对巨额赎回等特定情形时，可运用各类流动性管理工具。通过评估测算，可以防止基金管理人盲目确认超出变现能力的赎回申请；通过充分运用流动性管理工具，可以提高基金管理人的应急处理能力，并保障中小投资者的合法权益。

四是对货币市场基金做出特别规定。《管理规定》对货币市场基金设立了比普通公募基金更加严格的流动性限制指标，包括限制投资流动受限资产比例、细化对次高等级信用债的投资限制，并规定同一基金管理人所管理的货币市场基金规模不得超过对应风险准备金月末余额的 200 倍。将基金规模与风险准备金挂钩,将确保管理规模与风险管理能力及风险覆盖水平相匹配,控制个体风险传染,推动货币基金市场的平稳运行。

九 保险业严控风险

近年来,我国保险机构不断增多,保险业务快速增长,保险资金运用收益率稳步提高。截至2016年,我国保费收入为3.09万亿元,同比增长27.5%,保费收入超过日本,在全球范围内仅次于美国;保险资金运用收益率为5%~6%,高于银行存款和国债的收益率水平。然而,2016年我国保险深度(保费/GDP)为3.65%,远低于全球保险深度6.89%;我国保险密度(人均保费)为155美元,远低于全球保险密度637美元。我国作为保险大国,距离保险强国的差距较为明显。保监会于2016年8月发布《中国保险业发展"十三五"规划纲要》,提出到2020年全国保费收入达到4.5万亿元,保险深度达到5%,保险密度达到3500元,"努力由保险大国向保险强国转变"的目标。

2000年,中国太平洋保险公司开发了国内首款万能险产品。万能险缴费灵活、保额可调整、保单账户价值领取方便,是一种设有保底收益率,风险程度介于分红险和投连险之间的投资型寿险产品。2003年,万能险业务收入仅为17亿元,占寿险总规模的0.7%。2012~2016年,保监会发布多项保险资金运用新政策,放开险资进入不动产和股权等领域,中小保险公司开始弱化万能险的风险保障功能,利用保费收入进行激进投资,覆盖负债端的高成本,实现自身规模的快速增长。2015年,万能险收入同比增长95.2%,2016年,万能险保费收入为1.2万亿元,占寿险总规模的34%。随着万能险的"野蛮生长",2015年下半年开始,险资频频举牌地产、金融等领域的蓝筹上市公司。万能险开始脱离保险"风险保障"的本质,成为投资理财的工具,短钱长配会导致杠杆率上升,利差损失、流动性风险加大;部分险资的举牌行为扰乱了行业和资本市场的秩序,成了"门口的野蛮人"。

在"保险姓保""保监会姓监"理念的指导下,保监会对以万能险为核心的中短存续期产品出台了密集监管政策,连续出台了"1+4"系列文件。保监会于2017年4月20日发布了确立总体监管思路的《中国保监会关于进一步加强保险监管,维护保险业稳定健康发展的通知》(保监发〔2017〕34号)。之后,保监会发布35号文、40号文、42号文和44号文,确立了防风险、治乱象、补短板和支持实体经济发展的具体监管规则。在负债端,监管要求控制中短存续期产品规模,包括取消附加型万能险投连险,对中短存续期产品收入规模占比进行规定;在资产端,监管要求遏制违规投资、激进投资等行为,包括应使用自有资金,严格遵守关联交易等各项监管要求等。为配合"1+4"系列文件要求,保监会于2017年12月15日发布了《保险资产负债管理监管办法(征求意见稿)》(以下简称《监管办法》)。《监管办法》明确了保险公司资产负债管理的基本要求、监管框架、评级方法以及对应的差别化监管措施,对于偿付能力不达标的D级企业,保监会将禁止其开展重大股票投资和上市公司收购等业务。

在"1+4"系列文件的严监管态势下,万能险业务持续萎缩。在保险企业方面,传统寿险龙头企业受影响较小,一些中小险企面临流动性压力,保险行业集中度提高;在险资运用方面,截至2017年5月,保险资金占债市、股市总市值的10.7%和3.4%。2017~2018年上半年是万能险等中短存续期产品的密集兑付期,部分险企的流动性压力将会持续,对于股市和债市的边际影响不容忽视。而《监管办法》的发布将使得部分险企过度依赖于金融市场进行激进资产配置和负债管理的"资产驱动负债"扩张模式难以为继,其资产和负债期限错配的风险将得到缓解和遏制。

进一步推进保险业有序健康发展还需关注以下几个方面。

一是继续坚持区域化、专业化导向,持续优化市场主体结构。要继续坚持"服务国家战略、兼顾区域平衡、支持专业创新"的原则,推动设立区域性和专业性保险公司。要发挥区域性保险公司对当地经济发展的推动作用,发挥专业性保险公司对于科技创新和成果转化的助力作用。

二是支持新型主体发展,促进行业转型升级。要继续鼓励"互联网+

保险"的创新实践，探索发展新的业务形态和商业模式；进一步丰富保险组织形式，推动自保、相互等新型组织形式发展；持续加强基础设施建设，推动行业风险数据库、保单登记管理信息平台等行业基础设施建设；加快发展再保险市场。

三是全流程加强公司治理监管。要坚持"公开"和"透明"督促保险公司完善公司治理结构，建立现代保险企业制度；在准入环节，强化股东资质审查和入股资金来源及流向的审查；在治理环节，以股权管理为重点加强公司治理监管；在退出环节，以推进兼并重组为重点，综合运用法律、市场和行政手段，构建多层次的市场退出机制。

十　2018年金融监管展望

2017年是金融监管大年，围绕防止发生系统性金融风险的核心主题，全年"一行三会"等监管机构针对银行、资本市场、资管行业、基金、保险及互联网金融等领域出台重要监管文件超过20个，行政处罚超过2700件，罚没金额超过80亿元。以金融自由化、影子银行、资管繁荣为特征的金融扩张周期迎来分水岭，金融市场生态发生深刻变化。

2018年是贯彻党的十九大精神的开局之年，是改革开放40周年，是决胜全面建成小康社会、实施"十三五"规划承上启下的关键一年。展望2018年的金融监管，以下几个趋势值得关注。

一是健全"双支柱"调控框架。在货币政策与宏观审慎监管共同组成的双支柱宏观金融调控体系当中，货币政策主要针对整体经济和总量问题，侧重于物价水平的稳定以及经济和就业增长，宏观审慎监管承担了防控金融风险的重要职责。2018年货币政策将继续坚持稳健中性，从而实现保持货币信贷和社会融资规模合理增长的目标。宏观审慎监管将全面强化，为持续推进"防风险、去杠杆"的重要任务营造适宜的货币金融环境，有效防范化解系统性风险。健全宏观审慎政策框架，要继续强化宏观审慎评估体系（MPA）的作用，将更多金融活动和金融行为纳入管理；继续加强房地产市场的宏观审慎管理，形成因城施策、差别化住房信贷政策。

二是重点防控金融风险。防范化解重大风险的重点在防控金融风险，2018年要继续坚持金融业服务实体经济的根本，对重点领域的金融风险进行有效防范、化解和处置。要不断加强风险监测和评估，强化对企业债务风险、银行资产质量和流动性变化情况等领域的风险监测和防范；统一资产管理业务的标准规制，强化实质性和穿透式监管；加快出台金融控股公司监管规则；加快完善存款保险风险监测和早期纠正机制，充分发挥存款保险市场化风险化解机制的作用。

三是坚定不移推进去杠杆。近年来，我国企业杠杆率高位小幅下降，政府杠杆率总体稳定，然而国有企业债务问题、地方政府债务问题及不良资产处置问题依然比较突出。要坚定不移推进去杠杆，把国有企业降杠杆作为重中之重，重点推进处置"僵尸企业"工作；持续关注地方政府债务问题，防范化解地方债风险；完善风险管理框架，强化风险内控机制建设，推动金融机构真实披露和及时处置风险资产。

四是完善促进房地产市场平稳健康发展的长效机制。防范化解房地产市场风险要坚持"房子是用来住的、不是用来炒的"定位。房地产金融市场监管包括严控信贷资金流向，加大对消费贷款、经营贷款等资金的监管力度，防范信贷资金违规进入房地产市场；完善保障性住房资金支持机制，在贷款额度、期限、利率等方面给予政策性倾斜，缓解保障房建设中地方财政资金压力；开展租赁住房金融创新，不断优化住房租赁市场各环节的金融产品和服务，满足租赁住宅领域多层次、多样性的金融需求。

分 报 告

Topical Report

B.3
银行业监管年度报告

巴劲松 李育峰 白啸威*

摘 要: 2017年严监管、强监管成为监管历史上的鲜明特征,严格执行监管法规、惩治违规行为,形成了强大的威慑,主要体现为对已经发布的监管法规予以严格执行。从趋势上看,预计2018年银行监管将继续"严监管、强监管"态势,在严格执行监管法规基础上,可能通过新法规新举措,提高监管覆盖面和监管深度,一方面督促金融回归本源、回归实体经济,督导银行业规范化、科学化发展,以"矫正"为主题;另一方面则可能在健全现代银行制度、推动银行向高质量发展转

---

* 巴劲松,博士,高级经济师,中国社会科学院金融研究所博士后研究人员;李育峰,博士,经济师,中国社会科学院金融研究所博士后研究人员,主要研究领域为金融监管、风险管理等;白啸威,硕士,国家金融与发展实验室金融法律与金融监管研究基地特邀研究人员,主要研究领域为金融监管、商业银行经营与风险管理。

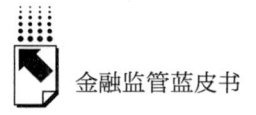

变等方面有所行动,以"重塑"银行在新经济阶段的经营行为。

关键词: 严监管 防风险 补短板 重塑

一 2017年监管回顾与银行业发展概况

(一)2017年监管回顾

2017年的严监管、强监管成为监管历史上鲜明的特征,这是市场的共识。分析下来,2017年的严监管和强监管主要体现为对已经发布的监管法规予以严格执行,整治市场乱象、惩治违法行为,防范和处置各类金融风险,形成监管威慑力,引导银行业金融机构回归本源,专注主业,加大对实体经济的支持力度。

1. 严格执法,深入整治银行业市场乱象

2017年,银行监管将整治市场乱象作为监管工作重点,全年持续发力。2017年初,银监会连续开展"三违反""三套利""四不当""十乱象"专项治理和综合整治。"三三四十"专项治理中,共发现问题6万余项(个),涉及金额18.5万亿元。目前,"三三四十"系列整治市场乱象初见成效,同业、理财、委托贷款相关业务同步收缩,资金脱实向虚势头得到初步遏制,银行业信贷支持实体经济的力度持续加强,合规经营意识有所提高。

2. 弥补监管制度短板

针对金融市场的快速发展、银行业务结构调整、风险特征变化等新情况,对于监管不足予以弥补。一是完善流动性风险管理、银行账簿利率风险、押品管理、大额风险暴露等一系列风险管理类规制,强化相关领域风险防控;二是完善业务类规制,规范吸收公款存款、产品销售行为、银信类业务、委托贷款等相关业务的发展;三是完善政策性银行与开发银行监管规制,推进国家开发银行、中国进出口银行、中国农业发展银行健康发展;四是强化穿透监管,加强商业银行股权管理;五是完善信托登记、慈善信托、融资担保、金融资产管理公司等非银金融机构业务规制体系。

3. 处置一批重大风险点

随着经济结构调整的深化和内外部发展环境的变化,一些地区、一些行业、一些企业和机构爆发了风险事件,监管部门对相关案件的处理形成了监管威慑。严肃查处广发银行惠州分行违规担保案、民生银行北京航天桥支行虚假理财案、浦发银行成都分行违法贷款案等重大案件。其中,对违规担保情节特别严重、社会不良影响和危害后果特别巨大的广发银行惠州分行一次性罚没 7.22 亿元,对涉及该案的其他 13 家银行业机构罚没金额合计 13.41 亿元。成为历史上罚款金额最大的监管处罚。出台网贷领域的"一个办法三个指引",对网络借贷信息中介(P2P)进行集中治理。严厉整治校园贷、培训贷等,鼓励商业银行做好大学生金融服务,开正门、堵邪路。

4. 督导银行业金融机构提升服务实体经济的质效

一是积极支持供给侧结构性改革。实施差异化的信贷政策,实行区别对待、有保有控的差别化信贷政策。组建债权人委员会,引导银行业稳妥有序退出"僵尸企业",妥善处置重大授信风险事件,支持企业重组脱困。批准五家大型银行新设债转股实施机构,稳步推进市场化法治化债转股。全面开展不规范经营整治,引导银行业全年新增减费让利约 440 亿元。牢牢把握"房子是用来住的、不是用来炒的"基本属性,要求银行按照分类调控、因地因城施策的原则,落实差别化的住房信贷政策,促进房地产市场长期稳健发展。二是全力支持重大战略实施。引导银行业金融机构提升服务企业走出去的能力,形成长期、稳定、风险可控、商业可持续的"一带一路"金融服务保障体系,积极支持"一带一路"建设;引导银行业金融机构加大对京津冀协同发展战略、长江经济带发展战略等的支持力度。三是大力推进普惠金融发展。推动大中型商业银行设立普惠金融事业部,提升普惠金融服务能力。目前大型银行总行及一级分行普惠金融事业部均已组建完毕。着力提升小微企业金融服务水平,支持银行业金融机构创新业务模式,积极支持科

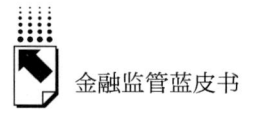

创企业发展，提高"三农"金融服务水平。

5.持续深化银行业改革开放

一是深化银行业公司治理改革，完善"三会一层"治理机制，加强公司治理的监管，促进提高公司治理的有效性。二是推动银行业机构改革，出台开发性和政策性银行监管办法，促进政策性银行和开发银行健康有序发展；起草新设债转股实施机构管理办法并公开征求意见，推动大型银行设立债转股实施机构，开展市场化、法治化债转股；推动农村金融机构改革，积极组建农商行，大力发展村镇银行等新型农村金融机构。三是鼓励并规范民间资本进入银行业。目前已有17家民营银行开业，全国性股份制银行、城商行、农商行的股权结构中民营资本占比不断提高。四是提高银行业对外开放水平，简政放权，支持外资银行发展，拓展与"一带一路"沿线国家互设机构的深度和广度。

（二）2017年银行业发展概况

资产负债增长趋缓。截至2017年末，我国银行业金融机构境内外本外币资产总额和负债总额分别达到252万亿元和233万亿元，分别同比增长8.7%和8.4%，比2016年末分别下降7.1个和7.6个百分点。

信贷资产质量保持平稳。截至2017年末，我国商业银行不良贷款余额为1.71万亿元，较2016年末增加了2000亿元；我国商业银行的不良贷款率为1.74%，与2016年末持平，银行业不良贷款率水平保持稳定。

风险抵御能力较强。截至2017年末，我国商业银行贷款损失准备余额为3.09万亿元，比2016年末增加了4268亿元，拨备覆盖率为181.42%，比2016年末提高了5.02个百分点；贷款拨备率为3.16%，较2016年末上升了0.09个百分点。商业银行核心一级资本充足率为10.75%，与上年末基本持平；一级资本充足率为11.35%，较上年末上升了0.1个百分点；资本充足率为13.65%，较上年末上升了0.37个百分点，处于国际同业良好水平。

流动性水平稳健。2017年末，我国商业银行的流动性比例为50.03%，人民币超额备付金率2.02%，存贷款比例为70.55%，流动性覆盖率为123.26%。

二 2017年银行业主要监管举措

（一）督促回归本源，引导金融资源配置实体经济

银监会印发《关于提升银行业服务实体经济质效的指导意见》，从制度层次明确银行支持的重点领域，包括供给侧结构性改革、京津冀协同发展等国家重点发展战略、小微企业和"三农"薄弱领域等，从正向引导、改革创新、监管约束、外部环境、工作机制等方面提出具体措施，引导银行业金融机构做好服务实体经济相关工作。同时，2017年，银监会着力推动银行业体制机制改革、优化外部环境、完善相关基础设施，提升银行业服务实体经济内生动力和实体经济主体的融资能力。

1. 积极支持供给侧结构性改革

一是实施差异化的信贷政策。要求银行提升经营管理的精细化水平，实行区别对待、有保有控的差别化信贷政策，对于长期亏损失去市场竞争力的"僵尸企业"，包括落后产能在内的所有不符合国家产业政策的产业，压缩退出相关贷款，稳妥有序地实现市场出清，更好地服务去产能目标；对于技术设备先进、产品有竞争力、有市场，或者虽暂遇困难，但是经过深化改革和加强管理，能够恢复市场竞争力的一些优质骨干企业要继续给予信贷支持。二是进一步完善债权人委员会制度。完善债权银行、信息公开、客户评价、联合授信机制，确保成员银行一致行动，集体研究增贷、稳贷、减贷，或者债务重组等处置措施，引导银行业稳妥有序地退出"僵尸企业"，妥善处置重大授信风险事件，支持企业重组脱困。三是积极运用重组、核销多种手段加快处置不良资产。四是批准五家国有大型商业银行新设债转股实施机构，稳步推进市场化、法治化债转股。五是按照分类调控、因地因城施策的原则，落实差别化的住房信贷政策，促进房地产市场长期稳健发展。六是全面开展不规范经营整治，引导银行业继续减费让利，降低实体经济融资成本。七是提升"三农"和小微企业等领域的金融服务水平。

2. 全力支持重大战略实施

一是引导银行业积极支持"一带一路"建设。2017年初,银监会印发《关于规范银行业服务企业走出去 加强风险防控的指导意见》（银监发〔2017〕1号）,引导银行业金融机构提升服务企业走出去的能力,对银行业金融机构境外经营行为进行规范,确保形成长期、稳定、风险可控、商业可持续的"一带一路"金融服务保障体系。二是在关于提升银行业服务实体经济质效的指导意见中,明确要求银行业金融机构大力支持京津冀协同发展等国家战略,积极做好非首都功能疏解、城市副中心建设等重点领域金融服务。三是引导银行业金融机构加大对长江经济带发展战略等的支持力度,加大对能源、交通、电信、水利、轨道交通、地下管廊、供水供电等领域的金融支持力度。

3. 大力推进普惠金融发展

（1）推动建立普惠金融事业部。2017年5月,银监会印发《大中型商业银行设立普惠金融事业部实施方案》,推动大中型商业银行设立普惠金融事业部,普惠金融事业部主要定位于服务小微企业、"三农"、创业创新群体和脱贫攻坚等薄弱领域。普惠金融事业部具有两个特点：一是普惠金融实行从总行到分支机构、自上而下的垂直管理体系,总行设普惠金融事业部,分支机构设相应的前台业务部门和专业化的经营机构,下沉业务重心,下放审批权限,实行"条线化"管理体制,以提高服务效率和能力,更好地服务普惠金融客户。二是要求商业银行建立专门的综合服务、专门的统计核算、专门的风险管理、专门的资源配置、专门的考核评价等"五专"机制,实行专业化经营管理。截至2017年末,大型商业银行总行及一级分行的普惠金融事业部均已组建完毕。

（2）着力提升小微企业金融服务水平。一是持续部署推动小微企业金融服务。2017年3月20日,银监会印发了《关于做好2017年小微企业金融服务工作的通知》（银监办发〔2017〕42号）,对2017年小微企业金融服务提出具体要求。2017年,仍然要求银行业金融机构努力实现"三个不低于"目标,但与往年不同,2017年可以根据银行小微企业金融业务发展情况对"三个不低于"进行差异化的考核。具体是：对2016年末小微企业贷款余额占比达到一定标准的商业银行，允许其按增速或增量自主选择贷款增长指标，对2016年末小微企业申贷获得率达到90%以上的商业银行，2017年不再考核申贷获得率，转为日常监测。同时，要求银行业金融机构单列信贷计划、下沉服务重心、创新服务模式、改进贷款管理、适当提高容忍度，提高服务小微企业的能力和水平。二是督促银行提升服务效率，满足小微企业资金需求时效性强的特点。2017年5月，银监会印发《提高小微企业信贷服务效率 合理压缩获得信贷时间实施方案》，从加大投放力度、完善机构网点、推广线上服务、改进机制流程、优化续贷管理等方面提出要求，特别是明确提出"支持有条件的商业银行在风险可控、审慎经营的前提下，在内部管理与操作流程中对小微企业贷款办理时限做出明确规定"，督促商业银行提高小微企业信贷服务的效率，合理压缩信贷获得时间，提高商业银行对小微企业的服务质量。三是推动"银税互动"进一步深化发展。2017年5月，银监会与国家税务总局联合印发了《关于进一步推动"银税互动"工作的通知》，推动各地税务、银行监管部门和银行业金融机构进一步深化合作，更好地实现税务信息与融资信息相结合，解决小微企业融资中的信息不对称问题。主要从四个方面深化"银税互动"工作：在现有的"总局（会）—省局—市局（分局）"三级联动的银税合作基础上，进一步下沉工作重心，2017年实现银税合作工作机制在所有县域铺开；将纳税信用信息推送内容由纳税信用A级扩大至纳税信用A-D级企业，进一步丰富银税信息互换内容，鼓励探索通过建立专线、搭建系统平台等方式实现数据直连，将银税信息互动由"线下"搬到"线上"；将"银税互动"受惠群体由纳税信用A级企业拓展至B级企业，并鼓励银行融合税务数据与多维度企业信息，创新信贷产品，优化信贷审批流程；要求做好"银税互动"信息传递过程中的信息安全防护工作，并通过守信激励的示范引领效应，在全社会形成诚信经营、依法纳税的价值导向。

（3）做好科创企业金融服务。银行监管部门能够积极贯彻落实创新驱动发展战略，鼓励、引导银行业金融机构加大对科创企业的金融支持力度，助推经济增长新动能培育。一是银行监管部门鼓励银行业金融机构在高新技术产业开发区、自主创新示范区等科技资源集中区域建设科技金融专营机构、科技分（支）行、科技金融服务团队等特色机构，推进"专业化""专营化"发展。二是鼓励银行针对科技企业的发展模式和产业特点，探索建立有别于传统企业的信贷管理机制。如杭州银行对科技金融专营机构实行"五个单独"政策（即单独的客户准入标准、单独的信贷审批授权、单独的信贷风险容忍政策、单独的业务协同政策和单独的专项拨备政策）。上海华瑞银行建立了以"六专"为核心的管理体系（即专营科技金融业务的组织架构体系、专业的经营管理团队、专用的风险管理制度和技术手段、专门的管理信息系统、专项激励考核机制和专属客户信贷标准）。三是鼓励银行业金融机构根据科创企业实际状况，创新金融产品，推出信用贷款、专利权、著作权、商标权、未来项目收益权质押贷款等产品，探索供应链、产业链融资，开发应收账款质押、订单质押等产品，利用政府支持政策推出银政合作类产品等。四是稳妥推动投贷联动业务。在推动10家试点银行在5个国家自主创新示范区开展"我投我贷"内部投贷联动的同时，鼓励银行业金融机构在依法合规、风险可控的前提下，加强与风险投资、私募股权投资等外部投资机构的合作，积极探索开展"他投我贷"（即"贷款+外部直投""贷款+远期权益""贷款+外部直投+远期权益"等）的外部投贷联动业务。

（4）优化农村金融服务。一是促进扶贫小额信贷健康发展，充分发挥金融在精准扶贫和精准脱贫中的作用。2014年，国务院扶贫办、财政部、人民银行、银监会、保监会等部门联合印发了《关于创新发展扶贫小额信贷的指导意见》（国开办发〔2014〕78号），提出探索发展扶贫小额信贷业务，帮助贫困户发展生产、增收脱贫。为了进一步加强、改善和规范扶贫小额信贷管理，促进扶贫小额信贷业务健康发展，2017年8月，银监会联合财政部、中国人民银行、保监会、国务院扶贫办联合印发了《关于促进扶贫小额信贷健康发展的通知》（银监发〔2017〕42号）。该通知明确了扶贫小额信贷的定位和特点，指出扶贫小额信贷是为建档立卡贫困户量身定制的金融精准扶贫产品，其贷款金额一般在5万元以下，期限在3年期以内，免担保、免抵押，以基准利率发放贷款，财政进行贴息，政府建立风险补偿金,要求各银行业金融机构加大对信用资质良好、有贷款意愿、有就业创业潜质、技能素质较高和有一定还款能力的建档立卡贫困户的支持力度。同时,要求扶贫小额信贷只能用于贫困户发展生产,或者用于发展能够带动贫困户脱贫致富的特色产业,严禁扶贫小额信贷资金用于消费、理财、建房等非生产性支出。要求各地方政府建立和完善风险补偿与分担机制,确保风险补偿金专款专用,合理确定放大倍数和分担比例,提高风险补偿效果,引导银行业金融机构加大扶贫小额信贷投放力度。该通知对银行业金融机构扶贫小额信贷管理也提出了贷前进行建档立卡贫困户和产业项目双调查、贷后定期监测、稳妥办理无还本续贷、区别对待非主观原因的逾期贷款和不良贷款、适当提高风险容忍度、落实尽职免责制度等要求,不断提高扶贫小额信贷服务质量。二是扩大农村集体经营性建设用地使用权抵押贷款试点范围。2016年,银监会和国土资源部联合印发《农村集体经营性建设用地使用权抵押贷款管理暂行办法》(银监发〔2016〕26号),允许在北京市大兴区等15个县(市、区)开展农村集体经营性建设用地使用权抵押贷款,即以农村集体经营性建设用地使用权作为抵押财产,由银行业金融机构向符合条件的借款人发放的在约定期限内还本付息的贷款。随后,银监会和国土资源部联合印发《关于扩大农村集体经营性建设用地使用权抵押贷款工作试点范围的通知》,将农村集体经营性建设用地入市试点地区由原有15个县(市、区)扩大为33个县(市、区),进一步增强农村地区的融资能力,促进农业农村发展。

(二)整治市场乱象,防范金融风险

1. 持续开展"三三四十"整治活动

银监会2017年启动了"三三四十"专项整治活动,把防控金融风险放到更加重要的位置,规范银行经营行为。

2017年3月,银监会印发《关于开展银行业"违法、违规、违章"行为专项治理工作的通知》(银监办发〔2017〕45号),明确了乱设机构和乱办业务、不当利益输送、票据业务、信贷业务、同业业务和理财业务、信用卡业务、信息披露七大重点检查领域。

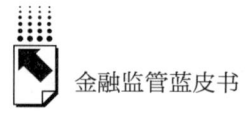

2017年3月,银监会印发《关于开展银行业"监管套利、空转套利、关联套利"专项治理工作的通知》(银监办发〔2017〕46号),主要对规避监管指标、规避监管政策等监管套利行为,信贷、票据、理财、同业领域的空转套利行为,以及违规向关联方授信或转移资产、违反或规避并表管理进行关联套利行为等进行检查。

2017年4月,银监会印发《关于开展银行业"不当创新、不当交易、不当激励、不当收费"专项治理工作的通知》(银监办发〔2017〕53号),明确了治理机制、管理制度与流程领域的不当创新,银行同业业务、银行理财业务、信托业务领域不当交易,考核指标设置、考评机制管理、薪酬支付管理领域的不当激励,收费行为规范、价格信息披露、内部管理程序领域的不当收费等检查要点。

2017年3月,银监会印发《关于集中开展银行业市场乱象整治工作的通知》(银监发〔2017〕5号),将重点放在股权和对外投资、机构及高管、规章制度、业务、产品、人员行为、行业廉洁风险、监管履职、内外勾结违法、涉及非法金融活动十方面。

通过印发上述系列文件,持续开展以"三违反""三套利""四不当""十乱象"为内容的"三三四十"专项整治活动。

2.问责与处罚力度空前,对市场形成强大震慑与警示

2017年,银监会落实"监管姓监"的定位,严厉整顿市场乱象,加大问责与行政处罚,不仅开出了史上最多的罚单,处罚总金额也刷新了历史纪录。2017年,银监会全系统共做出行政处罚决定3452件,其中处罚银行业金融机构1877家,罚没29.32亿元,罚金超2016年10倍;处罚相关责任人1547名,罚款3759.4万元,对270名责任人取消一定期限直至终身的银行业从业和高管任职资格。

专栏一 银监会开出史上最大罚单,侨兴债违规担保窝案罚没超20亿元

2016年12月20日,广东惠州侨兴集团下属两家子公司"侨兴电讯"

和"侨兴电信"在"招财宝"平台发行的10亿元私募债到期无法兑付,而该私募债由浙商财险提供保证保险。但浙商财险随即表示广发银行惠州分行为这10亿元私募债出具过兜底保函,随后该私募债的10多家金融机构投资者向广发银行主张债权。由此,广发银行惠州分行员工与侨兴集团人员内外勾结、私刻公章、违规担保案件,涉案金额120亿元的侨兴债违规担保案浮出水面。

案发后,银监会立即启动重大案件查处工作机制。经过监管立案调查,银监会认为涉案金融机构开展业务不审慎,用同业保函等协议兜底,将"通道"作为规避监管和隐匿风险的手段,严重违反金融监管规定。相关机构对项目尽职调查不到位,投后管理缺位,以"创新"之名通过拉长融资链条、层层嵌套行"套利之实"。此外,过度追求业务发展规模和速度,风险偏好激进,既不了解自己的客户,又不能通过穿透进行实质风险管理,没有切实构筑风险"防火墙"。

此案最终被定性为"一起银行内部员工与外部不法分子相互勾结、跨机构跨行业跨市场的重大案件,涉案金额巨大,牵涉机构众多,情节严重,性质恶劣,社会影响极坏,为近几年罕见"。银监会对广发银行总行、惠州分行及其他分支机构的违法违规行为罚没合计7.22亿元,对涉案的13家出资机构违法所得"没一罚一",罚没金额合计13.41亿元。此外,银监会对涉案的45名责任人做出行政处罚,对36名高级管理人员和相关责任人分别给予警告和经济处罚。

"侨兴债与广发行萝卜章"一案,涉及金融机构20余家,涉案金额120亿元,暴露出银行业机构内部风控管理的松懈,以及同业交易不合规的巨大风险,被确立为市场乱象的典型案例。银监会最终对广发银行开出7.22亿元的史上最大罚单,涉案机构罚没总金额超20亿元,成为银监会"强监管"背景下,重力整顿金融同业业务、影子银行风险的标志性事件。

从处罚案由看,作为银行占比最大的传统业务,信贷业务违规所受处罚的数量最多,主要表现为违规发放贷款、贷款"三查"不严、以贷转存、虚增存款、贷款支付管理违规、贷款资金违规用作保证金等；票据业务是仅次于信贷业务的违规行为"高发地带"，主要表现为票据保证金来源违规、贸易背景审查不严等。此外，内控管理及操作违规、同业业务违规、授信违规和违规转让（收购）信贷资产（不良资产）等案由也占了较高的比重。

2017年银监系统牢牢契合"强监管"的主题，呼应监管密集下发的系列文件，公布的罚单无论从数量、处罚金额还是处罚事由，都数量巨大，刷新历史纪录，对市场形成了强大震慑与警示。

3. 专项整治效果明显，市场乱象得到初步遏制

自银监会2017年实施"三三四十"系列整治市场乱象政策措施以来，银行业资金脱实向虚的势头得到初步遏制，信贷支持实体经济力度持续加强，银行业经营行为趋于规范，银行业主要监管指标保持稳定，风险总体可控。

一是资金脱实向虚势头得到初步遏制。2017年，银监会进行专项整治以来，银行资金空转明显减少，同业业务出现7年来首次收缩、理财规模增速降至个位数、委托贷款余额自2008年以来首次下降。投资业务中的特定目的载体投资增速显著下降。同业、理财、委托贷款相关业务同步收缩，资金脱实向虚势头得到遏制。

二是服务实体经济的能力进一步提升。在资金脱实向虚势头得到初步遏制的同时，银行业信贷支持实体经济力度持续加强，贷款增速自2015年以来首次高于资产增速，对重点领域和薄弱环节支持力度继续加大。

三是银行业金融机构合规经营意识进一步提升。银监会整治市场乱象、加大行政处罚以来，银行业金融机构合规经营意识有所提高，调整业务经营模式，降低风险偏好，主动回归本源、专注主业，承担风险防控主体责任。

（三）完善法规体系，弥补制度短板，防控金融风险

1. 部署2017年银行业风险防控及弥补短板工作

（1）全面部署银行业风险防控工作

2017年4月银监会印发了《关于银行业风险防控工作的指导意见》（以

下简称《指导意见》)。《指导意见》对2017年银行业风险防控工作的思路进行了明确：全面贯彻落实中央经济工作会议要求，把防控金融风险放到更加重要的位置，按照坚持底线思维、标本兼治、分类施策、稳妥推进的原则，对当前银行业面临的突出风险进行切实有效的化解，严守不发生系统性风险底线。

《指导意见》明确了2017年银行业风险防控的重点领域，包括信用风险、流动性风险、房地产业务风险、地方政府性债务违约风险等传统领域风险，交叉金融业务、债券投资业务、互联网金融业务、理财和代销业务，以及外部冲击、重大案件和群体事件带来的风险等非传统领域风险，基本涵盖了银行业风险的主要类别。

为确保银行业风险防控工作取得实效，《指导意见》提出了"三个强化"要求：第一，强化落实。要求各银行业金融机构实行"一把手"负责制，制定详细实施方案，严格进行自查和整改，切实履行风险防控的主体责任。第二，强化督导。要求各级监管机构做到守土有责、守土负责、守土尽责，及时开展工作督查，确保银行业金融机构按照要求，认真开展风险防控工作的自查和整改。第三，强化问责。要求监管机构对存在违法违规问题，自查整改"走形式"的银行业金融机构进行严肃问责。

(2) 部署弥补监管短板、提升监管效能工作

近年来，随着金融市场的快速发展，银行业的业务类型、风险特征出现了新变化、新特征、新情况，银行业监管制度和监管实践中存在的缺陷也随之暴露。为进一步提升监管效能，有效防范化解金融风险，2017年4月银监会印发《关于切实弥补监管短板 提升监管效能的通知》（以下简称《通知》)。《通知》共六大项16条，按照监管工作流程从监管制度、市场准入、非现场监管、现场检查、信息披露、监管处罚和责任追究等方面，针对监管领域存在的薄弱环节，提出了六方面要求。一是强调发挥制度建设的引领作用，按照"问题导向、急用先行、协调配套"三大原则，提出2017年需要研究制定的26项补短板的重点监管制度；要求完善监管实施细则，提高监管工作效率和透明度；要求银行业金融机构健全内部管理制度。二是强调加

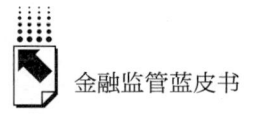

强股东的准入审核和行为监管,强化从源头上遏制风险。三是提升非现场监管能力,强化风险的监测、分析和预警,加强对高风险银行业金融机构的现场检查,重点针对信用风险、同业、理财等领域加强现场检查。四是以加强市场约束和金融消费者权益保护为导向,提高信息披露水平。五是加大行政处罚力度,严肃市场纪律,发挥监管处罚的市场震慑作用。六是强化责任追究,对有关银行业金融机构责任人加大追责力度的同时,加强对监管行为的再监督。《通知》对当前银行业监管制度和监管实践中存在的不足进行了系统梳理,并制定了针对性措施,通过弥补监管短板,提升监管效能,坚守不发生系统性金融风险底线。

2. 完善风险类规制,强化相关领域风险防控

(1) 修订完善商业银行流动性风险管理规制

流动性风险是商业银行面临的主要风险之一,是商业银行全面风险管理体系的重要组成部分。为切实推动商业银行更有效地提高流动性风险管理能力,银监会充分借鉴国际监管改革成果,结合中国银行业实际情况,对现行的《商业银行流动性风险管理办法(试行)》(银监会令2015年第9号)进行了与时俱进的修订,并于2017年12月就修订征求意见稿[以下简称《办法(修订征求意见稿)》]向社会公开征求意见。

《办法(修订征求意见稿)》共四章73条,7个附件。本次修订的主要内容包括以下三个方面:一是新引入三个量化指标。其中,净稳定资金比例适用于资产规模在2000亿元(含)以上的商业银行,对银行长期稳定资金支持业务发展的程度进行衡量。优质流动性资产充足率适用于资产规模在2000亿元以下的商业银行,针对中小银行的简化版流动性覆盖率,用以衡量银行持有的优质流动性资产能否覆盖压力情景下银行的短期流动性缺口。流动性匹配率适用于全部商业银行,衡量商业银行主要资产与负债的期限、结构匹配程度。二是对商业银行流动性风险监测体系进一步完善。结合我国银行业实际情况,合理优化了部分监测指标的计算方法,加强其在流动性风险管理和监督管理方面的运用。三是对流动性风险管理要求进一步细化。要求商业银行加强日间流动性风险管理,加强负债的主动性管理,提升负债来

源稳定性、结构多元性和成本适当性等。此外,《办法(修订征求意见稿)》根据商业银行的不同特点设定了差异化的定量监管标准,完善了中小银行流动性风险监管监测指标体系,并进一步明确了商业银行流动性风险管理体系的定性要求,构建了较为完备的流动性风险监管框架。《办法(修订征求意见稿)》的实施将有助于进一步推动商业银行夯实流动性风险管理的微观基础,有助于提高抵御流动性冲击的能力,有助于维护银行体系安全稳健运行。

(2)修订完善商业银行银行账簿利率风险管理规制

我国利率市场化改革的基本完成对商业银行银行账簿利率风险管理的精细化水平提出了更高的要求。为推动商业银行进一步提升银行账簿利率风险管理水平,维护银行体系安全稳健运行,在结合我国银行业实际情况和合理借鉴国际监管标准的基础上,2017年银监会对《商业银行银行账簿利率风险管理指引》(银监发〔2009〕106号)进行了修订和完善,并于2017年11月就修订征求意见稿〔以下简称《指引(修订征求意见稿)》〕向社会公开征求意见。

《指引(修订征求意见稿)》内容包括总则、风险治理、风险计量和压力测试、计量系统与模型管理、计量结果应用和信息披露、监督检查和附则七个章节,以及名词解释、利率冲击情景设计要求、客户行为性期权风险考虑因素、模型管理要求、标准化计量框架和监管评估六个附件。修订内容主要体现在以下三个方面:一是规范风险计量,明确规定了利率冲击情景,并根据系统重要性和业务复杂程度,制定差异化的监管计量框架。二是细化银行账簿利率风险管理要求,强化模型和数据管理要求、信息系统建设,规范风险治理架构和管理政策流程,细化计量结果的应用和信息披露要求。三是强化监督检查,提高非现场监管报表报送频度,并明确监管机构对银行账簿利率风险状况定期评估要求及相应监管措施。《指引(修订征求意见稿)》还明确商业银行应遵循匹配性原则,根据银行系统重要性、风险状况及业务复杂程度不同,对银行账簿利率风险进行差异化管理。为便于商业银行在制度和系统等方面最好准备,《指引(修订征求意见稿)》预计实施时间为

2019年1月1日。

(3) 制定商业银行押品管理指引

当前,部分商业银行押品管理方面存在管理体系不完善、管理流程不规范、风险管控不到位等问题,押品的风险缓释功能未得到充分发挥。为指导商业银行规范押品管理,2017银监会发布了《商业银行押品管理指引》(银监发〔2017〕16号,以下简称《指引》)。

《指引》共七章48条,内容包括总则、管理体系、风险管理、押品调查与评估、抵质押设立与存续期管理、押品返还与处置以及附则。《指引》主要从以下三方面引导商业银行加强押品管理:一是完善押品管理体系,包括加强押品制度建设、健全押品管理治理架构、明确相关岗位责任、完善押品信息系统等。二是规范押品管理流程,对押品管理中的调查评估、存续期管理、返还与处置等业务流程的各环节提出明确要求。三是强化押品风险管理,对押品分类、估值方法、抵质押率设定,押品的集中度管理以及压力测试等风险管理的重点环节提出了具体要求。

在《物权法》《民法通则》确定的抵押和质押两种物权担保形式的法律框架内,《指引》明确了押品的法律概念、分类和动态监测机制,要求商业银行遵循合法性、有效性、审慎性和从属性原则,将押品管理纳入全面风险管理体系。《指引》的发布填补了我国押品风险管理领域的制度空白,有助于商业银行押品管理的制度化、规范化和系统化。

3. 完善业务类规制,规范相关业务领域的发展

(1) 规范银行业金融机构吸收公款存款行为

为规范整顿银行业金融机构吸收公款存款行为,2017年6月银监会发布《关于进一步规范银行业金融机构吸收公款存款行为的通知》(银监发〔2017〕30号,以下简称《通知》)。《通知》从加强业务管理、严禁利益输送、提升服务水平、强化行业自律、加强监督检查五个方面对吸收公款存款行为提出了要求。一是要求银行业金融机构对吸收公款存款的具体形式、费用标准和管理流程进行明确,并加强相关费用支出的财务管理。完善薪酬管理制度,改进绩效考评体系,并强化吸收公款存款行为的审计监督。二是要

求银行业金融机构督促员工恪守职业道德操守，严遵行业行为规范，廉洁从业。三是要求银行业金融机构按照"公平、公开、公正"原则与公款存放相关主体开展业务合作，不断提升综合服务水平。四是要求银行业协会督促会员单位遵守行业规约、强化自律意识、培育合规文化、倡导公平竞争，自觉抵制不当交易。五是要求各级银行业监管部门加强对银行业金融机构吸收公款存款业务的监督检查，并视情况采取相应的监管措施和行政处罚。《通知》的实施有利于银行业金融机构培育合规文化，防范道德风险，营造廉洁从业风气，维护公平、公正的金融市场环境。

（2）规范银行业金融机构产品销售行为

近年来，银行业金融机构误导销售、"存款变保险"、私售"飞单"等问题时有发生。为规范银行业金融机构自有理财产品及代销产品销售行为，维护银行业消费者合法权益，2017年8月银监会发布《银行业金融机构销售专区录音录像管理暂行规定》（银监办发〔2017〕110号，以下简称《暂行规定》）。

《暂行规定》共六章30条，内容包括总则、产品销售专区管理、录音录像管理、内部管理制度、监督管理以及附则。《暂行规定》要求银行业金融机构通过设立销售专区并在销售专区内装配电子系统，对自有理财产品及代销产品销售过程在销售专区进行录音录像，并对其适用范围、录音录像内容、信息查询平台、销售话术标准等事项做出明确规定。

《暂行规定》的实施对规范银行业金融机构销售行为、保障银行业消费者合法权益具有重要意义，有利于普及"卖者尽责，买者自负"的投资理念，有利于提升投资者风险识别能力及风险自担意识。

（3）规范银信类业务的开展

近年来，银信类业务，尤其是银信通道业务增长较快，存在一定风险隐患。为防范化解金融风险，促进银信类业务健康稳健发展，2017年银监会发布《关于规范银信类业务的通知》（银监发〔2017〕55号，以下简称《通知》），对银信类业务进行规范。

《通知》共10条，主要包括四方面内容：一是明确将商业银行表内外

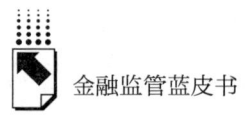

资金或资产（收益权）同时纳入银信类业务范围，并在此基础上明确了银信通道业务的定义。二是要求银行按照实质重于形式原则，落实穿透监管要求，还原业务实质，尽职尽责开展风险管控，进行统一授信与集中度管理。三是从转变发展方式和履行受托责任两个方面对信托公司开展银信类业务提出要求。四是明确加强银信类业务的监管，依法对银信类业务违规行为采取按业务实质补提资本和拨备、实施行政处罚等监管措施。

规范通道业务、实行穿透式监管是降低金融杠杆、防控金融风险的重要内容。《通知》的实施有利于规范银信类业务，引导商业银行主动减少银信通道业务，引导信托公司正本清源、回归信托主业，提升服务实体经济的质效。

专栏二 《关于规范金融机构资产管理业务的指导意见（征求意见稿）》公开征求意见，资管业务统一监管规则呼之欲出

近年来，我国资产管理业务快速发展，在满足居民财富管理和企业的投融资需求方面发挥了积极作用，但也存在部分业务发展不规范、多层嵌套、期限错配、刚性兑付、底层资产不透明，以及通过规避金融监管和宏观调控进行监管套利等问题。为规范金融机构资产管理业务，统一同类资管业务监管标准，有效防范和控制金融风险，引导社会资金脱虚向实，更好地支持经济结构调整和转型升级，中国人民银行联合银监会、证监会、保监会、外管局制定了《关于规范金融机构资产管理业务的指导意见》（以下简称《指导意见》），并于2017年11月向社会公开征求意见。

《指导意见》共29条，主要内容包括以下几个方面：一是明确资产管理业务定义，即金融机构接受投资者委托，对受托的投资者财产进行投资和管理的金融服务，明确其表外业务的属性。二是明确资管产品的分类标准，按照募集方式分为公募和私募，按照投资性质分为固定收益类、权益类、商品及金融衍生品类、混合类四大类。三是加强投资者适当性管理，将资产管理产品投资者分为不特定社会公众和合格投资者两大类，明确私募产品仅以非公开方式向合格投资者发行。四是统一资产管理产品的投资要求，明确公

募和私募产品的投资标的要求,对非标准化债权类资产做出限制,并指明了禁止投资的行业、鼓励投资的方向。五是打破刚性兑付,要求对资产管理产品按照公允价值原则实行净值化管理,推动预期收益型产品向净值型产品转型。六是统一杠杆水平,对公募和私募产品的负债比例分别设定 140% 和 200% 的上限,对分级产品的杠杆水平做了特别规定,对"期限错配"问题做出更加细化规定,规范资金池业务。七是消除多层嵌套,加强穿透式监管,禁止金融机构为其他金融机构的资产管理产品提供规避投资范围、杠杆约束等监管要求的通道服务。八是强化资本和准备金计提要求,要求按照资产管理产品管理费收入的 10% 计提风险准备金,或者按照规定计提操作风险资本或相应风险资本准备。九是着力提高资管行业透明度,强化各类资管产品的信息披露,并对公募产品提出更加严格的信息披露。十是第三方独立托管,要求资管产品由具有托管资质的第三方机构独立托管,并要求商业银行逐步设立具有独立法人地位的子公司开展资产管理业务。

针对金融机构通过开展多层嵌套、刚性兑付、乱加杠杆的资管业务进行监管套利等问题,《指导意见》致力于统一同类资产管理产品监管标准,消除套利空间与监管真空,有利于引导资金脱虚向实,有效防控金融风险,更好地服务实体经济。

4. 完善非银金融机构规制体系

（1）规范信托登记管理

为建立全国统一的信托登记制度,银监会 2017 年 4 月发布《信托登记管理办法》（银监发〔2017〕47 号,以下简称《办法》）。《办法》共七章 47 条,包括总则、登记申请、登记办理、信托受益权账户管理、信托登记信息管理和使用、监督管理及附则。《办法》确定了信托登记需遵循的"集中登记、依法操作、规范管理、有效监督"四大原则,并要求对集合资金信托计划的基本信息进行公示。《办法》的实施能降低信托产品被"冒用"等风险,有助于减少金融乱象,规范金融秩序；能够促进信托业务更加规范开展,完善行业信息披露,提升监管力度；有助于保护信托当事人的合法权益，推动信托市场深化发展。

(2) 规范慈善信托业务管理

为促进我国慈善事业发展，保护慈善信托当事人合法权益，2017年7月银监会、民政部联合印发《慈善信托管理办法》（银监发〔2017〕37号，以下简称《办法》）。《办法》共九章，主要包括慈善信托的设立、备案、变更和终止，慈善信托财产的管理与处分、监督管理和信息公开、法律责任、附则等九个方面的内容。《办法》的实施有助于切实解决慈善信托实践中的瓶颈和障碍，充分发挥信托公司和慈善组织的积极作用，进一步推动慈善信托规范化、阳光化运作，逐步将慈善信托打造成我国慈善事业的重要渠道。

(3) 规范融资担保行业发展

近年来，伴随着我国融资担保行业的快速发展，为小微企业和"三农"服务的意愿有待增强，能力有待提高，部分机构经营行为不规范不审慎、监督管理不到位等问题也逐渐暴露。为支持普惠金融发展，规范融资担保公司的行为，国务院于2017年8月印发《融资担保公司监督管理条例》（中华人民共和国国务院令第683号，以下简称《条例》）。

《条例》共六章49条，内容包括总则、融资担保公司的设立、变更和终止，以及经营规则、监督管理、法律责任和附则。《条例》要求建立政府、银行业金融机构、融资担保公司三者之间的合作机制，通过政府性融资担保体系扩大为小微企业和"三农"提供融资担保的业务规模。《条例》规定了融资担保公司经营中应遵守的审慎规则。要求融资担保公司建立健全风险管理、旨在规范各项业务的内部控制制度，并按规定计量担保责任余额；担保责任余额不得超过监管要求；不得吸收存款或变相吸收存款；不得从事自营贷款或受托贷款以及受托投资等禁止性业务；自有资金的运用应当符合资产安全性与流动性的相关规定。《条例》明确了融资担保公司的监督管理体制。《条例》规定国务院层面，建立融资性担保业务监管部际联席会议；省级人民政府负责制定促进辖内融资担保行业健康发展的政策措施、处置融资担保公司风险；省级人民政府相关部门负责辖内融资担保公司的日常监管。此外，《条例》还规定了监督管理部门的主要职责和具体监管措施。

《条例》的实施完善了融资担保行业监管制度、有利于充分发挥融资担保支持小微企业和"三农"的作用,有利于增强小微企业和"三农"领域等国民经济薄弱环节的金融服务并切实防范金融风险,有利于促进融资担保行业健康稳健发展。

(4) 规范金融资产管理公司资本管理

为加强对金融资产管理公司的资本监管,引导其进一步聚焦不良资产处置主业,服务实体经济和供给侧结构性改革,银监会充分借鉴国内外资本监管经验,研究制定了《金融资产管理公司资本管理办法(试行)》(银监发〔2017〕56号,以下简称《办法》),并于2017年12月印发。

《办法》共六章84条,主要内容包括总则、集团母公司资本监管要求、集团资本监管要求、监督检查、信息披露和附则等。主要包括以下五个方面的内容:一是设定合理的资本充足性监管标准,明确第二支柱监管要求强化监管部门的监督管理,通过加强信息披露强化市场约束。二是对不同资产类型设定差异化的风险权重,引导资产公司按照"相对集中,突出主业"的原则,聚焦不良资产处置主业。三是将杠杆率监管指标及要求纳入《办法》,并进一步完善集团财务杠杆率定量指标的计算方法,有效防控集团表外业务相关风险。四是按照全覆盖要求,对资产管理公司集团内具有投融资功能、杠杆率较高但尚未被有效监管的非金融类子公司提出审慎监管要求。五是要求集团母公司及相关子公司将信用风险、市场风险和操作风险纳入资本计量范围,并结合自身实际选择适当的风险计量方法。《办法》的出台,进一步完善了金融资产管理公司并表监管和资本监管规制体系。金融资产管理公司通过有效落实《办法》的要求,有助于提高资本利用效率,在充分发挥不良资产处置方面的主业优势的同时,有效防范多元化经营风险,实现稳健可持续发展。

(四)互联网金融行业的持续规范

1. 网贷行业"1+3"制度框架成型,行业发展有规可依

为促进我国网络借贷行业健康稳健发展,2016年8月银监会等部门发

布《网络借贷信息中介机构业务活动管理暂行办法》（以下简称《暂行办法》），确立了网贷行业业务规则，为网贷行业的规范发展和持续审慎监管提供了制度依据。《暂行办法》出台后，按照网贷行业"1+3"（一个办法三个指引）制度框架设计，银监会会同相关部门分别于2016年底、2017年2月和8月，发布了《网络借贷信息中介机构备案登记管理指引》《网络借贷资金存管业务指引》（银监办发〔2017〕21号，以下简称《资金存管业务指引》）及《网络借贷信息中介机构业务活动信息披露指引》（银监办发〔2017〕113号，以下简称《信息披露指引》）。

《资金存管业务指引》共五章29条，明确了网贷资金存管业务的定义和基本原则、委托人和存管人开展网贷资金存管业务应满足的条件、网贷资金存管业务具体操作规则，以及六个月的过渡期安排、不得变相背书、平等商定服务费用等三项具体落实保障措施。

《信息披露指引》共四章28条，从维护消费者合法权益的角度明确了信息披露的概念和原则，网贷业务活动应披露的信息内容，并配套说明对信息披露的口径、披露标准予以规范。同时，《信息披露指引》充分考虑当前网贷行业的现实情况，给予机构六个月的整改过渡期。

资本存管业务及信息披露相关规制的发布，标志着网贷行业"1+3"的监管制度框架基本搭建完成。"一个办法三个指引"贯穿了网贷行业管理的全流程，随着《暂行办法》及配套制度的全面实施，网贷行业将迎来一个更加公平、透明的竞争环境，逐步进入依法监管、合规经营、规范发展的新阶段。

2. 规范网络小额贷款业务

近年来，部分小贷公司利用互联网技术开展网络小贷业务，在提高金融服务普惠性、改善金融服务质效和降低金融服务成本等方面发挥了一定作用。同时，也存在资质审批不严、非法经营、违规高利放贷、暴力催收以及侵犯个人隐私等问题，具有较大风险隐患。2017年下半年以来，监管机构对网络小贷业务进行了系统的清理整顿。

（1）暂停批设网络小额贷款公司

针对各地金融办批设的网络小贷公司或允许小贷公司开展网络小贷业务

陆续暴露出的风险隐患，2017年11月21日，互联网金融风险专项整治工作领导小组办公室下发《关于立即暂停批设网络小额贷款公司的通知》（整治办函〔2017〕138号），要求各级小额贷款公司监管部门一律不得新批设网络（互联网）小额贷款公司，禁止新增批小额贷款公司跨省（区、市）开展小额贷款业务。

(2) 开展小额贷款公司网络小额贷款业务风险专项整治

2017年12月8日，互联网金融风险专项整治与P2P网贷风险专享整治工作领导小组办公室联合印发《关于印发小额贷款公司网络小额贷款业务风险专项整治实施方案的通知》（网贷整治办函〔2017〕56号，以下简称《通知》），开展对网络小额贷款的系统性规范整顿工作。《通知》确定了排查整治重点，包括严格小额贷款公司审批权限管理、重新审查网络小额贷款经营资质、运用穿透式监管手段严格股权管理、是否主要以自有资金从事放贷业务、资产证券化等融资是否合规、综合实际利率是否符合最高人民法院关于民间借贷利率的规定、贷款管理和催收行为是否合规、小额贷款公司发放的贷款用途是否合规、与第三方机构合作开展的合作是否合规，以及小额贷款公司的网络信息安全管理体系建设情况。

3. 规范整顿"现金贷"业务

2017年12月1日，互联网金融风险专项整治与P2P网贷风险专项整治工作领导小组办公室联合下发《关于规范整顿"现金贷"业务的通知》（整治办函〔2017〕141号，以下简称《通知》）。《通知》将"现金贷业务"界定为"具有无固定场景、无指定用途、无客户群体限定、无抵押品等特征的小额资金出借业务"。

《通知》主要内容包括以下四个方面：一是明确"现金贷"业务开展的原则，禁止未依法取得经营放贷业务资质的组织和个人经营放贷业务。二是开展对网络小额贷款清理整顿工作，禁止发放"校园贷"和"首付贷"等行为，严格规范网络小额贷款业务管理，防范借款人"多头借贷""以贷养贷"等行为；加强小额贷款公司资金来源的审慎管理，禁止其以任何方式吸收公众存款或非法集资，禁止通过网络借贷信息中介机构融入资金等。三是进一步规范银行业金融机构参与"现金贷"业务，禁止与第三方机构合作开展贷款业务的银行业金融机构将授信审查、风险控制等核心业务外包；禁止银行业金融机构与无放贷业务资质的机构共同出资发放贷款。四是禁止借贷信息中介机构撮合或变相撮合不符合法律有关利率规定的借贷业务，禁止为在校学生、不具备还款能力或无还款来源的借款人提供借贷撮合业务。此外，《通知》还要求加大对各类违法违规机构的处置力度，对违反规定开展业务、未经批准经营房贷业务的组织和个人，以及涉嫌恶意欺诈和暴力催收等违法行为，根据情节轻重均提出了针对性的处置措施。

4. "堵歪门、开正门"，进一步加强校园贷管理

2016年银监会对网络借贷信息中介机构校园贷业务清理整顿工作取得了初步成效，校园贷市场前几年的各种乱象得到了初步遏制。但有些地方"求职贷""培训贷""创业贷"等问题依旧突出，在给校园安全带来严重损害的同时，也造成了不良社会影响。为从源头上治理校园贷市场乱象，进一步加大校园贷监管整治力度，2017年6月中国银监会、教育部、人力资源和社会保障部联合印发《关于进一步加强校园贷规范管理工作的通知》（银监发〔2017〕26号，以下简称《通知》）。

按照"疏堵结合、打开正门、扎紧围栏、加强治理"的总体思路，在前期校园贷整治工作的基础上，《通知》进一步完善校园贷顶层监管制度设计，补牢制度围墙。一是开正门，补短板。《通知》鼓励商业银行和政策性银行在风险可控的前提下，根据大学生群体在消费、创业、培训等方面合理信贷需求，有针对性地开发金融产品，向大学生提供规范化、定制化的金融服务，提高对大学生的金融服务水平，补齐相关短板。二是强治理，防风险。《通知》要求未经银行业监督管理部门批准设立的机构不得进入校园为大学生提供信贷服务。同时要求，暂停网贷机构校园网贷业务，并根据自身存量业务结构与规模，制定明确的整改计划，坚决杜绝校园贷欺诈、高利贷和暴力催收等行为。三是正观念，重教育。《通知》要求配合整顿校园贷市场的同时，抓好对学生的教育引导与校园秩序管理维护工作。各高校应通过加强宣传教育引导学生树立理性消费、科学消费、勤俭节约、自我保护等意

识，同时建立排查整治与应急处置机制。《通知》与2016年银监会、教育部等六部委联合印发的《关于进一步加强校园网贷整治工作的通知》精神一脉相承，有助于堵歪门、开正门，通过发展正规金融把对大学和大学生的金融服务做到位，用"良币驱逐劣币"，从源头杜绝校园贷乱象产生。

5. 定性非法集资，叫停ICO业务

2017年，通过发行代币形式，尤其是通过首次代币发行（ICO）进行融资的活动大量涌现，严重扰乱经济金融秩序。为贯彻落实全国金融工作会议精神，防范化解金融风险，保护投资者合法权益，2017年9月，中国人民银行联合中央网信办、工业和信息化部、工商总局、银监会、证监会与保监会发布了《关于防范代币发行融资风险的公告》（以下简称《公告》）。

《公告》认为，所谓的"代币发行融资活动"是指融资主体通过代币的违规发售、流通，向投资者筹集比特币、以太币等所谓"虚拟货币"的活动。其业务本质是一种未经批准非法公开融资行为，涉嫌非法公开发行证券、非法集资以及金融诈骗。《公告》要求立即停止各类代币发行融资活动；任何代币融资交易平台不得从事"虚拟货币"之间、代币与法定货币之间的相互兑换业务；已经发行的，应做出清退安排，妥善处置风险，保护投资者合法权益；各金融机构与非银行支付机构不得以任何形式为代币发行融资提供金融服务。此外，《公告》就代币发行融资与交易的风险隐患向公众进行了提醒，要求各类金融行业组织督促会员单位自觉抵制与代币发行融资交易相关的非法金融活动，共同维护正常的金融秩序。

（五）深化银行业改革开放

1. 持续推动银行业金融机构公司治理改革

一是强化党对银行业的领导。强调银行业改革、发展和监管各项工作必须服从党的领导，要切实增强政治意识、大局意识、核心意识、看齐意识，坚持党中央权威和集中统一领导，坚定执行党的政治路线，不折不扣落实党中央各项决策部署。把党的领导融入公司治理的环节之中，把党组织内嵌到公司治理结构之中，不断提高公司治理有效性。二是规范"三会一层"治

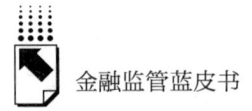

理体系，强化董事会的履职能力建设，确保董事会在银行的战略决策中发挥核心作用；提高监事会的独立性，确保监事会对董事、高管人员依法履职行使监督职责。三是加强对银行业金融机构公司治理的监管，开展对银行业金融机构公司治理的评估、指导与干预。

2. 强化穿透监管，加强商业银行股权管理

近年来，伴随着我国经济的快速发展，我国银行业资产、负债及利润规模均保持了高速增长，为股东带来了丰厚的回报。同时，商业银行股权管理中存在的非自有资金入股、违规开展关联交易、股份代持、隐形股东、利益输送以及滥用股东权利等乱象日益凸显。为加强商业银行股权管理，规范商业银行股东行为，2017年11月银监会就《商业银行股权管理暂行办法》（以下简称《办法》）向社会公开征求意见，并于2018年1月以中国银监会2018年第1号令的形式正式发布。

《办法》包括总则、股东责任、商业银行责任、信息披露、监督管理、法律责任和附则七个章节，共59条，明确了商业银行股东管理应遵循的"分类管理、资质优良、关系清晰、权责明确、公开透明"五大原则。其主要内容包括以下五个方面：一是对股东持股实施分类管理。按照分类管理的原则，在明确主要股东为"持有或控制商业银行百分之五以上股份或表决权，或持有资本总额或股份总额不足百分之五但对商业银行经营管理有重大影响的股份"的基础上，在信息披露、入股数量、持股期限、资本补充以及公司治理等方面，对主要股东提出了更加严格的要求。二是从股东层面、商业银行层面和监管层面对股东行为实施"三位一体"穿透式监管。要求主要股东厘清与其他股东的关系、明确股权结构，并逐层说明直至实际控制人和最终受益人；要求商业银行加强对股东资质的审核，做好主要股东及其控股股东、实际控制人、关联方、一致行动人和最终受益人等股东信息管理工作；要求将股东及其关联方、一致行动人的持股比例合并计算。三是规范商业银行与股东及相关人员的关联交易管理。严格界定了一致行动人和最终受益人的范围，进一步明确对主要股东或其控股股东、实际控制人、关联方、一致行动人、最终受益人等单个主体及整体的授信限额。四是设置金融

产品入股限额。对金融产品持有上市商业银行股份设置了限额，并禁止主要股东以发行、管理或通过其他手段控制的金融产品等方式持有同一商业银行股份。五是加强信息披露，强化监管部门职责。《办法》对商业银行主要股东应向商业银行报告的信息以及商业银行应当公开披露的信息作了详细规定，通过借助市场力量做好股权监管工作。同时，《办法》还明确了监管部门在股权管理方面的监管职责和监管手段，对违规不改正的股东采取限制股东权利，责令商业银行控股股东转让股权等监管措施。《办法》的实施有助于商业银行股权最终受益人透明化，有助于改善商业银行公司治理，有助于通过限制股东行为以及关联交易等从源头上治理市场乱象，防范系统性风险。

3. 鼓励规范民间资本进入银行业

2015年6月，国务院办公厅转发了中国银监会《关于促进民营银行发展指导意见》，提出进一步鼓励和引导民间资本进入银行业，明确按照"成熟一家，设立一家"的原则，推动民营银行持续健康发展，实现民营银行设立常态化。2017年初，银监会印发《关于民营银行监管的指导意见》，提出了民营银行监管的总体要求，要求民营银行从特色经营、市场定位、创新模式、技术运用等方面制定科学的战略规划，在公司治理、资本管理、风险管理、关联交易管理、股权管理等方面严格落实审慎经营规则，加强民营银行股东监管，进一步完善民营银行监管机制。截至2017年末，民间资本已发起设立17家民营银行。同时，支持民间资本通过参与现有机构增资扩股、参与部分银行业金融机构重组改制、购买上市银行股票和受让银行已发行股份等多种方式进入银行业。全国性股份制银行、城商行、农商行以及包括企业集团财务公司、金融租赁公司、消费金融公司、汽车金融公司在内的非银行金融机构的股权结构中，民营资本占比不断提高。

4. 推进银行业机构改革

一是完善政策性银行与开发银行相关规制。2015年，国务院批复同意国家开发银行、中国进出口银行、中国农业发展银行的改革实施总体方案，并要求相关单位根据方案要求和职责分工，加强协调配合，完善监督管理。

为深入推进国家开发银行与政策性银行全面改革，弥补开发性金融机构及政策性银行监管制度短板，2017年银监会印发《国家开发银行监督管理办法》（中国银监会令2017年第2号）、《中国进出口银行监督管理办法》（中国银监会令2017年第3号）、《中国农业发展银行监督管理办法》（中国银监会令2017年第4号）。"三个办法"分别从公司治理、内部控制、资本监管等方面，要求国开行、进出口银行、农发行主动适应市场化、国际化新形势，坚守开发性、政策性金融机构定位，依托国家信用支持，加大对国民经济重点领域和薄弱环节的支持力度。"三个办法"明确了三家银行的市场定位、支持领域、业务范围等，强调其应坚持以开发性、政策性业务为主体，稳妥审慎发展商业性、自营性业务。此外，"三个办法"要求国开行、进出口银行、农发行建立以资本充足率为核心的资本约束机制，根据业务发展规模和速度制定中长期的资本规划，建立资本的内部评估及动态补充机制，提升自身风险抵御能力，提升服务实体经济的质效。二是推动大型银行设立债转股实施机构。2017年8月，银监会起草完成《商业银行新设债转股实施机构管理办法（试行）》，并面向社会公开征求意见。同时，推动并批准五家大型银行新设债转股实施机构，按照市场化、法治化的原则，与企业自主协商开展市场化债转股业务。三是以股份制为核心推动农信社改革，积极组建农商行，大力发展村镇银行等新型农村金融机构。

5. 提高银行业对外开放水平

一是简政放权，支持外资银行发展。2017年3月10日，银监会印发了《关于外资银行开展部分业务有关事项的通知》，明确在华的外资银行可以与母行集团开展内部业务协作，为"走出去"的企业在境外发债、上市、并购、融资等活动提供综合金融服务，发挥外资银行的全球化综合服务优势。按照中外一致原则，在华外资法人银行可依法投资境内银行业金融机构。同时，明确在华外资银行开展国债承销业务、财务顾问业务、大部分托管业务不需获得银监会的行政许可，采取事后报告制。二是扩大与"一带一路"沿线国家互设机构范围。引导外资银行在我国设立营业性机构，提升金融服务能力和金融服务均等化水平；支持中资银行通过新设网点、兼并收购等方式，完善境外布局，落实"走出去"战略，服务"一带一路"建设。

三　监管展望

（一）2018年银行业发展的宏观环境

从国际形势看，世界经济目前呈整体回暖趋势。美国经济复苏强劲，失业率降至历史低位，股市连创历史新高；欧洲经济复苏超出预期，受金融危机冲击较大的国家也实现经济正增长；日本经济2001年以来首次出现连续7个季度正增长。与此同时，美国加息缩表、减税、放松金融监管，欧洲央行逐步推进货币政策正常化，日本央行也将逐步削减长期国债的购买数量，相关政策的后续走向以及对新兴经济体的市场影响尚有待观察。

中国经济进入结构转换期，处于从高速增长向高质量增长的转变之中，面临经济增长新动力的逐步形成和旧模式的经济出清。动能转换期间，经济进入中速增长阶段，步入"转型再平衡"过程。当传统增长动力逐步减弱，宏观政策也在试图降低增长对"基础设施＋房地产"增长模式的依赖时，中国以新产业、新业态、新商业模式为代表的新经济板块开始发展，产业结构升级的方向是以科技、消费、服务为代表的新经济。从短期看，从经济去杠杆到金融去杠杆，旧经济企业的盈利能力下降，有创新能力和业绩支撑的新经济受益；从长期看，科技创新和产业升级会驱动经济的内生增长，并带来企业盈利上升，新经济企业迎来新的增长机会。

我国银行业处于经济结构转换期，同样面临转型的挑战，一方面是适应外部经济结构转换和监管环境的变化；另一方面是自身资产负债表和风险管理能力的重塑。从总体上看，经过多年改革发展，银行业公司治理和风险管理框架基本建立，总体资本充足率和拨备基础比较坚实。但目前银行业仍然处于风险易发多发期，资产质量承压，不良资产反弹压力依然存在，影子银行存量依然较高，违法违规金融行为还时有发生，部分金融机构风控机制不健全，经济社会生活中的不健康现象和国际上的各种不确定因素构成的"灰犀牛"和"黑天鹅"都可能对银行体系形成冲击。银行业资产分布和客户分布在传统经济、传统行业占比依然较高，风险管理模式也主要针对传统行业、信贷审批模式，如何适应新经济、强监管，将金融资源有效配置到以科技、消费、服务为代表的新经济，配置到代表新经济的行业、企业和客户，需要金融机构主动转型，呼唤真正的金融创新。

（二）2018年银行业监管展望

从趋势上看，预计2018年将继续"严监管、强监管"态势，在严格执行监管法规基础上，可能通过新法规和新举措，提高监管覆盖面和监管深度，一方面督促金融回归本源、回归实体经济，督导银行业规范化、科学化发展，以"矫正"为主题；另一方面将在建立现代银行制度、推动银行向高质量发展转变方面有所努力，"重塑"银行经营行为。

1. 从防范化解金融风险角度引导银行规范发展

（1）金融业务层次。以规范同业业务、理财业务、表外业务为抓手，防范影子银行和交叉金融风险，从定性上看，规范发展、回归业务本源；从定量上看，以穿透原则计提拨备和资本。2018年，预计将继续严格规范交叉金融产品、拆解影子银行。按照"穿透式"和"实质重于形式"原则要求同业投资足额计提资本及拨备，并将最终债务人纳入统一授信和集中度风险管控；健全资管行业规则，针对银行理财业务、信托业务制定细则，引导业务转型；推动委托贷款管理办法、银信类业务新规全面落地，有序压缩跨业通道业务。

（2）公司治理层次。一是加强商业银行股东与股权管理，从源头上规范银行经营行为。银监会于2018年1月发布《商业银行股权管理暂行办法》。这部新法规是我国第一部对银行股东的专门监管法规，填补了监管空白，将隐形股东、股权代持、虚假出资、出资不实、股东入股资金来源不符合要求、股东资质不符合要求、"三会一层"履职不到位、考评指标设置不合理、未经监管部门核准任职资格而履职的董事等行为列为禁止性规定和监管重点。

（3）宏观层次。降低企业负债、抑制居民杠杆率、遏制房地产泡沫化倾向、配合地方政府整顿隐性债务，这些举措将从宏观层次协同去杠杆，引导从传统经济向新经济转变。

2. 从引导银行向高质量发展转变的角度推动银行转型

（1）从客户和资产分布上，引导银行资产向新经济转变。一是引导银行业务与国家重大战略相结合；二是通过科技金融引导支持科技型企业；三是通过普惠金融引导支持小微企业、"三农"等领域。

（2）从监管评价上，引导银行经营行为改变。通过对资产负债表、表外业务两张报表的监管，全面评价银行，通过再造监管评价、监管评级，影响银行经营行为理性发展、规范发展、持续发展。

附表　2017年银行业监管规章、规范性文件目录

发布时间	法规名称	制定部门（文号）
2017年1月5日	《关于民营银行监管的指导意见》	中国银监会（银监发〔2016〕57号）
2017年1月25日	《关于规范银行业服务企业走出去 加强风险防控的指导意见》	中国银监会（银监发〔2017〕1号）
2017年2月22日	《网络借贷资金存管业务指引》	中国银监会（银监办发〔2017〕21号）
2017年3月10日	《关于外资银行开展部分业务有关事项的通知》	中国银监会（银监办发〔2017〕12号）
2017年3月20日	《关于做好2017年小微企业金融服务工作的通知》	中国银监会（银监办发〔2017〕42号）
2017年3月28日	《关于开展银行业"监管套利、空转套利、关联套利"专项治理工作的通知》	中国银监会（银监办发〔2017〕46号）
2017年3月29日	《关于开展银行业"违法、违规、违章"行为专项治理工作的通知》	中国银监会（银监办发〔2017〕45号）
2017年4月6日	《关于开展银行业"不当创新、不当交易、不当激励、不当收费"专项治理工作的通知》	中国银监会（银监办发〔2017〕53号）
2017年4月7日	《关于提升银行业服务实体经济质效的指导意见》	中国银监会（银监发〔2017〕4号）
2017年4月10日	《关于集中开展银行业市场乱象整治工作的通知》	中国银监会（银监发〔2017〕5号）

续表

发布时间	法规名称	制定部门(文号)
2017年4月10日	《关于银行业风险防控工作的指导意见》	中国银监会(银监发〔2017〕6号)
2017年4月12日	《关于切实弥补监管短板 提升监管效能的通知》	中国银监会(银监发〔2017〕7号)
2017年5月4日	《提高小微企业信贷服务效率 合理压缩获得信贷时间实施方案》	中国银监会(银监办发〔2017〕61号)
2017年5月8日	《商业银行押品管理指引》	中国银监会(银监发〔2017〕16号)
2017年5月25日	《大中型商业银行设立普惠金融事业部实施方案》	中国银监会(银监发〔2017〕25号)
2017年6月	《关于进一步推动"银税互动"工作的通知》	国家税务总局、中国银监会(税总发〔2017〕56号)
2017年6月21日	《融资担保公司监督管理条例》	中华人民共和国国务院令第683号
2017年6月26日	《关于进一步规范银行业金融机构吸收公款存款行为的通知》	中国银监会(银监发〔2017〕30号)
2017年6月28日	《关于进一步加强校园贷规范管理工作的通知》	中国银监会 教育部 人力资源社会保障部(银监发〔2017〕26号)
2017年7月20日	关于修改《中国银监会中资商业银行行政许可事项实施办法》的决定	中国银监会令(2017年第1号)
2017年7月26日	《慈善信托管理办法》	银监会、民政部联合印发(银监发〔2017〕37号)
2017年8月7日	《商业银行新设债转股实施机构管理办法(试行)》(征求意见稿)	中国银监会(公开征求意见)
2017年8月17日	《关于促进扶贫小额信贷健康发展的通知》	中国银监会、财政部、中国人民银行、中国保监会、国务院扶贫办(银监发〔2017〕42号)
2017年8月23日	《银行业金融机构销售专区录音录像管理暂行规定》	中国银监会(银监办发〔2017〕110号)
2017年8月24日	《网络借贷信息中介机构业务活动信息披露指引》	中国银监会(银监办发〔2017〕113号)
2017年8月30日	《信托登记管理办法》	中国银监会(银监发〔2017〕47号)
2017年9月4日	《关于防范代币发行融资风险的公告》	中国人民银行、中央网信办、工业和信息化部、工商总局、银监会、证监会、保监会
2017年11月8日	《中国进出口银行监督管理办法》	中国银监会令2017年第3号

续表

发布时间	法规名称	制定部门（文号）
2017年11月9日	《中国农业发展银行监督管理办法》	中国银监会令2017年第4号
2017年11月10日	《国家开发银行监督管理办法》	中国银监会令2017年第2号
2017年11月17日	《关于规范金融机构资产管理业务的指导意见（征求意见稿）》	中国人民银行、银监会、证监会、保监会、外汇局（公开征求意见）
2017年11月21日	《关于立即暂停批设网络小额贷款公司的通知》	互联网金融风险专项整治工作领导小组办公室（整治办函〔2017〕138号）
2017年11月23日	《关于扩大农村集体经营性建设用地使用权抵押贷款工作试点范围的通知》	银监会、国土资源部（银监办发〔2016〕174号）
2017年11月24日	《商业银行银行账簿利率风险管理指引（修订征求意见稿）》	中国银监会（公开征求意见）
2017年12月1日	《关于规范整顿"现金贷"业务的通知》	互联网金融风险专项整治、P2P网贷风险专项整治工作领导小组办公室（整治办函〔2017〕141号）
2017年12月6日	《商业银行流动性风险管理办法（修订征求意见稿）》	中国银监会（公开征求意见）
2017年12月8日	《关于印发小额贷款公司网络小额贷款业务风险专项整治实施方案的通知》	互联网金融风险专项整治、P2P网贷风险专享整治工作领导小组办公室（网贷整治办函〔2017〕56号）
2017年12月22日	《关于规范银信类业务的通知》	中国银监会（银监办发〔2017〕55号）
2017年12月28日	《关于修改〈中国银监会外资银行行政许可事项实施办法〉的决定（征求意见稿）》	中国银监会（公开征求意见）
2017年12月29日	《金融资产管理公司资本管理办法（试行）》	中国银监会（银监发〔2017〕56号）
2018年1月5日	《商业银行股权管理暂行办法》	中国银监会令2018年第1号

B.4
证券业监管年度报告

星焱 吴亮*

摘 要： 2017年以来，在以习近平同志为核心的党中央坚强领导下，中国证券业监督管理工作以新时代中国特色社会主义思想为根本指引，以迎接十九大、学习十九大精神为全年工作主线，紧紧围绕全国金融工作会议确定的服务实体经济、防控金融风险、深化金融改革的三大任务，抓重点、补短板，全面系统开展证券行业各项监管，积极支持国家经济社会重大战略，不断深化资本市场改革开放，持续强化依法全面从严监管，守住不发生系统性风险的底线，各项监管工作均取得了一定程度的新进展、新成效，逐步形成了融资功能完备、基础制度扎实、市场监管有效、投资者权益有效保护的多层次资本市场体系。

关键词： 证券业 监管 多层次资本市场 风险防控

一 2017年证券业监管回顾与发展现状

（一）2017年证券业监管回顾

1. 推进新股发行常态化

2017年，在确保市场稳定运行的前提下，监管机构保持市场正常融资

---

* 星焱，经济学博士，副研究员，国家金融与发展实验室金融法律与金融监管研究基地特邀研究员，主要研究领域为金融监管、普惠金融；吴亮，管理学博士（金融监管方向），中国证券监督管理委员会博士后科研工作站与北京大学经济学院联合培养博士后科研人员，中证金融研究院助理研究员，主要研究领域为金融改革、资本市场监管。

功能，将审核周期缩短至1年左右，推进首发企业现场检查常态化。IPO发审工作趋严，监督制约机制更加健全，坚持无禁区、全覆盖、零容忍，终身追责，避免企业带病上市。受此影响，2017年IPO审核通过率呈现出"高开低走"的特征。

2. 完善多层次资本市场体系

一是深化新三板市场改革，优化分层制度，改革交易机制，引入集合竞价制度，完善新三板定价功能，逐步明确"三类股东"IPO政策。

二是将区域性股权市场纳入多层次资本市场体系，统一业务和监管规则，出台《区域性股权市场监督管理试行办法》。截至2017年底，全国40家区域性股权市场共有挂牌企业超过2万家，累计融资金额约为9000亿元。

三是大力发展私募股权基金，加大政策倾斜力度，重点支持发展创业投资、天使投资，拓展直接融资渠道。截至目前，登记私募基金管理人达到2.2万家，备案私募基金6.5万只，管理股权基金规模约为6.4万亿元。

四是稳步发展期货及衍生品市场。平稳退出豆粕、白糖期权。服务新疆、陕西、甘肃、山西等地扶贫攻坚战略，推出棉纱期货和苹果期货。"分两步走"逐步放宽估值期货交易限制。期货市场在价格发现、风险管理和服务宏观经济发展方面的功能持续发挥，大宗商品期货价格以及国债期货价格已经成为宏观调控部门检测经济运行的重要参考指标。

3. 重拳出击治理资本市场金融乱象

2017年，证监会发挥联席会议办公室的牵头、指导和协调作用，经国务院许可，部署开展清理整顿各类交易场所"回头看"工作，推动省级地方政府落实属地责任，打击非法证券期货活动。加大对重点地区、重点领域违法违规交易场所的清理整顿力度，督促天津、云南、北京、河北、江苏、大连等地方政府平稳化解邮币卡、贵金属、"微盘"交易等金融风险，处置集中上访，加大涉非案件查处力度，开展股权众筹专项整治，配合处置非法集资。

4. 提升舆情管控能力，营造良好市场环境

2017年以来，随着股市阶段性波动加大，资本市场舆情环境趋于复杂，

个别别有用心者散布煽动性言论，歪曲和攻击监管政策，对资本市场稳定运行造成一定影响，甚至威胁意识形态安全。证监会加强与中宣部、网信办等部门的监管协调，积极参与和依托金融系统宣传和舆论引导协调机制，完善新闻发布制度，做好重要时间节点、重大改革监管措施和重点网络舆情的引导应对，稳定市场预期。

（二）2016年证券业发展概况

1. 上市公司情况

截至2017年底，A股上市公司总数达到3468家。其中，排名前五的地区分别为广东、浙江、江苏、北京、上海。广东地区A股上市公司总数568家，总市值达到10.5万亿元；浙江上市公司总数414家，总市值4.7万亿元；江苏上市公司总数381家，总市值4万亿元；北京上市公司总数306家，总市值16.9万亿元；上海上市公司总数275家，总市值5.8万亿元。

2. A股IPO情况

据普华永道数据统计，2017年，A股市场IPO家数和融资规模均居同期全球前列。全年共有437家公司完成A股首次上市募资，创出历史新高，相比于2016年的227家增长了93%。首发募资总额共计2351亿元，比2016年的高出了1504亿元，增幅达到178%，前些年存在的"堰塞湖"现象基本化解。与前些年相比，2017年IPO企业规模发生较大变化，多为中小型新股，较少为大型新股。89%的上市公司募资额不足10亿元，IPO企业平均募资金额约为5.38亿元，A股一级市场的普惠金融属性日益增强。其中，上证主板IPO企业214家，深证中小板IPO企业82家，深证创业板IPO企业141家，三大板块融资金额分别为1377亿元、451亿元和523亿元。

从A股IPO家数的区域分布来看，上市企业分布于全国27个省级区域。并且，从上市公司家数和融资总额来看，都以东南沿海的经济相对发达地区居多。2017年，广东省共有98家企业完成IPO上市，占全国总量的22.4%，排名第一；广东IPO募资总额为521.23亿元，占全国之比为22.2%。其次是浙江、江苏和上海，分别有87家、65家和38家企业上市，长三角地区IPO上市企业占全国之比为43%。再次是山东、福建、北京和湖南，分别有25家、25家、25家和17家企业上市。其余各个省、市、自治区的上市企业均不足10家，其中，东北三省合计4家企业上市，占全国之比不足1%，维持相对较弱态势。

在行业分布上，近50%的IPO企业集中于化工、电子、机械、医药生物、汽车等主要行业，上市企业家数分别为49家、47家、45家、42家、35家。此外，超过10家IPO的行业有轻工制造23家、建筑装饰23家、电气设备23家、计算机22家、通信18家、公共事业15家、传媒14家、有色金属13家、纺织服装13家。受供给侧结构性改革的去库存、去产能等政策影响，2017年全年没有钢铁、房地产企业的IPO新股发行。

3. 内地企业赴港IPO情况

2017年，港交所IPO企业共计161家，其中内地赴香港上市企业共有50家，占比达到了31%，数量较2016年的47家增长了6.4%。募集资金金额达到了904.8亿港元，较2016年下降了46.8%，IPO企业平均融资金额为18.1亿港元。其中，广东为15家，仍然位居全国第一。其次，北京、上海和浙江分别为6家、6家和4家。此外，江苏3家、河南3家、河北3家、吉林2家、福建2家、四川2家、山东1家、内蒙古1家、江西1家、云南1家。50家内地IPO企业覆盖9个行业。其中，金融业和消费品制造业各10家，消费者服务业8家。此外，工业、地产建筑、资讯科技和公共服务事业分别有7家、6家、4家和3家，原材料和能源行业均为1家。

4. A股市场再融资情况

2017年，A股再融资结构不断优化。全年A股定向增发市场融资规模约为1.3万亿元，与2016年相比降幅达到22%，自2015年以来首次下滑。2017年完成定向增发的企业数量比2016年减少超过200家，降幅逾30%。优先股市场融资规模同样出现减少。2017年完成优先股发行企业数量为1家，融资金额为200亿元，远低于2016年的12家和1600亿元。与此同时，可转债和可交换债发行出现明显增长。2017年可转债发行企业为23家，融资金额逾600亿元，明显高于2016年的12家和220亿元。2017年可转债发

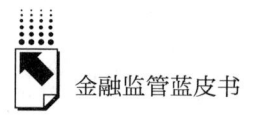

行 90 单，融资金额逾 1200 亿元，与 2016 年相比超过 110%。

5. 新三板市场情况

截至 2017 年底，新三板市场挂牌公司总数达到 11630 家，比 2016 年的 10163 家增加了 1467 家，同比增幅为 14.4%。市场总股本为 6756.7 亿股，比 2016 年的 5851.5 亿股增加了 905.2 亿股。定向增发市场相对低迷，全年完成 2729 次股票发行，相比 2016 年减少了 7.2%；实际融资总额为 1324.3 亿元，相比 2016 年减少了 4.8%。全年市场共计成交 433.2 亿股，交易总额为 2271.8 亿元。挂牌公司申请"转板"增多，共有 26 家公司 IPO 过会，359 家公司宣布开始上市辅导，比 2016 年上升了 60.3%。受监管政策趋严影响，全年共有 694 家挂牌公司摘牌，而 2016 年仅有 56 家。11630 家挂牌公司主要分布于制造业、信息产业，其中，制造业挂牌家数 5804 家，占比 49.9%，信息传输、软件和信息技术服务业挂牌家数 2284 家，占比 19.6%。在挂牌公司的地区分布中，最多的省份为广东有 1878 家，占比为 16.1%；其次为北京、江苏、浙江和上海，分别有 1618 家、1390 家、1032 家、989 家，占比分别为 13.9%、12.0%、8.9% 和 8.5%。从市场监管层面看，全年共计 1128 次处罚，相比 2016 年增长 107%。

6. 债券市场情况

2017 年，银行间市场债券市场和交易所债券市场共计发行债券 40.8 万亿元，比 2016 年增加了 12.9%。其中，银行间债券市场发行总额为 36.8 万亿元，交易所债券市场发行总额为 4 万亿元。截至 2017 年底，债券市场托管余额共计 74.0 万亿元，其中，银行间债券市场托管余额为 65.4 万亿元，交易所债券市场托管余额为 8.6 万亿元。全年国债发行 3.9 万亿元，金融债券发行 5 万亿元，同业存单发行 20.2 万亿元，地方政府债券发行 4.4 万亿元，公司信用类债券发行 5.5 万亿元，政府支持机构债券发行 0.3 万亿元，资产支持证券发行 1.5 万亿元。

7. 期货市场情况

2017 年，全国期货市场累计成交量为 30.76 亿手，同比下降 25.7%；全市场累计成交额为 187.9 万亿元，同比下降 4%。具体来看，上海期货交易所累计成交量为13.6亿手,占全国市场的44.35%,与2016年相比降幅为18.8%;郑州商品交易所累计成交量为5.9亿手,占全国市场的19.1%,与2016年相比降幅为35%;大连商品交易所累计成交量为11.01亿手,占全国市场的35.8%,与2016年相比降幅为28.4%;中国金融期货交易所累计成交量为0.3亿手,占全国市场的0.8%,与2016年相比增幅为34.1%。

二 2017年证券业的主要监管措施和监管行动

2017年,我国证券业监管工作紧紧围绕全国金融工作会议确定的服务实体经济、防控金融风险、深化金融改革的三大任务,积极支持国家经济社会重大战略,不断深化资本市场改革开放,持续强化依法全面从严监管。

(一)主动服务国家战略和供给侧结构性改革

1. 服务国企国资改革

与证监会、工信部签订战略合作协议,提出19项具体措施,主动服务制造强国、网络强国、军民融合等战略。大力推进并购重组市场化改革,支持产业升级和结构调整,2017年全市场并购重组交易总额约为1.8万亿元,基于产业整合的并购重组超过70%。支持国有企业引入战略投资者,规范推进国有控股混合所有制企业员工持股试点。

2. 支持创新驱动发展战略

明确创业投资基金作为上市公司股东的差异化监管安排,推动出台创业资本投资小微企业的税收优惠政策。退出创新创业债,支持设置转股条款,增加种子期、初创期、成长期企业的融资供给。积极探索股权众筹融资试点的制度设计和监管安排。

3. 大力支持脱贫攻坚战略

继续发挥资本市场机制作用,对国家级贫困地区的企业IPO、新三板挂牌、公司债发行、并购重组等开辟"即报即审、审过即发"的绿色通道,加大对新疆、西藏等深度贫困地区的扶贫支持力度。截至2017年11月底,贫困地区已有9家企业完成IPO上市，76家企业在新三板市场挂牌。证券系统健全"一司一县"结对帮扶机制，共有95家证券机构与210个国家级贫困县结对帮扶。

4. 稳步扩"保险+期货"试点，支持农业供给侧结构性改革

落实宏观调控政策，严格执行发行分类监管，房地产业发行公司债券占比从23%降至2017年末的4%。着力发展政府和社会资本合作PPP项目资产证券化，落实"租购并举"政策，积极推动租赁住房资产证券化。落实绿色发展理念，支持节能环保、新材料领域企业完成首发和再融资，扩大绿色公司债发行规模，发行绿色债近40单，融资规模近500亿元。

（二）坚持市场化、法制化、国际化导向，扎实推进资本市场改革开放

1. 推进"四梁八柱"性质改革

一是改革股票发行、退市制度。修订《证券发行与承销管理办法》，建立巡查制度和IPO分组复核制，提高审核效率。修订《发行审核委员会办法》，坚持选聘、运行、检查相分离，提高透明度。设立发审委遴选委员会，完成新一届发审委换届。完善上市公司退市制度，健全市场优胜劣汰机制，欣泰电气、新都酒店等上市公司实现平稳退市。二是调整完善再融资政策，支持上市公司通过可转债、优先股、配股等进行再融资，进一步优化融资品种结构，强化募集资金使用监管，引导资金投向实体经济。三是规范上市公司股份减持行为，着力解决"清仓式"减持、"精准"减持、"过桥"减持等无序减持行为，引导上市公司专注主业、稳健经营。四是稳步推进投资者保护制度建设，实施证券期货市场投资者适当性管理办法，持股行权试点工作覆盖全部上市公司，构建证券期货纠纷多元化解机制，投资者保护工作与司法制度有效衔接，实现重大突破。

专栏一　*ST新都退市

*ST新都（新都酒店）于1988年正式开业，1994年1月在深交所挂

牌。后因违规为关联方提供担保等事项，*ST新都在2013年、2014年连续两个会计年度，被出具无法表示意见的审计报告，2015年5月21日起*ST新都被深交所暂停上市。

*ST新都于2015年9月15日进入破产重整，解决因违规担保引发的巨额债务问题。随后，*ST新都2015年报显示，2015年实现净利润6971.26万元，扣除非经常性损益后的净利润为1255.61万元。2016年5月，*ST新都向深交所提出恢复上市申请及全部材料；当年7月11日，深交所通知公司，根据相关规定提请相关机构对公司恢复上市相关情况进行调查核实，调查核实期间不计入深交所做出有关决定的期限。

2017年4月25日，在恢复上市的道路上蹒跚了近一年的*ST新都，因会计师事务所的函件走到了悬崖边。当日*ST新都公告称，收到天健会计师事务所湖南分所的函件，"2015年度在营业收入中确认的2014年度租赁期的高尔夫物业租金收入"鉴于收入确认的背景及特殊性质，具有偶发性，应被视为非经常性损益。根据测算，"调整后的2015年度扣除非经常性损益后归属于公司普通股股东的净利润为-1039942.22元"。

这也意味着*ST新都无法达到恢复上市的条件。2017年5月17日晚间，深交所发布《关于深圳新都酒店股份有限公司股票终止上市的公告》，由此*ST新都进入退市程序。

2.严把IPO审核质量关

全年证监会发审委共召开116场IPO发审会，共有479家发行人被安排上会。其中，共有380家通过审核、86家未通过审核、6家暂缓表决，7家取消审核，全年IPO审核通过率为79.33%。与2016年相比，审核企业家数增幅达到了78%，发审通过率则降低了12.5%。从2017年10月17日新一届发审委上任至2017年底，共计上会审核了89家企业发行人。据choice数据库显示52家通过、33家未过、2家暂缓表决、2家取消审核。与2017年前3个季度相比，通过率由83%降至58.4%，出现了较大降幅。

3.积极推进资本市场双向开放

A股成功纳入明晟新兴市场指数（MSCI）。证监会稳步推进沪深港通北向交易实施"穿透式监管"，配合做好国际货币基金组织金融部门评估规划（FSAP）有关工作。证监会成功加入经济合作与发展组织（OECD）公司治理委员会。上交所董事长当选世界交易所联合会（WFE）董事会主席。原油期货上市、铁矿石期货引入境外交易者的各项准备工作基本完成。进一步优化境外再融资审核制度，允许H股公司再融资"一次核准，分次发行"。稳妥有序扩大证券期货服务业双向开放，放宽QFII、RQFII准入条件，将外资投资证券基金期货公司股权比例放宽至51%，3年后不受限制。上交所参与共建哈萨克斯坦阿斯塔纳国际交易所。有序发行熊猫债，WIND数据显示，2017年共计发行35只，发行规模为719亿元。近1000家上市公司参与"一带一路"沿线重点项目建设。加强跨境监管合作，查处首例利用沪港通机制跨境操纵市场案件。

（三）强化依法全面从严监管，守住不发生系统性风险的底线

1.维护市场稳定运行

在国务院金融发展稳定委员会的统一领导下，证监会依托中国人民银行牵头的金融稳定协调机制，加强与相关部门的政策沟通与监管协调，制定《关于当前防范风险维护市场稳定工作的意见》，依法稳妥有序规范入市资金，清理整顿非法配资。组织开展行业机构压力测试。督促行业机构专注主业、做精专业，加强资本约束、分类监管、流动性管理、合规管理和风险控制，清理整顿非持牌、非金融业务，规制通道类资管业务。健全债券发行人信息披露制度。推动债券市场统一执法试点。建立健全市场化、法制化债券违约处置机制，及时化解货币市场基金有关机构流动性风险以及债券市场个案违规违约风险。遏制部分商品期货投机炒作。扎实推进各类交易场所清理整顿工作，开展邮币卡、贵金属、"微盘"交易等专项整治以及"回头看"工作，开展股权众筹风险专项整治，配合中国人民银行防范化解代币发行融资（ICO）风险，加大打击非法证券期货活动力度。

专栏二　邮币卡类交易场所现货发售交易

部分文化艺术品类及商品类交易场所，以邮资票品、钱币、磁卡为交易对象，或以珠宝玉石、茶叶、老酒等为交易对象，进行"现货发售"，即持有人向交易场所提交一定数量藏品托管后，拿出一定比例供客户申购，摇号中签确定申购结果后次日开始连续集中交易。具体而言，该交易模式分为发售和交易两个环节，其中，发售环节包括托管、评审、发行、申购、中签等步骤，交易环节则采取集合竞价、连续竞价、电子撮合方式，全额付款，T+0交易，一般设定10%的涨跌停板。

邮币卡交易场所的违规问题如下：一是交易涉嫌违法违规。现货发售模式交易环节采用连续集中竞价、T+0交易，违反了国发〔2011〕38号、国办发〔2012〕37号文件关于不得采取连续集中竞价进行交易、T+5等有关规定。二是价格易操纵且波动大。现货发售模式与证券发行上市类似，但申购藏品占极少比例（5%左右），上市交易后，藏品持有者可通过控制减持等方式操纵价格并套现。产品上市后大多封闭运行，交易产品价格走势上演"过山车"行情，价格被庄家迅速拉升，高出市场价格的几倍甚至几十倍，引诱投资者高位接盘，随后价格连续跌停，大量投资者被洗劫一空。三是藏品实物托管的真实性存疑。交易品种经平台封闭交易和人为炒作，价格严重脱离实际，实物交收比例不高。由于交易类似虚拟炒作，藏品实物托管是否存在、真实、足额存疑，藏品持有人可以用同一批产品，在不同交易场所反复发行套利，涉嫌诈骗等犯罪。

专栏三　"微盘"交易

"微盘"是指地方交易场所及其会员单位或其他投资咨询、网络科技类公司，在微信公众号、网站等注册客户多、流量大的互联网平台上嵌入微型交易系统或开发手机APP，开展的微型标准化合约交易，投资者只需要输入手机号即可完成注册。"微盘"交易大致可以分为两类：一类是微盘，主要由地方交易场所及其会员单位设立，将原来在交易场所交易的合约，缩小合约价值做成"迷你"合约，迁移到微信公众号、手机APP、网站等平台上

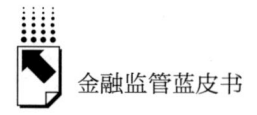

吸引个人投资者进行交易；另一类是微交易，大多由"××投资公司""××科技公司"等互联网公司设立，交易模式类似"二元期权"，由投资者对白银、原油、铜等大宗商品价格一定时间内的涨跌走势进行判断从而买涨或买跌，损益事先约定，主要取决于涨跌方向，涉嫌聚众赌博。

2. 强化上市公司和行业机构监管

证监会以信息披露为中心促进上市公司规范运作，提升透明度。通过完善信息披露规则、严格并购重组审核、加大现场检查力度，坚决打击各类不正当重组以及利用高送转、高杠杆收购等题材炒作股价、侵害中小投资者利益的市场乱象。针对市场普遍关注的龙薇传媒利用高杠杆资金收购万家文化，证监会及时督促其对收购资金来源进行穿透式披露，有效遏制了高杠杆收购上市公司的高风险行为。

专栏四　龙薇传媒空壳收购

2017年11月9日晚间，祥源文化（600576.SH）发布公告称，该公司收到证监会行政处罚及市场禁入事先告知书，万家文化（已更名为祥源文化）、龙薇传媒等涉嫌信披违法违规案已调查完毕，拟对龙薇传媒、万家文化、黄有龙、赵薇、赵政、孔德永依法做出行政处罚和市场禁入。

2016年12月26日，龙薇传媒宣布欲以30.59亿元收购万家文化29.135%股份，但因自身资金有限，打算通过高杠杆方式入主，这引起监管机构高度关注。其后，龙薇传媒改变收购方案，欲以5.29亿元收购3200万股，并支付2.5亿元订金，但是仍然未能避过监管机构目光，龙薇最终宣布放弃收购，2.5亿元订金获万家文化全数退回。

2017年11月9日，浙江祥源文化股份有限公司公告称，该公司在11月8日收到证监会《行政处罚及市场禁入事先告知书》。该告知书称，赵薇夫妇控制的龙薇传媒在自身境内资金准备不足，相关金融机构融资尚待审批，存在极大不确定性的情况下，以空壳公司收购上市公司万家文化，且贸然予以公告，对市场和投资者产生严重误导。

此外，证监会发布基金机构合规管理办法，促进合规管理全员化、全流程、全覆盖。推动证券公司落实全面风险管理体系，稳步推进证券公司风控指标并表监管试点。统筹证券公司投行类业务监管，重构投行业务内控体系。开展全行业投资顾问业务、基金专户子公司、期货公司、信息技术、律师事务所IPO法律业务等专项检查。

3. 强化交易所一线监管

修订《证券交易所管理办法》，推进"以监管会员为中心"的交易行为监管模式，强化会员对投资者的管理责任，推进证券交易所完善会员现场检查工作机制，逐步建立分级风险管控体系，支持交易所履职，加强异常行为监管。强化证券期货交易所与地方证监局在上市公司监管、会员管理等方面的一线监管协作。

交易所在督促市场主体提高信息披露质量、防范异常交易行为、发现违法违规线索等方面发挥了重要作用。完善了上市公司"刨根问底"式实质性信息披露监管，打击"忽悠式""跟风式"重组。实施资管类产品账户穿透式监管，加强关联账户监管，对证券期货行业机构股东进行穿透式监管。推进中央监控系统建设，基本完成中央监管信息平台建设，提升监管科技化智能水平。

4. 整治市场乱象

严厉打击内幕交易、操纵市场、欺诈发行等违法违规行为。对资本大鳄敢于亮剑、铁腕执法。开展4批次专项稽查执法行动，查办一批大要案。证监会最新数据显示，2017年全年，共做出行政处罚决定224件，罚没款金额近75亿元，是2016年的1.7倍，市场禁入44人。困扰市场多年的一些痼疾，尤其是欺诈和侵害中小投资者权益的行为被证监会联合地方政府重拳整治。

5. 强化舆情监测和主动舆论宣传

监管机构更加重视与市场的沟通，提升预期管理水平，营造良好的股市投资文化。依托金融宣传和舆论引导协调机制，做好重要时点和重大改革措施的舆情引导和负面舆情的妥善应对。严格落实意识形态工作责任，严厉打击编造传播资本市场虚假信息行为，坚决防范市场问题向意识形态

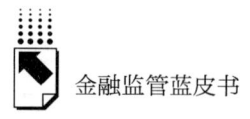

领域转化。

6. 提升投资者合法权益保护水平

证监会出台了《证券期货投资者适当性管理办法》，资本市场投资者合法权益保护的基础性制度建设取得了重要成果。启动欣泰电气欺诈发行投资者先行赔付工作，保障投资者合法权益。扩大持股行权范围至覆盖全部上市公司，丰富行权事项和行权方式，引导投资者行权维权。完善纠纷多元化解机制，全国首例证券支持诉讼胜诉，投资者赔偿救济工作取得进展，首批国家级投资者教育基地运行效果良好。

7. 推进监管信息化建设，提高科技保障水平

监管机构完善大数据筛查监控技术，优化线索发现和分析处理机制，精准锁定违法违规线索。2017年，中央监管信息平台主体工程基本完成，推动数据资源集中共享，建立股票现货及期货市场数据共享机制。各级监管机构开展行业安全专项检查，完善预警保障与应急机制，推动证联网业务有序发展。

8. 健全风险监测监控机制，集中处置一批风险点

证监会开展杠杆资金规模测算，对货币市场基金、机构债券投资、高杠杆资管产品、股票质押回购等重点业务进行动态监控。组织上市公司风险专项排查，开展证券基金全行业压力测试，建立风险台账，实施分类处置。严格落实以成交持仓比为核心的期货市场预警监测指标体系，放宽估值期货交易限制措施。针对雄安概念股炒作、*ST新都退市重整、乐视网实际控制人变更、个股闪崩、新沃基金违约等风险事件，及时采取监管措施，防止风险积累。

三 2018年证券业的监管重点展望

2017年，全国金融工作会议在科学分析研判新形势下金融工作面临的风险和问题的基础上，提出了服务实体经济、防范金融风险和深化金融改革三项主要任务。资本市场是金融体系的重要组成部分，在上述三个领域发现问题、做好工作,是当前和今后较长一段时期内监管工作的主题。清晰认识资本市场在上述三个领域存在的短板、问题和风险,有利于明确未来时期的努力方向和重点。

(一)当前证券业发展与监管存在的不足

1. 服务实体经济存在的不足

2017年以来,证监会发展股票、债券直接融资,资本市场在优化资源配置、支持创新创业、促进产业转型升级等方面发挥着日益重要的积极作用。但与实体经济的发展需求、与供给侧结构性改革的要求相比,资本市场还存在主动对接国家战略跟得不紧,化解"融资难、融资贵"缺乏有效的机制和手段,服务产业发展存在结构性失衡等问题和不足。具体而言,包括如下几个方面。

一是贯彻落实新发展理念的意识和能力还有待提高。结合具体的国家政策、战略,证券业及监管机构在落实供给侧结构性改革、服务京津冀协同发展等国家战略方面的方法不多、措施实际效果不是十分明显,缺乏量身定做的方案。满足"一带一路"国家基础设施建设的产品和服务较少。如何发挥资本市场作用,促进存量重组、增量优化、动能转换等也缺乏统筹安排。

二是对实体经济的覆盖范围不足。服务对象仍以大型成熟企业和传统产业为主,发行条件对新经济、新业态的包容性不足,与大量中小微企业、创新创业型企业、偏远地区企业巨大的直接融资需求相比,服务能力还存在较大差距。

三是市场功能发挥的不充分不均衡。目前,A股市场仍然以首次公开发行IPO为主,并购重组、风险管理、定价服务等功能发挥不充分,在完善公司治理、培育诚信文化等方面的示范引领作用还有较大的提升空间;期货市场产业参与不够,较多产品品种存在近月合约不活跃、活跃合约不连续的问题,产业服务功能有待进一步增强。

四是证券期货行业机构的服务水平仍然有提升空间。有些行业机构仍然存在"坐地收钱"思维,醉心于加杠杆、加久期,盲目做大规模,大量发

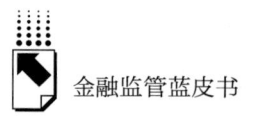

行帮助银行资金出表、进行监管套利、隐含刚性兑付的结构化资管产品，开展通道业务，助长资金脱实向虚在金融体系内部空转。部分市场产品看似红红火火、十分热销，实则没有真正解决广大居民的医疗、教育、养老等民生需求，相关证券类产品明显不够。

2. 防范化解风险存在的不足

2017年，我国资本市场运行总体平稳，市场信心修复与增强处于关键时期，证券监管机构推进依法全面从严监管，有针对性地完善市场基础性制度安排，投机炒作得到有效遏制，市场生态环境出现了好转。但是，当前资本市场仍然存在一定的风险点。

一是市场外部环境的风险传导。很多年来，中国资本市场对国际国内宏观经济波动的反应较为敏感脆弱。2017年，国际环境出现了一些不确定、不稳定、不可控、不可预期的因素，且地区冲突较多，国际安全形势日益复杂，有的已经逼近"家门口"。全球经济虽然正在努力复苏，但是内生增长动力缺乏。美国货币政策调整对新兴市场国家带来了明显的调整，"黑天鹅""灰犀牛"事件时有发生，类似因素会通过跨境资本流动、投资者情绪波动传染、市场比价效应等途径冲击我国资本市场。国内经济结构调整任务依然艰巨，新旧动能转换仍然处于胶着时期，在此背景下，国内暴露出的银行机构不良贷款率升高、资本外流、企业信用违约事件增加、房地产隐性风险等问题，都会在一定程度上传染至股票市场、债券市场和期货市场。

二是杠杆资金风险犹存。股市杠杆资金存量规模仍然不小，在2017年上半年，融资类业务、结构化资管产品等股市杠杆类资金总规模近2万亿元，其中投资股票规模超过1.6万亿元。杠杆资金敏感脆弱，稍有风吹草动就容易引起踩踏式撤离，加大股市波动幅度。

三是偶发群体性风险事件。2017年，随着证监会牵头清理整顿各类交易场所"回头看"工作的深入推进，5月以来，大批邮币卡类市场参与者连续到监管部门和北京上访，其他地方也出现类似的群访事件和过激行为。国办发布7号文以后，地方政府属地风险处置责任进一步明确，证券监管机构的信访风险有了一定缓释。不过，类似问题并没有得到根本解决，警报尚未完全解除，不排除有人可以在未来时期继续组织煽动较大规模的信访行为。

四是舆情风险常在。由于投融资行为直接关乎市场主体的切身利益，资本市场历来舆情问题复杂，2017年以来形势愈加严峻。部分媒体、网络平台和有一定社会影响力的人物不负责任地散布各类负面言论，扰乱市场预期，影响股市稳定。更有一些人动机不纯，以资本市场为标的和工具，借机攻击改革措施和监管政策，有进一步演化成意识形态风险的可能性。

五是资金和产品的跨境跨界风险。2017年以来，股票市场、债券市场、期货市场、外汇市场的联动性、共振性逐步增强，资金在大类资产之间快速转移，板块轮动的特征明显，多次出现股债双杀，甚至三杀、多杀的场景。同时，由于有较多的银行理财资金投入债券市场和货币基金市场，一旦出现流动性紧张局面，投资者大量赎回，就有可能导致其他市场的联动效应，带来较大负面影响。

3. 深化金融改革存在的不足

需要注意的是，与国家整体改革进入深水区、攻坚区一样，我国资本市场也到了爬坡过坎、滚石上山的时期，金融改革面临一系列困境和痛点。

一是有利于市场功能发挥的市场稳定制度仍未完善。2017年，尚未建立市场化的融资制度，首次公开发行往往受制于二级市场行情和社会舆论干扰，屡次走走停停无法实现供求均衡，难以建立明确的市场预期。上市公司退市制度不完善，有些公司"亏两年赚一年"，第三年即使通过会计处理实现微利也可以保住上市资格。同时，上市公司退市牵涉多方利益主体，受到诸多干扰，正常退市难度很大，市场不能及时出清。

二是监管短板的问题仍然没有根本解决。部分领域仍然存在监管制度空白。比如，有针对性的程序化交易监管制度、新闻媒体的监督规定等尚未出台或仍有很大完善空间。有些监管制度不好用或是缺乏上位法支持。一些扰乱市场秩序的新情况新问题处罚偏低、制裁偏轻，没有起到有效的震慑作用。

三是上市公司和证券类行业机构的公司治理水平有待进一步规范。部分上市公司的治理结构并不完善，形似而神非，股权结构复杂，决策链条较长，内幕交易和利益输送时有发生，独立董事过于"独立"进而成为摆设，

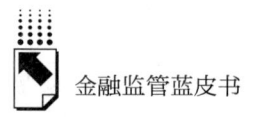

机构投资者没有充分参与公司治理。有的证券行业机构对于部分业务过度激励、内控松散，导致无序发展，问题层出不穷。2017年还出现期货公司大额自有资金被高管挪用、部分期货保证金被冻结和扣划的风险事件。

（二）对2018年重点监管工作的展望

党的十九大报告提出，要突出抓重点、补短板、强弱项，特别是要坚决打好防范化解重大风险、精准扶贫、污染防治三大攻坚战，这是全面建成小康社会能否得到人民认可、经得起历史检验的关键，也是资本市场在2018年最重要的任务。资本市场作为优化资源配置的重要平台，在拓宽融资渠道、促进资本形成、分散市场风险等方面具有不可替代的作用，是贯彻新发展理念，推动实现经济发展质量、效率、动力"三大变革"的重要支撑。2018年，中国证券行业将以深化金融体制改革为基准，以增强服务实体经济能力为宗旨，以提高直接融资比重为发展目标，以促进多层次资本市场健康发展为抓手，守住不发生系统性风险的底线，积极适应高质量发展阶段的新要求。

1. 监管总体思路

一是坚持服务实体经济的本质要求。继续贯彻新发展理念，紧扣供给侧结构性改革主线，不断完善多层次资本市场体系，优化发行、交易、退市等基础性制度，加大对中小微企业、创新创业活动、"三农"、贫困地区、国家重点建设项目等重要领域和薄弱环节的支持力度。

二是坚持市场化、法治化、国际化方向，稳妥推进资本市场改革。继续稳定资本市场现有格局，全面提高功能发挥，对严重脱离实体经济需求的伪创新严加限制甚至禁止，对有利于服务国家战略和实体经济需求、有利于满足人民群众财富管理需要的创新活动，一定要扎实推进。

三是监管机构要恪尽职守、严格问责。树立新时代新时期的新发展理念，扭转重发展、轻监管的错误思想，继续坚持依法全面从严监管，严打市场乱象，对各类"野蛮人"和资本大鳄及时准确亮剑。强化监管者自身能力建设，填补制度漏洞，提高监管科技化和智能化水平。

2. 监管重点内容

从实践角度来看，2018年证券行业监管的重点工作，就是把十九大、中央经济工作会议和全国金融工作会议提出的任务落到实处。

一是继续保持新股发行常态化。要继续坚持市场化、常态化发行，稳定市场预期。完善IPO首发上市条件，提升服务实体经济的针对性和有效性。在严格把关的同时，进一步优化发审流程，提高审核效率，继续缓解IPO"堰塞湖"。加大首发企业现场检查力度，从源头上提升上市公司质量，防止"病从口入"。继续优化再融资结构，加快可转债、优先股等成本约束型资本融资工具的审核，规范募集资金用途，适当加快非公开发行的节奏，健全中介机构责任追究机制。

二是推进并购重组市场化改革。加大对产业并购的支持力度，以支持国有企业加快发展、做优做强为宗旨，通过并购重组服务军民融合、中国制造2025等重大战略。加快研究实施差异化并购配套融资政策，继续优化审核流程，支持同行业、上下游并购整合，进一步丰富并购重组支付工具，推动相关机制切实落地。持续严格监管，打击"忽悠式"重组，对重组上市、杠杆收购等市场约束薄弱、市场博弈不充分的交易，继续加大监管处罚力度，开展靶向问询，推进关口前移，避免复牌后"过山车"式的股价波动。对类金融资产注入上市公司从严监管，严控资金脱实向虚。

三是服务国有企业混合所有制改革。积极推动引入战略投资者、机构投资者、财务投资者，实现国企股权多元化，充实企业资本金，改善国企治理。积极探索推进员工持股、股权激励等方式，激发企业内生增长动力，使企业发展成果惠及广大劳动者。积极引导国企到交易所发行债券，做好债转股，钢铁、煤炭等行业去产能、调结构等政策制定和落实。参与上市公司国有股权监管，国有资本投资、运营公司试点，按市场化办法选聘和管理国有企业经理人等国企改革"1＋N"系列文件制定工作，完善支持资本市场国企混改的配套政策。

四是稳步推进股票注册制改革。努力落实全国人大常委会授权决定，遵照"十三五"规划纲要的部署，坚持创造条件实施股票发行注册制，持续

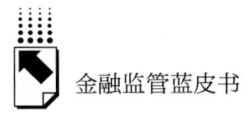

做好加强监管能力建设、整顿市场秩序、补齐制度短板、提升交易所一线监管能力等基础性工作。推进《证券法》《公司法》《刑法》有关修正案等立法工作，与推进股票发行注册制改革相衔接。在《证券法》修订中进一步加大欺诈发行等违法行为的法律责任，健全对资本市场相关中介机构监管的制度安排，夯实注册制改革的法律基础。

五是深化新三板市场改革。继续完善新三板市场基础性制度，不断提升融资、交易等核心功能，推进市场精细化分层，研究差异化的发行、交易和信息披露制度安排。完善协议转让做市业务、退市等符合新三板市场定位的规则制度体系。推进公募基金参与新三板市场，推进私募机构参与做市试点进而改善市场流动性。协调落实相关税收和国资政策，进一步强化分类监管，合理划分行政监管和自律管理的职责边界，加快监管信息系统建设，切实有效提高监管水平。

六是稳步有序发展 VC/PE 和股权众筹。积极推动出台《私募投资基金管理暂行条例》，修订《私募投资基金监督管理暂行办法》，完善登记备案、资金募集、服务业务等自律规范。推进差异化监管安排，探索建立创投基金白名单，设立创投基金登记备案绿色通道，支持优质机构快速发展。拓宽创业投资市场化退出渠道，研究建立投资企业上市解禁期与上市前投资期长短反向挂钩的制度安排；推动允许保险资金投资符合条件的私募证券投资基金，拓宽长期资金来源。从长远看，推动《证券法》与股权众筹相关条款的修订，夯实法律基础。2018 年仍将做好股权众筹风险清理整顿，严厉打击变相非法集资等违法违规案件。

七是促进资本市场双向开放。研究有序扩大与香港互联互通标的和额度限制，稳步推进沪伦通各项制度准备，推进境外交易者参与境内商品期货交易，支持境内交易所和证券期货经营机构"走出去"，有序到"一带一路"沿线国家和地区布局设点。统筹谋划 A 股纳入明晟指数（MSCI）后续风险防范工作，研究完善衍生品和结构性产品的监管合作机制。评估完善港股通标的调整机制，全方位加强互联互通运行监测和风险防控。完善跨境执法合作机制，提升跨境执法合作水平。

B.5
保险业监管年度报告

孙才华 张 坤*

摘 要： 2017年，受益于我国国民保险意识的提升和收入水平的稳定增长，我国保险市场增长快速，其中人身险业务发展迅速，但增幅下滑明显，财产险业务发展平稳。中国保监会将"防风险"放在更重要的位置，强化对保险机构举牌上市公司的监管，持续加强关联交易监管，丰富监管手段，强化监管措施的运用；同时积极引导保险机构服务于实体经济和国家战略，尤其是"一带一路"建设。2018年，中国保监会将会继续加大资金运用风险监管和行政处罚力度，推动保险业服务于"一带一路"建设。

关键词： 保险业 防风险 "一带一路"

一 2017年保险业监管回顾和发展状况

（一）2017年保险业监管回顾

2017年是十九大召开之年，中国保监会加强风险防控，尤其是资金运

---

* 孙才华，硕士，国家金融与发展实验室金融法律与金融监管研究基地特邀研究员，主要研究领域为金融监管、经济制裁；张坤，硕士，现任职于中国再保险（集团）股份有限公司，主要研究领域为金融监管、关联交易管理。

用风险管控，严守不发生系统性风险底线；强化关联交易管理，打击利益输送和侵害保险机构权益的行为；综合运用多种监管手段，治理市场乱象；响应党中央和国务院的号召，积极推动保险业服务于"一带一路"建设和实体经济。

1. 中国保监会发布"1+4"系列文件

2017年，中国保监会发布"1+4"系列文件。"1+4"系列文件确立了"防风险、治乱象、补短板、促实体"的监管总思路。"1+4"系列文件精神与十九大报告、中央经济工作会议、习近平总书记"425"金融安全重要讲话以及全国金融工作会议对金融工作的要求是一致的，是一脉相承的。

2. 强化保险资金运用监管，支持国家重点工程

2017年，中国保监会继续强化保险资金运用监管，尤其是对险资举牌上市公司的监管，区分"一般股票投资"、"重大股票投资"和"上市公司收购"，并采取差别监管；同时充分发挥保险资金优势，服务于实体经济，积极支持国家重大工程建设，如"一带一路"建设、京津冀协同发展战略、雄安新区建设等。

3. 积极服务于"一带一路"建设

2017年，中国保监会积极响应党中央和国务院的号召，出台"一带一路"建设指导意见，引导保险资金投向"一带一路"建设，鼓励保险机构大力发展出口信用保险业务和海外投资保险业务，进行保险产品创新，并积极"走出去"，为"一带一路"建设提供有力的风险保障。

4. 进一步加强关联交易监管

近年来，中国保监会不断加大关联交易监管力度，切实防范关联交易风险。2017年，中国保监会进一步确立关联交易"穿透式"监管思路，进一步明确"实质重于形式"的关联方和关联交易行为认定原则，强化保险机构关联交易控制委员会的职责，对保险公司关联交易认定、审批和管理等都会产生重要影响。

（二）2017年保险业发展状况

2017年，我国保险业增长快速，保费收入达到3.66万亿元，同比增

长18.2%，与2016年相比，增速下滑9.3个百分点，增速下滑的主要原因是人身险业务增幅下滑明显。财产险业务保费收入10541亿元，首次超过万亿元，同比增长13.8%，增长平稳；人身险业务保费收入26746.35亿元，同比增长20.3%，增长迅速，但与2016年相比，增速下滑16.2个百分点，人身险业务增速下滑的主要原因是业务结构调整，投资型人身险业务大幅收缩。保险公司利润水平大幅提升，预计利润2567.2亿元，同比增长29.7%。2017年末，保险业总资产16.75万亿元，同比增长10.80%；2017年，受益于股市回暖，保险资金投资收益率小幅回升，平均投资收益率为5.77%。

二 2017年保险业重大举措

（一）中国保监会发布"1+4"系列文件

2017年保险行业最热的监管词汇无过于"1+4"系列文件。无论是监管部门还是保险机构，都在围绕"1+4"系列文件开展落实工作。将"1+4"系列文件视为2017年保险监管的纲领性文件亦不为过。所谓"1+4"系列文件，是指中国保监会发布的"1"个体现当前监管工作总体思路的《关于进一步加强保险监管 维护保险业稳定健康发展的通知》（保监发〔2017〕34号）和"4"个落实文件，分别为《关于进一步加强保险业风险防控工作的通知》（保监发〔2017〕35号）、《关于强化保险监管 打击违法违规行为 整治市场乱象的通知》（保监发〔2017〕40号）、《关于弥补监管短板构建严密有效保险监管体系的通知》（保监发〔2017〕44号）和《关于保险业支持实体经济发展的指导意见》（保监发〔2017〕42号）。"1+4"系列文件确立了"防风险、治乱象、补短板、促实体"的监管总思路，这与十九大报告、中央经济工作会议、习近平总书记"425"金融安全重要讲话以及全国金融工作会议对金融工作的要求一脉相承。

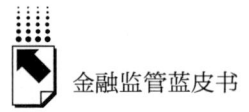

1. 防风险——严守不发生系统性风险底线

中国保监会从流动性风险、资金运用风险、战略风险、新兴业务风险、外部风险传递、群体事件风险、底数不清风险、资本不实风险和声誉风险九大领域的风险防控出发，对保险机构的风险管理提出要求，同时要求保险机构健全风险防控工作机制（见表1）。

表1 "1+4"系列文件规定的风险防控要点

流动性风险	资金运用风险	战略风险	新型业务风险	外部风险传递
• 完善流动性风险管理制度机制 • 加强流动性风险管理和监测 • 完善应急处置机制 • 风险防范关口前移，强化股东的流动性风险管理责任	• 建立审慎稳健的投资运作机制 • 防范重点领域风险 • 加强信息报送和披露 • 严禁通过投资多层嵌套金融产品、"抽屉协议"、"阴阳合同"等形式绕开监管要求，变相向股东或关联方输送利益	• 完善公司治理架构 • 加强股东管理和关联交易管理 • 科学制定战略规划，防范公司战略失偏、失控	• 重点防范信用保证保险、互联网保险等新型业务的风险	• 加强对外部风险的摸排与管理，防范资本市场、汇率、利率等外部风险向保险业传递和转移

群体事件风险	底数不清风险	资本不实风险	声誉风险	风险防控机制
• 保险公司和保险中介机构加强销售行为管理，严查违规套取费用 • 妥善处置非法集资重大案件及可能引发的群体性事件风险	• 开展全面风险清查 • 建立健全内控制度，完善信息系统，确保按照监管要求及时、准确、完整地报送相关报告和数据	• 加强资本管理，防范资本被抽逃、占用 • 防范增资来源不合法的行为，严防利用不当创新、不当工具虚增资本	• 加强舆情监测 • 切实增强舆情应对能力 • 提升应急处置能力	• 健全风险防控工作机制，从组织领导、责任分工、信息报告、责任追究等方面，加强风险防控工作

2. 治乱象——对违规行为从严、从重处理

中国保监会着重从以下八个方面治理市场乱象，开展监管检查和自查（见表2）。

表2　中国保监会监管检查和保险机构自查要点

整治虚假出资 解决资本不实问题	整治公司治理乱象 提升治理机制有效性	整治资金运用乱象 遏制违规激进投资	整治不当创新 清退问题产品
• 整治自我注资、非自有资金出资和抽逃资本金等行为 • 开展资本真实性专项整治	• 整治公司僵局无法正常经营、大股东或实际控制人"一言堂"问题 • 深入推进保险法人机构公司治理监管评估，加强投资人背景、资质和关联关系穿透式审查	• 整治多层套嵌、非理性连续举牌、与非保险一致行动人共同收购、股票快进快出、违规关联交易、盲目境外投资等行为 • 发布《关于开展保险资金运用风险排查专项整治工作的通知》，开展专项风险排查	• 整治产品创新不规范，炒作概念和噱头；产品设置偏离保险本源，保险功能弱化 • 发布《关于开展财产保险公司备案产品专项整治工作的通知》《关于规范人身保险公司产品开发设计行为的通知》等
整治销售误导 规范销售行为	整治理赔难 提高理赔质量效率	整治违规套费 规范市场经营	整治数据造假 摸清风险底数
• 整治保险公司、中介机构和从业人员欺骗消费者、隐瞒合同重要情况、不履行免责和特别约定条款说明义务等问题 • 开展打击损害消费者合法权益行为的"亮剑行动"等	• 整治理赔手续繁多、流程较长、告知不到位、未按法定时限给付、理赔尺度不一、争议化解不及时等问题 • 开展理赔服务专项整治工作	• 整治违规套费、不正当竞争、经营农险业务公司套取财政补贴资金等行为 • 发布《关于整治机动车辆保险市场乱象的通知》，并组织开展大病保险和农业保险承保理赔档案专项检查等	• 整治偿付能力数据不真实和风险综合评级基础数据不真实问题 • 发布《关于开展偿付能力数据真实性自查工作的通知》《关于对偿二代制度及实施情况进行调研的通知》等

3. 补短板——堵塞制度漏洞，完善监管机制

在补短板方面，中国保监会明确要抓住重点领域，弥补监管制度中的漏洞，避免"牛笼关猫"等现象，包括：完善公司治理监管，进一步强化保险机构股权管理，加强保险公司股东入股资金真实性审查，加强关联交易监管；按照去杠杆、去套嵌、去通道的导向，落实党中央关于服务实体经济的要求，强化保险资金运用监管；落实偿付能力监管要求，对保险行业风险实现早预警、早发现、早处置；坚持"保险业姓保"，做好保险产品监管工作；完善保险中介市场监管制度，切实维护保险消费者的合法权益；完善高级管理人员监管，建立"黑名单"机制；合理引导新型业务的发展，不断

提高对新业务形态的监管水平。

同时,中国保监会力争完善监管机制,弥补薄弱环节,如统一监管标准、加强前端审批与后端监管的协同、加强信息数据协同互通和共享应用、运用大数据提升监管效能、加大行政处罚和信息披露力度等。

4. 促实体——促进保险业支持实体经济发展

与其他金融行业不同,除提供资金支持外,保险业因其所具有的保险功能在支持实体经济发展方面也是多元化的。一是为实体经济发展提供风险保障,如为环境污染、食品安全等提供责任保险、发展农产品收入保险制度、促进保险资金支农支小。二是引导保险资金服务国家发展战略,支持保险资金通过各种形式服务"一带一路"建设、PPP项目、长江经济带建设、雄安新区建设等。三是推动保险扶贫和巨灾风险防范,通过保险业产业扶贫投资基金、扶贫公益基金、巨灾保险等多种手段,助力完成国家脱贫攻坚战略。四是改进比例和资本监管,实现动态审慎调整和优化,推进差异化监管,对符合国家战略和导向的重大项目给予政策倾斜等。

(二)强化保险资金运用监管,支持国家重点工程

2017年,中国保监会的工作重心是"防风险",表现在资金运用方面,就是强化保险资金运用监管,尤其是对险资举牌上市公司的监管,同时,中国保监会发布相关监管规定,如《关于债权投资计划投资重大工程有关事项的通知》(保监资金〔2017〕135号)和《关于保险资金投资政府和社会资本合作项目有关事项的通知》(保监发〔2017〕41号),积极支持国家重大工程建设,如"一带一路"建设和雄安新区建设等。

1. 强化险资举牌监管

从2015年底爆发"宝万之争"开始,保险机构在A股市场上频繁举牌上市公司的行为便受到了各方的关注,部分保险机构投资亦确实激进。2016年则出现了个别保险机构与被收购企业管理层发生矛盾的情形,市场上对保险机构举牌上市公司的负面评价也越来越多。为此,中国保监会于2017年1月24日发布《关于进一步加强保险资金股票投资监管有关事项的通知》

（保监发〔2017〕9号，以下简称《股票投资监管通知》），对保险机构与非保险一致行动人重大股票投资行为加强监管。

（1）区分"一般股票投资"、"重大股票投资"和"上市公司收购"，采取差别监管

《股票投资监管通知》将"保险机构"或"保险机构与非保险一致行动人"投资上市公司股票的行为分为一般股票投资、重大股票投资和上市公司收购三种情形，并实施层层递进的差别监管。不同的投资情形按以下标准划分（见表3）。

表3 投资上市公司股票的行为划分

投资情形	划分标准
一般股票投资	保险机构或保险机构与非保险一致行动人投资上市公司股票比例＜上市公司总股本20%，且未拥有上市公司控制权
重大股票投资	保险机构或保险机构与非保险一致行动人投资上市公司股票比例≥上市公司总股本20%，且未拥有上市公司控制权
上市公司收购	①通过取得股份的方式成为上市公司的控股股东，或 ②通过投资关系、协议、其他安排的途径成为上市公司的实际控制人，或 ③同时采取上述方式和途径拥有上市公司控制权

注：
①非保险一致行动人：与保险机构构成一致行动关系的，不属于保险机构的投资者。
②《股票投资监管通知》所称"拥有上市公司控制权"、"一致行动人"和"一致行动关系"等概念，执行中国证监会的相关规定。

（2）不同股票投资情形的监管要求

根据《股票投资监管通知》的规定，保险机构一般股票投资、重大股票投资和上市公司收购应当分别遵守以下监管要求（见表4）。

表4 一般股票投资、重大股票投资和上市公司收购应当遵守的监管要求

监管要求＼投资情形	一般股票投资	重大股票投资	上市公司收购
偿付能力	上季末综合偿付能力充足率≥100%	上季末综合偿付能力充足率≥150%	上季末综合偿付能力充足率≥150%
投资能力	—	完成股票投资管理能力备案	完成股票投资管理能力备案

续表

监管要求\投资情形	一般股票投资	重大股票投资	上市公司收购
内部控制	—	符合有关保险资金运用内部控制的监管要求	符合有关保险资金运用内部控制的监管要求
资金来源	保险资金	①保险资金 ②保险机构与非保险一致行动人共同开展重大股票投资,经备案后继续投资该上市公司股票的,新增投资部分应当使用自有资金	①不得与非保险一致行动人共同收购上市公司 ②应当使用自有资金 ③不得以投资的股票资产抵押融资用于上市公司股票投资
投资行业范围	自主选择上市公司行业范围,但应当根据资金来源、成本和期限,合理选择投资标的,加强资产负债匹配管理,服务保险主营业务发展	自主选择上市公司行业范围,但应当根据资金来源、成本和期限,合理选择投资标的,加强资产负债匹配管理,服务保险主营业务发展	限于保险类企业、非保险金融企业和与保险业务相关、符合国家产业政策、具备稳定现金流回报预期的行业,不得开展高污染、高耗能、未达到国家节能和环保标准、技术附加值较低的公司
报告备案核准	发生举牌行为的,应当按照证券监管要求及时披露,在信息披露义务人发布公告后5个工作日内,保险机构向中国保监会提交报告	①达到重大股票投资标准且按照证券监管法规要求,信息披露义务人公告后5个工作日内,由保险机构向中国保监会备案 ②中国保监会在要件齐备后15个工作日内反馈备案意见 ③在获得备案意见前,不得继续增持该上市公司股票。	①事前向中国保监会申请核准 ②在获得书面核准文件前,不得继续增持该上市公司股票
其他	—	①严格控制解除重大股票投资信息的人员范围,避免内部交易或引发上市公司股票异常波动 ②加强与上市公司股东和经营层沟通,维护上市公司稳定	加强与上市公司股东和经营层沟通,维护上市公司稳定

（3）防范股票投资资金集中度风险和市场风险,调整不符合比例要求的蓝筹股票投资

《股票投资监管通知》规定,保险机构投资权益类资产的账面余额,合计不高于本公司上季度末总资产的30%；投资单一股票的账面余额,不得

高于本公司上季度末总资产的5%。需要注意的是，中国保监会在2015年发布了《关于提高保险资金投资蓝筹股票监管比例有关事项的通知》（保监发〔2015〕64号），规定对于符合相关条件的保险公司，经报中国保监会备案，投资单一蓝筹股票的余额占上季度末总资产的监管比例上限由5%调整为10%；投资权益类资产的余额占上季度末总资产比例达到30%的，可进一步增持蓝筹股票，增持后权益类资产余额不高于上季度末总资产的40%。《股票投资监管通知》取消了2015年救市的相关政策，要求保险机构在2年内或相关监管机构规定的期限内调整投资比例，直至满足监管规定的比例要求。

（4）明确可以采取的监管措施

如中国保监会认定保险机构违反《股票投资监管通知》的要求，可以采取责令其整改、限制股票投资比例以及暂停或取消股票投资能力备案等监管措施。

此外，对于保险机构投资境外上市公司股票，应当按照投资所在地的市场规则，参照《股票投资监管通知》执行差别监管和一致行动人的规定。

2. 支持国家重大工程建设

2017年5月4日，中国保监会出台《关于保险资金投资政府和社会资本合作项目有关事项的通知》，支持保险资金通过基础设施投资计划，投资于政府和社会资本合作项目（PPP）。2017年5月16日，中国保监会发布《关于债权投资计划投资重大工程有关事项的通知》，给予保险资金投资于关系国计民生的重大工程（包括但不限于"一带一路"、京津冀协同发展、长江经济带、军民融合、《中国制造2025》、雄安新区等国家发展战略重大工程）在评级、注册方面的支持。

（三）积极服务于"一带一路"建设

2017年，中国保监会积极响应党中央和国务院的号召，出台《关于保险业服务"一带一路"建设的指导意见》（保监发〔2017〕38号，以下简称《"一带一路"指导意见》），积极推动保险业服务于"一带一路"建设。

1. 相关背景

自 2013 年习近平总书记提出"一带一路"倡议，我国企业（包含金融机构）通过贸易、投资等方式积极参与到"一带一路"建设中，取得丰硕成果。据国务院新闻办公室披露的数据，2014～2016 年，我国与"一带一路"沿线国家贸易总额约 20 万亿元；根据商务部披露的数据，2016 年我国对"一带一路"沿线国家的直接投资为 145 亿美元，呈现前所未有的增长态势。我国企业"走出去"面临各种风险，此时，保险业风险管理的特长就有了充分展现的空间。

2.《"一带一路"指导意见》主要内容

（1）保险业服务于"一带一路"建设的重要意义

《"一带一路"指导意见》认为，因"一带一路"建设涉及的国家多，而这些国家千差万别，我国企业"走出去"面临各种风险，如政治风险、法律风险等。保险业以管理风险为己任，因此，服务于"一带一路"建设具有无可比拟的优势，如为对外贸易提供出口信用保险，为出国务工人员提供意外保障等；同时，"一带一路"建设也为我国保险业提供了广阔的市场，有助于我国保险企业"走出去"。

（2）保险业服务于"一带一路"建设的基本原则

《"一带一路"指导意见》为保险业服务于"一带一路"建设确立了四个原则，一是坚持"保险业姓保"、服务大局；二是坚持统筹推进、重点突破；三是坚持市场运作、持续发展；四是坚持开放创新、合作共赢。这些原则充分体现了中国保监会监管思路。

（3）保险业服务于"一带一路"建设的主要方式

《"一带一路"指导意见》鼓励保险公司进行产品创新，大力发展出口信用保险、企业财产保险、工程保险、海外投资保险、各类责任保险、货物运输保险、务工人员意外伤害保险等，构建国别风险咨询服务体系，支持保险公司提供境外保险服务，有针对性地开发跨境保险业务，为"一带一路"沿线不同的国家、地区提供差别化的保险需求；要求保险公司创新资金运用方式，为"一带一路"建设提供稳定的资金支持。

(4) 加快保险业国际化步伐

我国保险业国际化步伐远远滞后于银行业和我国经济开放程度，目前，仅有国寿集团、太平集团和中再集团在英国、新加坡等国家设立了子公司或分公司。服务于"一带一路"建设，需要我国保险企业"走出去"，构建全球性的服务网络，提升全球服务能力。《"一带一路"指导意见》鼓励部分有条件的保险机构"走出去"，在"一带一路"沿线部分区域铺设网点，并探索建立国际保险共同体。2017年11月1日，中再集团推动建立"新加坡一带一路保险联合体"，并担任管理机构。

3. 保险业服务于"一带一路"建设面临的主要风险

因"一带一路"沿线国家和地区是联合国、美国或欧盟的主要经济制裁对象，如伊朗、俄罗斯、白俄罗斯、西巴尔干地区、利比亚、苏丹等，美国已加大了对被认定违反美国经济制裁政策的我国企业的制裁、处罚力度，如对中兴通讯高达11.92亿美元的巨额罚款。我国保险业服务于"一带一路"建设面临严峻的经济制裁风险。除了经济制裁风险之外，"一带一路"沿线很多国家都是发展中国家，存在法制不健全、政局不稳、政治腐败等问题。我国保险企业对此应该有充分的准备，早做筹划。

（四）进一步加强关联交易监管

为进一步规范保险公司关联交易管理，防范潜在风险，中国保监会发布了《关于进一步加强保险公司关联交易管理有关事项的通知》（保监发〔2017〕52号，以下简称《关联交易管理通知》）。在"1+4"系列文件中，关联交易一直是关注的重点，监管机构对关联交易监管尤为重视，中国保监会发布的《关联交易管理通知》是"1+4"系列文件监管思路的延续，细化了对保险公司关联交易管理的监管要求。

1. 强化关联交易控制委员会的职责

《关联交易管理通知》明确保险公司应当设立关联交易控制委员会（也可指定审计委员会），负责关联方识别维护，关联交易的管理、审查、批准和风险控制，并细化了成员组成和关联交易审批职责（见表5）。

表5 对保险机构关联交易控制委员会相关要求

成员组成	①不少于5人 ②指定1名执行董事担任负责人 ③成员应包括合规负责人等管理层有关人员
审批职责	①一般关联交易应报关联交易控制委员会(或审计委员会)备案或者批准 ②重大关联交易必须经关联交易控制委员会(或审计委员会)审查

同时,《关联交易管理通知》要求保险公司将合规、业务、财务等关键环节的审查意见以及关联交易控制委员会的会议决议进行清晰留痕并存档。

2.明确按照"实质重于形式"原则认定关联方和关联交易行为

《关联交易管理通知》明确将按照"实质重于形式"的原则穿透认定关联方和关联交易行为。

(1) 金融产品穿透认定关联关系和关联交易

一是保险公司的关联方追溯到信托计划等金融产品(或者其他协议安排)的,应穿透至实际权益持有人认定关联关系。二是保险公司投资或委托投资金融产品的,应当穿透至底层基础资产,如果底层基础资产包含保险公司或保险资产管理公司的关联方资产,则应认定为关联交易。

(2) 股权投资形成的关联方的穿透认定

《关联交易管理通知》要求保险公司将因保险资金投资股权所形成的关联方视作保险公司的"一部分"进行管理,如果该关联方与保险公司的其他关联方发生重大关联交易,那么保险公司应建立风控机制,并及时向中国保监会报告。从这个角度看,保险公司对关联交易的管理,突破了自身为交易一方的关联交易的范畴。如果因投资股权所形成的关联方属于受监管的金融机构,或者该交易属于保险公司与其全资子公司之间的交易,可以豁免遵守上述规定。

为落实保险资金穿透管理的监管要求,中国保监会要求保险公司按照保险资金穿透管理的监管要求,监测资金流向,全面掌握底层基础资产状况,建立有效的关联交易控制制度。开展资金运用和委托管理业务的,应当在协议中明确,资金投资的底层基础资产涉及保险公司关联方的,应当按照关联交易的有关规定审查并向中国保监会报告。

3. 细化统一交易协议的监管要求

中国保监会在《保险公司关联交易管理暂行办法》(保监发〔2007〕24号)中规定保险公司与其关联方之间的长期、持续关联交易,可以制定统一交易协议,协议内的单笔交易可以不再进行关联交易审查。《关联交易管理通知》则进一步细化了统一交易协议的监管要求。

(1) 明确统一交易协议参照重大关联交易管理

《关联交易管理通知》明确统一交易协议的内部审查、报告和信息披露等均要参照重大关联交易办理,也就是说凡是签订统一交易协议,均须提交董事会审批,协议签订后应向中国保监会报告并发布信息披露公告。对于统一交易协议项下发生的关联交易无须逐笔报告,但需在关联交易季度报告中一并报告。

(2) 明确统一交易协议的期限

《关联交易管理通知》规定统一交易协议签订期限一般不超过三年。对于已经签订的统一交易协议,如无明确期限或者期限超过三年的,应当在一年内重新签订。

(3) 资金运用类统一交易协议项下单笔交易重新审查

根据《关联交易管理通知》的规定,对于统一交易协议项下发生的资金运用单笔交易,如果该单笔交易底层资产涉及保险公司关联方,应当重新进行关联交易审查,并向中国保监会报告。

4. 强化了关联交易的监管措施

(1) 中国保监会在审查中,可以对关联交易本身采取以下措施:发布质询函;责令修改交易结构;责令停止或撤销关联交易;责令禁止与特定关联方开展交易等。

(2) 对于未按规定报送关联交易报告或者在关联交易内部审查环节未能勤勉尽职的有关责任人员,中国保监会可以采取以下措施:公开谴责,记入履职记录,认定为不适当人选等。

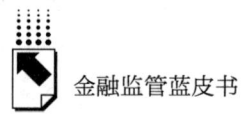
金融监管蓝皮书

专栏一 19家保险公司因关联交易管理不规范被出具监管函

在2017年之前，少有保险公司因关联交易管理问题被行政处罚或被出具监管函。2017年上半年，中国保监会开展了首次覆盖全行业的保险法人机构公司治理现场评估，对保险机构的公司治理情况进行了全面的"体检"。2017年10月至12月，中国保监会共对19家保险公司下发了公司治理问题方面的监管函，披露相关机构存在的公司治理问题，要求公司限期整改，而每份监管函均包含关联交易管理问题。监管函中涉及的关联交易管理问题统计详见表6。

表6 2017年保险监管函涉及的关联交易管理问题

问题描述	问题数量
关联方信息档案不完备	19
关联交易未识别	6
关联交易管理制度不完善、未报备	6
重大关联交易未识别、报告和披露	5
未按要求进行审批	3
未开展关联交易审计	3
股东未作关联关系书面说明	2
报送关联交易数据有误	2
未按规定报送关联交易报告	2
未披露关联交易信息	2
关联交易损害公司利益	1
资金运用关联交易比例不合规	1
其他关联交易管理不规范	3

从表6可以看出，每一份监管函中均出现了关联方信息档案不完备的情况，说明此类问题比较普遍。而关联方信息不完善，也会导致关联交易不能识别的继发性问题。另外，也可以看出保险机构在关联交易管理方面涉及的问题范围比较广，涉及识别、审批、报告、披露、审计等各个方面，也凸显了目前中国保监会在关联交易监管方面的规则之细和各公司所承受的合规压力之大。

在监管措施方面，除要求保险机构成立主要负责人牵头的专项工作组并制定整改方案在规定期限内整改外，中国保监会也限制保险机构进行关联交易。从限制的关联交易类型来看，主要是容易引发利益输送的类型，如借款等财务资助和资金运用类关联交易；从限制的主体来看，除限制关联交易管理存在不规范的保险机构以外，也出现了"连坐"的情形，即限制集团内所有保险机构的关联交易；从限制的交易对象来看，包括限制与特定关联方进行关联交易和限制与所有关联方进行关联交易两种方式。

在中国保监会看来，股权和公司治理问题是保险业风险之根源，而违规关联交易则是风险发生之载体。可以预见，中国保监会将继续强化关联交易监管，避免保险机构成为其股东的提款机，确保本应为风险管理者的保险机构异化为风险制造者。

（五）丰富监管手段，强化监管措施的运用

在"严监管"的大环境下，在"1＋4"系列文件确定的监管总思路的指导下，中国保监会在2017年不断丰富监管措施的运用。

1. 完善监管公开质询制度

随着近几年保险业的快速发展，其受到的社会关注度也不断提高，部分保险机构屡屡成为各新闻媒体的头条，其中不乏对保险公司或保险行业产生负面影响的信息。2017年初因有媒体报道称昆仑健康保险股份有限公司是"佳兆业郭英成家族"实际控制的企业，中国保监会便在其网站上公开对昆仑健康保险股份有限公司股权有关问题进行问询，要求昆仑健康保险股份有限公司就相关问题进行说明。为及时回应社会公众关切的问题、消除社会公众疑惑，中国保监会于2017年3月15日发布了《关于完善监管公开质询制度有关事项的通知》（保监发〔2017〕22号，以下简称《公开质询通知》）正式建立公开质询制度，提升保险监管和保险公司治理透明度。

根据《公开质询通知》的规定，中国保监会可以对社会媒体关注、涉及公众利益或可能引发重大风险的事项进行质询，并重点关注公司治理类、业务经营类和资金运用类的相关事项（见表7）。

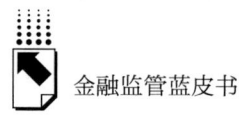

表7 质询事项分类

公司治理类	保险公司股权、股东关联关系、入股资金、关联交易、治理运作,董事、监事及高级管理人员履职行为等有关问题
业务经营类	保险产品设计、业务模式、销售理赔行为、重大保险消费投诉等有关问题
资金运用类	保险资金举牌、收购、境外投资,以及与关联方之间开展的保险资金运用等有关问题

中国保监会可以质询的对象范围较广,不仅可以对保险公司及其董事、监事和高级管理人员质询,也可以对保险公司的实际控制人、股东、投资人及其关联方和一致行动人进行质询,甚至可以对"其他利益相关方"进行质询。此外,中国保监会特别注重对质询及回复的公开披露,无论是中国保监会的质询,还是保险公司的回复均须在网站上披露。

2. 监管函所实施的监管措施更加严格

2017年,中国保监会在其网站上共披露了37份监管函,从其文件编号可以看出2017年至少出具了54份监管函。而2016年中国保监会在其网站上共披露了16份监管函,从其文件编号可以看出2016年至少出具了59份监管函。与2016年相比,中国保监会在2017年出具的监管函件总件数基本未变,但更加注重监管函的公开,2017年公开的件数是2016年的两倍多。更重要的是,2017年中国保监会出具的监管函所采取的监管措施更加严格。

在2016年公布的16份监管函中,有12份监管函所采取的监管措施为"整改",没有其他监管措施;有4份监管函在"整改"之外,还运用了其他监管措施,包括不得增加股票投资(偿付能力不达标)1份、暂停万能险新业务1份、禁止申报新产品2份。

而2017年中国保监会运用"整改"以外的监管措施的力度大为加强。公布的37份监管中,有19份运用了其他监管措施,包括停止使用相关产品、调整权益类资产监管比例、责令撤换责任人、禁止申报新产品、重新编制报告、增加资本金、停止非车险新业务、停止增设分支机构、停止新业务、禁止(与特定交易对手)特定类型的关联交易以及停止使用相关产品等。

3. 行政处罚力度不断加强

中国保监会系统(含中国保监会本级、各保监局和保监分局)2017年行政处罚力度不断加强，处罚机构数量、人数和罚款金额均明显增加。根据中国保监会披露的数据，2017年中国保监会系统共罚款1.5亿元人民币，比去年增长56.1%；对720家保险机构和1046人次实施行政处罚。同时，禁止进入保险行业的案例突出。在此之前，中国保监会系统对于采用禁止进入保险行业的措施较为谨慎，如2016年无一人被禁止进入保险行业，而2017年有4人被禁止在一定期限内进入保险行业。

2017年中国保监会行政处罚的另一个的特点是双罚制，除对保险机构予以处罚外，也强化了对主要责任人员的处罚。对于主要责任人员，中国保监会系统基本都会处以警告和罚款的处罚，对于较为严重的违规行为，中国保监会也会处以禁止进入保险行业等处罚。可以看出，保险从业人员的合规责任不断加大。

需要特别说明的是，资金运用违规行为在以前年度较为少见。因为个别保险机构在资本市场上的"突出"表现，2017年，中国保监会对前海人寿和恒大人寿的资金运用违规行为予以处罚，且处罚甚为严重。前海人寿被顶格罚款，时任董事长被禁止进入保险业10年，并有6名责任人员被处以警告和罚款；恒大人寿被限制股票投资1年，并有两名责任人员被禁止进入保险行业5年和3年。

另外，由于监管检查和专项治理工作是中国保监会获取违规线索的重要途径，所以中国保监会所实施的行政处罚与其当年度开展的监管检查和专项治理工作密切相关，处罚事由较为集中。比如，2016年下半年中国保监会开展农业保险专项治理整顿工作，之后仅中国保监会本级就出具了16份与农业保险业务违规有关的行政处罚，占中国保监会本级2016年处罚数量的55%；2017年初某保险集团系统10家单位因拒绝单独承保交强险等违规行为，被出具11份罚单；2017年中国保监会开展"亮剑行动"，重点打击欺骗保险消费者等违规行为，随后中国保监会本级就集中出具了6份关于电话销售欺骗投保人的行政处罚。

专栏二　中国保监会频发保险消费风险提示

从2015年开始，根据国务院办公厅《关于加强金融消费者权益保护工作的指导意见》(国办发〔2015〕81号)要求,中国保监会在其网站上针对保险消费者关心的热点、难点和疑点问题进行风险提示,2015年、2016年和2017年,分别发布保险消费风险提示14份、6份、10份,具体情况见表8。

表8 中国保监会2015～2017年发布的风险提示

2017年	关于防范"退保理财"骗局的风险提示
	关于假期旅游出行的保险消费提示
	关于在互联网平台购买保险的风险提示
	关于购买航班延误险的消费提示
	关于应对暴雨灾害的保险消费提示(四)——如何应对农民生产生活受损风险?
	关于应对暴雨灾害的保险消费提示(三)——如何应对企业受损风险?
	关于应对暴雨灾害的保险消费提示(二)——如何应对车辆涉水受损风险?
	关于应对暴雨灾害的保险消费提示(一)——如何应对人身意外风险?
	关于炒停"返还型健康险"的消费提示
	关于人身意外伤害保险的消费提示
2016年	关于终身寿险产品的消费提示
	关于防范不法分子冒充保险监管机构实施电信诈骗的风险提示
	关于防范以保险为名实施电信诈骗的风险提示
	关于应对自然灾害的保险消费提示
	中国保监会关于内地居民赴港购买保险的风险提示
	关于再次发布防范银保产品销售误导的风险提示
2015年	关于"互助计划"等类保险活动的风险提示
	关于防范保险销售(经纪)从业人员非法销售非保险金融产品的风险提示
	关于使用手机应用软件预约出行服务发生事故的理赔风险提示
	关于"东方之星"旅游客船翻沉事件的保险消费者提示
	关于有关人员涉嫌以筹建相互保险公司名义开展非法集资活动的风险提示
	关于防范利用保险进行诈骗的风险提示
	关于"跌停险"的风险提示
	再次关注和防范P2P平台风险
	关注和防范"贴条险"风险
	关于谨慎进行退保再投保的风险提示
	关于电话赠送免费保险的风险提示
	关于防范"贴条险"风险的提示
	关于防范保单"被升级"为P2P产品的风险提示
	关于防范银保产品销售误导的风险提示

鉴于中国保监会主要是针对保险消费者关心的热点、难点和疑点问题进行风险提示,因此从表8中,我们可以看出保险业在近三年一些热点、难点或疑点问题。2015年,因中国保监会持续推进保险产品市场化改革,互联网保险快速发展,各种冠以"保险"之名的产品纷纷出现,如"贴条险""跌停险"等,扰乱了保险市场秩序。为正本清源,中国保监会就"贴条险""跌停险"发出风险提示,其中针对"贴条险"发布两次。

从风险提示关注的领域来看,中国保监会主要关注保险产品、保险销售和金融诈骗,这也与近些年来保险监管重点是一致的。一直以来保险销售误导是中国保监会力求除去的顽疾,而保险产品创新给保险监管带来巨大挑战,以保险名义进行的金融诈骗近些年来层出不穷。中国保监会频发风险提示,在一定程度上可以教育保险消费者,提升其风险识别能力,减少保险消费纠纷和诈骗活动。

三 2018年保险业监管展望

2017年12月18~20日召开的中央经济工作会议强调,2018年是贯彻党的十九大精神的开局之年,是改革开放40周年,是决胜全面建成小康社会、实施"十三五"规划承上启下的关键一年。中央经济工作会议明确了2018~2020年的三大攻坚战,第一大攻坚战就是防范化解重大风险。2017年12月27~29日,中国保监会在京举办局级主要领导干部专题培训班,中国保监会副主席陈文辉表示,中国保监会要以服务供给侧结构性改革为主线,全力做好服务实体经济、防控风险、深化改革三项任务。这为2018年保险监管工作指明了方向。

(一)继续强化保险资金运用监管

2017年习近平总书记"425"金融安全重要讲话、全国金融工作会议以及十九大报告均提到要"严守不发生系统性风险底线",中央经济工作又将

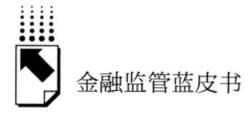

"防范化解重大风险"作为今后三年的第一大攻坚战,特别强调"打好防范化解重大风险攻坚战,重点是防控金融风险"。鉴于保险业面临的主要风险存在于资金运用领域,可以预见,2018年中国保监会防风险的重心仍然会在资金运用风险。2018年1月5日,中国保监会网站公布《关于保险资金设立股权投资计划有关事项的通知》(保监资金〔2017〕282号),禁止保险资金以"名股实债"的方式投资于非上市企业,同时禁止保险资产管理机构开展通道业务和嵌套投资,为2018年保险资金运用监管奠定了"防风险"基调。

(二)积极推动保险业服务于"一带一路"建设

2017年中央经济工作会议强调,2018年要围绕"一带一路"建设,创新对外投资方式,以投资带动贸易发展、产业发展。2017年12月26日,国家发改委发布《企业境外投资管理办法》,支持企业创新境外投资方式。如前所述,保险业可以为"一带一路"建设提供稳定、长期的资金支持,因此,2018年,为服务于"一带一路"建设,中国保监会将会积极推动保险机构投资于"一带一路"建设重点项目。新近发布的《关于保险资金设立股权投资计划有关事项的通知》表示,中国保监会指定注册机构对投资于重大工程项目的股权投资计划予以优先注册。除了资金支持,中国保监会还将推动保险机构针对"一带一路"建设设计新的产品,提供更周到的服务。

(三)加大行政处罚力度

2017年是"一行三会"加大行政处罚力度的一年。据媒体统计,2017年,中国保监会系统共披露910张罚单,金额约1.18亿元;中国银监会系统共做出行政处罚决定3452件,罚没29.32亿元;证监会全年做出行政处罚决定224件,罚没74.79亿元,其中超过亿元的行政处罚书共计11张。陈文辉副主席强调,"针对当前保险业的股权乱象、资本乱象、产品乱象、投资乱象,必须让监管长上牙齿,重拳出击,拨乱纠偏"。如何"让监管长上牙齿,重拳出击"?加大行政处罚力度将是最可能采取的方式。

附表 2017年保险业监管规章、规范性文件目录

类型		发布时间	法规名称	制定部门（文号）
部门规章		2月7日	中国保险监督管理委员会行政处罚程序规定	保监会令2017年第1号
规范性文件	综合类	1月4日	保险公司合规管理办法	保监发〔2016〕116号
		4月27日	中国保监会关于保险业服务"一带一路"建设的指导意见	保监发〔2017〕38号
		5月4日	中国保监会关于保险业支持实体经济发展的指导意见	保监发〔2017〕42号
		5月19日	中国保监会关于进一步加强人身保险公司销售管理工作的通知	保监人身险〔2017〕136号
		6月16日	中国保监会关于进一步贯彻落实疏解北京非首都功能有关政策意见的通知	保监发〔2017〕49号
		6月30日	中国保监会关于进一步加强保险公司关联交易管理有关事项的通知	保监发〔2017〕52号
		7月10日	保险销售行为可回溯管理暂行办法	保监发〔2017〕54号
		7月19日	中国保监会关于暂免征保险业监管费有关事项的通知	保监财会〔2017〕181号
		7月20日	信用保证保险业务监管暂行办法	保监财险〔2017〕180号
		8月25日	中国保监会办公厅关于启动中国保险业保单登记管理信息平台第三期建设的通知	保监人身险〔2017〕209号
		9月12日	工业和信息化部 财政部 保监会关于开展重点新材料首批次应用保险补偿机制试点工作的通知	工信部联原〔2017〕222号
		9月12日	中国保监会关于开展重点新材料首批次应用保险试点工作的指导意见	保监发〔2017〕60号
		9月13日	中国保监会关于加强保险消费风险提示工作的意见	保监发〔2017〕66号
		9月20日	中国保监会关于中煤财产保险股份有限公司开展"保险期货"试点的通知	保监财险〔2017〕252号
		12月13日	保险扶贫统计制度（试行）	保监统信〔2017〕274号
		12月21日	中国保险监督管理委员会公职律师工作方案	保监厅发〔2017〕43号
规范性文件	机构管理类	6月23日	中国保监会关于进一步加强保险公司开业验收工作的通知	保监发〔2017〕51号

续表

类型		发布时间	法规名称	制定部门（文号）
规范性文件	财产保险类	1月3日	财产保险公司保险产品开发指引	保监发〔2016〕115号
		6月9日	中国保监会关于商业车险费率调整及管理等有关问题的通知	保监产险〔2017〕145号
		11月29日	中国保监会关于财产保险公司和再保险公司实施总精算师制度有关事项的通知	保监财险〔2017〕271号
规范性文件	资金运用类	1月24日	中国保监会关于进一步加强保险资金股票投资监管有关事项的通知	保监发〔2017〕9号
		5月5日	中国保监会关于保险资金投资政府和社会资本合作项目有关事项的通知	保监发〔2017〕41号
		5月22日	中国保监会关于债权投资计划投资重大工程有关事项的通知	保监资金〔2017〕135号
规范性文件	统计与信息化类	5月22日	《化学原料及化学制品制造业责任保险风险评估指引（JRT0152-2017）》	保监发〔2017〕37号
		6月5日	《产险单证（JRT0051-2017）》	保监发〔2017〕39号
其他法规		5月5日	中国保监会办公厅关于《再保险业务管理规定》第十一条适用范围的复函	保监厅函〔2017〕97号
		7月19日	中国保监会关于太平财产保险有限公司在黑龙江省开展农业保险扶贫试点的函	保监函〔2017〕85号
		7月19日	中国保监会关于华农财产保险股份有限公司在甘肃省开展农业保险扶贫试点的复函	保监函〔2017〕86号

B.6 信托业监管年度报告

袁增霆*

摘　要： 直到2017年底，信托业严监管周期即将开启的信号才显露出来。在此前近一年半的时间里，信托业经营增长率在相对宽松的监管环境中实现了V形反转。在金融同业去通道、严监管的背景下，信托业务逆势增长受到了更多的关注。信托行业统计中的结构变化特征，在一定程度上反映了信托通道业务的发展动向以及信托在服务金融体系与实体经济之间并行，面临合理与不合理成分共存的复杂局面。但是，信托业务分类及统计数据的质量还有待提高。当前反映的行业风险水平还不甚显著。它的真实情况还有赖于严监管之后的观察。

关键词： 信托业　通道业务　金融监管

一　信托业监管与经营的简要动态

（一）信托业监管濒临周期拐点

对于信托经营与监管而言，中国银监会在2017年12月下旬发布的《关于规范银信类业务的通知》（银监发〔2017〕55号）可能都是一个新的标

---

* 袁增霆，经济学博士，副研究员，现就职于中国社会科学院金融研究所金融实验室，主要研究领域为资产组合管理、新型金融工具与交易。

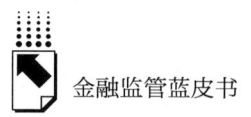

志性事件。它可能再次标识出新的周期性拐点。该通知强调商业银行不得借助信托通道实现表内资产的虚假出表。这里特别强调的风险点防范正是过去讨论的影子银行问题。周期的轮回已经呼之欲出。恰巧在四年之前，国务院发布了《关于加强影子银行监管有关问题的通知》。当时的通知文件与2013年中期的"钱荒事件"有关，随后在第二年就引发了一轮加强的信托业风险监管。

从影子银行监管的历程来看，过去四年的信托业监管已经形成一个中等期限的周期，其中又可以大致分为两个小周期。采用当前流行的语言来表达，信托业的严监管出现在2014~2015年，即第一个小周期。当时防风险的重点是钱荒事件暴露出的流动性风险。在这期间，流动性风险也是信托项目信用风险的主要成因。换言之，很多风险项目的兑付压力可以通过流动性救助来缓释或解决。第二个小周期出现在2016~2017年。在此期间，信托业监管处于相对宽松状态。当时的严监管主要指向了金融同业，防风险的重点是2015年中期"股灾事件"暴露出的市场风险。这里所谓的金融同业主要是指银行理财、券商资管、基金子公司资管与保险资管等金融机构及其业务。在此期间，金融同业中的部分影子银行业务受到了严监管。

从2016年第三季度起至2017年第三季度，在金融同业规模减速甚至负增长的情况下，信托业务的规模增速指标则一改颓势，实现了V形反转。其中单一资金类信托与事务管理类信托的大幅增长更加引人瞩目。人们质疑它们是否归功于具有影子银行性质的通道业务。当金融同业的通道业务市场份额因监管原因被动收缩时，信托业面临跟进填补的机遇。虽然曾有媒体报道这方面的信息，但是目前较为粗疏的行业统计还不足以直接表明问题。更加严谨的判断还有赖于官方数据或者事后检验的支持。与尚显无力的微观证据相比，更加重要的事实是在金融同业之间，存在差异化的监管与彼此背离的经营状况。

中国金融体制中的分业监管部门之间具有一定的竞争性。如此醒目的事实预示着信托业监管的再次收紧只是时间上的问题。在此背景下，银监发

〔2017〕55号文的发布很可能成为一个标志性事件。临近2017年底,据媒体报道,时任银监会信托部主任邓智毅在一次信托公司座谈会上表示"明年整顿信托业是银监会的工作重点"。① 因此,可以预示新一轮的信托业严监管周期可能已经拉开序幕。新周期的实践可能又将轮回到四年之前的起点上,重新面对影子银行之类的老问题。

(二)信托业经营迎来V形反转

自从2016年第三季度开始,信托业经营迎来了一波强增长周期。信托资产管理规模的季度同比增速实现了以2016年第二季度为谷点的V形反转(见图1)。根据中国信托业协会公布的行业统计,2017年第三季度末信托资产合计24.41万亿元,当季同比增长34.3%。此时的增速指标已经大幅摆脱了五个季度前的谷点速度8.9%,呈现出向2014年之前超高速增长时期回归的乐观态势。信托业总资产的增长轨迹表现类似。尤其在银行业和其他金融同业的对照下,这种V形反转的表现及背景显得更加特别。在最近的五个季度,这些参照对象在防风险、严监管背景下表现低迷。信托业与银行业之间的总资产季度同比增速差从反转前的-6.5个百分点一路扩大至23.2个百分点。在2017年的前三个季度,部分商业银行甚至出现了"缩表"。不同于以往的大幅扩张,券商资管与基金子公司资管业务则出现了收缩。

2017年底信托业监管的风口突变预示着此轮特别强劲的信托业务增长缺乏可持续性。在此轮经营周期的背后,存在金融同业严监管与信托业监管相对宽松之间的政策环境差异。信托业务的扩张在一定程度上受益于市场融资份额受限所产生的替代性需求。尤其是金融同业的通道业务在受限之后可能为信托通道腾挪出一定的份额。此外,同期有利的经济条件也具有一定的促进作用。例如,供给侧结构性改革推动了中上游大宗商品价格大幅上涨以

---

① 《监管强调整顿信托业是银监会明年的工作重点 中信信托向监管表决心》,《华夏时报》2017年12月29日,http://www.chinatimes.cc/article/73532.html。

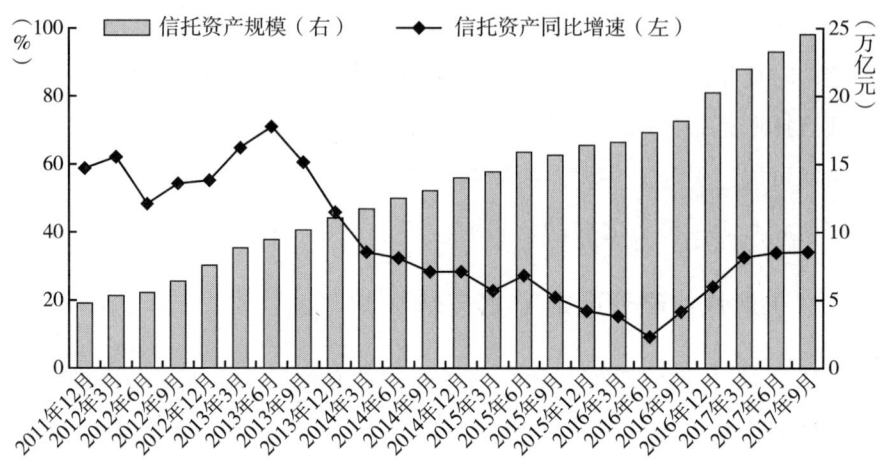

图1　信托业的受托资产管理规模增长趋势

注：统计截至2017年第三季度。
资料来源：中国信托业协会。

及相关的工业资本品销售大增，扭转了相关行业的财务状况与融资能力。这些行业曾经是风险项目的高发领域。

二　信托业务的结构性变化特征与潜在风险点

在过去大约一年半的时期里，信托业务的强增长及其在2017年底引起的监管关注可以从一些醒目的结构性变化特征中得到见证。这些事实一方面有助于深度观察信托通道业务的异动以及潜在的监管问题和风险点；另一方面也有助于客观看待信托业务对实体经济的支持以及未来探索的方向。

（一）对信托通道业务的粗略推断

尽管银监发〔2017〕55号文对银信通道业务进行了定义，但是在现行的行业统计口径下还找不到准确的对应物。在更广泛的通道业务领域，银信合作一直是最受关注、最主要的部分。在现行的行业分类统计体系中，事务管理类、财产管理类与单一资金信托业务都是常见的被怀疑对象。因此，我们只能在此范围内对信托通道业务进行粗略的观察与分析（见表1）。

表1 部分信托业务的分类占比

单位：%

标准与类型		2017年第三季度	2016年第四季度	2016年第二季度	2015年第二季度
功能	事务管理类	55.7	49.8	43.2	34.1
来源	财产管理类	15.4	13.7	11.4	6.6
	单一资金类	47.3	50.1	56.1	58.0
资金类：投向金融机构*		18.9	20.7	19.6	15.3

注：* 仅指在资金类信托业务中投向金融机构的占比。
资料来源：根据中国信托业协会公布的行业统计数据计算。

事务管理类信托业务可能是与通道业务相关性最高的一种类型。事务管理类业务的分类标准是信托资产的功能。在过去五年间，它的规模占比一直呈现上升趋势。截至2017年第三季度末，它的规模约为13.6万亿元，占比55.7%。在至此为止的五个季度里，它的规模占比加速上升。这是一个值得非常关注的信号。相比较而言，同一分类标准下的投资类、融资类业务的占比在同期双双下降。"降低融资类比重，提高投资类比重"在行业内一直被寄予厚望，被视为行业转型升级的标志。但是，这里的反映情况与预期不同。由于没有进一步的明细，这里还无法判断至少在名义上具有积极探索意义的资产证券化、家族信托、公益信托业务等到底具有多大的贡献度。

财产管理类与单一资金类信托业务的分类标准是信托资产的来源。截至2017年第三季度末，两者的规模分别约为3.8万亿元、11.5万亿元，分别占比15.4%、47.3%。在至此为止两年多的时期里，财产管理类的占比迅速上升，相比2015年第二季度末的6.6%翻了一倍有余。尽管如此，与通常对通道业务的经验判断相比，此类业务规模及占比都过小。相比较而言，单一资金类业务更容易受到关注。但是，它的规模占比在"观察窗口"（2016年第三季度至2017年第三季度）内一直下降，呈现出"去通道"的幻觉。进一步分析行业统计中的季度新增项目数据可以发现，这种下降可能主要归因于投向证券市场（基金、股票、债券）和基础产业的单一资金类业务收缩。值得注意的是，投向金融机构的资金类业务在通道业务中涉嫌最深。从存量统计来看，该类业务在资金类业务的占比在2016年末一度升至历史高点（20.7%）。从增量统计来看，单一资金类与集合资金类投向金融机构的季度新增规模都呈现上升趋势，其中后者的表现更为强劲（见图2）。这两类业务在观察窗口内的季度平均增量分别是此前三个季度均值的1.3倍和2.5倍。因此，在观察窗口内，集合类资金信托业务对投向金融机构的兴趣及诱因更加值得深思。

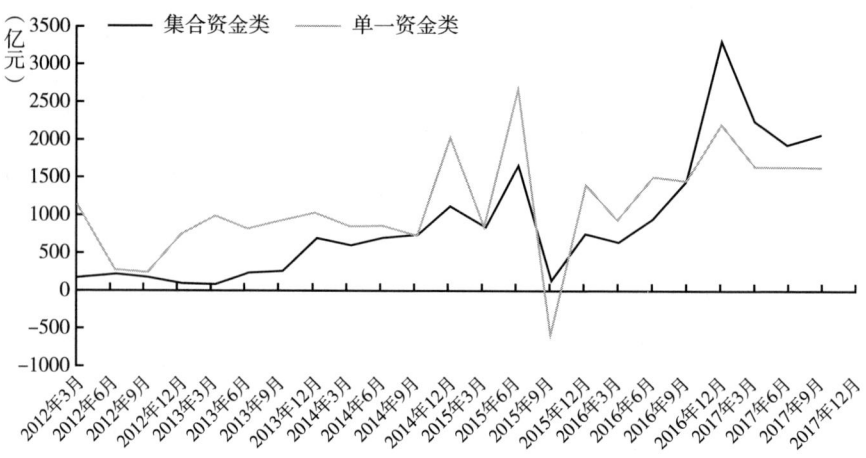

图2　投向金融机构的季度新增资金类信托业务

注：统计截至2017年第三季度。
资料来源：根据中国信托业协会公布的行业统计数据计算。

在中国信托业协会发布的特色业务行业统计中，有关银信合作的数据提供了另外一个角度的参照。我们将银信合作业务进一步细分为证券类与非证券类。可以清晰地发现，非证券类的银信合作规模在过去两年表现出加速增长的趋势特征。截至2017年第三季度末，它的存量约为3.2万亿元，同比增长51.4%。证券类银信合作业务从2016年第四季度开始有明显的收缩迹象。这与2015年中期股灾之后的监管周期存在一定的契合之处。

（二）信托金融服务实体经济的考察

统计数据是检验金融服务实体经济的根本标准。在新时代背景下，监管当局推动的防风险、严监管工作旨在激励与约束金融业更好地服务实体经济，使其从过去相对严重的金融空转或自我服务中解脱出来。那么，如何评判信托业务的表现呢？目前该领域存在两个具有鲜明对比的事实，容易令人感到困惑。一是逃避监管或违规的通道业务具备一定的规模和不良影响；二是在行业统计之外，有大量的创新案例正在为解决经济社会发展问题提供创意和有效方案。例如，土地流转信托和农业信托可能为推进乡村振兴战略提供一种重要的机制调整方案；慈善信托有助于推进公益事业发展；合规的资产证券化有助于服务于标准化的金融机构再融资，同时为金融市场提供更多的标准化产品。

有关资金信托业务的行业统计为信托服务实体经济问题提供了粗略而直接的见证。这里面也不乏泾渭分明的类型对比。首先，从中国人民银行发布的社会融资增量统计来看，信托贷款的投放在2016~2017年大幅上升。这里的社会融资统计口径直接指向实体经济。尤其是2017年前三个季度，信托贷款的季度平均值达6000亿元，相比上一年的季度均值提高近2倍。仅就规模而论，信托业务支持实体经济成绩斐然。

再将视角转移到中国信托业协会公布的行业统计，却发现信托业务对金融与实体经济的支持可谓旗鼓相当。在2017年第三季度末，投向金融机构、证券市场与房地产的合计占比约为43.3%。表2反映了按照运用方式和资金投向进行分类的主要资金类信托业务存量结构情况。在按照运用方式的分类中，交易性金融资产的占比下降反映出证券市场调整以及证券类业务监管周期的影响。相应地，其他运用方式的占比上升反映出类银行业务的机会再现。在按照资金投向的分类中，工商企业可能是象征实体经济的典型代表，份额出现了显著上升。另外，占比重回上升轨道的房地产也引人瞩目。对于融资问题中的房地产而言，与其说是实体经济，倒不如说是金融业。关于金融机构与证券市场的情况，这里不再赘述。基础产业的占比下降与信政合作收紧有关,并不代表对该领域实体经济支持的减弱。

表2 资金类信托业务的主要分类及占比

单位:%

标准与类型		2017年第三季度	2016年第四季度	2016年第二季度	2015年第二季度
运用方式	贷款	38.5	35.4	36.8	36.0
	交易性金融资产	14.1	15.4	15.5	18.3
	可供出售	26.4	26.9	23.9	22.8
	长期股权	8.5	7.8	7.4	7.6
资金投向	基础产业	15.6	15.6	17.3	18.5
	房地产	10.0	8.2	8.5	8.9
	证券市场	14.3	16.2	17.6	20.4
	金融机构	18.9	20.7	19.6	15.3
	工商企业	27.0	24.8	23.6	21.5

资料来源:根据中国信托业协会公布的行业统计数据计算。

(三)信托业风险点

行业统计数据只为判断信托业风险提供了有限的信息揭示。从数据来看,信托业的风险资产规模缓慢上升,比重逐渐下降。这种状况在一定程度上反映出新增业务对于风险资产比重的稀释作用。2017年第三季度行业风险项目规模为1392亿元,在信托资产总量中占比0.57%。当季单独计算的集合资金类和单一资金类风险资产占比也分别只有0.7%、0.64%。因此,近年来认为行业风险总体可控的观点较为常见。当然,行业的内部分化以及单一资金类业务的风险暴露已经引起人们重视。一方面,根据2014～2016年信托公司年报反映的情况,风险资产及相关的诉讼案件向部分信托公司集中,对其经营的拖累较为严重。另一方面,行业统计表明近年来单一资金类的风险资产增长快于集合资金类。有关单一资金类业务的风险事件媒体报道呈现上升趋势。此类事件涉及信托项目的信用风险暴露、同业交易纠纷、操纵证券交易等诸多风险领域。由去通道监管力度的加强可见，此类业务的风险点可能已经格外突出。

相比较而言，更重要的风险点可能是缺乏有效分类统计及可靠数据导致的制度性基础设施匮乏的风险。完善的制度设施是金融稳定的重要基础。以往关于影子银行与金融脱实入虚的学术争论与监管精神都已经较为成熟。但是，历经数年，监管行动仍要面对原始起点上的问题。缺乏有效的业务分类与可靠的统计数据可能是一个无法回避的问题。由此带来的监管与经营之间的信息不对称损伤了监管政策及行动的实际效力。面对过去多年积聚的复杂问题，兼有合理与不合理成分的混合状态，迫切需要从根本上改善这些制度设施。如前文所述，在研判通道业务与金融服务实体经济的实情时，都面临统计信息过于粗略而不充分的问题，对于相关的监管问题具有突出的警示意义。

三　主要监管回顾与动向

（一）对2016年信托业监管事后影响的回顾

2016~2017年，信托业监管相比金融同业而言处于相对宽松的状态。2016年出台的监管政策规则在总体上有利于信托业。第一，对券商资管、基金子公司、保险资管等金融同业通道业务以及对银行业的管制加强，[①] 增加了社会对信托融资的需求——一种替代性的需求。第二，根据信托公司的事后反映，实施"营改增"税收制度之后，信托公司的营业成本有所降低。针对资管产品的增值税征缴问题，财政部、国家税务总局在2017年6月底又补充发布了财税〔2017〕56号文，即《关于资管产品增值税有关问题的通知》。按照通知要求，信托型资管产品在缴纳增值税时按照3%的征收率，

---

① 相关内容可见《中国金融监管报告（2017）》信托业监管部分中的"防风险与金融去杠杆背景下的信托业监管"。

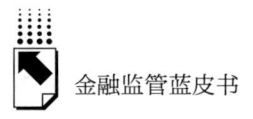

且从2018年1月1日起暂适用简易计税方法。第三，在《慈善法》颁布之后，慈善信托得到了蓬勃发展。

（二）2017年四大新动向

第一，信托业务分类与监管评级制度建设得到了推进，有助于进一步改善此类制度设施。这方面的制度规则还处在论证阶段，迄今还没有形成公开的文件。一些进展还停留于行业内部发送的通知及附件形式，但相关的部分信息已经被媒体报道。银监会大概在2016年底印发了《信托公司监管评级办法》。[①] 2017年4月，银监会又通过行业内部通知方式下发了《信托业务监管分类试点工作实施方案》，并将《信托业务监管分类说明（试行）》列为附件。据媒体报道，有10家信托公司参与了分类试点。[②] 试点的分类标准基本上沿用了此前提出的八大类型：公益、资产证券化、财产权、标品、债权、股权、同业和事务八个类型。在新分类在理念上更加重视信托以及金融的功能属性，更加强调实质重于形式。

值得注意的是，这方面制度设施的革新还需要放在更加开放的环境中探讨。为了更好地做到实质重于形式，规避过去存在的名义掩盖实质现象，仅在行业内部进行自我探索是不够的。更加开放和客观的论证将有助于解决当前阶段信托业的重要风险监管问题。从当前监管政策推出的顺序来看，最新的监管评级办法已经先于监管分类方法。如果后者还有进一步调整的空间，那么前者必将重新修正。

第二，银监会在2017年8月发布《信托登记管理办法》。这方面的制度规范有助于形成统一的信托登记平台，从而改善市场的信息效率。这是一个公开发布的监管文件，附属于银监发〔2017〕47号文，即《中国银监会关于印发信托登记管理办法的通知》。该通知要求设置3个月的过渡期；两

[①] 邓智毅：《信托监管评级的"双重关注"》，《中国金融》2017年第7期。
[②] 一篇媒体报道是《10公司试点信托八项分类 试点期新旧分类"双轨"并行》，《21世纪经济报道》2017年4月11日。另见邓智毅《稳步推进信托业务分类试点工作》，《中国银行业》2017年第3期。

类产品需要按照《信托登记管理办法》在信托登记公司办理登记手续，一是新产品，二是截至2018年7月1日仍然存续运行的老产品。早在2013年的信托业年会上，就已经阐述了信托登记具有产品公示、信息披露、确权及交易等功能。为改善信托产品的流动性，一些地方在二级市场交易方面的尝试更早。经过数年的酝酿，正式办法的出台标志着信托业全国统一的信托登记制度已经列入实施日程。

第三，2017年11月，金融监管当局联合发布"资管新规"，① 标志着代客资产管理业务开始由九龙治水般的割据阶段向统一规则阶段过渡，金融同业之间的监管协调也向前迈出一大步。在金融业内，以理财、资管或信托等名义开展的代客资产管理业务在实质上大多运用了信托机制。2017年3月，国务院参事夏斌在一次演讲中论述了资管业务的未来方向就是向真正的信托回归。② 当然，信托机制也要真正回归本源。在金融机构代客资产管理业务领域，一直存在分业监管与混业经营之间的体制冲突。在现行金融体制下，加强监管部门之间的合作和协调，是弥补监管体制漏洞的重要改良途径。随着金融业在防风险与强监管执行力度上的加大，资管新规的出台水到渠成。

在内容方面，资管新规的主要部分都经历过数年的反复探讨，平淡无奇。首先，资管新规要求的打破刚性兑付，就曾在2014年4月中国人民银行发布的《中国金融稳定报告（2014）》中正式提出，当时还一度引起金融市场恐慌。据此不难理解，资管新规发布之后再次引起金融业情绪上的恐慌或担忧。其次，资管新规要求加强流动性管理，提高非标债权产品审慎性监管要求，反映了2013年钱荒事件之后影子银行问题与流动性监管方面的经验教训。在这方面，信托业最早开始应对，如今又旧事重提。再次，关于严格产品分类、抑制杠杆率方面的要求则反映了2015年股灾事件暴露出的市场风险及监管疏漏。针对多层嵌套及让渡管理责任的通道业务的要求，反映

---

① 这里的"资管新规"是指2017年11月由中国人民银行、银监会、证监会、保监会与外管局联合发布的《关于规范金融机构资产管理业务的指导意见（征求意见稿）》。

② 夏斌在"第四届（2017）中国资管精英大会"上的主题演讲《资管业务终将回归真正的信托》，2017年3月12日，新浪财经。

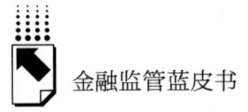

了近年来该领域风险事件日益增多，同时也牵扯到股灾之后的监管反思与追根溯源。最后，为体现金融服务实体经济的政策导向，资管新规附加了适用于重要经济战略及改革事项的优惠条件。

资管新规具有清晰的问题指向，并设置了新老划断的过渡期。它的不同寻常之处在于郑重申明已经开始加强的监管意志。对于这些规定，信托业已经在2014～2015年先于金融同业进行了类似要求的调整。未来真正的挑战可能是严监管周期开启之后将付出一定的调整成本，重新面对当初监管指向的未竟之事。

第四，临近2017年底，银监会公开发布银监发〔2017〕55号文，预示着信托业的严监管周期开启。该文首先声明了此次加强银信合作类业务的背景，即该类业务发展较快，其中通道业务占比较高。这方面的事实已经存在数年之久。此时的关注应当与"防风险、严监管"在金融业的全面推进有关。金融同业的去通道早已雷厉风行，信托通道业务的逆势增长变得格外醒目。如果说之前发布的资管新规还仅仅带来情绪上的忧虑，那么接踵而至的55号文已经犹如山雨欲来风满楼。几乎与此同时，银监会对信托公司开出的罚单密集而出，力度空前。个别信托公司甚至被叫停集合资金信托业务。行业清理整顿与惩戒针对的问题开始全面化。

55号文在内容表述上也具有一定的严监管象征意义。它传递出清晰的问题导向与审慎性风险监管信号。在描述风险问题时，它首先定义了银信类业务与银信通道业务，进而明确了商业银行在银信通道业务中风险管理和资本计提的主体责任。在一般性的银信类业务中，对银行端的要求强调实质重于形式的监管原则，切实减少银信通道业务。对信托公司的要求还主要表现为回归本源、秉持受托责任、服务实体经济等方面的道德规劝。同时，该文还声明禁止信托公司可能出现的违规行为，如接受委托方担保、与委托方签订抽屉协议、违法违规做通道、违背国家宏观调控政策做业务等。最后，55号文还表明后续将进一步提高信托公司通道业务监管要求，从而为后面的工作做好铺垫。

四 总结与展望

信托业监管环境在2017年第四季度出现了风向突变。可以预见，此前两年相对宽松的监管环境几近终结，新一轮的严监管周期即将开始。从风向转变的传导路径及根源来看，未来信托业监管可能具有浓厚的"后危机"时期特征。这里的危机是指2013年的钱荒与2015年的股灾。它们虽然不像通常所谓的金融危机那样严重，但是对于中国金融体系造成的不利影响深远，警示意义突出。它们引发了社会对刚性兑付、影子银行、金融空转、加杠杆及同业交易乱象等问题的密切关注与深刻反思。这也在不知不觉中将实质性的防风险与严监管推上了历史日程。

信托业的防风险与严监管志在清理整顿、针砭时弊。根据近年来媒体报道与监管当局的现场检查及处罚情况，部分信托公司在不合规的通道业务、杠杆融资及证券市场操纵等领域存在一些问题。在过去加强流动性风险监管的基础上，接下来的监管重点可能会兼顾市场风险与操作风险。影子银行业务也需要从根本上进行抑制和收缩。值得注意的是，根据以往的行业整顿经验，新监管也要避免一刀切、因噎废食。在强调风险问题的管制约束时，也需要激励政策的发展及创新。

为满足上述问题导向性的要求，迫切需要缓解信托监管与经营之间的信息不对称。为更加准确地反映行业性的风险问题及事实，有必要在更加开放的社会平台上进行探讨，建立科学且务实的信托业务分类体系与分类监管体系。对于当前敏感的通道业务与金融服务实体经济问题，需要进行专门的主题统计以反映真实情况。当前的行业分类及统计过于粗疏，不利于对问题进行分析。完善这些制度性基础设施，将有助于为严监管提供客观而合理的执行尺度，避免监管不到位或者过度的常见历史问题的出现。

严监管将对信托业经营产生一定的紧缩效益。一些可疑领域的检查与整顿将直接影响相关业务的开展。换言之，由于缺乏有效统计信息的支持，信托业的风险问题以及影响究竟如何，只有在监管实践过程中才能得到揭示。

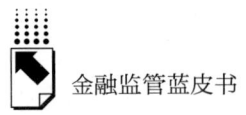

为了既不掩盖也不夸大事实,我们还需要不断跟踪监管实践的进展以及有关风险暴露和处罚事件的报道。

附表 2016~2017年度规章规范性文件目录

发布时间	名称	制定部门	实施日期
2016年12月	信托公司监管评级办法	银监会	无具体信息
2017年4月	信托业务监管分类试点工作实施方案	银监会	无具体信息
2017年8月	中国银监会关于印发信托登记管理办法的通知(银监发〔2017〕47号文)	银监会	自发布日起
2017年11月	关于规范金融机构资产管理业务的指导意见(征求意见稿)	中国人民银行、银监会、证监会、保监会与外管局	自发布日起,有过渡期安排
2017年12月	关于规范银信类业务的通知(银监发〔2017〕55号文)	银监会	自发布日起

B.7
外汇管理年度报告

林 楠*

摘　要： 在第五次全国金融工作会议上习近平主席强调要"完善外汇市场体制机制"。2017年从贸易投资和金融业对外开放，汇率形成机制改革，以及减少外汇管制，这"三驾马车"协同推进、相互配合看，我国外汇管理水平在"新时代"有了新提升。伴随着真实性审核、便利化和均衡监管的扎实推进，直接投资、跨境外汇信贷以及资本市场外汇管理取得新进展；在资本项目可兑换稳步推进的同时，金融对外开放有序进行；外汇储备作为国家重要战略资产已逐渐成为应对外部冲击的"缓冲器"和"减震器"；人民币汇率在深化市场化改革进程中实现了在合理均衡水平上的基本稳定。按照党的十九大报告的要求，2018年中国外汇管理应进一步提升要素价格的市场化和合理化，促进金融高效分配社会资源机制的形成；从中国外汇市场组织的经济效率出发，应大力拓展市场参与者的层次结构；进一步加大人民币债券市场和人民币资产的改革发展力度；化解人民币国际化进程中的风险，为经济转型提供必要条件；进一步实现金融开放、汇率改革与国际收支基础平衡稳健形成良性互动正向循环。

关键词： 外汇管理　外汇储备　人民币汇率　金融对外开放　宏观审慎政策

---

* 林楠，经济学博士，金融学博士后，副研究员，现供职于中国社会科学院金融研究所国际金融与国际经济研究室，主要研究领域为人民币汇率和国际化战略、国际货币体系改革等。

党的十九大报告指出，中国特色社会主义进入新时代。伴随开放型经济新体制逐步建立，我国对外贸易、对外投资、外汇储备稳居世界前列。作为一国政府授权货币当局或其他机构，对外汇的收支、买卖、借贷、转移以及国际结算、外汇汇率和外汇市场等实行管理的行为，外汇管理是开放型经济新体制的重要内容。从我国情况来看，外汇管理主要包括对跨境收支和外汇市场的管理。正如习近平主席在2017年4月召开的第五次全国金融工作会议上强调要"完善外汇市场体制机制"，并指出"要扩大金融对外开放"，"深化人民币汇率形成机制改革，稳步推进人民币国际化，稳步实现资本项目可兑换"。从外汇管理改革实践看，也是贸易投资和金融业对外开放，汇率形成机制改革，减少外汇管制这"三驾马车"的协同过程。

一 2017年外汇管理概览

外汇管理，具体可分为经常项目、资本项目、储备资产、汇率和外汇市场管理等。其中，前三项主要涉及国际收支运行，最后一项涉及人民币汇率走势。2017年1月全国外汇管理工作会议召开，对2017年外汇管理重点工作进行了部署。其中，提高贸易投资便利化水平，支持实体经济发展；加大违规违法检查惩处，加强真实性合规性审核；加强事中事后管理，完善宏观审慎跨境资本流动管理框架；保障外汇储备安全、流动和保值增值，完善外汇储备经营管理等，成为重要内容。①

（一）2017年经常项目管理概况

经常项目外汇管理主要是坚持真实性审核、便利化和均衡监管原则，在推进贸易便利化的同时，防范无交易背景的资金借道经常项目渠道流入，促进国际收支基本平衡。

---

① 外汇局："2017年外汇管理工作会议在京召开"，国家外汇管理局官方网站，http://www.safe.gov.cn/。

1. 货物贸易外汇收支便利化水平不断提升

2017年4月《国家外汇管理局关于便利银行开展贸易单证审核有关工作的通知》（汇发〔2017〕号）发布，针对进口付汇业务开放货物贸易外汇监测系统"报关信息核验"模块进行"核验"，赋予银行基于"了解客户、了解业务、尽职审查"展业原则的基础上一定权限的自主核验权。这成为继2016年9月《关于规范货物贸易外汇收支电子单证审核的通知》（汇发〔2017〕25号）要求的又一重要举措。伴随我国货物贸易外汇收支逐笔核销相继取消，对进出口贸易的逐笔监管转变为对企业总体贸易外汇收支情况的风险分析和重点监测，符合条件的企业可以通过银行进行电子单证审核，货物贸易外汇收支便利化水平不断提升。

2. 货物贸易收付汇真实性审核进一步强化

简化银行单据审核要求不是降低收付汇标准，而是加强货物贸易收付汇的真实性审核。在过去的进出口收付汇核销制度下，外汇管理部门要求企业提供报关单、贸易合同等相关单证，对企业的海关进出口报关记录与银行的收付汇记录进行逐笔匹配对应，即对收付汇金额与货物进口报关额、收汇金额与货物出口报关额进行配比，从而对经常项目资金和资本项目资金做出区分，以防止资本项目资金混入经常项目。2017年4月《国家外汇管理局关于便利银行开展贸易单证审核有关工作的通知》（汇发〔2017〕号）发布后，企业贸易收支真实性将进一步得以全面评估和判断。

3. 企业跨境贸易投融资自主权进一步扩大

2017年"支持实体经济发展"是外汇管理工作重要内容。一方面，贸易信贷登记制度取消后改为监测企业贸易信贷与进出口量相匹配；另一方面，伴随国内外汇贷款结汇放开，企业可根据本外币利率、人民币汇率决定是借入外币贷款还是借入人民币贷款结汇。若外汇贷款利率具有优势且人民币汇率相对稳定，企业可选择办理货物贸易出口项下的国内外汇贷款结汇。扩大企业跨境贸易投融资自主权，不仅有利于企业合理利用"两种资源、两个市场"，而且有助于降低企业融资成本，缓解融资难、融资贵问题，也有利于促进出口，增加结汇量。

4. 非现场监测管理和主体监管新模式不断完善

2017年以来，已开展两期非现场集中分析，通过科学设计非现场检查指标，筛查可疑线索，查找跨境资金流动风险和外汇违法违规行为，提高了外汇检查打击的精准度。在货物贸易领域，伴随"宏观—中观—微观"相互衔接的非现场监测管理体系逐步建立，宏观研判形势、中观把握结构、微观盯住违规的效果得以实现。在服务贸易外汇管理领域，从以单证审核和限额管理为重点的事前管理转变为事后监管模式，从对逐笔交易的监管转变为对交易主体的综合监管。伴随着外汇管理部门实现从逐笔行为管理向主体总量分类管理的转变，银行已完成从过去执行单证表面审核到结合客户实际经营状况进行深入真实性审核的转变，不仅有助于及时准确地甄别进出口贸易收付汇中异常行为并采取相应措施，而且企业守法合规意识也进一步增强。

5. 个人外汇收支管理立足满足合理用汇需求

目前，个人外汇收支管理，立足于满足个人正当合理的用汇需求。遵循经常项目可兑换原则，个人经常项目采用额度管理方式，个人结汇和境内个人购汇享有每人每年等值5万美元的额度。虽然2016年末，外汇管理部门对个人外汇信息申报管理进行完善，不涉及个人年度购汇额度调整，但是2017年6月《国家外汇管理局综合司关于完善个人外汇信息申报的通知》（汇综发〔2017〕65号）要求，从2017年1月1日起，个人购汇申报需要细化到用途和时间。2017年12月《国家外汇管理局关于宣布废止失效6件外汇管理规范性文件的通知》（汇发〔2017〕25号），主要涉及个人外汇业务和外汇系统建设。

（二）2017年资本项目管理概况

资本项目外汇管理主要是对居民与非居民之间的资本与金融交易所涉及的外汇收支和汇兑行为实施监管，主要包括直接投资外汇管理、跨境信贷外汇管理和资本市场外汇管理。

1. 直接投资外汇管理便利化水平不断提升

2017年1月发布的《关于进一步推进外汇管理改革完善真实合规性审

核的通知》（汇发〔2017〕号）规范和完善了境外直接投资和境外放款管理，旨在促进贸易投资便利化，支持实体经济和外贸出口，防范跨境资金流动风险。目前，外商直接投资（FDI）外汇管理便利化程度已经达到较高水平，形成了"以登记为核心、银行办理为主要方式、事后监测为主要手段"的管理模式；境外直接投资（ODI）外汇管理已无前置性审核，实现了可兑换，便利了境内企业参与国际经济技术合作和竞争。

2. 跨境外汇信贷管理取得重要的新进展

2017年已允许内保外贷项下主债务资金以外债和直接投资等方式调入境内使用。其中，外债是我国境内机构对境外（含港澳台地区）机构或个人承担的各类债务；直接投资又包括外商直接投资、境外直接投资和境内企业境外放款。伴随内保外贷资金回流渠道疏通，跨境信贷外汇管理取得重要进展。跨境信贷外汇管理主要涉及外债管理和跨境担保管理，而跨境担保管理又涉及内保外贷（担保人注册地在境内、债务人和债权人注册地均在境外）和外保内贷（担保人注册地在境外、债务人和债权人注册地均在境内）。2017年12月，《国家外汇管理局综合司关于完善银行内保外贷外汇管理的通知》（汇综发〔2017〕108号）发布，就银行内保外贷业务的外汇监管以正式发文的形式重申了跨境担保系列法规的外汇监管要求。

3. 资本市场外汇管理金融开放的新进展

目前，我国对资本市场开放实施过渡性的制度安排，包括合格境外机构投资者（QFII）、合格境内机构投资者（QDII）、人民币合格境外机构投资者（RQFII）等制度以及境外上市外汇管理。2017年"债券通"正式推出，是继2014年"沪港通"推出、2016年"深港通"推出后，资本市场双向开放取得的又一新进展。2017年12月《第九次中英经济财金对话政策成果》公布，未来还将适时启动"沪伦通"。此外，2017年6月，明晟公司公布了其2017年度市场分类评审结果，宣布从2018年6月开始将中国A股纳入MSCI新兴市场指数。2017年11月，金融业开放再提速，放开持股限制，单个或多个外国直接投资或间接投资证券、基金管理、期货公司的投资比例限制放宽至51%，实施三年后，投资比例不受限制。

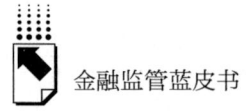

4. 资本项目可兑换过程稳步有序推进

资本项目可兑换是外汇管理的长远方向。以金融服务业负面清单为抓手，进一步扩大对内对外开放水平；以推动资本项目可兑换为重点，旨在进一步推进人民币国际化步伐。从现实看，对外开放是大道理，而资本项目可兑换是大方向、大目标，针对具体业务采取怎样的步骤开放，以加强管理监测，事实上都是技术细节。从实践看，资本项目可兑换与外汇管制是"一体两面"，资本项目可兑换程度提高，意味着减少外汇管制。伴随资本项目可兑换进程，目前对于已经实现可兑换、与实体经济密切相关的项目，不设置事前行政审批，而是压实银行柜台展业的要求；对于尚未实现完全可兑换的项目，采取逐步分项推出、适度准入。

5. 跨境资本流动宏观审慎管理框架完善

2017年1月，《中国人民银行关于全口径跨境融资宏观审慎管理有关事宜的通知》（银发〔2017〕9号）正式发布，对全口径跨境融资宏观审慎管理政策进行了进一步的完善和优化。全口径跨境融资宏观审慎管理政策出台，作为跨境资本流动宏观审慎管理运用宏观审慎政策工具的重要探索，采用基于微观市场主体资产负债比例的市场化管理手段，代替了过去的行政管理手段，建立起了涵盖本外币、长短期、直接和或有外债"三位一体"的全新管理框架。此外，加强跨境资本流动监测预警，在充实完善短期资本流动冲击应对预案的同时，进一步强化资本项目可兑换进程的动态监测评估，把握好改革的节奏和力度。

（三）2017年外汇储备经营管理概况

外汇储备在我国国民经济中具有重要的作用，是应对外部冲击的"缓冲器"和"减震器"。外汇储备是货币当局控制并随时可以利用的对外资产，也是国家重要的战略资产。

1. 中央外汇业务中心负责外汇储备经营管理

2017年围绕服务实体经济、防控金融风险、深化金融改革三项任务，在三级授权管理体系下，中央外汇业务中心负责外汇储备经营管理的具体工作,稳步推进经营管理各项工作。中央外汇业务中心致力于实现资产的安全、流动和保值增值。此外,拓展外汇储备创新运用,通过委托贷款等共同融资方式,支持实体经济和企业"走出去",从而为服务国家发展战略、保障经济金融安全做出重要贡献。

2. 优化外汇储备运用,助力"一带一路"建设

2017年外汇储备运用通过加强与多边开发机构、主权财富基金、中外企业等的合作,采取灵活运用直接投资、委托投资、联合投资等多种方式,致力于实现利益与风险共担。从2014年12月,由外汇储备和其他资金出资筹建的丝路基金注册成立,总规模400亿美元,首期100亿美元;到2016年1月,中非产能合作基金完成注册并启动运作,规模100亿美元;再到目前,外汇储备已参与到"一带一路"建设之中,并为企业和项目提供有效的金融支持。外汇储备在支持"一带一路"建设中注重防范风险,并通过股权、债权、基金等方式,多层次、大力度支持"一带一路"沿线国家发展战略。

3. 外汇储备已成为人民币国际化的货币基础

从外汇储备看,当前不仅我国外汇储备规模在世界范围内高居榜首,而且人民币也成了储备货币。截至2017年12月,中国外汇储备余额为31399亿美元。一方面,中国持有的外汇储备占全球外汇储备总额约三分之一(见图1);另一方面,据IMF官方外汇储备货币构成(COFER)数据统计,进入2017年,人民币储备占标明币种构成外汇储备总额的比重已超过1%。实际上,中国外汇储备不仅保障人民币在特别提款权SDR中的地位稳定和提升,也是人民币国际化的货币基础。在中国开放型经济进程中,外汇储备关系着国内外投资者、工商企业和政府部门对人民币币值稳定和可兑换的信心。

4. 外汇储备与外汇占款均呈现同比增长回升

2017年与2013年相似,外汇储备以及外汇占款的同比增长均呈现回升态势(见图2)。从同比增长的变动看,2017年外汇储备月度余额同比增长大于央行外汇占款月度余额同比增长。这与在概念口径上外汇储备余额变

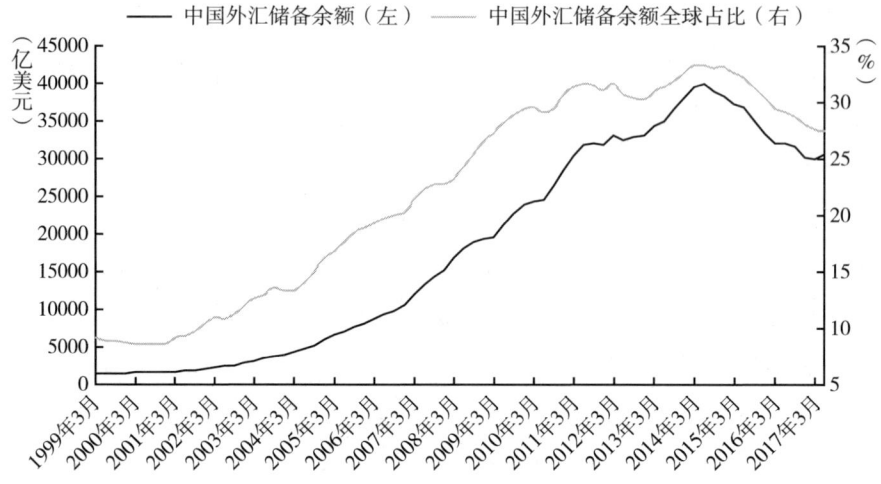

图 1　中国外汇储备余额及全球占比

资料来源：Wind 和笔者计算。

动＞央行外汇占款余额变动，[①] 一般情况下的基本事实相吻合。如图 2 所示，"外汇储备同比增长＞央行外汇占款同比增长"，对应于外汇储备同比增长的提升阶段，而"外汇储备同比增长＜央行外汇占款同比增长"，对应于外汇储备同比增长的下降阶段。外汇储备同比增长的显著回升，反映了官方外汇市场操作、储备资产价格变动和储备多元化运用等诸多因素。2017年，中国国际收支形势稳健，为外汇储备规模连续稳步回升提供了保障。截至 2017 年 12 月末，中国外汇储备余额为 31399 亿美元，已连续第十一个月出现回升。着眼于宏观经济和金融稳定的战略性考量，外汇储备管理不仅是国家投资的重要组成部分，更是宏观经济和金融稳定的重要保障。

5. 短期外债占比外汇储备回升的风险提示

2017 年，中国短期外债与外汇储备之比不断上升（见图 3）。截至 2017 年第三季度末，短期外债余额为 10939 亿美元，其占比外汇储备为 34.8%，比 2017 年第二季度的 32.97% 提升了近 2 个百分点。从短期外债与外债余额

[①] 国家外汇管理局国际收支司：《诠释国际收支统计新标准》，中国经济出版社，2015。

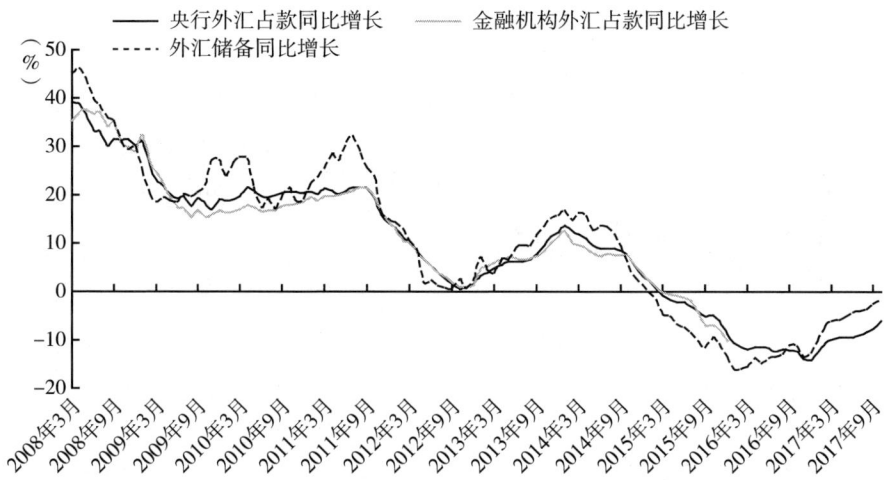

图2 外汇占款与外汇储备月度余额同比增长

资料来源：Wind 和笔者计算。

之比看，截至2017年第三季度末为65%，比2017年第二季度的64%，提升了1个百分点。外债管理，是我国跨境信贷外汇管理的重中之重；而加强对货币错配的审慎监管，外债管理和外汇储备管理是关键。从存量角度看，货币错配是资产负债表（即净值）对汇率变动的敏感性。从亚洲金融危机经验教训看，短期货币错配指标（短期外债对外汇储备比率）在危机期间相对较高，甚至有上升的情况；在危机爆发后，短期货币错配指标迅速下降。① 值得注意的是，如图3所示，短期外债占比外汇储备，在2015年第二季度至2016年第二季度提升至峰值后开始下降。伴随企业外债去杠杆进程基本结束，2016年下半年以来又开始不断提升，其中可能存在的风险隐患，应引起关注。

（四）2017年国际收支运行与人民币汇率走势

国际收支是开放经济中政府决策的最重要经济指标之一，汇率作为要素

---

① 〔美〕莫里斯·戈登斯坦、菲利浦·特纳：《货币错配——新兴市场国家的困境与对策》，李扬、曾刚译，社会科学文献出版社，2005。

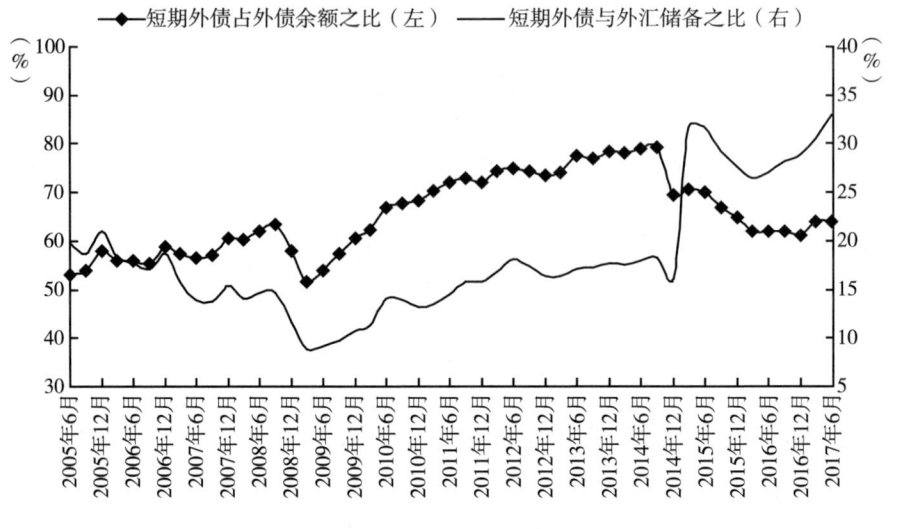

图 3　短期外债与外汇储备之比及短期外债比例

资料来源：Wind。

市场重要价格，是有效配置国内国际资金的决定性因素，并影响国内国外两种资源的配置效率。

1. 国际收支与国际投资头寸概览

从国际收支各项差额占比看，2017年国际收支总差额占GDP的比重已由负变为正，并且在"双顺差"格局下，国际收支形势稳健也为外汇储备规模连续稳步回升提供了保障。从国际收支看，2017年，中国国际收支呈现"经常账户、非储备性质的金融账户双顺差"的新变化（见图4）。2017年前三个季度，我国经常账户顺差1098亿美元，其中，货物贸易顺差3347亿美元，服务贸易逆差1979亿美元，初次收入逆差178亿美元，二次收入逆差93亿美元；资本和金融账户顺差531亿美元，其中，资本账户逆差1亿美元，非储备性质的金融账户顺差1121亿美元，储备资产增加589亿美元。① 从国际投资头寸看，2017年，中国国际投资头寸继续呈现对外净资产

---

① 外汇局：《国家外汇管理局公布2017年三季度及前三季度我国国际收支平衡表》，国家外汇管理局官方网站，http://www.safe.gov.cn/。

（即对外金融净债权）稳步增长。截至 2017 年 9 月末，我国对外金融资产 67928 亿美元，对外负债 50864 亿美元，对外净资产 17064 亿美元。[①] 我国不仅是对外净债权国，而且还是国际资本供应一支重要的新兴力量，并在国际金融中发挥着越来越重要的稳定作用。

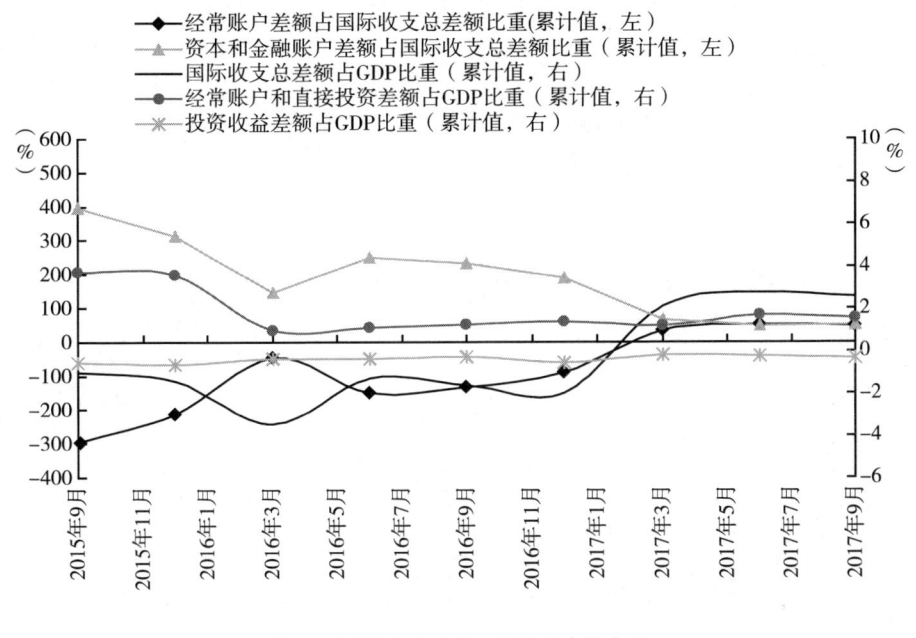

图 4 国际收支各项差额累计值占比

资料来源：Wind。

2. 短期跨境资本流动波动性增大下风险提示

对于跨境资本流动监测，IMF 通常使用国际收支平衡表中非直接投资形式的资本流动，而非简单使用外汇储备变动减去 FDI 流入和贸易顺差。2017 年前三个季度，非直接投资项下顺差 395 亿美元，相比 2016 年前三个季度的逆差 2275 亿美元，同比上升 117%。非储备性质金融账户其他投资差额是构成非直接投资差额的最重要主体，从 2015 年第二季度到 2017

---

① 外汇局：《国家外汇管理局公布 2017 年 9 月末我国国际投资头寸表》，国家外汇管理局官方网站，http://www.safe.gov.cn/。

年第二季度，非直接投资项下差额（当季值）所反映的跨境资本流动呈现W形（见图5）。综合来看，2017年改变了自2014年上半年以来中国跨境资金持续流出的局面，但净误差与遗漏持续较大逆差的局面仍未改变。在此期间，净误差与遗漏方向与跨境资本流动是否存在必然关系，如何进一步提高国际收支统计质量，尽可能地降低净误差与遗漏规模，仍需要更深入的论证与完善。

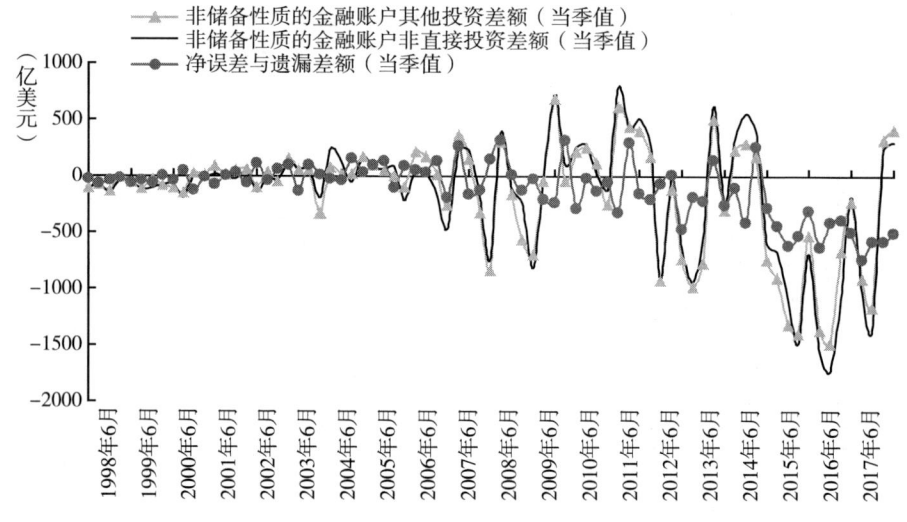

图5　非直接投资差额与净误差、遗漏当季值

资料来源：Wind。

3. 人民币对美元"脱钩换锚"下的汇率走势

2017年人民币兑美元汇率中间价（直接标价法）与美元实际汇率指数（间接标价法）之间在走势上呈现高度正相关（见图6）。这意味在同一标价法下，两者其实是负相关，即美元实际汇率指数贬值，人民币兑美元汇率升值，从而改变了过去长期以来人民币与美元的强正相关。尽管2015年"8·11汇改"后，股市动荡与汇市调整相重叠，经历股市汇市波动并且面对特朗普冲击，人民币国际化也面临新挑战。但是，2015年"8·11汇改"重要成果——人民币对美元的"脱钩换锚"其实是不容忽视的，即实现了同一标价法下，人民币兑美元汇率与美元实际汇率指数两者负相关，从而实现中美战略性相依下的"标而不盯"。与此同时，CFETS 人民币汇率指数也较为平稳（见图6），从而实现了保持汇率在参考"一篮子"货币水平上的基本稳定。

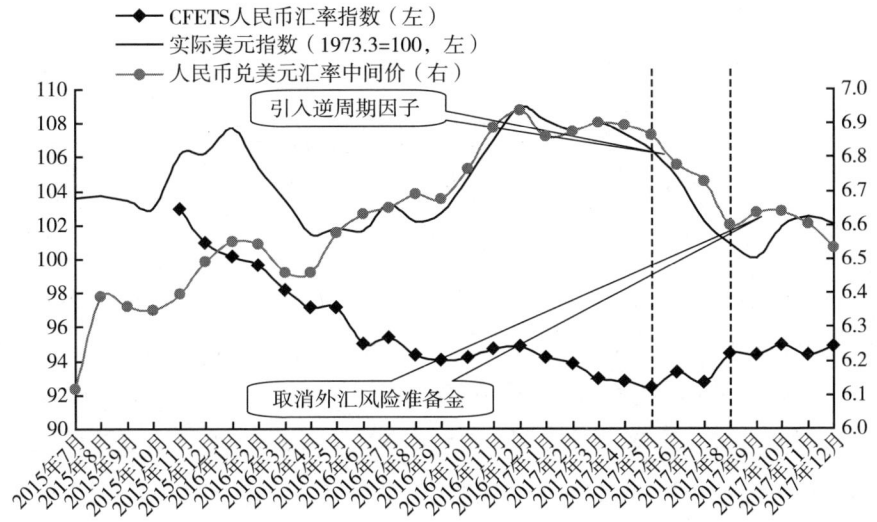

图6　美元实际汇率指数与人民币兑美元汇率中间价和 CFETS 指数

资料来源：Wind 和笔者整理。

二　2017年外汇管理重要举措评述

2017 年 7 月，习近平主席在中央财经领导小组第十六次会议上强调，扩大金融业对外开放是我国对外开放的重要方面，要有序地推进资本项目开放，稳步推进人民币国际化，继续完善人民币汇率形成机制，保持人民币汇率在合理均衡水平上的基本稳定。2016 年 9 月，习近平主席在二十国集团领导人杭州峰会讲话中指出，在有序开展人民币汇率市场化改革、逐步放开国内资本市场的同时，我们将继续推动人民币走出去，提高金融业国际化水平，我们要未雨绸缪，进行必要和合理的资本流动管理，完善全球和区域金融安全网，确保拥有更充足的资源和手段，及时有效地应对可能发生的危机。从经济改革开放"三驾马车"看，即贸易投资对外开放、汇率形成机制改革以及减少外汇管制，这"三驾马车"协同推进、相互配合，既是一个动态平衡的过程，也是中国开放经济健康稳定增长的宝贵经验。

（一）金融业对外开放的重要举措

党的十九大报告明确提出，实行高水平的贸易和投资自由化便利化政策，全面实行准入前国民待遇加负面清单管理制度，大幅度放宽市场准入，扩大服务业对外开放，保护外商投资合法权益。2017年9月习近平主席在第五次全国金融工作会上指出，要扩大金融对外开放，稳步推进人民币国际化，要积极稳妥地推动金融业对外开放，合理安排开放顺序。

1. 市场准入负面清单制度实行与金融对外开放

按照中央统一部署要求，从2015年12月1日至2017年12月31日，在部分地区试行市场准入负面清单制度，积累经验、逐步完善，探索形成全国统一的市场准入负面清单以及相应的体制机制，从2018年起正式实行全国统一的市场准入负面清单制度。2017年6月，《外商投资产业指导目录（2017年修订）》发布，其中在"外商投资准入特别管理措施"（外商投资准入负面清单）中，对银行业、证券业、保险业有明确规定（即第25条至第27条）。2017年8月，《国务院办公厅转发国家发展改革委商务部人民银行外交部关于进一步引导和规范境外投资方向指导意见的通知》（国办发〔2017〕74号），以供给侧结构性改革为主线，以"一带一路"建设为统领，深入推进"简政放权、放管结合、优化服务"改革，按"鼓励发展＋负面清单"模式引导和规范企业境外投资方向，明确了鼓励、限制、禁止三类境外投资活动。对于如何更好地实行市场准入负面清单制度，党的十九大报告不仅指明了方向，也提出了更高要求。针对取消审批事项后可能出现的风险，需要制定事中事后监管措施或替代方法和手段，建立统一高效的监管数据采集、监测、分析和预警体系，为防范市场风险和提高监管效率提供有效保障。①

2017年11月10日，在国新办就中美元首北京会晤经济成果相关情况举行的吹风会上，财政部副部长朱光耀提出，为落实中国共产党第十九次全国代表大会关于进一步扩大对外开放的相关部署，中方决定将单个或多个外国投资者直接或间接投资证券、基金管理、期货公司的投资比例限制放宽至51%，上述措施实施三年后，投资比例不受限制；将取消对中资银行和金融资产管理公司的外资单一持股不超过20%，合计持股不超过25%的持股比例限制，实施内外一致的银行业股权投资比例规则；三年后将单个或多个外国投资者投资设立经营人身保险业务的保险公司的投资比例放宽至51%，五年后投资比例不受限制。②

从扩大准入在国际上对等要求看，上述扩大金融对外开放的举措将有利于国内金融机构走出去。但值得注意的是，金融开放与贸易开放有所不同，由于资本流动天生具有超越国界的内在冲动，如何有效防范外部冲击和金融风险仍然需要引起高度关注。毕竟如果资本大进大出、汇率冲击、外债杠杆等都可能会给宏观经济和金融市场带来重大风险。

专栏一　准入前国民待遇加负面清单管理制度

准入前国民待遇是指境外投资者在准入前阶段享有的待遇不低于境内投资者。负面清单通常是指东道国在投资协定中保留的不符合国民待遇等义务的措施。准入前国民待遇加负面清单管理制度是外资管理的一种模式，强调外资政策法规的透明性。适时调整《外商投资产业指导目录》能更好体现负面清单的特点。2017年8月，《外商投资产业指导目录（2017年修订）》发布，其中在"外商投资准入特别管理措施"（外商投资准入负面清单）中第25条至27条对银行、保险公司和证券公司的外资投资入股比例限制予以

---

① 易纲：《全面实施市场准入负面清单制度》，《党的十九大报告辅导读本》，人民出版社，2017。

② 中国网：《新闻办就中美元首北京会晤经济成果相关情况举行吹风会》，2017年11月10日，http://www.gov.cn/xinwen/2017-11/10/content_5238617.htm#allContent。

相应规定。

2.跨境人民币双向资金池业务与人民币国际化

2017年5月,商务部等五部委发布《关于进一步推进开放型经济新体制综合试点试验的若干意见》(商政发〔2017〕125号)就支持试点地区探索扩大贸易投资便利化、推进放管服改革等事项提出具体意见。其中,第十条为"试点地区符合条件的企业的境外母公司可以在境内发行人民币债券。允许试点地区符合条件的跨国企业集团开展跨境人民币双向资金池业务"。跨境双向人民币资金池业务开展,不仅能够有力推动跨国企业的全球资金配置能力,而且还可以提高企业资金集约利用程度和管理效率。作为集团企业目前唯一较为自由的人民币跨境流动渠道,跨境人民币双向资金池业务,没有明确的额度限制,其基本原理是跨国公司在境内外都有股权关联公司或子公司,凭借其自贸区FT账户的优势,自贸试验区跨国公司总部可以通过设立FT账户建立资金池来归集跨境人民币。

2017年10月,上海自贸区第八批15个金融创新案例对外发布。其中,"首批全功能型跨境双向人民币资金池落地上海自贸试验区"作为自由贸易账户功能创新类别而入选。从其创新点看:第一,较一般的跨境双向人民币资金池增加了本外币一体化功能,即企业可自由选择币种进行归集,通过自由贸易账户的多币种功能实现池内资金的自由汇兑,降低了汇兑成本。第二,充分满足企业获得更高的资金使用效率和集中管理收益。第三,利用充足的在岸人民币资金避免了传统跨境人民币资金池所面临的海外流动性限制,拓宽了跨境资金融通渠道。不仅有利于境内外企业集团实现本外币资金的在岸集约化管理,在降低汇兑成本的同时,拓展资金跨境融通渠道并提高资金使用效率;也有利于促进跨境资金双向均衡流动,助推人民币国际化进程。

专栏二 跨境人民币双向资金池业务

跨境人民币双向资金池业务是指集团境内外成员企业之间的双向资金归集业务,属于企业集团内部的经营性融资活动。所有关联企业资金流向该账户称之为"上存",所有关联企业从该资金池获得资金称之为"下划"。通过这种方式可实现境内外人民币双向合规流转。境外子账户和主账户之间,境内子账户和主账户之间,资金均可双向自由划转,跨境或跨区的资金净流入或净流出都不算外债,无额度限制。集团内部成员企业之间的双向资金划转属于集团内的经营性融资活动,没有经常项下对价交易关系,是一种资金调拨行为,从而有利于集团统一集中管理资金,互调余缺,降低对集团外部的融资依赖和财务成本。该业务实质是实现境内人民币资金池与境外人民币资金池的双向流通。"十三五"规划纲要在第五十章"健全对外开放新体制"第三节"扩大金融双向开放"中明确提出"放宽跨国公司资金境外运作限制,逐步提高境外放款比例。"2015 年 9 月,中国人民银行对双向跨境人民币资金池政策进行了调整,跨境人民币资金净流入额上限的宏观审慎政策系数提高到 0.5(原来为 0.1)。[①]

3. 银行间债券市场对外开放

2017 年 2 月,《国家外汇管理局关于银行间债券市场境外机构投资者外汇风险管理有关问题的通知》(汇发〔2017〕5 号)发布,旨在提高外汇市场开放水平,促进债券市场对外开放。其中允许银行间债券市场境外机构投资者可以在具备资格的境内金融机构办理人民币对外汇衍生品业务。这是在自国际金融危机以来,人民币合格境外投资者 RQFII 制度之后,在对境外投资者开放的基础上,对投资品种方面进一步开放。实际上,从 2009 年开始,就已逐步允许境外投资者参与各种金融衍生产品交易,包括外汇衍生品,债券市场的债券借贷、债券回购等。2017 年 2 月的汇发〔2017〕5 号文,明确了人民币对外汇衍生品业务的放开。通过人民币对外汇衍生品的发展,能够吸引更多境外投资者进入人民币衍生品市场,促进其进一步发展,中国债券市场丰富的产品结构也将更有利于中国金融的平衡持久发展。一方面,要

---

① 《中华人民共和国国民经济和社会发展第十三个五年规划纲要》,《人民日报》2016 年 3 月 18 日。

稳步推进人民币国际化，推动中国债券市场的开放程度；另一方面，如何防范国际金融市场波动的风险向国内转移和侵蚀，仍是非常重要且难以回避的现实问题。

（二）2017年人民币汇率形成机制改革的重要举措

党的十九大报告明确提出要深化利率和汇率市场化改革。2017年9月习近平主席在第五次全国金融工作会议上指出要深化人民币汇率形成机制改革。2016年12月召开的中央经济工作会议强调，要在增强汇率弹性的同时，保持人民币汇率在合理均衡水平上的基本稳定。2017年12月召开的中央经济工作会议再次强调，保持人民币汇率在合理均衡水平上的基本稳定。

1. 对标《全球外汇市场准则》发布《中国外汇市场准则》

2017年7月，习近平主席在第五次全国金融工作会议上强调要完善外汇市场体制机制。作为外汇交易的场所，外汇市场是外汇供求关系的总和。我国外汇市场是以银行结售汇制度为基础的银行零售外汇市场和全国统一的银行间外汇市场构成的双层市场体系。以中国外汇交易中心为主平台的银行间外汇市场，正如2017年5月发布的《中国外汇市场准则》公告（汇律发〔2017〕3号）所指出的，机构之间通过中国外汇交易中心进行人民币与外币交易的场所，包括人民币外汇市场；交易品种包括即期、远期、掉期、货币掉期、期权等。作为我国外汇市场自律机制的基础性制度，《中国外汇市场准则》的发布，是我国外汇市场改革和发展的重大举措，有助于进一步提高我国人民币汇率形成机制的市场化程度，促进和规范外汇市场的发展，同时也是我国外汇市场规则与国际接轨的重要标志。

2. 外汇市场非理性波动成为宏观审慎管理的系统性风险来源之一

从人民币汇率改革取得的重要进展看，一是人民币直接交易市场不断发展，二是人民币对美元汇率弹性增强，三是人民币对美元汇率中间价形成机制不断完善。其中，人民币汇率形成机制改革，既是核心，也是难点所在。目前存在的问题主要有：（1）在岸市场发展不充分、在岸与离岸市场发展不平衡。这是伴随金融对外开放，境内外投资者在实需内涵上不对等，在外汇市场供需失衡的具体表现。（2）汇率并非纯粹由市场表现自然形成，与常识中普遍认可的标准存在差异。这是由我国外汇市场做市商制度所处的阶段决定。（3）作为市场经济的重要杠杆，汇率还存在一定扭曲。这是汇率作为要素市场重要价格，要素市场化配置有待进一步推进的现实写照。（4）汇率还没有成为外部冲击的减震器。特别是2015年8月11日人民币对美元汇率中间价贬值近2%后，人民币汇率贬值与2015年12月至2016年1月中国股市异常波动相互叠加，中国外汇储备快速下降，汇率波动和跨境资本流动外部冲击风险加大。从守住底线看，外汇市场非理性波动已成为宏观审慎管理的系统性风险来源之一。

（三）2017年减少外汇管制的重要举措

党的十九大报告明确提出，健全货币政策和宏观审慎政策双支柱调控框架。宏观审慎评估（MPA）是中国在构建和完善宏观审慎政策框架方面所做的重要探索和实践，是中央银行加强系统性金融风险防范重要工具和抓手，在防范系统性金融风险、维护金融稳定方面发挥了重要作用。①

1. 对企业和银行跨境融资政策放松审慎管理

2017年1月，《中国人民银行关于全口径跨境融资宏观审慎管理有关事宜的通知》（银发〔2017〕9号）发布。相比2016年发布的《中国人民银行关于扩大全口径跨境融资宏观审慎管理试点的通知》（银发〔2016〕18号），《中国人民银行关于在全国范围内实施全口径跨境融资宏观审慎管理的通知》（银发〔2016〕132号），银发〔2017〕9号文，对企业和银行的跨境融资政策有所放松。其中，内保外贷按照20%纳入银行跨境融资风险加权余额计算，该业务的跨境融资指标占用缩小5倍。此外，2017年1月，《国家外汇管理局关于进一步推进外汇管理改革完善真实合规性审核的通知》（汇发〔2017〕3号）发布，其中，内保外贷项下资金通过放贷、股权

---

① 中国人民银行货币政策分析小组：《中国货币政策执行报告》（二〇一七年第三季度），2017年11月17日，中国人民银行官方网站，http：//www.pbc.gov.cn。

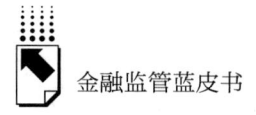

投资等方式将担保项下资金直接或间接调回境内使用也有所放开。从内保外贷的相关政策变化看，尽管2017年初有所放开，但是2017年末又开始加强管理，主要还是在于为真实合规的中国企业"走出去"提供更好的支持。2017年12月，《国家外汇管理局综合司关于完善银行内保外贷外汇管理的通知》（汇综发〔2017〕108号）发布，对于银行内保外贷业务的外汇监管以正式发文的形式重申了跨境担保系列法规的外汇监管要求。其中不仅禁止ODI借道内保外贷履约出境，而且明确内保外贷履约额纳入企业境外放款额度管理（上限为所有者权益30%）。显然，伴随资本项目进一步开放，可能会出现规模大或币种、期限错配的风险，加强对短期债务、套利套汇交易以及衍生品交易等短期投机性资本流动进行微观和宏观审慎管理，对一些资本项目进行管制，仍是必要之策。

专栏三　内保外贷和外保内贷

作为境内企业境外借款的方式之一，企业可通过内保外贷从境外银行为境外机构提供融资。为了满足企业境内融资需要，境内企业可通过外保内贷，基于境外公司的信用，从境内银行取得融资。2014年5月，国家外汇管理局发布了《跨境担保外汇管理规定》。《跨境担保外汇管理规定》基于简政放权和职能转变的思路，在使跨境担保活动整体上更为便利的同时，也进一步推进了资本项目可兑换水平。从内保外贷业务的"外贷"资金用途看，如果是股权，涉及境外投资（新建、增资等），需要让客户履行核准/备案手续；如果是债权，则不需要。从贷后管理过程看，银行需要在贷前调查的基础上，审查资金支付路径，补足贷前调查工作中可能存在的疏漏。在内保外贷审核趋严后，市场上有一部分境外资金需求方便将目光转向自贸区贷款业务，以规避内保外贷登记给交易带来的不确定性。

2. 人民币资本项目可兑换稳步推进

在2017年7月的第五次全国金融工作会议上，习近平主席强调，稳步推进人民币国际化，稳步实现资本项目可兑换；在2017年7月的中央财经领导小组第十六次会议上，习近平主席再次强调要有序推进资本项目开放，稳步推进人民币国际化。2017年1月印发的《中国人民银行关于全口径跨境融资宏观审慎管理有关事宜的通知》（银发〔2017〕9号）提到了将本外币的被动负债列为豁免项目，不占用境内机构的全口径融资额度。企业和金融机构因境外机构投资境内债券市场产生的本外币被动负债；境外主体存放在金融机构的本外币存款；合格境外机构投资者（QFII）或人民币合格境外机构投资者（RQFII）存放在金融机构的QFII、RQFII托管资金；境外机构存放在金融机构托管账户的境内发行人民币债券所募集的资金。从减少外汇管制的概念看，外汇管制与资本项目可兑换是一体两面。伴随着人民币资本项目可兑换进程的不断推进，对各类跨境资本交易及汇兑行为的限制也将逐步取消。与之相伴的是跨境融资宏观审慎管理框架的建立、健全和逐步完善。

3. 逆周期宏观审慎管理措施回归中性

2017年9月，《中国人民银行关于调整境外人民币业务参加行在境内代理行存放存款准备金政策的通知》（银发〔2017〕206号）和《中国人民银行关于调整外汇风险准备金政策的通知》（银发〔2017〕207号）相继发布。2017年9月8日，中国人民银行宣布调整外汇风险准备金政策和对境外金融机构境内存放执行正常准备金率的政策，将外汇风险准备金征收比例降为零，并取消对境外金融机构境内存放准备金的穿透式管理。这两项政策都是在前两年人民币汇率出现波动、资本流动呈现一定顺周期性的背景下出台的，旨在通过宏观审慎政策工具对外汇市场的顺周期性进行逆周期调节，有效稳定了市场预期。在基本面因素的推动下，我国跨境资本流动和外汇供求更趋平衡，人民币对美元汇率双向波动，对一篮子货币基本稳定。在市场环境已转向中性的情况下，有必要使前期为抑制外汇市场顺周期波动而出台的逆周期宏观审慎管理措施也回归中性，强化外汇市场价格发现功能，提高市场流动性，更好地服务于实体经济，促进经济持续、协调、平稳发展。[1]

---

[1] 中国人民银行货币政策分析小组：《中国货币政策执行报告》（二〇一七年第三季度），2017年11月17日，中国人民银行官方网站，http://www.pbc.gov.cn。

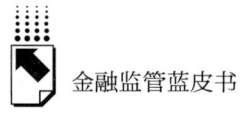
金融监管蓝皮书

三 2018年外汇管理改革展望

当前和今后一个时期，防范化解重大风险攻坚战的重点是防控金融风险。由于我国金融领域尚处于风险易发高发期，既要防止"黑天鹅"事件发生，也要防止"灰犀牛"风险发生。步入"新时代"，外汇管理不仅要关注主要经济体政策外溢效应下我国面临跨境资本流动和汇率波动等外部冲击风险，而且更要进一步协同推动贸易投资对外开放，汇率形成机制改革，以及减少外汇管制，这"三驾马车"的相互配合。

1. 实现金融开放、汇率改革与国际收支基本平衡，稳健形成良性互动正向循环

从"三驾马车"之间的相互关系看，第一，贸易投资开放要求用汇便利、减少资金出入境管制，金融业改革开放提升体系韧性，减少管制必要；第二，贸易投资开放要求合理汇率，均衡汇率配合金融业改革开放，促进两个市场优化资源配置；第三，合理汇率减少干预需求，而形成均衡汇率要求减少供求管制。

2. 提升要素价格的市场化和合理化，促进金融高效分配社会资源机制的形成

金融开放需要更多服务于"一带一路"建设，并实现以开放促改革、以改革促开放，相互促进，打通金融血脉，保持币值稳定，降低企业成本，服务实体经济发展。完善人民币汇率市场化形成机制，应成为货币政策与汇率政策相互协调、保障经济平稳运行的重要"滤波器"和"稳定器"。

3. 化解人民币国际化进程中的风险，为经济转型提供必要条件

伴随资本项目进一步开放，可能会出现规模大或币种、期限错配的风险，加强对短期债务、套利套汇交易及衍生品交易等短期投机性资本流动进行微观和宏观审慎管理，对一些资本项目进行管制，仍是必要之策。与金融稳定维护相对应，健全本外币全口径外债和资本流动审慎管理体系，不仅是"十三五"时期我国金融开放的重要内容，更是应对外部冲击风险内控的关键所在。与货币政策传导机制相类似，跨境资本流动宏观审慎管理传导机制的确立，具有重要意义。实际上，从操作目标到中间目标之间的逻辑关系，

即构成了（本外币全口径）跨境资本流动宏观审慎管理框架。与内外均衡冲突相对应，促进国际收支基本平衡与宏观经济均衡，货币政策空间亟须优化。货币政策调控战略转型，不仅意味着从数量型调控向价格型调控转变，"宏观审慎管理＋货币政策调控"的双支柱框架体系建立也是题中应有之义（见附表）。

附表　2017年外汇管理相关政策发布

序号	发布日期	法规名称	相关内容
1	2017年1月13日	《中国人民银行关于全口径跨境融资宏观审慎管理有关事宜的通知》（银发〔2017〕9号）	对企业和银行跨境融资政策进一步放松
2	2017年1月26日	《国家外汇管理局关于进一步推进外汇管理改革完善真实合规性审核的通知》（汇发〔2017〕3号）	允许境内外汇贷款结汇，内保外贷资本项目回流，本外币合计境外放款管理
3	2017年2月27日	《国家外汇管理局关于银行间债券市场境外机构投资者外汇风险管理有关问题的通知》（汇发〔2017〕5号）	为提高外汇市场开放水平，允许境外机构投资者在遵守实需交易原则下，在具备资格的境内金融机构办理人民币对外汇衍生品业务
4	2017年4月4日	《国家外汇管理局关于便利银行开展贸易单证审核有关工作的通知》（汇发〔2017〕9号）	要求银行进一步加强货物贸易项下付汇的真实性审核要求，符合"控流出"的调控方向
5	2017年5月5日	关于发布《中国外汇市场准则》的公告（汇律发〔2017〕3号）	作为我国外汇市场自律机制的基础性制度，是我国外汇市场改革和发展的重大举措
6	2017年5月9日	关于发布《非居民金融账户涉税信息尽职调查管理办法》的公告（国家税务总局公告2017年第14号）	对于在我国境内开立账户的非居民，如何合法合规地应对信息交换就显得尤为重要
7	2017年5月12日	《中国人民银行关于加强开户管理及可疑交易报告后续控制措施的通知》（银发〔2017〕117号）	加强可疑交易报告后续控制措施，切实提高洗钱风险防控能力水平。加大监督检查力度，严惩违法违规行为
8	2017年5月16日	中国人民银行　香港金融管理局联合公告	开展香港与内地债券市场互联互通合作（简称"债券通"），"债券通"获批

续表

序号	发布日期	法规名称	相关内容
9	2017年6月21日	中国人民银行发布《内地与香港债券市场互联互通合作管理暂行办法》(中国人民银行令〔2017〕第1号)	为规范开展内地与香港债券市场互联互通合作("债券通")相关业务,保护境内外投资者合法权益,维护债券市场秩序
10	2017年6月22日	《"债券通"北向通境外投资者准入备案业务指引》(中国人民银行上海总部公告〔2017〕第1号)	制定专门的备案指引,为境外投资者备案提供指南
11	2017年6月28日	《外商投资产业指导目录(2017年修订)》发布(中华人民共和国国家发展和改革委员会 中华人民共和国商务部令第4号)	在"外商投资准入特别管理措施"(外商投资准入负面清单)中,对银行业、证券业、保险业有明确规定
12	2017年8月16日	《国务院关于促进外资增长若干措施的通知》(国发〔2017〕39号)	实施准入前国民待遇加负面清单管理制度,扩大市场准入对外开放范围
13	2017年8月15日	关于发布《人民币兑美元汇率中间价报价行中间价报价自律规范》的公告(汇律发〔2017〕11号)	据"人民币对美元汇率中间价=上日收盘汇率+一篮子货币汇率变化+逆周期因子"原则建立人民币兑美元中间价报价计算模型,并根据模型的计算结果报价
14	2017年9月8日	《中国人民银行关于调整境外人民币业务参加行在境内代理行存放存款准备金政策的通知》(银发〔2017〕206号)	境外人民币业务参加行在境内代理行存放存款准备金即日起取消
15	2017年9月8日	《中国人民银行关于调整外汇风险准备金政策的通知》(银发〔2017〕207号)	将境内金融机构代客远期售汇业务所需提取的外汇风险准备金率调整为0
16	2017年12月5日	《国家外汇管理局综合司关于完善银行内保外贷外汇管理的通知》(汇综发〔2017〕108号)	就银行内保外贷业务的外汇监管以正式发文的形式重申了跨境担保系列法规的外汇监管要求

专题研究

Special Research

B.8
资管产品增值税研究

王 刚 王斐然 胡予喆

摘 要： 2016年3月以来，在金融业推行"营改增"的大背景下，财政部和国家税务总局相继发布了一系列文件，对资产管理产品增值税征收相关问题作出规定，明确资管产品运营过程中发生的增值税应税行为于2018年1月1日正式实施。近期围绕资管产品增值税征收对行业的影响和实施中可能出现的问题，国务院发展研究中心金融所对资管行业各类典型企业开展了现场走访和座谈交流。本报告首先梳理现行资管产品增值税制度的主要内容和发展沿革，随后归纳了现行税制存在的主要问题。在借鉴境外金融业征收增值税经验的基础上，立足资管产品不

---

* 王刚，博士，国务院发展研究中心金融所银行研究室副主任，副研究员，主要研究领域为金融监管、风险管理、金融法；王斐然，对外经贸大学法学院2017级研究生，主要研究领域为金融法；胡予喆，中央财经大学财政税务学院2015级本科生，主要研究领域为税法。

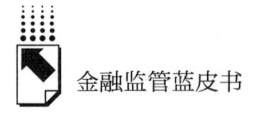

同于金融企业的特点，提出资管产品税制设计应遵循的基本原则，最后汇总提出完善现行资管产品税制的政策建议。

关键词： 资管产品 增值税 政策建议

一 现行资管产品增值税制度的主要内容与特点

"营改增"之前，税收法规对资产管理行业的营业税处理不太明确，实践中地方税务机关多未实际征收营业税。这种宽松的税收环境一定程度上促进了资管行业的快速发展。"营改增"之后，资管行业将面临全新的税制环境。

（一）发展沿革

1. 政策伊始：财税〔2016〕36号文

2016年3月23日，财政部、国家税务总局发布《关于全面推开营业税改征增值税试点的通知》（财税〔2016〕36号）（以下简称"36号文"）。文件规定自2016年5月1日起，在全国范围内全面推开营业税改征增值税（以下简称"营改增"）试点，将金融业等全部营业税纳税人纳入试点范围。其中金融服务是指经营金融保险的业务活动，包括贷款服务、直接收费金融服务、保险服务和金融商品转让。金融业适用一般计税方式，税率6%。36号文确立了金融业营改增的基本方案，使我国成为全球首个对金融服务业全面征收增值税的国家。但正因如此，税务机关缺乏可参考的经验，初期难免考虑不周，政策出台后一度引发债券市场波动。

2. 第一个补丁：财税〔2016〕46号文

为缓解市场紧张情绪，2016年4月29日，财政部、国税总局发布《关于进一步明确全面推开营改增试点金融业有关政策的通知》（财税〔2016〕46号）（以下简称"46号文"），对营改增试点期间有关金融业的政策进行补充，将质押式买入返售金融商品、持有政策性金融债券纳入免征增值税范围。

3. 第二个补丁：财税〔2016〕70号文

2016年6月30日，财政部、国税总局发布《关于金融机构同业往来等增值税政策的补充通知》（财税〔2016〕70号）（以下简称"70号文"），将金融同业免征范围进一步扩大。同业存款、同业借款、同业代付、买断式买入返售金融商品、持有金融债券和同业存单所取得的利息收入，纳入金融机构营改增试点中"金融同业往来"的适用范围，免缴增值税。

4. 政策细化：财税〔2016〕140号文

2016年12月21日及30日，财政部、国税总局发布了《关于明确金融房地产开发教育辅助服务等增值税政策的通知》（财税〔2016〕140号）（以下简称"140号文"）及其政策解读文件。140号文既是对36号文相关规定的补充，又是对资管行业增值税缴纳的明确规范。主要规定有：（1）明确资管产品运营过程中发生的增值税应税行为以管理人为纳税人而非代扣代缴义务人，以此落实责任。（2）明确"保本收益"的定义，即保本需缴纳增值税、非保本不缴纳增值税。（3）确认资管产品持有至到期不属于金融商品转让，不缴纳增值税。（4）将结息日起90天后发生的应收未收利息暂不缴纳增值税的规定拓展至"一行三会"批准成立并经营金融保险业务的机构。（5）从2016年5月1日起执行，这意味着资管产品需要追缴增值税。

5. 政策宽限：财税〔2017〕2号文

2017年1月6日，财政部、国税总局就140号文再出补丁《关于资管产品增值税政策有关问题的补充通知》（财税〔2017〕2号）（以下简称"2号文"），规定于2017年7月1日（含）以后资管产品运营过程中发生的增值税应税行为，以资管产品管理人为增值税纳税人，按照现行规定缴纳增值税。2017年7月1日前的增值税应税行为，未缴纳增值税的不再缴纳；已缴纳增值税的已纳税额可日后抵扣，这实际上取消了140号文有关追缴的规定。此外，资管产品运营过程中发生增值税应税行为的具体征管办法，由国税总局另行制定。上述文件推迟了缴纳增值税的实施日期，实际上延长了资管行业的缓冲期。

6. 政策进一步明晰：财税〔2017〕56号文

2017年6月30日，财政部、国税总局发布《关于资管产品增值税有关问题的通知》（财税〔2017〕56号文）（以下简称"56号文"），规定：（1）资管产品管理人运营资管产品过程中发生的增值税应税行为，暂适用简易计税方法，按照3%的征收率缴纳增值税。（2）明确资管产品管理人与资管产品缴纳增值税的范围。（3）对资管产品在2018年1月1日前运营过程中发生的增值税应税行为，未缴纳增值税的，不再缴纳；已缴纳增值税的，可从以后月份的增值税应纳税额中抵减。

56号文对资管产品征税原则及申报方式做出了重要澄清和补充，资管产品征收增值税的体系基本建立，起征日再次推迟又给了资管产品管理人六个月的准备时间。

7. 第三个补丁：财税〔2017〕58号文

2017年7月11日，财政部、国税总局发布《关于建筑服务等营改增试点政策的通知》（财税〔2017〕58号文）（以下简称"58号文"），规定自2018年1月1日起，金融机构开展贴现、转贴现业务，以其实际持有票据期间取得的利息收入作为贷款服务销售额计算缴纳增值税。此前贴现机构已就贴现利息收入全额缴纳增值税的票据，转贴现机构转贴现利息收入继续免征增值税。

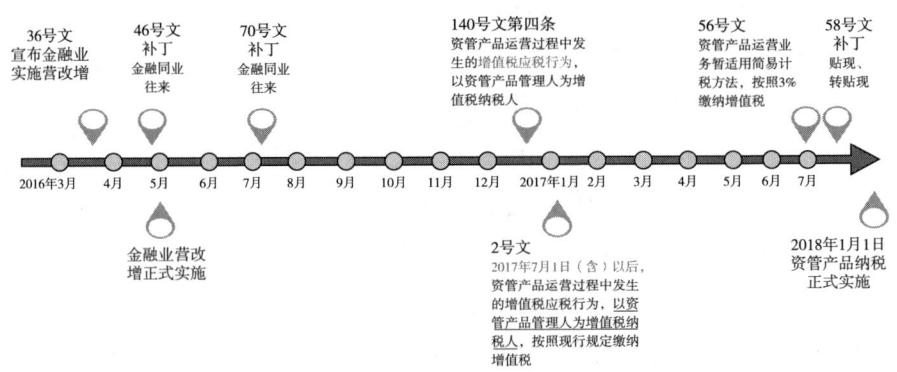

图1　资管产品增值税制发展沿革

（二）主要特点

一是资管产品增值税税制设计遵循平移金融业营业税税负和优惠政策的

总体思路。例如财税部门表示，对资管产品中证券投资基金转让股票债券收入免税的优惠政策是沿用国务院 1998 年明确的政策，属于政策平移而非增值税新政。二是对原有政策不断打补丁造成政策不稳定，且实施时间一再推迟。这既印证了税收政策制定中不断摸索的过程，也反映出财税部门对发展迅猛、规模超过我国当年 GDP 总量的资管行业重大税收法规调整慎之又慎。三是新政策往往是临近增值税征收执行日方才出台，且多要求追溯既往，适用起点倒挂，给资管企业运营和维护环节造成诸多难题。例如增值税的计提会影响资管产品单位净值，投资个人可以每日申购与赎回产品，导致税收政策变化时追溯的调整事项无法公平地还原给投资者。

二 现行资管产品增值税存在的主要问题

虽然资管产品增值税尚未实行，但从调研中了解到，现行税制虽几经修订，但仍存在不少根本性问题，可能对资管行业发展带来诸多不利影响，且征管成本巨大，有得不偿失之虞。

（一）增加资管行业税负，提高实体经济融资成本

李克强总理在《政府工作报告》中提出，确保所有行业税负只减不增。但对资管行业而言，实际税负有明显增加。营改增之前，资管产品税收政策并不明确，实践中未有资管产品在投资运作层面缴纳过营业税，因此对我国资管产品投资运作征收增值税是一个"从无到有"的过程。新增税负的消化无非三个渠道：或者降低资管产品收益率，或者降低资管机构收取的管理费，或者提高资金使用者的融资成本。在金融市场资金比较紧张的情况下，资管产品征收增值税可能提高实体经济融资成本，与缓解"融资难、融资贵"的宏观政策方向不相一致。

（二）以管理人为纳税义务人，造成法律关系错位

现行税制规定资管产品管理人为纳税人。这固然避免了直接向海量个人

投资者征税的难题,但上述规定一是与资管产品投资运作的实际法律关系错位,与全国人大通过的资管行业上位法《信托法》《基金法》直接冲突。①资管产品的法律关系是信托关系,资管产品运作产生的收益归投资者所有,管理费、托管费最终也由投资者承担。因此,资管产品投资运作产生的税收,应由投资者作为相应的纳税人,从便利实际征管角度可以明确管理人作为代扣代缴义务人。二是以管理人为资管产品增值税纳税人易造成责任不清,形成法律纠纷。尤其在产品清盘后,投资者可依据140号文的规定拒绝承担最终税负,而基金子公司、券商资管、信托公司等管理人的资本无力承担上述税负。②而且即使管理人出于声誉考虑以自营业务投资收入补贴资管产品应交税收,还会面临国有资产流失和将利益向投资者输送等问题。③

(三)影响资管行业和资本市场发展

发展机构投资者对于优化资本市场结构、提高实体经济融资效率具有重大作用。但按照目前的税收政策,购买资管产品的税负高于个人投资税负,长期实施将造成机构投资者向个人投资者倒退。同时资管产品实际税负增加后,收益率会有一定程度下降,影响各类资管产品和行业整体吸引力。

资管产品增值税的实施也会对国内股票市场和债券市场产生一定影响。目前仅证监会监管的投资股票市场和债券市场的公募和私募证券投资基金规模超过26万亿元。④ 各类基金投向股票市场规模合计4.7万亿元,⑤ 投向债

---

① 《基金法》第八条规定,"基金财产的相关投资,由基金份额持有人承担,基金管理人或者其他扣缴义务人按照国家有关税收征收的规定代扣代缴"。
② 基金管理公司一般注册资本1亿~2亿元。2017年4月,英大基金管理公司接受北京市地税局第二稽查局税务稽查,税务部门依据140号文的规定要求英大基金就其管理的华鑫宏盛华商资管计划补缴营业税、所得税、滞纳金等合计1亿元,而基金公司就该笔业务只收取通道费27.64万元,一旦缴税基金公司将濒临破产。
③ 当前资管管理机构多数为国有和国有控股金融企业。
④ 包括公募基金规模10万亿元,证券期货经营机构、私募基金管理人管理的私募证券资管产品16万亿元。
⑤ 包括公募基金投资1.7万亿元,私募证券资管产品投资3万亿元。

券市场规模合计12.7万亿元,① 占我国A股流通市值和债券市值的比重分别为11.75%和22.56%。财税〔2016〕36号文的推出触发和扩大了2016年4~5月我国债券市场的波动,未来资管产品增值税的正式实施对股市、债市的影响更是不容忽视。

(四)税收政策差异可能引发多重避税套利行为

现行资管产品增值税制度通过简易征收的低税率和复杂的免税规定形成了多重税收洼地(见表1至表3),可能引发严重的避税套利,并由此扭曲投资人和资产管理人的正常投资行为。

表1 不同方式债券投资纳税一览

银行、保险、券商的自营(增值税利息-征6%、资本利得-征6%、所得税-征)				
	增值税		所得税	
	持有期利息收入	资本利得	持有期利息收入	资本利得
国债	免	6%	免	25%
地方政府债	免	6%	免	25%
政策性金融债	免	6%	25%	25%
铁道债	6%	6%	减半	25%
商业银行债券(同业)	免	6%	25%	25%
信用债等	6%	6%	25%	25%

注:本次56号文尚未提及自营,增值税率仍为6%,可抵扣。

公募基金(增值税利息-征、资本利得-免、所得税-免)				
	增值税		所得税	
	持有期利息收入	资本利得	持有期利息收入	资本利得
国债	免	免	免	免
地方政府债	免	免	免	免
政策性金融债	免	免	免	免
铁道债	3%	免	免	免
商业银行债券(同业)	免	免	免	免
信用债等	3%	免	免	免

注:56号文规定实施简易税率3%,不可抵扣。公募基金的买卖价差/资本利得可以免增值税。

---

① 包括公募基金投资3.6万亿元,私募证券资管产品投资9.1万亿元。

续表

资管类机构(增值税利息-征、资本利得-征、所得税-免)				
	增值税		所得税	
	持有期利息收入	资本利得	持有期利息收入	资本利得
国债	免	3%	免	免
地方政府债	免	3%	免	免
政策性金融债	免	3%	免	免
铁道债	3%	3%	免	免
商业银行债券(同业)	免	3%	免	免
信用债等	3%	3%	免	免

注：简易税率3%，不可抵扣，包括各类资管类机构：非保本理财、基金专户、券商资管、保险资管、信托等非法人类机构。

非保本资管产品需按照规定由管理人缴纳增值税，穿透后根据具体的投资品种来缴纳；所得税因目前尚未提及可免。

表2 涉税项目：贷款服务

涉税项目	涉及会计科目	业务分类	是否缴纳增值税
贷款服务	存款利息收入		免税
	结算备付金利息收入		免税
	存出保证金利息收入		免税
	债券利息收入	国债、地方政府债、政策性金融债、金融债	免税
		除上述债券外的其他债券	是
	同业存单利息收入		免税
	信托计划利息收入		是
	债权利息收入		是
	买入返售利息收入	金融机构间的短期(一年以下含一年)买入返售	免税
		非金融机构间的买入返售	是
		一年以上的买入返售	是
	其他利息收入	黄金合约租出利息收入	是
		债券借贷利息收入	是
		利率互换利息收入	是
		融资融券收取的利息收入	是

表3 涉税项目：金融商品转让

涉税项目	涉及会计科目	业务分类		是否缴纳增值税
金融商品转让	股票投资收益 债券投资收益	证券投资基金、QFII、RQFII		免税
		其他资管产品		是
	资产支持证券投资收益 期货投资收益	QFII、RQFII		免税
		其他资管产品		是
	资管产品投资收益	QFII、RQFII		免税
		其他资管产品	持有至到期	不征税
			非持有至到期	是

一是对资管产品实行简易征收，税率3%，较之金融机构自营投资的增值税率下降一半。加上140号文明确对投资者非保本投资不征收增值税，这在客观上为通道型资管产品提供了3.26%的税收套利空间。① 对资金体量巨大、内部竞争非常激烈的金融业而言，只要有套利空间，加之杠杆效应，一定会被市场主体充分利用。因此，在"一行三会"限制通道套利的背景下，56号文有关简易征收的规定反而显著提升了通道存在的价值。二是平移原营业税优惠政策对证券投资基金买卖股票、债券价差收入免征增值税。一方面没有明确基金管理专户和公募基金之外的私募证券投资基金是否同样享受免税政策，② 另一方面证券投资基金相对于同为资管产品，客户数量众多的银行理财、保险资管、券商资管、信托产品形成了明显的税收优势，违反了税收中性原则下税收法规本应具备的统一性和公平性，打破了原营业税环境下资管产品各细分行业实质公平的税制环境（各细分行业实际上都没有征营业税），可能导致资管行业围绕节约增值税开展税收筹划的投资行为，并改变行业结构。

（五）可能造成严重的重复征税问题

一是对监管政策鼓励的多层嵌套投资结构基金中的基金（FOF）带来严

---

① 除增值税税率相差3%之外，还包括城建税、教育费附加等附加税，合计影响为3.26%。
② 1998年国务院批准给证券投资基金股票、债券收入免征营业税的政策意图是鼓励作为机构投资者的基金发展，且证券投资基金委托人是数量众多的个人投资者。但私募证券投资基金的投资主体都是资产实力雄厚的合格投资者和机构投资者。

重的重复征税问题。对公募 FOF 而言，底层子基金投资即需要缴纳增值税，同时 FOF 基金层面买卖子基金也要就差价收入缴纳增值税，机构投资者买卖 FOF 基金还要就价差收入再次缴纳增值税，这意味着底层子基金投资标的产生的增值需要缴纳三次增值税。二是管理费面临重复征税。资管产品管理人与资管产品收益的纳税人为同一纳税主体，由于在资管产品层面已经缴税，而管理费属于收益的再分配，如果对管理费征收增值税，将造成管理费二次征税问题。考虑到管理费无法在资管产品进项抵扣，可能导致资管产品整体税负上升，甚至超过按照一般计税方法 6% 税率征收的增值税。三是征管实践中，由于资管企业注册地集中于北上广深，56 号文的规定可能导致金融业税源进一步向发达地区转移，地方政府和税务机关基于对税源转移的考虑可能造成重复征税。

专栏　基于对税源转移担忧造成的重复征税问题
以债权类资管计划为例

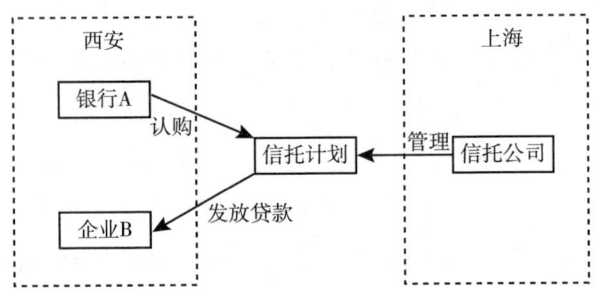

本例中，一家西安当地注册的银行 A 要发放一笔贷款给西安当地的企业 B。如果直接发放，则银行 A 取得的利息应该在西安按照 6% 缴纳增值税。现在银行 A 通过上海的一家信托公司设立一个资金信托计划，银行 A 购入信托计划，由信托计划给企业 B 发放信托贷款。

（1）在 140 号文下发之前，信托计划取得利息是不缴纳增值税的。此时，对于银行 A 从信托计划取得的收益，大部分银行还是按照实质重于形式的原则，按照 6% 在西安缴纳了增值税。

(2) 在56号文下发后，如果严格执行140号文和56号文的规定，则信托计划从B企业取得的利息，应由信托计划的管理人信托公司在上海按照3%缴纳增值税。此时，银行A投资的信托计划是非保本的，因此其取得的信托收益分配不再缴纳增值税。

从理论上看，56号文不仅没有增加金融业税负，反而通过通道贷款将原先6%的税负降低到了3%。

但如果综合考虑我国税收征管现状、金融企业核算和金融监管政策，要实现第二种结果存在很大的不确定性。首先西安当地的税务机关难以接受。贷款银行在西安，接受贷款的企业也在西安，按照上述税收政策，借由通道业务原先西安的税源就全部转移到上海，而且还从6%降低到3%，导致其他地区的金融业税源向资管机构注册地集中的北上深转移。因此，不排除地方政府可能会限制金融企业做这类通道业务。而税务机关也会积极寻找理由将税源留在当地。

从银行A的行业监管和会计核算角度看，对于银行而言，这种通过信托计划做的通道类贷款，如果底层资产就是贷款，且风险由银行承担，按照监管政策银行A对信托计划的投资不会被认定为一个投资行为，仍然要按照贷款行为进行确定，并纳入银行MPA考核。同时，很多金融机构在会计核算上按照实质重于形式的原则，仍然将其对信托计划的投资核算为应收款项类投资，而不是可供出售金融资产。即银行A对于信托计划的投资在会计核算上和贷款的会计核算相同，而非按照一般的金融商品投资进行会计核算。

基于监管政策以及银行会计核算做法，银行A当地的税务机关可以在征管实践中认定，既然这种"投资"银行自己都确认是贷款行为，即属于36号文的"贷款服务"，那就按照"实质重于形式"的原则，不考虑信托计划是否保本，仍按6%缴纳增值税。而上海税务机关会坚持，既然56号文明确了资金信托属于资管计划，且利息是先到资金信托的，那就必须依法按3%征收增值税。所以，不会考虑当地是否已经征税，对于这笔业务，3%的利息增值税肯定要信托公司在上海交。

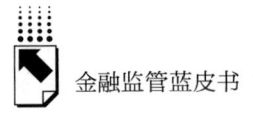

一旦出现这种结果,众多债权类信托计划就将面临比较严重的重复征税问题。

(六)诸多关键细节仍不明确

虽然多次打补丁,但在调研座谈中了解到,现行资管产品增值税制仍有诸多关键细节尚不明确,税收政策不清晰、税基的模糊致使资管产品各方当事人在执行税收政策时计税标准不统一,协调难度加大,具体表现在以下几方面。

1. 证券投资基金范围不明确

财税〔2016〕36号文规定,证券投资基金买卖股票、债券免征增值税,股票、债券是基金目前主要投资对象,该项免税政策对投资收益高低有较大影响。但法规并没有对"证券投资基金"的范围给出明确解释,此处的证券投资基金是仅指公募基金,还是与《基金法》的范畴一致,即包括所有公开或非公开募集资金的证券投资基金,QDII、私募基金、基金公司专户是否涵盖在内?

2. 赎回资管产品是否需要缴纳增值税

现行法规并未对资管产品的赎回是否缴纳增值税给出明确规定。对于在开放期内赎回资管产品,并非从A转让给B,其本质是所有权的消失而非金融商品转让定义中的所有权转让,理论上符合持有至到期的特点。鉴于赎回基金产品在营业税环境下,大部分金融机构按照买卖价差缴纳营业税,基层税务机关在实践中对赎回资管产品往往持有平移营业税操作、缴纳增值税的观点。

3. 金融商品、股票、债券范围仍不明确

财税〔2016〕36号文并未明确金融商品、股票、债券包含的范围,实务中需要明确股票是否包含新三板、未上市股权、港股及境外股票;债券是否包括资产支持证券、同业存单;金融商品是否包括黄金现货合约、黄金延期合约等。

4. 企业年金、职业年金、慈善信托等养老、公益类资管产品是否可以享受免税政策不明确

财税〔2016〕36号文规定,全国社会保障基金理事会、全国社会保障

基金投资管理人运用全国社会保障基金买卖证券投资基金、股票、债券取得的金融商品转让收入，免征增值税。

企业年金、职业年金与社保基金、基本养老基金性质相同，都是具有养老保障性质的资管产品，是否可以享受同样的税收优惠政策并不明确。此外，《信托法》要求慈善信托取得的资金及运用过程中产生的各类收益必须用于慈善目的，对慈善信托征收增值税将会抑制企业从事慈善事业的热情，可以考虑是否给予免征增值税的优惠政策。

5. 纳入买入返售的免税范围不明确

财税〔2016〕70号文规定资管产品在全国银行间同业拆借市场发生的且对手方为金融机构的质押式和买断式买入返售取得的利息收入免征增值税。从实际操作环节，需要明确如下问题：一是实践中逐笔区分交易所和银行间市场并对交易对手逐一甄别的成本非常高，不具可操作性。二是交易所买入返售与银行间性质相同，是否可以纳入免税范畴应当明确。三是金融机构的范畴也应进一步明确。法规规定金融机构包括证券投资基金和其他经"一行三会"批准成立且经营金融保险业务的机构。与证券投资基金性质类似的其他资管产品是否可以认定为金融机构并进而享受免税政策？

6. 基金投资基金是否可以享受免税政策

财税〔2016〕36号文规定，证券投资基金买卖股票、债券免征增值税。但基金中的一些特殊品种（如ETF联接基金、基金中的基金）可以投资基金，基金中的基金是否可以和QFII、社保基金一样享受免征增值税的政策？

7. "保本"概念需要进一步澄清

财税〔2016〕140号文规定，金融商品持有期间（含到期）取得的非保本收益不征收增值税，实践中需要明确"保本与否"是否仅以合同约定为准，非标产品中的各类增信措施如担保、优先次级安排等是否按照实质重于形式原则认定为保本并征税也应明确，以此避免基层税务部门执行中不一致导致资管行业面临税务合规风险。同时，鉴于资管产品已经在产品层面按照增值税相关规定缴纳增值税，受益人从资管产品分配中取得的收益是缴纳过增值税的完税收入，因此应明确受益人从资管产品分配中取得的收益不再区分是否保本，一律给予免税。

8.进一步明确相关过渡期政策

56号文虽然规定了资管产品增值税新政于2018年1月1日起实施，但对于存量产品的过渡期处理并没有做出一致规定。一是对2018年1月1日前已存在的资管产品，由于在与投资者签订投资合同时未对资管产品税负承担进行约定。在140号文明确由管理人为纳税人的情况下，投资者和管理人可能就税收负担出现争议：投资者认为自身并非资管产品纳税人，承担税负既无法律依据也无合同依据。而管理人在不享受投资收益的情况下也无能力承担产品层面增值税。二是资管产品投资普遍存在跨期时间较长的情况，如果资管产品投资项目所属期间跨越56号文规定的执行日期，将出现以下问题有待明确。

（1）资管产品于执行日期后一次性收取全部利息收入，按权责发生制于执行日期前计提的收入是否需要缴纳增值税？取得的利息收入是按照实际收到时点缴税，还是自执行日期起的计提额进行计算缴纳？

（2）资管产品在公开市场从事股票、债券、金融衍生品买卖时，买入时间早于执行日期而卖出时间晚于执行日期的，买入价如何确定？截至2017年12月31日产生的浮盈是否可免于征税？

上述问题的增值税处理目前并不明确，不同资产管理人可能有不同的理解，从而采取不同的增值税处理，造成纳税人税负不一致，特别是如果集中在2017年底前卖出资管产品兑现浮盈，将会对年底的投资市场产生较大的波动，影响金融稳定。鉴于金融市场对敏感信息识别迅速，协同乃至形成踩踏的威力巨大，需要高度关注由此引发的金融市场波动，提前评估市场承受能力和波动的影响。

（七）税收合规风险高

一是面对不断变化的投资者，资管产品带税的估值核算难以做到公平对待投资者，并可能引发法律诉讼风险。在运营实践中，资管产品在每个开放日都向投资者办理申购赎回，尤其是公募基金在每个交易日均以公允价值计量的基金净值办理申购赎回,而增值税纳税义务发生时点(每月或每季)往往与估值时点(每日)不一致,必然导致享受增值收益的投资者与承担纳税义务的投资者不一致,由此带税运营后资管产品将难以做到公平对待投资者。加之资管产品投资运作复杂,普遍开展跨境投资、跨市场投资,每日估值叠加增值税核算将大幅增加操作风险,很可能造成部分产品估值出错。一是对大量投资者申购赎回造成实质性障碍,可能引发重大争议和纠纷。二是由于资管产品增值税的诸多关键细节尚不明确,难免造成各地基层税务部门对政策的理解和执行不一致,可能给资管行业带来困扰并有被认定为逃税、避税的合规风险。

(八)运营维护成本巨大

以公募基金为例,实际缴纳的增值税金可能远低于为其投入的运营、系统改造等成本。为落实税收政策,资管行业各细分行业均需进行大量的后台运营、系统改造等准备工作,支出费用很高。同时,在增值税体系下,数据核算、纳税申报等涉及的人力成本、操作成本也将显著增加。

三 境外金融业征收增值税的基本情况

营改增的整体目标是借鉴国际经验,让营业税退出历史舞台,消除制度性的重复征税。应当在立足国情的前提下,积极借鉴外国金融业征收增值税的经验。

就基本原理而言,增值税是以商品(含应税劳务)在流转过程中产生的增值额为计税依据征收的一种流转税。目前各国金融业征收增值税的主流模式是"显性金融业务按照标准税率征收,隐性金融业务免税,出口金融业务零税率"的模式,只有挪威等国对金融业增值税制度进行了创新尝试。

之所以对股票、债券交易等隐性金融服务免征增值税的原因如下:一是理论依据不足。增值税是按增值额缴纳的税种,主要适用于产业链上下游有自然增值形成过程的生产型或消费型企业。金融行业流转的是资金而非货

物、股票、债券投资可盈可亏,并无确定的增值额,因此不具备缴纳增值税的税理依据。二是金融业隐性业务收入构成中包含资本成本、风险溢价、无风险收益和服务收费等部分,难以确定增值额,免税是避免税收核算困难,降低税收操作和征管成本的优化选择。由此推断,由于各个国家的证券投资收益免征增值税,因此资管产品无须缴纳增值税。

总的来看,国际上实施增值税的国家,普遍不对金融行业实际征收增值税,不认为买卖股票债券是增值税应税行为。资管产品就其根本性质而言,不适合征收增值税,也难以缴纳增值税。一是缺乏理论依据。增值税是按增值额缴纳的税种,主要适用于生产和消费环节。而股票债券属于证券,是财产权利的份额化凭证。买卖股票债券属于证券投资行为,与转让商品或销售服务等增值税应税行为明显不同;二是不具备可操作性。买卖股票债券的价差收入可正可负,不同品种之间也会有盈有亏,不存在确定的增值额,对其征收增值税无法操作。为确保财政收入,避免违反税收中性原则,可以对资管产品征收资本利得税作为替代,这样做简便易行,征收成本较低。

四 资管产品税制设计应遵循的基本原则

从国际比较视角看,我国推行金融业"营改增",对金融业普遍征收增值税的确是个创新。具体到资管产品税制的设计,则必须考虑资管产品相对于整个金融行业的特殊性。具体而言,一是资管产品与金融企业不同,它并非法人,存续时间有限,不是持续经营的纳税主体,不满足会计上的持续经营假设和会计分期假设,这就决定了其不适用权责发生制的核算方法,特别是开放赎回的基金产品,难以适应增值税有关纳税义务时间的基本规定。二是以股票债券为例,买卖股票债券的价差收入可正可负,不同品种之间也会有盈有亏,增值额难以确定。三是就法律性质而言,资管产品是"资金的集合",其资金所有者为投资者,投资产生的收益归投资者所有,因此不应将资管产品视为《关于全面推开营业税改征增值税试点的通知》规定的征税对象。在此基础上，加强顶层设计，跟踪资管行业发展变化，坚持统筹考虑，与时俱进。良好的资管产品税制应符合如下原则。

（一）税收财政原则

金融业是我国税收收入的重要来源，金融业"营改增"的整体设计和资管产品营改增的税制设计应保证国家来自金融业的总体税收收入随行业发展稳定增长，在此基础上同步实现行业自身税负"只减不增"。

（二）与监管政策相向而行，促进资产管理行业发展

资管产品税收制度的设计应与当前"一行三会"加强对资管行业监管的政策走向相向而行，促进资管行业可持续发展。36号文和140号文规定资管产品持有至到期不属于金融商品转让，不需缴纳增值税。实践中持有到期的产品包含大量具有"刚性兑付"性质的通道类表外信贷业务。当前"一行三会"陆续出台政策加强对资管业务的监管，着力推进去杠杆，力求消除资管产品层层嵌套。但营改增的规定与监管方向背道而驰，不仅没有通过税收调控抑制相关产品的无序发展，反而在实际上提供了税收鼓励。

（三）税收中性原则

税收中性原则是指在筹集收入一定的条件下选择阻力最小、成本最低、扭曲最少的税收制度。资管领域规模大、细分行业多、业务复杂、影响力和渗透力大，资管产品税制设计必须考虑各细分行业的差异，不同业务性质的差异。在此基础上，应力求体现税收中性原则，在大资管行业内形成实质平等的公平税收制度，避免为套利行为提供制度空间。对产品的税收安排不能扭曲投资者和管理人的正常投资行为，保护资管产品进行长期投资、组合投资的积极性和不同组织形式的灵活性。如果确需对局部领域给予减免等优惠政策，应深入分析当前最终受益人的实际情况，有合理的缘由，例如体现对老百姓养老、医疗或社会公益等领域的特殊鼓励和优待。

（四）便利征管原则

增值税制理论上设计得再完美，如果征管成本和合规成本过高，就不是一项好的制度。在研究确定税基、税率、减免税等税收制度要素时，必须考虑现实征管因素。一方面要便于纳税人缴税，为此需要提高税法规定的确定性，确保概念清晰、便于理解、不生歧义，同时应当明确需要获取的种类和频率，便利纳税人申报；另一方面要便于税务部门征税，这就要求制定税制应与我国现实税收征管能力和税务部门的税源监控能力相适应。

五　完善资管产品增值税制的政策建议

鉴于当前资管产品税制依然存在比较多的问题，且距离2018年1月1日征收时点已经很近，需要尽快明确调整完善的总体思路，并提早公布，以便资管行业根据相关规定调整准备，确保税制改革如期顺利实施。

（一）重新评估在资管产品层面征收增值税的必要性和潜在影响

在宏观角度，建议财税部门对我国资管产品税收制度加强顶层设计，尤其是本着实事求是的精神，深刻认识资管产品不同于金融机构的特殊性及其对税制的可能影响，对在产品投资运作层面征收增值税的必要性及潜在影响进行科学系统地研究和评估。一方面，从产品运作环节、投资者申购赎回产品环节深入比较研究营业税和增值税的税目、税率、征管等的区别，不要简单平移税负和相关政策，而是应及时跟踪资管行业的发展变化并做出必要调整和补充。另一方面，考虑资管产品属于集合投资的属性，研究投资者自行投资缴纳增值税与管理人代扣代缴增值税的差异。基于上述分析全面评估资管产品实施"营改增"对行业与投资者实际税负的影响，以及相关政策的科学性。在评估完成前，从防范市场冲击引起行业系统性风险的角度触发，可以考虑对资管产品投资运作层面的增值税暂免征收。

（二）完善现行资管产品增值税制

如果评估后仍决定对资管产品开征增值税，则应尽快着手完善税制。具体建议如下。

1. 理顺法律关系，明确管理人系资管产品扣缴义务人而非纳税人

按照《信托法》《基金法》等上位法明确的资管产品基本法律关系修改现行税收法律的规定，本着受益者纳税的原则，明确在简易征收模式下，投资者为纳税人，资产管理人为资管产品增值税扣缴义务人。

2. 建立公平税制，填平套利空间

遵循税收中性原则，按照建立泛资管产品公平税制的原则，调整现有法规对"证券投资基金"的特殊优惠政策。在统筹考虑对资管产品税收收入影响的前提下，拉平各类资管产品税收待遇，或者明确各类资管产品买卖股票和债券的差价收入均不缴纳增值税；或者在深入分析证券投资基金投资者结构变化的基础上，适时取消对其买卖股票和债券差价收入的免税待遇。①

3. 政策导向微调，与金融监管形成合力

在国务院统一领导下，进一步加强财税政策与金融监管政策协调，共同推进防风险、去杠杆工作。为此建议明确将"持有到期"的多层嵌套加杠杆的刚兑型资管产品纳入增值税应税范围，通过税收调控抑制和规范影子银行发展，同时保障相应税源。

4. 对养老、公益性质资管产品明确给予免税优惠

根据现行税收法规，企业年金、职业年金、养老金产品、慈善信托等养老和公益性质的资管产品并未享受免征增值税政策。考虑到我国即将步入老龄化社会，从增进社会福利，促进社会稳定角度出发，建议对具有养老、公益性质的资管产品应给予免税。

5. 避免重复征税

一是建议明确证券投资基金取得的收入免征增值税。二是建议资管

---

① 公募基金近年来定制化发行现象比较普遍，不少基金份额已经高度集中在少数机构投资者手中，并不具备普惠性质。

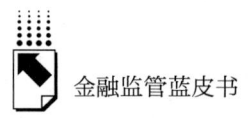

产品投资运营发生的增值税应税行为不论机构投资人（或委托人）是否穿透至委托资产的投资标的记账，均由管理人纳税，同时机构投资者（或委托人）无须就底层资产（委托资产的投资标的）投资缴纳增值税。[①]

6.明确如下关键问题

（1）赎回

进一步明确基金赎回的属性是所有权灭失，不属于金融商品转让行为，对赎回资管产品产生的收益免征增值税。

（2）金融商品、股票、债券的具体范围

建议明确金融商品不包含黄金现货合约、黄金期货合约；股票包含新三板、未上市股权、港股和境外股票；债券包括资产支持证券（ABS）、同业存单。

（3）存量资管产品过渡期安排与浮盈处理

一是明确执行日前资管产品持有的金融商品浮动盈利作免税处理。对2018年1月1日前投资浮盈的资管产品，可能存在执行日前集中变卖资产以实现避税的理性行为，这可能导致叠加年底市场资金面紧张的效应，引发、扩大资本市场波动幅度，对金融稳定造成不利影响。二是明确存量产品计算金融商品转让销售额时买入价的确认原则、时点选择，避免适用过渡期政策时，不同税务机关采用不同执行口径导致同类产品不同处理的情况发生。同时建议在操作层面对过渡期的处理给出泛资管行业统一的指导意见。

（4）进一步澄清保本定义

在140号文第一条基础上，进一步明确"保本"概念是以合同文本中的字面表述为准，还是遵循"实质重于形式"的原则进行判断。例如合同中并无"保本"的文字表述，但带有定期回购、赎回等条款该如何认定。

[①] 实践中，部分保险机构进行委外专户产品投资时，并非以特定专户确认记账，而是以专户产品的底层资产进行账务处理，可能导致同一应税行为同时以管理人和委托人作为纳税人双重征税。建议明确对此类保险机构委托成立的专户产品，仅由管理人一方纳税。

如采用后者进行判断，则应制定更明确的指导意见，确保基层税务机关在类似问题上的判定统一。

（5）金融同业概念

建议明确和扩大金融机构的范围，既然将资管产品作为纳税主体，应进一步明确其是否属于金融同业，以方便执行。

（6）允许转让收益负差递延到下一纳税期扣减

目前，政策规定转让金融商品出现的正负差，按盈亏相抵后的余额为销售额。若相抵后出现负差，可结转下一纳税期与下期转让金融商品销售额相抵，但年底时仍出现负差的，不得转入下一个会计年度。建议允许金融商品转让负差可结转至下一年度，防止每年年底资管产品的避税行为导致股票和债券市场波动。

（7）实体企业直接融资工具利息收入免税

目前个人直接投资债券与委托机构投资债券存在显著的税收差异。同时，企业债、公司债的利息收入缴纳增值税，变相提高了实体经济直接融资成本，与全国金融工作会议"把发展直接融资放在重要位置"的政策方针存在冲突，建议对实体企业直接融资工具投资的利息收入免税。

（8）明确交易所回购交易的利息收入纳入36号文"金融同业往来利息收入"范围

目前证券交易所回购交易主要采用竞价交易，并以中国证券登记结算公司为中央对手方的交易制度，中国证券登记结算公司为金融机构，并且承担债券回购交易的违约风险，该交易性质上与银行间市场回购交易一致，回购交易利息收入应纳入金融机构往来利息收入作免税处理。

（9）进一步明确"结息日起90天"的表述

鉴于一个借款合同可能有多个"结息日"，建议参照原营业税相关规定，采用"逾期"的表述代替"结息日"，避免歧义。

（10）尽快出台，给业界调整准备时间

考虑到需要给管理人预留足够的系统设计开发、人员培训时间，加之叠加年终结算，建议财税部门有关资管产品增值税的政策和执行说明在11月底前发布，避免以往几次政策补丁在执行日之前一两天出台且追溯调整造成管理人无所适从的情况再次发生。

（三）长期视角的根本思路调整：变产品端征收增值税为投资者端征收资本利得税

从法律性质看，资管产品的本质是信托关系，纳税主体为产品持有人。只有在持有人赎回份额、获得投资收益时缴纳所得税才最为合理。从国际经验看，资本利得税符合税收中性原则，对于实现税收公平、调节资本市场结构具有重要意义，境外一般在金融市场上征收资本利得税，以投资者为纳税人。从国内影响看，对资管产品征收增值税影响重大，存在重复征税、产品带税运营等诸多问题。从长期看，可待资管行业监管标准统一后，[①] 对投资者在赎回环节开征资本利得税，并由管理人代扣代缴。这一做法可以使一系列问题迎刃而解。一是符合税收财政原则，不影响资管行业为国家提供持续、稳定的税收收入，同时可以确保税负总体稳定；二是符合税收中性原则，避免对产品财产的税收安排扭曲投资者、管理人的正常投资行为；三是符合征管便利原则，在这种模式下，避免了增值税纳税义务发生时间与产品每日估值的内在矛盾，资产管理人目前系统仅需微调即可支持，将节约大量系统开发成本和无穷无尽的人力成本投入；四是可以避免重复征税问题，因为赎回时已经交过税了，投资者自己就不用再缴税了。

参考文献

［1］中金公司固定收益研究组：《营改增再出补丁，对资管行业影响几何－财税56号文分析》，《债券》2017年第7期。

［2］熊鹭：《金融业"营改增"：国际视野与中国探索》，中国财政经济出版社，

---

① 由中国人民银行牵头，银监会、证监会、保监会参与制定的《资产管理产品管理办法》可望于近期出台，该《办法》将为资产管理产品设定统一的监管标准。

2014。
[3] 尹音频等:《金融市场税收研究:理论模型、计量实证、制度安排》,经济科学出版社,2017。
[4] 杨志勇:《资管产品增值税仍需统筹考虑》,《21世纪经济报道》2017年7月10日。

B.9
美国现金贷市场监管政策及经验借鉴

尹振涛 李 欢*

摘 要： 本文首先论述了我国现金贷市场的发展现状，并与美国的发薪日贷款、汽车抵押贷款等几种主要现金贷产品进行了对比分析。随后，分析了美国现金贷产品所存在的违约率、重复借贷率及延期还款率极高的突出问题，并从联邦到地方的监管框架、防范"债务陷阱"等方面分析了美国的监管政策。最后，根据美国监管政策的经验，对中国现金贷业务监管提出了政策建议。

关键词： 发薪日贷款 债务陷阱 消费者保护 现金贷

一 中美现金贷产品对比分析

现金贷业务源于英美的发薪日贷款（PayDay Loan），是一种额度小、放款快、利率高的超短期贷款。2014年前后，发薪日贷款模式被引入中国，并迅速开始了本土化进程。国内的现金贷业务主要通过线上展业，在此背景下，蚂蚁借呗、腾讯微粒贷等背靠大型互联网公司的小贷业务迅速发展。2017年以来，国内现金贷市场迅猛扩张，据网贷之家的统计，2017年1～

---

* 尹振涛，经济学博士，副研究员，中国社会科学院金融研究所法与金融研究室副主任，国家金融与发展实验室金融法律与金融监管研究基地主任、秘书长，主要研究领域为金融监管、金融制度、金融史等；李欢，上海大学上海研究院硕士研究生，主要研究领域为金融创新与新金融。

10月现金贷市场总成交量约为2016年全年的5倍,截至11月底,市场规模已超过8000亿元。同时,现金贷市场乱象丛生,其利率畸高、暴力催收等问题日益突出,并受到监管层的重点关注。

(一)中国现金贷行业主要产品及特点分析

根据互联网金融风险专项整治工作领导小组办公室、P2P网贷风险专项整治工作领导小组办公室于2017年12月1日共同发布的《关于规范整顿"现金贷"业务的通知》(整治办函〔2017〕141号)①(以下简称《通知》),现金贷业务被监管层界定为"无场景依托、无指定用途、无客户群体限定、无抵押",这就将现金贷业务与消费分期产品(依托消费场景)、车贷放贷(有指定用途、有抵押)、信用卡(有客户群体限定)等其他消费金融产品区分开来。

中国的现金贷产品可分为随借随还类信用现金贷款、其他中期信用现金贷款和超短期高利率现金贷三类产品。第一类产品的代表是蚂蚁借呗、腾讯微粒贷等,市场参与者为银行、互联网公司等正规金融机构,有详细的客户数据和强大的风控体系。此类产品通常以日计息,日利率在0.05%左右。第二类产品的代表是中腾信、宜信惠民等持牌消费金融公司,特点为线下展业与线上运营相结合,放款时会有客户经理与借款人沟通面签,风控能力较强。此类产品最长期限在3~5年,贷款以月计息,限额为30万元左右。而超短期高利率现金贷产品为纯线上借贷,通常不依托金融机构。这种产品数据来源较少,风控缺失,坏账率极高;借款期限较短,额度较小,包含手续费、"砍头息"的综合年化利率极高,这是当前监管的重点。

(二)美国现金贷行业主要产品及特点分析

美国的现金贷产品主要包括发薪日贷款、汽车抵押贷款和金融机构提供的短期贷款。

---

① 《规范整顿"现金贷"纳入互联网金融风险专项整治》,《经济日报》2017年12月2日。

一是发薪日贷款（Payday Loan）。发薪日贷款是需要借款人在下一个发薪日全额还款的小额现金贷款。发薪日贷款期限较短，还款周期通常为2～4周；额度较小，贷款额度在300～1000美元；贷款成本高，年化利率可达300%或更高。在申请贷款时，借款人通常需要填写延期支票，保证拿下一发薪日的工资进行还款，或者允许贷款人通过电子系统自动从借款人的银行账户里扣款。

按照分发方式不同，发薪日贷款又可分为店面发薪日贷款和在线发薪日贷款。店面发薪日贷款采用分发模式，通过小型零售店的方式服务消费者，获客成本整体高。而在线发薪日贷款主要通过互联网平台展业，并在近年来快速发展。据统计，2012年在线发薪日贷款的利息收入为店面发薪日贷款（约190亿美元）利息收入的62%。

二是汽车抵押贷款（Auto Title Loan）。汽车抵押贷款要求借款人以自己汽车的所有权作抵押，也属于费用高、期限短的贷款产品。汽车抵押贷款的期限不超过30天；其贷款额度较高，上限为汽车价值的一半，但年化利率与发薪贷相似。汽车抵押贷款的申请者无须提供银行账户和收入证明，审批放款时间通常少于15分钟，贷款无冷静期和可选的延期偿还计划。据统计，2014年新增汽车贷总额为30亿～56亿美元，贷款收入约为20亿美元；2015年，有170万户美国家庭使用汽车贷，在全国范围内汽车贷店面有8000个。

除了30天以内一次性偿还贷款的方式外，汽车抵押贷款还有分期贷款及气球贷款的形式。分期贷款（Installment Loan）的金额上限为5000美元左右，贷款期限通常为1年，要求借款人以每2周或每1个月为周期分期还清。气球贷（Balloon-payment Loan）的偿还期限一般大于45天，前几期还款数额较小，最后一期还款余额较大，由于还款金额设置形似气球，因此被称为"气球贷"。

三是金融机构提供的短期贷款。在联邦及各州的法律规定范围内，银行及联邦信用社（Federal Credit Union）也被允许发放类似短期贷款，其中包括存款优先产品及联邦信用社发薪日备用贷款。

存款优先产品（Deposit Advance Product，DAP）由银行发放，开始于20世纪90年代中期，并在21世纪前10年快速发展。DAP的平均期限为12天，年化利率超过300%，平均贷款额度为180美元。DAP的目标客户群为电子账户存续期超过六个月的客户。借款者申请贷款后，资金会进入借款者账户，如果35天内未全额偿还，其账户余额将被相应扣除。2013年DAP发放量达到65万亿美元，为历史峰值，占同年发薪贷放贷量的22%。监管层对此类产品管控较严，要求银行在偿还设置一个月的冷静期以避免重复借贷；分析消费者的账户的经常性的流入和流出以充分评估其还款能力；确保客户有充足的时间（不少于6个月）还款等。

联邦信用社发薪日备用贷款（Federal Credit Union Payday Alternative Loans，PALs）由联邦信用社发放，其用户须加入联邦信用社1个月以上。PALs的利率上限为28%，贷款额度为200～1000美元，贷款期限为1～6个月，且不允许展期。据统计，截至2016年，已有650个联邦信用社（占总量约20%）提供PALs，贷款总额为1.347亿美元，同比增长9.7%；平均额度为720美元，同比增长2.9%。

与中国的监管政策相似，美国的监管政策同样较为关注期限短、利率高及容易导致借款者落入"债务陷阱"的短期借款产品，其监管重点为发薪日贷款、一次性偿付的汽车抵押贷款及气球贷款。

二 美国现金贷市场发展情况及行业乱象

发薪日贷款起源于20世纪80年代末的美国，目标客户群为应对生活应急周转或者突发意外的中低收入、中低学历、信贷记录相对差并具有一定的家庭生活压力的人群。在快速发展的过程中，现金贷市场的行业乱象引发了监管机构的重点关注。

（一）美国现金贷市场发展历程

2004年到2007年是发薪日贷款的快速发展时期。由于发薪日贷款的

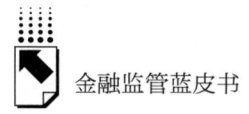

出现覆盖了一些信贷记录较差的长尾客户，满足了市场上对于短期流动性的需求，且成熟的监管政策尚未出台，2007年发薪日贷款总额达到500亿美元，店面数量为24043个，较2004年分别上涨了25%和9.2%，均为历史峰值。

随着2006年军事借贷法（Military Lending Act，MLA）的颁布及部分州开始禁止发薪日贷款业务或者限制其利率，相关监管政策趋严，发薪日贷款业务有所收缩。2014年和2015年的发薪日贷款店面数量分别回落至18000个和16480个，贷款总额回落至460亿美元和395亿美元，行业收入也逐年下降。在这个时期，互联网技术与发薪日贷款业务迅速结合，在线发薪日贷款业务快速增长，在2015年67亿美元的行业总收入中，在线发薪日贷款的收入占比46%；由于互联网平台打开了获客渠道，2015年全美有2%的家庭使用发薪日贷款，2016年该比例上涨至3.4%。

（二）美国现金贷市场乱象

现金贷的盈利模式与其他中长期贷款有较大区别。现金贷产品的利率虽然极高，但是短期借贷的费用仍在可承受范围之内。所以，贷款机构往往鼓励借款人进行重复借贷和延期还款，以不断累积利息收入，最终致使借款人落入"债务陷阱"。

一是违约率极高。由于借款人普遍信用状况较差，而年化利率费用较高，所以现金贷产品普遍违约率极高。据统计，2012年店面发薪日贷款坏账率达到50%；而由于网络诈骗的存在，在线发薪日贷款的违约率更高，2014年，在线发薪日贷款的坏账率为71%，远高于店面发薪日贷款坏账率的49%。为了覆盖高昂的成本，发薪日贷款机构向一次性偿还的借款人进行重复贷款（包括延期还款、双向贷款和连续借款），利率高于店面发薪贷15%的混合贷应运而生（即除非借款者有确定的还款活动，否则发薪贷自动延期的贷款）。

二是重复借贷率和延期率极高。由于贷款的利率普遍较高，所以有相当一部分的借款人不得不重复借贷。美国金融消费者保护局的调查发现，56%的发薪贷在同一天被重复借贷，85%的发薪贷在1个月内被重复借贷；50%的店面发薪贷至少发生过3次重复借贷，33%的店面发薪贷至少发生过6次重复借贷。即使一次性还款的汽车抵押贷款存续期较长，其重复借贷也很常见。据统计，83%的汽车贷在同一天被重复借贷，85%的贷款不到一个月被重复借贷，56%的汽车贷发生过至少3次重复借贷，36%的汽车贷发生过至少6次重复借贷。在延期率方面，据统计，2014年只有15%的汽车贷借款者30天内偿还没有延期，而在延期还款者中，有65%至少第4次延期，有44%至少第7次延期，有29%至少第10次延期，最大延期次数是22次。

三是借款人对未来还款金额抱有错误预期。在现金贷市场上，只有部分消费者可以准确估计自己偿还债务的时间，大多数消费者对此抱有错误的逾期，这些消费者最终面临连续借贷和"债务陷阱"。研究发现，43%的借款者低估了两周以上的贷款所需偿还的金额。总体来说，现金贷产品连续借贷的计息形式使得借款者难以判断未来的偿付金额，借款金额越多，期限越长的消费者越容易低估未来还款金额。

四是催收方式加重借款者的财务负担。现金贷产品通常允许贷款人直接从借款人的银行账户中划拨金额，给予了贷款人极大的权限。发薪贷还款采取支票扣款的方式，如果借款人账户金额不足以偿还支票，银行就会对借款人征收空头支票费用，附加费用和利息也会由于无法偿还贷款不断增加，最终导致借款人无力偿还而面临破产。而在汽车贷这样的抵押贷款领域，由于33%的一次性支付汽车贷会违约，据统计，20%的汽车贷借款者最终将失去汽车。同时，暴力催收的方式也时有发生。

三　美国现金贷监管的框架与政策

（一）监管框架

美国对于发薪日贷款的监管主要分为联邦政府和州政府两个层面。联邦

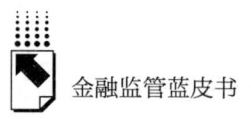

层面的监管以消费者保护制度为主,州层面的监管则以准入制度为主。

在联邦政府层面,根据《多德-弗兰克法案》(Dodd-Frank Wall Street Reform and Consumer Protection Act),金融消费者保护局(Consumer Financial Protection Bureau,CFPB)为现金贷业务的主要监管机构。CFPB 监管发放现金贷的银行及非银行机构,出台了包括放贷机构资质标准、贷款信息标准等一系列行业规范政策,审查人员收集放贷机构的相关信息,评估业务流程是否符合联邦消费者金融法规,以确定其合法合规性。其他联邦层面颁布的监管法律如表1所示。

表1 美国其他联邦层面颁布的监管法律

时间	法案	相关要求
2000年	Regulation Z	发薪日贷款交易中要求披露成本
2006年	军事借贷法(MLA)	军事借贷年化利率不得高于36%;对于延期还款,贷款人必须明确条件;借款人如提前还款不收违约金
2007年	军事借贷法(MLA)补充说明	该法案运用于期限最长为91天且金额不超过2000美元的封闭式贷款和期限最长为181天的封闭式汽车贷款
2015年	The Department of Defense	将信用界定为开放式信用和长期贷款

在州政府层面,根据监管规定,现金贷业务以州为边界,需要经州监管批准方可开展;如果在禁止现金贷业务的州发放此类贷款,则放贷机构无权收取或要求消费者偿还贷款。目前,各州政府采取禁止型、允许型及限制型三种管理模式。禁止型管理模式,即完全禁止发薪日贷款,如纽约州规定发放年化利率超过25%的贷款即可被认为是二级高利贷犯罪;允许型管理模式,即允许发薪日贷款,且对发薪日贷款没有特殊限制,贷款机构仅需要按照联邦法律进行经营即可;限制型管理模式,即允许发薪日贷款的存在,但在联邦法律的基础上,州法律对贷款的金额、期限、利率等做出进一步限制,如佛罗里达州等。州政府层面的监管规定如表2所示。

表2 美国州政府层面的监管规定

州	时间	监管内容
阿拉斯加	2005	法律授权发薪日贷款
密歇根州	2005	法律授权发薪日贷款
北卡罗来纳	2001	允许授权发薪日贷款到期
佐治亚州	2004	禁止发薪日贷款
俄亥俄州	2008	采取年化利率28%的短期借贷法案
哥伦比亚	2008	禁止发薪日贷款，并规定年化率上限是24%
科罗拉多	2010	禁止短期一次性气球贷款；支持长期六个月的贷款
亚利桑那州	2010 2013	禁止发薪日贷款，允许小额借贷活动 贷款额不超过1000美元；年化利率36%
弗吉尼亚	2009	最短贷款时间为两个收入期间；在实际偿贷时间后增加45天的冷静期；在完成延长付款计划后增加90天的冷静期；建立数据库
华盛顿	2009	贷款者12个月内只能申请不超过8次的贷款；每个贷款都有延期还款计划；建立数据库
特拉华	2013	12个月内申请不超过5次的发薪日贷款；期限短于60天；额度不超过1000美元
南达科他州	2016	36%的年化利率限制
新墨西哥	2017	禁止一次性支付发薪日贷款；最短还款期120天，分4次或者更多次还款；高利贷年化利率限制175%
阿肯色州	2017	利率低于每年17%的限制
犹他州	2017	禁止延期超过10周

（二）主要监管政策

1.明确监管范围

根据监管规定，监管适用于贷款期限为45天以内短期贷款，包括典型的期限为14天和30天的发薪日贷款、期限通常为30天的汽车抵押贷款及更长期限的气球贷款。对于期限超过45天的贷款，只要符合借贷年化成本在36%以上，或者借款人授权放款人从其个人银行账户扣款偿还，也在监管范围之内。而住房抵押贷款和其他以不动产为抵押物的贷款不在监管范围之内。

2.限制利率上限

联邦政府颁布的《反欺诈腐败组织法案》规定如果现金贷利率超过各

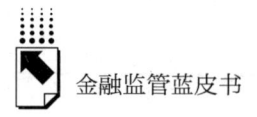

州规定的法定最高利率的两倍，则构成"放高利贷"罪，属联邦重罪；并规定将放贷人收取的各项费用如管理费、手续费计入利息，超出各州规定利率限额的合同无效，放贷人无权追索。此外，除规定给军人借款的年化利率不超过36%，CFPB并未对全国范围的现金贷利率做出具体限定，小额贷款利率上的限制主要是各州政府自行设定。

目前，美国一共有27个州承认发薪日贷款合法，9个州允许存在类似形式的现金贷业务，14个州裁定发薪日贷款不合法，其主要区别在于对发薪日贷款利率上限的规定。其中，禁止发薪日贷款的州均不允许年化利率超过36%的发薪日贷款业务，如哥伦比亚州、华盛顿特区规定小额贷款年化利率上限为24%，亚利桑那州、南达科他州规定年化利率上限为36%。

3. 严禁欺诈行为

根据《诚信贷款法案》（The Truth of Lending Act），放贷机构在交易前需要向消费者披露贷款条款，包括发生的各项费用、年化利率、付款总额或付款时间表，并且在披露时不能包含误导或不准确的陈述，如收取的费用是否用于减少贷款本金等。在互联网环境下，监管规定贷款需要由认真审查重要贷款文件并充分了解其内容的客户签名，而不能由机器自动签署或是由未遵守适当程序的人签署。

4. 防范"债务陷阱"

2017年10月5日，CFPB出台针对"发薪日、汽车以及某些高成本分期贷款"（payday, vehicle title and certain high-cost installment loans）的法规，试图终止借款人反复借款，最终无力偿还的"债务陷阱"现象，其中主要的监管规定如下：

（1）还款能力审查

监管要求贷款机构必须确定借款人有足够的还款能力，在还款后能够保证自己的基本生活支出及其他主要财务责任而不需要在随后的30天内再次借款。为此，借款机构必须向在CFPB注册的信用报告系统上申请信用信息，并对借款人的还款能力进行评估。具体包括核实借款人的月可支配收入情况、月度负债情况及每月住房成本从而估算借款人的生活支出成本，计算借款人的还款能力。同时，监管明确禁止放款给已有三个或以上短期借贷，或者 30 天以内到期长期借款的借款人，并规定发放贷款及还款能力审查的相关信息需报告至信用报告系统。

（2）贷款限额及展期规定

在以下两种情况中，借款人无须进行还款能力审查：

一是贷款人可以提供适当的借款及展期服务，帮助借款人逐渐走出"债务陷阱"。在此情况下，贷款人可以在短期内提供三次贷款，其中第一次贷款额度不超过 500 美元，第二次和第三次贷款的额度必须在第一次贷款额度的基础上递减至少三分之一，借款人在两次借款之间，必须间隔 30 天以上。但如果贷款者已有超过 6 笔短期贷款或在 12 个月期间的短期贷款超过 90 天，则无法获得贷款。

二是贷款人提供风险较小的贷款。此情况下的贷款通常是由社区银行或信用社向现有客户或会员提供的小额个人贷款，每年发放的贷款笔数不多于 2500 笔，并且放贷机构从这些贷款中获得的收入不超过全部收入的 10%。

（3）加强消费者保护

为保护消费者权益，CFPB 针对贷款人从借款人的账户中划转偿还金额制订了相关规则。一是贷款人必须在首次划转金额之前，向借款人发出书面通知，提醒借款人即将付款的时间、金额和渠道，如果相关信息发生变化，贷款人需进行提醒。二是在两次连续的资金划转失败后，贷款人不能继续尝试划转资金，而要以不定期的时间间隔或金额向借款人发出书面通知，直至获得借款人的新授权。在这一规则的保护之下，借款人有机会对任何未经授权的或错误的资金划转尝试提出异议，以避免意外支付。

此外，监管对催收行为做出了规范。《公平债务催收法案》（The Fair Collection Practices Act）列举和概括债务催收过程中的必要和禁止行为，以制止侵犯性债务催收方式，如禁止债务催收人在上午 8 时之前或 21 时之后与借款人联络，以及债务催收人不得通过电话或任何其他形式的联系方式骚扰借款人等。

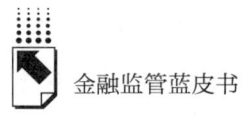

四 美国现金贷监管政策经验借鉴

(一)中国现金贷业务监管政策梳理

中国现金贷业务的监管环境主要经历了三个阶段。

一是 2017 年 4 月前,中央金融监管部门及地方金融监管部门并无专门针对现金贷的监管制度,现金贷业务的监管主要参照中央和地方金融监管机构对互联网小额贷款公司及互联网金融的监管。

二是自 2017 年以来,现金贷业务被纳入监管范畴,其突出问题得到监管重视。网贷整治办于 2017 年 4 月发布《关于开展"现金贷"业务活动清理整顿工作的通知》和《关于开展"现金贷"业务活动清理整顿工作的补充说明》,指出了现金贷业务利率畸高、缺少风控和多头借贷的突出问题和需要关注的四类平台;互金办于 2017 年 11 月发布《关于立即暂停批设网络小额贷款公司的通知》,明确禁止新批互联网小额贷款公司和互联网小贷公司跨区开展业务。

三是互联网金融风险专项整治、P2P 网贷风险专项整治工作领导小组办公室于 2017 年 12 月 1 日发布《关于规范整顿"现金贷"业务的通知》(以下简称《通知》),这是首份针对现金贷业务的整顿规范性文件,主要内容包括明确现金贷业务特点;现金贷平台必须持牌经营;规范现金贷平台的融资行为和定价行为;构建包括推动多头信息共享在内的监管长效机制等。《通知》的发布将集中整顿现金贷行业乱象,规范现金贷业务的发展。但是,现行监管政策存在监管协调性有待增强、监管对象不够明确、贷款限额和展期缺少详细规定和监管长效机制尚未建立等种种问题,鉴于此,美国现金贷市场监管政策有值得借鉴的经验。

(二)政策建议

一是明确界定监管范围,压缩套利空间。美国对于现金贷业务有明确界定，而我国监管政策的"四无"界定较为模糊，给了现金贷机构一些套利空间。二是加强消费者保护，制定催收规范细则。应加强消费者保护机构的统筹协调，切实防止尾部机构退出市场时"暴力催收"情况的恶化。三是制定差别化利率规定，满足合理超短期流动性需求。在进行市场整顿的同时，也应加快发展满足市场短期流动性需求的产品。四是贯彻"了解你的客户"原则，构建防控系统性风险的长效机制。应加快现金贷机构接入征信系统，防止多头借贷和商业欺诈。

B.10 区块链金融及其监管*

刘亮 何昕**

摘　要： 近年来，区块链技术的发展备受全球瞩目。目前，区块链技术的应用仍处于探索阶段。本文介绍了区块链技术的发展及其应用，同时指出了在金融领域应用该技术可能出现的风险，结合我国区块链金融的监管现状与国外监管经验，为我国区块链金融监管提出了一些建议。

关键词： 区块链　金融科技　监管科技

一　引言

根据全球金融稳定委员会的定义，金融科技是金融与科技相互融合，创造新的业务模式、新的应用、新的流程和新的产品，从而对金融市场、金融机构、金融服务的提供方式形成非常重大影响的业务模式、技术应用以及流程和产品。2017年11月20日，腾讯总市值超过了脸书（Facebook）。这意味着中国互联网经济具备世界级竞争力。中国的金融科技企业已近千家，引领着亚洲金融科技的发展。这离不开创新驱动型国家发展战略的实施。

---

* 该文为国家社科基金项目"基于共演机制的科技企业投融资闭环生态圈建设研究"成果（17CJY066）并得到东吴智库项目支持。
** 刘亮，经济学博士，苏州大学东吴商学院副教授，主要研究领域为金融管理；何昕，苏州大学东吴商学院硕士研究生，主要研究领域为金融理论与政策。

区块链技术是金融科技（FinTech）领域的一项重要创新。它具有去中心化、开放性、自治性、信息不可篡改与匿名性等特征，改变了依赖于中心信任体系的模式。在金融领域，区块链技术将验证成本降至零，提高了交易效率，有效缩短交易后结算期与加快支付速度，并且可以更好地保护投资者隐私。该技术作为互联网新一代革命性技术在金融领域具有广阔的发展前景。就2017年区块链技术应用的落地情况来看，区块链技术在支付结算、证券交易、供应链金融、保险等诸多领域，都有相应的解决方案。随之而来也伴随着相当多的不确定性，对我国金融监管部门不断提出挑战。本文结合了区块链技术在金融业的发展，针对该技术在金融领域应用中可能出现的风险，结合我国对区块链金融的监管现状以及国外的一些应对措施，对我国区块链金融的监管提出了一些建议。

二 区块链技术在金融领域的应用情况

1. 区块链金融带来的创新

第一，从技术角度来说，区块链的共识机制与加密技术，应用于金融交易中可以确保数据的安全性。区块链去中介化的特点，解决了金融交易中存在的信息不对称问题，保证信息披露的及时性，阻止了内幕消息的产生。区块链公开透明的特点，使交易信息公开透明，行业数据可共享，使得交易双方清晰了解对方的资信状况，更好地配置资源。区块链可溯源、不可篡改的特点，更好地保护了投资者的利益，当出现违约与信用风险时，易于寻找责任主体。

第二，从业务角度来说，以区块链为基础的智能合约在金融机构有广泛的应用。智能合约建立一种基于算法的机制，基于交易双方的需求，可以把相应的个性化条款嵌入区块链系统。签约双方可根据自己的个性化需求进行智能筛选，通过检索得到相应的合约。根据签约双方记录在区块上不可篡改的资信情况，利用其系统分析功能，为签约双方决策提供建议。智能合约在支付、清算与结算、贸易融资以及保险业务上有广泛的应用，不仅可以低成本、高效率、高安全地解决金融行业的信任问题，同时也降低了资金成本和系统性风险，使得金融业务的流程大大简化。

第三，从监管角度来说，区块链的应用主要体现为监管科技的发展，使得监管部门的穿透式监管更容易实现。与传统防御式的监管不同，监管部门基于全局性的共识机制可以设立区块链节点进行随时检查，通过实时的数据收集、分析乃至预测，使得金融监管成为开放式和全局式的主动监管。区块链在监管上的应用将使金融业的监管更具有共享性与智能性。在降低监管成本的同时，通过了解你的客户（KYC，Know Your Customer）、反洗钱（AML，Anti-Money Laundering）、反恐怖主义融资（ATF，Anti-Terrorist Financing）来防范金融犯罪。

2. 区块链金融的应用场景

第一，数字货币。比特币是区块链的第一个应用。事实上，区块链是比特币设计的需求而诞生的。比特币的良好运行充分检验了区块链技术，不仅仅是从技术上，而且还在利益分配机制上。目前，比特币市值占区块链数字货币圈总市值约40%。此外，很多国家货币当局（中国、英国、加拿大、荷兰、新加坡等）正在试验发行由政府支持的数字式国家法定货币。

第二，数字资产。首次代币发行（ICO，Initial Coin Offering）将现实世界的资产和权益进行数字化，通过点对点网络进行登记发行、转让交易、清算交割等金融业务的去中心化网络协议。用户可以在该协议上发行和交易股权，用电子签名来签署股权转让协议，用区块链来保存所有交易记录。

第三，支付结算。已有一些金融机构开始在区块链平台上测试支付结算。渣打银行、澳大利亚国民银行（NAB）等银行利用企业级区块链平台Ripple来实施跨境交易。通过点对点支付，大大加快支付结算速度，减少资金周转时间，提高资金的利用效率。

第四，证券登记清算。区块链技术通过技术背书建立信用，取代传统的中心化的信任体系。澳大利亚证券交易所（ASX）等正测试使用区块链技术来取代其登记、结算和清算系统。这将能够低成本、高效率、高安全地解决金融行业的信任问题，加快金融交易的清算和结算，降低资金成本和系统性风险，提高交易的安全性和合规性，改善客户体验。

第五，贸易融资。区块链技术可以有效地将贸易各环节连接到一起，使得贸易双方及中间参与者真实信息能够快速、透明地交换，并借助智能合约这一工具推进交易的快速执行。一个完整区块链贸易融资平台，从贷前调查、贷中审核、贷后管理各个方面均能够通过对贸易各环节的在线全流程管理、实时掌控而得到极大的简化。2017年10月，美国国际集团（AIG）与TradeIX成功为一家全球性物流公司完成首笔基于区块链技术的贸易融资。

第六，保险。区块链技术凭借其加密认证技术和全网共识机制，保证资金和信息安全。同时，其开源、透明的特点，确保金融信息和价值在安全可靠的前提下实现高效、低成本流动，实现保险业信息与价值的有效共享，构建透明、信任、安全的互联网保险发展生态圈。例如，法国保险巨头安盛保险（AXA）使用区块链技术为航空旅客提供自动航班延迟赔偿。

第七，交易方式。区块链技术可以大幅减少供应链金融中的人工干预，并采用智能合约来数字化严重依赖文书工作的程序，大大提高供应链融资的效率，降低人工操作风险，同时降低银行和贸易融资企业的成本，增加了整个贸易链的收入。2016年巴克莱银行（Barclays Bank）和一家以色列的创业公司完成了世界上首次以区块链为基础的贸易交易。区块链技术的使用，使得通常需要7~10天的交易在4个小时之内就可以完成。

第八，金融监管。区块链技术将为实时的穿透式监管提供技术支撑。位于波兰的项目Coinfirm成功地把金融监管扩展到了加密数字货币的领域。位于比利时的项目BlockPass通过用区块链技术为个人建立一个不可篡改的虚拟身份，为不同金融机构提供近乎零成本获取客户的真实信息和验证结果的渠道。

三 区块链技术在金融领域应用中可能的风险

第一，技术风险。首先，区块链依靠分布式共识机制建立互信。然而，

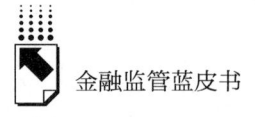

共识机制本身有51%的漏洞。攻击者可以利用这个漏洞来控制整个区块链。其次，由于区块链不依赖于任何集中的第三方信任机构，用户的私钥被认为是由用户而不是第三方机构生成和维护的身份和安全证书。如果用户的私钥被盗，则很难跟踪犯罪行为并恢复修改后的区块链信息。

第二，业务风险。首先，在所有权转让过程中，虽然区块链技术的应用可以大大降低与协议相关的风险，但对流动性的要求增加，要求资金和资产必须以适当的形式和位置进行快速结算。其次，信息的机密性和记录变化的信息速度也受到影响。数据的获取和分析是目前金融企业竞争优势的关键。由于分类账的分布性，许多金融企业将不愿意参与共享数据库。最后，参与区块链研究的行业参与者越来越多地将区块链相关技术申请专利。这些专利可能使与区块链技术合作的企业容易遇到法律问题。这在一定程度上会阻止新企业进入市场，从而减缓创新速度。

第三，监管风险。区块链金融作为一种创新，要求对现有的监管体系进行完善。监管机构也要制定相关明确的规则。首先，由于区块链去中心化的特征，现有金融体系中的信息将全部面向监管部门，为信息的有效筛选带来了困难。其次，如果央行发行数字货币，可能会失去了货币政策这一传统的调节经济手段。再次，区块链的"防篡改"特征使得个人数据在一定程度上得到保护。但区块链的不可改变性，可能与监管机构认可的其他权利冲突，给监管带来一定的困难。又次，基于区块链技术的云计算与数据服务都来自第三方，这可能诱发操作风险。最后，将区块链用作唯一且可信的身份来源还需要制定一个法律框架，同时需要对数据保护和法人身份进行标准化管理。

第四，系统性风险。区块链本身的技术特征，有可能带来整体的系统性风险。如果参与计算的节点太少就会面临51%的节点容易被攻克的风险。

很多区块链应用事件都难以有足够的算力保持系统的稳定性，在基础协议层面上的风险，必须要考虑，尽管它的可能性比较低，但是从防范系统性金融风险的角度来看，假如承载了这么多重要的任务，必须要考虑51%算力攻击的可能性和整体崩溃的风险。

四 我国区块链金融的监管现状

我国相关部门出台了与区块链金融有关的一些政策文件。2016年12月，国务院印发了《"十三五"国家信息化规划》，首次提及区块链技术。2017年，国务院办公厅对外发布《关于积极推进供应链创新与应用的指导意见》，《关于进一步扩大和升级信息消费持续释放内需潜力的指导意见》以及《国家技术转移体系建设方案》，这几份文件都充分肯定了区块链技术在推进金融应用及改善公共服务中的发展潜力，明确区块链技术在国家技术战略中的重要作用。

我国各省市也对区块链金融出台了一些规范性文件。2016年2月3日，北京成立了专注网络空间基础设施创新的中关村区块链产业联盟；4月19日，以多家交易中心为主的11家机构成立了China Ledger联盟；5月31日，金融区块链联盟在深圳成立，25家发起单位囊括了证券、基金、银行和保险等行业。10月9日，在中国银监会上海监管局、上海市经济与信息化委员会、上海陆家嘴金融城发展局的指导下，上海市互联网金融行业协会、上海金融业联合会、中国金融信息中心等13家机构共同发起成立"陆家嘴区块链金融发展联盟"。上海市政府确定的四个区块链应用先行先试的方向是：区块链技术在人民币跨境支付系统建设中的应用型设计；区块链技术在股票发行注册制改革中的应用型设计；区块链技术在完善上海地方金融综合监管体系中的应用型设计；区块链技术在支持实体经济和中小微企业发展的应用型设计。浙江省积极推进钱塘江金融港湾的规划建设，为区块链创新提供了丰沃的土壤。万向集团于2017年启动万向创新聚能城建设，建设目标是成为中国乃至世界最大的区块链应用项目。2017年7月，南京市政府下发了《市政府关于加快科技金融体系建设促进科技创新创业的若干意见》，该文件意在鼓励支持传统金融机构、互联网金融机构利用大数据、区块链及云计算等金融科技，针对创新创业企业发布新的产品，推动区块链技术的发展。2017年10月，深圳市发布《深圳市扶持金融业发展若干措施》，率先设立"金融创新专项奖",重点奖励区块链、数字货币、金融大数据运用领域表现出色的项目。2017年11月,浙江省人民政府发布《浙江省人民政府办公厅关于进一步加快软件和信息服务业发展的实施意见》,要求相关部门加快云计算、大数据、量子通信及区块链等创新技术的发展。

在监管方面,中国人民银行已经成立金融科技(FinTech)委员会,强调将强化监管科技(RegTech)应用实践,积极利用大数据、人工智能、云计算等技术丰富的金融监管手段,提升跨行业、跨市场交叉性金融风险的甄别、防范和化解能力。国务院法制办2017年公布《处置非法集资条例(征求意见稿)》,针对区块链技术下可能发生的非法集资行为起到了规范的作用。2017年6月人民银行发布的《中国金融业信息技术"十三五"发展规划》也指出,要强化监管科技的应用实践,利用新兴技术丰富监管手段,健全与监管科技发展相匹配的金融监管体系,提升交叉性金融风险和系统性金融风险的监测、识别和防范能力。2017年7月召开的全国金融工作会议明确强调了金融监管的专业性、统一性和穿透性,指出要推进构建现代金融监管框架,及时有效识别和化解风险,整治金融乱象,坚决守住不发生系统性金融风险的底线。而监管科技具备的专业性、精准性和穿透性高度契合国家金融发展战略,有利于变"被动式监管"为"主动式监管"。2017年9月,央行等七部门联合发布公告,正式叫停包括ICO(虚拟货币融资)在内的"代币发行融资"。上海互联网金融协会发布了《互联网金融从业机构区块链技术应用自律规则》。深圳市金融办采用了新一代区块链技术,建立了金融监管信息系统。该系统利用VP、NVP节点的分布式管理,以及PBFT的共识机制和CA的智能合约,确保监管数据的实时报送、不可篡改,目标是利用监管科技对金融创新应用建立起广覆盖、多维度、穿透式的智能监管。

总体上看关于区块链金融的监管还没有形成完善的应对体系。当前金融科技的发展速度已经大大超过了相关制度完善的速度。监管的宽松在一定程度上推进了金融创新但也催生了一些可能风险。相关监管部门仍需要不断完善制度文件以匹配技术创新和应用创新的速度。

五 先进国家对区块链金融领域应用的监管经验

随着区块链金融的发展,各国金融监管机构也在密切关注着该技术的应用与风险,都在找寻鼓励技术创新与维持监管稳定之间的平衡。

1. 充分关注区块链技术及应用

各国都非常重视作为金融科学技术——区块链技术的发展,各个国家都在密切关注该技术的发展与应用。

英国金融行为监管局(FCA)通过建立区块链创新沙盒机制来大力支持包括区块链技术在内的金融科技的发展。沙盒的建立帮助大部分公司测试了他们的产品和服务理念,使得它们向更广泛的市场发展迈进。英国政府已经试图通过 GOV. UK Verify 来改进身份管理。区块链技术的应用可以改善英国政府服务,可以为公民提供更强的信息与公共服务共享的控制权。

澳大利亚金融监管机构澳大利亚交易报告和分析中心(Austrac)设立了新的创新中心来专门进行区块链研究。该创新中心与私有企业一起合作进行区块链等新技术的探索,计划设立监管沙盒,企业可以在其中测试新的金融产品。

新加坡金融管理局利用区块链和分布式账本技术改进支付运行、数字货币发行和货币政策调控。该局基于以太坊区块链创造了一款新加坡元的代币(Ubin)形式,利用区块链技术替代银行同业支付网络。Ubin 项目探索使用分布式账本技术进行结算、结算支付和证券。

印度区块链基金会建立了一个非营利组织,旨在印度地区推广区块链技术。该项目的推出是继印度数字资产和印度区块链基金会(DABFI)之后,相比于其他基于区块链的项目或创业公司,该基金会将重点更多地放在对印度比特币的监管上。

俄罗斯联邦反垄断局(FAS)与俄罗斯最大的国有商业银行——联邦储蓄银行(Sberbank)合作,通过区块链传输和存储文件。俄罗斯国有开发银行(Vnesheconombank,VEB)与以太坊基金会(Ethereum Foundation)签署

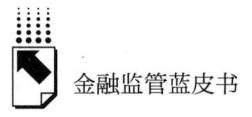

了一项协议,在该国开发区块链教育项目,把区块链技术应用于教育事业。

2. 制定适时的监管规则

美国商品期货委员会(CFTC)发布了一项新的金融科技计划"CFTC 2.0"计划,成立实验室 LabCFTC,将使监管机构更多地参与区块链及分布式账本技术持续不断的全球研发活动。该实验室与美国商品期货交易委员会在金融科技和监管科技方面保持合作。这两项计划使得监管机构更容易接触到金融创新机构。此外,美国证券交易委员会(SEC)在针对 DAO 事件的调查报告表明,由 ICO(首次代币发行)产生的区块链代币属于证券范畴,要受到证券法律法规的限制。2017 年 9 月,美国证券交易委员会成立了专注于区块链技术的网络部门,意在加强对散户投资者和网络安全的保护。另外,美国各州对区块链技术的监管展开了研究,纽约州议员向纽约议会提出了建立一个数字货币特别小组来研究数字货币对纽约金融市场的影响方面的帮助。美国特拉华州发布了区块链监管法案。伊利诺伊州立法委员会通过了一项法案,并成立政府工作小组对区块链行业和部门进行监管。

澳大利亚证券及投资委员会(ASIC)发布了《2017~2020 年数据战略》,指出了该机构在数年内的数据获取、分享以及应用计划,探索采用"监管节点",利用该节点观察和采集区块链网络中的数据,旨在强化这一监管部门多项职能之间的连接性。

法国政府放松了监管,允许金融科技公司和金融机构开始在区块链技术平台上交易非上市证券。规则的变化削减了像经纪人或交易所这样中间商的需求,而上市证券仍然需要通过信托系统。将为银行和其他公司提供越来越多的机会,使用区块链技术将在金融交易中剔除不必要的中间经纪人。

3. 成立区块链联盟

俄罗斯区块链联盟,其成员包括支付公司 QIWI、B&N 银行、汉特 - 曼西斯克银行(Khanty-Mansiysk Otkritie Bank)、盛宝银行(Tinkoff Bank)、莫斯科商业世界银行(MDM Bank)以及埃森哲咨询公司(Accenture)。该区块链联盟有效地推进了区块链的概念验证、合作研究和政策宣传、创建区块链技术的共同标准以及与国内监管部门和政府的合作。

韩国区块链开放论坛（KBOF）和区块链合作联盟（BCCC）在首尔举行的区块链科技商务会议上签署了正式合作协议。两大组织将在大型活动和团体活动中深化合作，分享彼此积累的知识。进一步加深双方在区块链事务及集团活动方面的合作，并且彼此分享此前积累的经验和知识。自其成立以来，已有超过 200 家公司加入 BCCC 联盟，包括微软日本（Microsoft Japan）、三井住友保险（Mitsui Sumitomo Insurance）、普华永道（PWC）、Bitbank 和 ConsenSys 等。KBOF 论坛现有 157 家机构参与，包括区块链初创公司、IT 公司、政府机构、学术机构和地方市政办公室。

六 我国相关监管的政策建议

中国的金融科技发展在世界上处于领先水平。市场对创新总是抱着急切的期待和最大的包容性，金融监管必须保持风险控制的定力，对待创新要更加审慎。我国区块链技术研发和应用走进全球领先行列，但是对于区块链金融监管我们还处在探索阶段。总的来说，我国可以从以下几个方面来完善对于区块链金融的监管。

1. 完善微观审慎监管体系

第一，明确区块链本质，积极利用已有法规进行监管。必须建立起区块链金融的微观审慎监管、行为监管以及市场准入体系，促进行业稳健持续发展，加强公私部门之间的互动与沟通。对私人部门、行业领头企业来说，避免"拥客户自重"以及"拥资本自重"，要最大限度地避免系统性风险，配合监管的实施。

第二，监管部门应根据区块链金融的监管需求与目标制定有效的监管路径。应立足数字金融可持续发展，立足于防止发生系统性金融风险，加快数字货币研发的流程图，抓紧研究制定法定数字货币发行制度，研究制定虚拟货币监管制度，引导数字金融健康发展。针对虚拟货币匿名交易，联合研发可行的技术方案，有效管控资金在链上地下的流动。

第三，加强金融科技监管能力的建设。监管部门应当密切关注国外对于该技术发展的政策措施以及监管模式，参考其政策效果，同时结合我国金融科技发展的现状，出台相关的政策来对区块链技术进行监管。同时，监管机构应当密切关注区块链技术的发展对于金融行业业务、风险以及监管方面存在的影响，加强与应用该技术的企业的沟通与政策辅导，强化风险预警机制，做好相应的监管准备。

2. 建设金融基础设施

第一，区块链技术可以提高业务数据的真实性，有利于金融基础设施的统一建设，可以改变传统金融数据的报送产生的流程。不依赖于数据上报，区块链技术可以使监管部门在第一时间掌握相关数据，进而提升监管效率。

第二，建立统一共享的大信用系统。加快政府数据资源整合，推进工作数据资源开放共享，建立标准统一的金融统计制度，建立集中统一的金融数据库，建立互联共享的金融数据应用系统，实现金融一本账，形成能够支持穿透式金融审慎监管的基础设施。

第三，完善大数据应用的制度环境。区块链的数据库是透明的，隐私保护一方面是从技术方面突破；另一方面是从法律的角度对信息数据的归属、应用和管理制定明确的规范。明确公众信息数据的社会属性，保护公众信息数据的安全，限定信息数据的商业应用范围，防止企业和个人私密信息被滥用。

第四，对于金融数据的监管制度要标准化。加快区块链金融技术标准化，加强国际监管的协调，特别是加强国家关于区块链的监管、虚拟金融的监管、虚拟货币的监管。

3. 提升监管科技

使用区块链技术整合监管的基础设施，将监管流程透明化、标准化，实现创新与有效监管的融合，以监管创新促进金融创新。

监管部门应当参与到区块链中，提高区块的大小以及吞吐量，在系统中占据重要的节点。同时，积极利用机器学习、人工智能以及云计算等技术提升监管效能、降低金融从业机构的合规成本。首先对交易大数据进行分析，包括全节点交易解析，建立索引表，用地址爬虫抓取互联网信息，并据此绘制用户图谱；其次，建立风险预警机制，通过机器学习预警即将发生的流量、价格偏移、异常行为；再次，发展钱包（Know Your Customer，KYC），行业可以提供可信钱包的供应商，提供数字身份认证，以及生物认证，包括指纹、虹膜、图像等，然后可以生成身份认证侧链；最后，实行加密资产托管，实现资金托管方、交易撮合方分离，合规管理，有效规避个人道德风险。

积极发展监管科技时需要注意两个方面：第一，监管科技的发展需要一个稳定的监管环境；第二，对于监管科技的发展需要监管专家、软件开发人员和金融机构集成的网络平台，需要创建一个协调一致的工作平台，将监管专家和监管机构、技术和软件开发人员、金融机构，以及愿意投资和开展新业务的企业家等利益相关者聚集起来，定期讨论具体的、紧迫的和新出现的挑战，以及在合作领域、解决方案和潜在的合作伙伴的关系，并确定潜在的监管标准来促进监管科技的发展。

参考文献

［1］李文红、蒋则沈：《金融科技（FinTech）发展与监管：一个监管者的视角》，《金融监管研究》2017 年第 3 期。

［2］陆岷峰、葛和平：《金融科技创新与金融科技监管的适度平衡研究》，《农村金融研究》2017 年第 9 期。

［3］李雪娇：《金融监管应尽早介入区块链研发——访中国互联网金融协会区块链工作组组长李礼辉》，《经济》2017 年第 21 期。

［4］董才：《区块链技术在保险行业的应用》，《信息技术与标准化》2017 年第 10 期。

［5］周永林：《区块链与金融市场基础设施》，《金融市场研究》2016 年第 6 期。

［6］张明裕：《区块链驱动供应链金融创新》，《新理财》2017 年第 11 期。

［7］刘春航、廖媛媛、王梦熊、王广龙、史佳乐、李育峰：《金融科技对金融稳定的影响及各国应关注的金融科技监管问题》，《金融监管研究》2017 年第 9 期。

［8］邵宇：《区块链技术对金融监管的挑战》，《上海政法学院学报（法治论丛）》2017 年第 4 期。

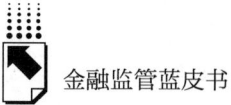

[9] 胡滨:《对监管科技要尽早布局》,《当代金融家》2017年第11期。

[10] Keke Gai, Meikang Qiu, Xiaotong Sun, Hui Zhao, *Security and Privacy Issues*: *A Survey on FinTech*(Springer International Publishing, 2017).

[11] Xiaoqi Li, Peng Jiang, Ting Chen, Xiapu Luo, Qiaoyan Wen, "A Survey on the Security of Blockchain Systems", *Future Generation Computer Systems*, 2017.

[12] PeterYeoh, "Regulatory Issues in Blockchain Technology", *Journal of Financial Regulation and Compliance*, 2017, 25(2).

[13] Muhammad RezaRizky Fauzi, Surya Michrandi Nasution, Marisa W. Paryasto, "Implementation and Analysis of the Use of the Blockchain Transactions on the Workings of the Bitcoin", IOP Conference Series: Materials Science and Engineering, 2017, 260(1).

B.11
融资融券业务担保物法律性质的界定
——以账户体系为视角

杨 光[*]

摘 要： 融资融券业务担保物法律性质的界定是融资融券业务的核心问题，以账户体系为出发点最有助于对其进行界定。理论界与实务界对此问题存在信托财产（包括信托让与担保物）、质押物（包括账户质押标的物）、让与担保物的观点，核心问题在于对资金、证券"所有"与"占有"的界定存在争议。资金、证券账户体系都经历了由直接持有向间接持有、由自行保管向分散保管再向集中保管的演进，在这一进程中，投资者对账户所享有的权利也发生了改变。但我国融资融券业务账户体系通过"担保账户+二级账户"的方式实现了资金、证券所有权与占有的分离，其担保法律关系的性质是最高额质押法律关系，担保物法律性质应界定为最高额质押物。

关键词： 融资融券业务 担保物法律性质 最高额质押

引 言

我国融资融券业务是2005年《证券法》修改时借鉴境外成熟经验引入的证券公司创新业务，根据我国融资融券业务规则，其担保法律关系的性质

---

[*] 杨光，法学博士，博士后，中证金融研究院助理研究员，主要研究领域为公司法、金融法。本文所有内容仅代表作者本人的观点，不代表作者所在单位、部门的意见和建议，也不表明或暗示作者所在单位会以此为决策依据。

被界定为信托法律关系，其担保物法律性质被界定为信托财产。① 但随着理论界与实务界对融资融券业务认识的深入，信托法律关系以及信托财产的观点受到挑战，出现了质押法律关系（包括账户质押法律关系）、让与担保法律关系的观点，在制定相关业务规则时，监管部门又提出了信托让与担保法律关系的观点，相应的，融资融券业务担保物法律性质就被界定为质押物（包括账户质押标的物）、让与担保物以及信托让与担保物。

本文采用"老问题新办法"的思路，以账户体系为出发点对融资融券业务担保物法律性质进行研究，② 力争在结合我国融资融券业务实践的基础上分析目前业务规则的利弊得失，并对我国融资融券业务担保物法律性质的界定提出建议。

一　账户体系视角下的我国融资融券业务

在多视角研究中，③ 对于法学研究而言，以账户体系为出发点揭示融资

---

① 根据《证券公司融资融券业务管理办法》第 14 条第 1 款的规定，融资融券合同应当约定，证券公司客户信用交易担保证券账户内的证券和客户信用交易担保资金账户内的资金，为担保证券公司因融资融券所生对客户债权的信托财产；根据《转融通业务监督管理试行办法》第 21 条的规定，证券公司向证券金融公司交存保证金，采取设立信托的方式。……证券金融公司与证券公司应当约定，转融通担保证券账户内的证券和转融通担保资金账户内的资金，均为担保证券金融公司因向证券公司转融通所生债权的信托财产，因本办法第二十二条第三款规定情形所形成的信托财产对证券金融公司的债权，也归入信托财产。
② 以账户体系为出发点对融资融券业务担保物法律性质进行研究的思路受到北京大学法学院刘燕教授、楼建波副教授以及中国证券登记结算有限公司北京分公司牛文婕副总经理的启示与指导，在此致谢。但文责自负。参见刘燕、夏戴乐《股灾中杠杆机制的法律分析——系统性风险的视角》，《证券法律评论》，2016，第 107～131 页；楼建波《化解我国融资融券交易担保困境的路径选择》，《法学》2008 年第 11 期，第 84～97 页。
③ 比如，从市场冲击效应视角入手进行研究，王旻、廖士光、吴淑琨：《融资融券交易的市场冲击效应研究——基于中国台湾证券市场的经验及启示》，《财经研究》2008 年第 10 期，第 99～109 页；从流动性视角入手进行研究，谷文林、孔祥忠：《融资融券业务对市场资本流动性的短期影响》，《证券市场导报》2010 年第 7 期，第 50～52 页；从流动性与波动性的视角入手进行研究，杨德勇、吴琼：《融资融券对上海证券市场影响的实证分析——基于流动性和波动性的视角》，《中央财经大学学报》2011 年第 5 期，第 28～34 页；从标的股票定价效率的视角入手进行研究，许红伟、陈欣：《我国推出融资融券交易促进了标的股票的定价效率吗？——基于双重差分模型的实证研究》，《管理世界》2012 年第 5 期，第 52～61 页。

融券业务中资金与证券在不同账户中的数量变化以及不同账户之间此消彼长的联动关系最有助于对其担保物法律性质进行界定。

（一）我国融资融券业务的账户体系

我国融资融券业务的账户体系包括两部分，第一部分在"证券公司—投资者"之间；第二部分在"证券金融公司—证券公司"之间。

融资融券账户体系主要包括 8 类账户，需要特别说明的是，对于其中的"信用证券账户"，虽然申请人是投资者，但却是由证券公司根据投资者申请在证券登记结算机构为投资者开立信用证券账户；对于其中的"信用资金账户"，虽然申请人是投资者，但却是由证券公司通知商业银行，再由商业银行根据投资者申请为投资者开立信用资金账户。

转融通账户体系主要包括 8 类账户，需要特别说明的是，对于其中的"转融通担保证券明细账户"以及"转融通担保资金明细账户"，虽然申请人是证券公司，但却是由证券金融公司根据证券公司申请在证券登记结算机构为证券公司开立的账户。

将融资融券与转融通的账户类型进行比较，可知二者之间的账户体系大体相似，不同类型账户的功能之间存在一一对应关系。这主要是因为融资融券与转融通本质上都是借贷法律关系，区别仅在于主体不同，融资融券中的证券公司相当于转融通中的证券金融公司，在借贷法律关系中是债权人；融资融券中的投资者相当于转融通中的证券公司，在借贷法律关系中是债务人。将融资融券中的证券公司与转融通中的证券金融公司统称为"债权人"，融资融券中的投资者与转融通中的证券公司统称为"债务人"，可以更好地彰显此对应关系。

虽然融资融券与转融通不同类型账户的功能之间存在一一对应关系，但在账户开立单位方面却存在差异。整体而言，与证券有关的账户应由证券登记结算机构作为开立单位，与资金有关的账户应由商业银行作为开立单位，但对于下列账户却并非如此：一是对于融资融券中的"客户信用交易担保资金账户"与转融通中的"转融通担保资金账户"，客户信用交易担保资金账户的开立单位是商业银行,而转融通担保资金账户的开立单位是证券登记结算机构。二是对于融资融券中的"信用资金账户"与转融通中的"转融通担保资金明细账户",信用资金账户的开立单位是商业银行,而转融通担保资金明细账户的开立单位是证券登记结算机构。

由此可知,融资融券与转融通不同类型账户在开立单位方面存在的差异主要体现在与资金有关的担保账户及其二级账户中,存在此差异的原因在于资金担保账户中资金形态是否发生变化。在融资融券中,证券公司向投资者出借证券或者资金后,投资者使用借得的证券和资金进行证券交易,该证券和资金通过证券交易变为资金和证券,其形态发生变化,通过证券交易获得的资金和证券与保证金一起进入担保账户作为融资融券的担保物,① 因此融资融券后的证券交易与担保物变化之间存在联动关系,其担保物的数量、形态一直处于变化之中;证券金融公司向证券公司出借证券或者资金后,证券公司使用借得的证券和资金向投资者进行借款或者证券借贷,该证券和资金的形态不发生改变,证券金融公司应当向证券公司另行收取一定比例的保证金(资金、证券),② 因此转融通后资金、证券的出借与担保物变化之间不存在联动关系,其担保物的数量、形态一般不发生变化。所以,融资融券中的担保资金账户及其二级账户既具有资金交易功能,也具有担保功能,是一个相对"动态"账户,需要进行资金结算,属于商业银行的业务范畴,③ 应当由商业银行作为开立单位;而转融通中担保资金账户及其二级账户仅具有担保功能,不具有资金交易功能,是一个相对"静态"账户,不需要进行资金结算,由证券登记结算机构作为开立单位即可实现其担保功能。

---

① 根据《证券公司融资融券业务管理办法》第25条的规定,证券公司应当将收取的保证金以及客户融资买入的全部证券和融券卖出所得全部价款,分别存放在客户信用交易担保证券账户和客户信用交易担保资金账户,作为对该客户融资融券所生债权的担保物。

② 根据《转融通业务监督管理试行办法》第20条第1款的规定,证券金融公司开展转融通业务,应当向证券公司收取一定比例的保证金。保证金可以证券充抵,但货币资金占应收取保证金的比例不得低于15%。

③ 根据《商业银行法》第3条的规定,商业银行可以经营下列部分或者全部业务……(三)办理国内外结算……

(二)我国融资融券业务的操作流程

在明确融资融券业务账户体系的基础上,可知为了降低违约风险以及应对可能由违约风险引发的系统性风险,我国融资融券业务的账户体系被设计为独立于证券公司、投资者原有账户体系之外的一套封闭账户体系。在这一体系中,我国融资融券业务的操作流程可以通过资金、证券形成的流动闭环予以体现。

1. 证券公司与投资者之间进行融资融券的操作流程

证券公司与投资者之间融资融券的操作流程如图1所示。在图1中,由实线连接的账户链是融券卖出的操作流程,由虚线连接的账户链是融资买入的操作流程。本文以账户开立名义人和账户开立单位为标准将融资融券账户分为四类,以为下文的研究奠定基础。

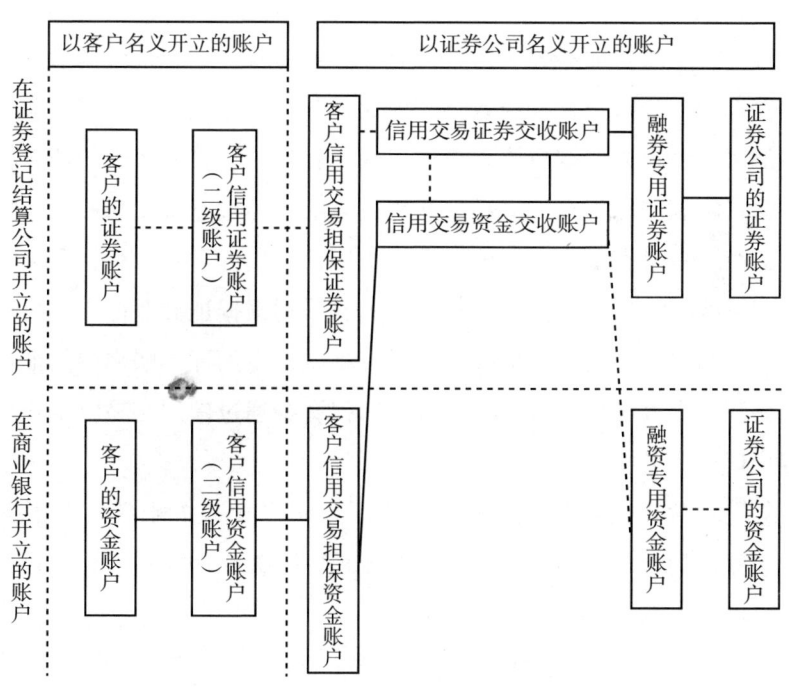

图1 融资融券操作流程

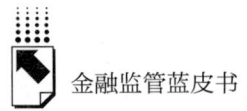

在融资买入时，证券公司将其自有资金或者从证券金融公司借得的资金转入融资专用资金账户，投资者将作为保证金的资金或者证券转入客户信用交易担保资金账户或者客户信用交易担保证券账户。投资者委托证券公司通过具有融资融券交易权限的交易单元进行申报，经过竞价交易成交。交易日日终，证券公司根据证券登记结算机构发来的资金清算结果，在交收日最终交收时点将融资专用资金账户中的资金通过信用交易资金交收账户完成资金交收，买入的证券通过信用交易证券交收账户转入客户信用交易担保证券账户作为担保物。

卖券还款时，投资者通过客户信用证券账户（二级账户）在证券交易所申报卖券，将客户信用交易担保证券账户中作为担保物的证券通过信用交易证券交收账户卖出，所得资金通过信用交易资金交收账户直接转入证券公司融资专用资金账户。直接还款时的操作流程由投资者与证券公司之间进行约定。

在融券卖出时，证券公司将其自有证券或者从证券金融公司借得的证券转入融券专用证券账户，投资者将作为保证金的资金或者证券转入客户信用交易担保资金账户或者客户信用交易担保证券账户。投资者委托证券公司通过具有融资融券交易权限的交易单元进行申报，经过竞价交易成交。需要注意的是，由于对融券卖出申报价格方面的限制，① 融券卖出不能采取市价申报，只能采取限价申报。交易日日终，证券公司根据证券登记结算机构发来的证券清算结果，在交收日最终交收时点将融券专用证券账户中的证券通过信用交易证券交收账户完成证券交收，所得资金通过信用交易资金交收账户转入客户信用交易担保资金账户作为担保物。

买券还券时，投资者通过客户信用证券账户（二级账户）在证券交易所申报买券，将客户信用交易担保资金账户中作为担保物的资金通过信用交

---

① 根据《上海证券交易所融资融券交易实施细则》第 12 条第 1 款以及《深圳证券交易所融资融券交易实施细则》第 2.10 条第 1 款的规定，融券卖出的申报价格不得低于该证券的最新成交价；当天没有产生成交的，申报价格不得低于其前收盘价。低于上述价格的申报为无效申报。

易资金交收账户购买证券，所得证券通过信用交易证券交收账户直接转入证券公司融券专用证券账户。直接还券时的操作流程由投资者与证券公司之间进行约定，并根据证券登记结算机构的相关规定办理。

2. 证券金融公司与证券公司之间进行转融通的操作流程

证券金融公司与证券公司之间转融通的操作流程如图2所示。在图2中，由实线连接的账户链是转融券的操作流程，由虚线连接的账户链是转融资的操作流程。本文以账户开立名义人和账户开立单位为标准将融资融券账户分为四类，以为下文的研究奠定基础。

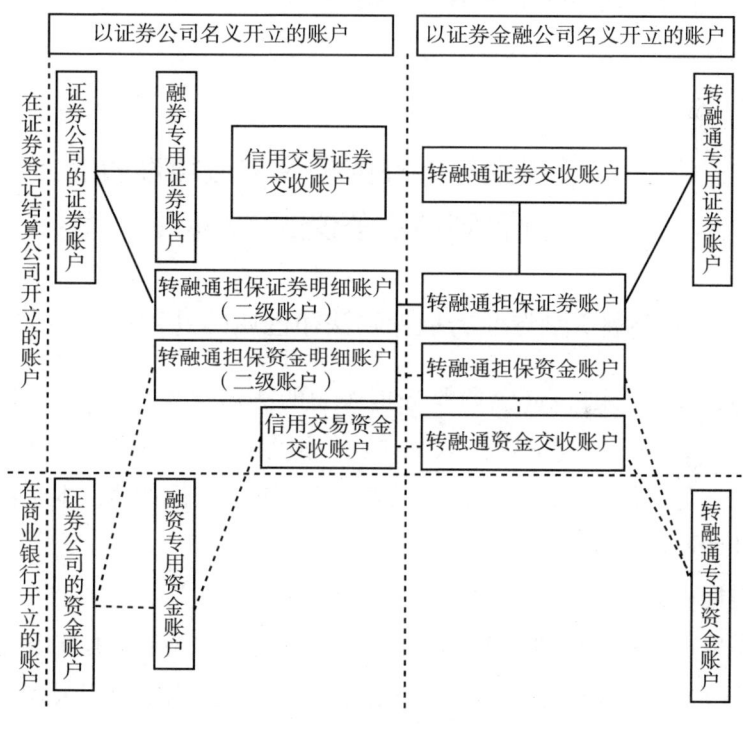

图 2 转融通操作流程

证券金融公司开展转融通业务，接受证券公司的转融资申报指令。证券金融公司将自有资金和证券、通过其业务平台融入的资金、通过证券交易所业务平台融入的资金和证券分别转入转融通专用资金账户和转融通专用证账户。

转融资时，证券金融公司将出借给证券公司的资金从转融通专用资金账户通过转融通资金交收账户转入证券公司信用交易资金交收账户，再转入证券公司融资专用资金账户。

转融券时，证券金融公司将出借给证券公司的证券从转融通专用证券账户通过转融通证券交收账户转入证券公司信用交易证券交收账户，再转入证券公司融券专用证券账户。

证券公司向证券金融公司提交保证金时，如果保证金是资金，则从证券公司的自营资金账户转入转融通担保资金账户；如果保证金是证券，则从证券公司的自营证券账户转入转融通担保证券账户。

二 关于融资融券业务担保物法律性质的几种观点及争议的核心问题

（一）关于融资融券业务担保物法律性质的几种观点

目前，关于我国融资融券业务担保物的法律性质存在"信托财产"、"质押物"（账户质押标的物）以及"让与担保物"三种观点。监管部门提出的信托让与担保物的观点是以信托财产为基础进行设计的，本文将其一并归入信托财产进行研究。

1. 信托财产

信托财产是信托法律关系的客体。所谓信托法律关系，是指委托人将自己的财产（权）委托给受托人，由受托人为了受益人的利益或特定目的，以自己名义管理或者处分财产（权）的法律关系。[1] 在基于信托法律关系设计的融资融券业务担保法律关系中，担保物被界定为信托财产。

---

[1] 参见《信托法》第2条："本法所称信托，是指委托人基于对受托人的信任，将其财产权委托给受托人，由受托人按委托人的意愿以自己的名义，为受托人的利益或者特定目的，进行管理或者处分的行为。"

在融资融券中，投资者是委托人，证券公司是受托人，投资者和证券公司均是受益人，投资者享有信托财产的收益权，证券公司享有信托财产的担保权益（见图3）。这是目前《证券公司融资融券业务管理办法》的观点。

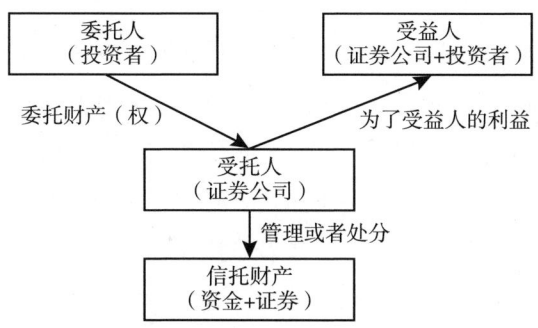

图3　融资融券信托法律关系

在转融通中，证券公司是委托人，证券金融公司是受托人，证券公司和证券金融公司均是受益人，证券公司享有信托财产的收益权，证券金融公司享有信托财产的担保权益（见图4）。这是目前《转融通业务监督管理试行办法》的观点。

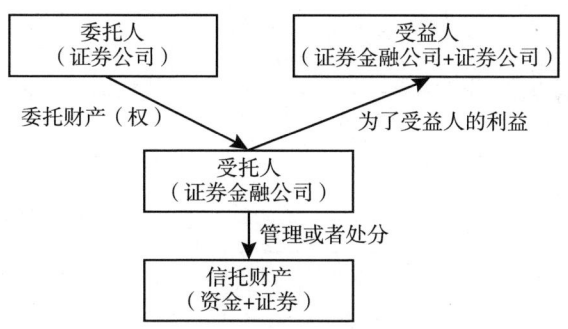

图4　转融通信托法律关系

信托让与担保物是信托让与担保法律关系的客体。所谓信托让与担保法律关系是指债务人为担保债权，在担保期间将担保标的物的所有权信托转移给债权人，而使债权人在担保目的范围内取得担保标的物的所有权，是一种以担保为信托目的，"附停止条件的返还债务的信托所有权转移"，其停止条件是债务人履行债务。① 这是监管部门在制定相关业务规则时提出的观点。从本质上看，信托让与担保物观点与信托财产观点之间的区别在于，信托设立时财产（权）的转让是通过让与担保的方式实现的。

2. 质押物

质押物是质押法律关系的客体。所谓质押法律关系，是指债务人为担保本人履行债务，将本人或第三人的财产（权）作为担保物，并将担保物转让给债权人占有的法律关系。② 如果债务人履行债务，则债权人应当将担保物返还给债务人或第三人；如果债务人未履行债务，则债权人有权通过处分担保物使自己的债权获得清偿。在基于质押法律关系设计的融资融券业务担保法律关系中，担保物被界定为质押物，其中资金为动产质押，证券为权利质押。由于融资融券业务不允许将第三人的财产（权）作为担保物，因此其担保物只能是债务人——投资者（在融资融券中）或者证券公司（在转融通中）——的财产（权）。

在融资融券中，债权债务法律关系中投资者是债务人，证券公司是债权人；在担保法律关系中投资者是质押人，证券公司是质押权人（见图5）。

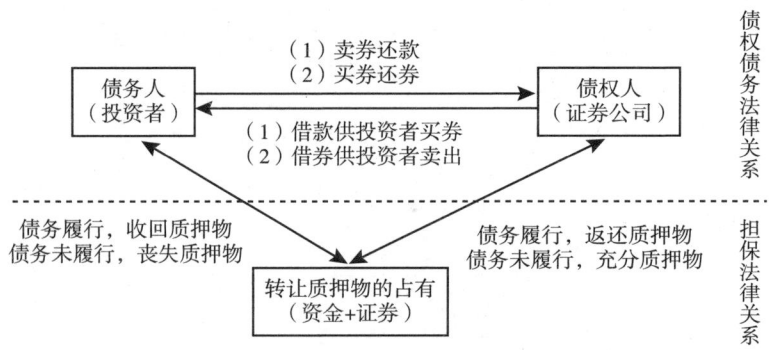

图5　融资融券质押法律关系

---

① 何艳春：《证券公司融资融券业务债权担保的法律分析》，《证券市场导报》2008年9月号。
② 参见《物权法》第208条第1款："为担保债务的履行，债务人或者第三人将其动产出质给债权人占有的，债务人不履行到期债务或者发生当事人约定的实现质权的情形，债权人有权就该动产优先受偿。"

在转融通中，债权债务法律关系中证券公司是债务人，证券金融公司是债权人；在担保法律关系中证券公司是质押人，证券金融公司是质押权人（见图6）。

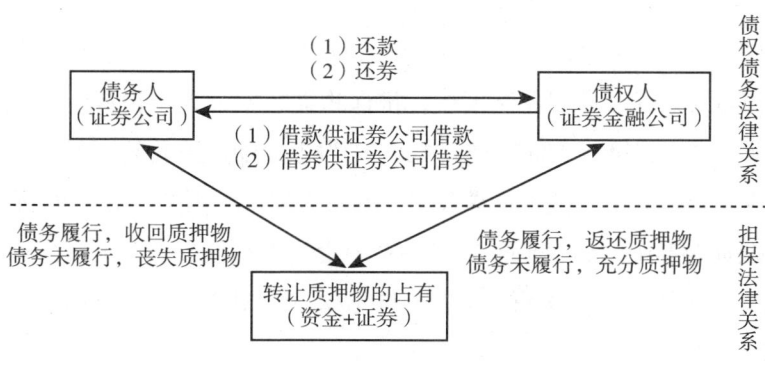

图6 转融通质押法律关系

需要特别说明的是，在融资融券与转融通的债权债务法律关系中，均作为债务人的投资者与证券公司的权利义务并不相同，均作为债权人的证券公司与证券金融公司的权利义务也不相同。在融资融券中，债权人向债务人出借款券供其买券或者卖出，随后债务人通过买券或者卖券向债权人还款还券；在转融通中，债权人向债务人出借款券供其向自己的债务人出借款券，随后债务人向债权人还款还券。产生此差异的原因正在于本文第一部分提及的债权人向债务人出借资金、证券与担保物变化之间是否存在联动关系。

账户质押标的物的观点以质押法律关系为基础，是学术界提出的最新观点。该观点认为担保物不是资金、证券，而是账户本身，并认为我国司法机关已经在封闭贷款以及出口退税托管账户质押贷款中承认了账户质押。[①] 这一观点具有创新性，与境外金融实践较为相符，值得关注。

3. 让与担保物

让与担保物是让与担保法律关系的客体。所谓让与担保法律关系，是指

---

① 楼建波：《化解我国融资融券交易担保困境的路径选择》，《法学》2008年第11期，第84~97页。

债务人为担保本人履行债务,将本人或第三人的财产(权)作为担保物,并将担保物所有权转让给债权人法律关系。如果债务人履行债务,则债权人应当将担保物的所有权返还给债务人或第三人;如果债务人未履行债务,则债权人有权通过行使担保物的所有权使自己的债权获得清偿。① 基于让与担保法律关系构建的融资融券担保制度中,担保物被界定为让与担保物,由于融资融券业务不允许将第三人的财产(权)作为担保物,因此其担保物只能是投资者(在融资融券中)或者证券公司(在转融通中)财产(权)的所有权。

在融资融券中,债权债务法律关系中投资者是债务人,证券公司是债权人;在担保法律关系中投资者是让与担保人,证券公司是让与担保权人(见图7)。

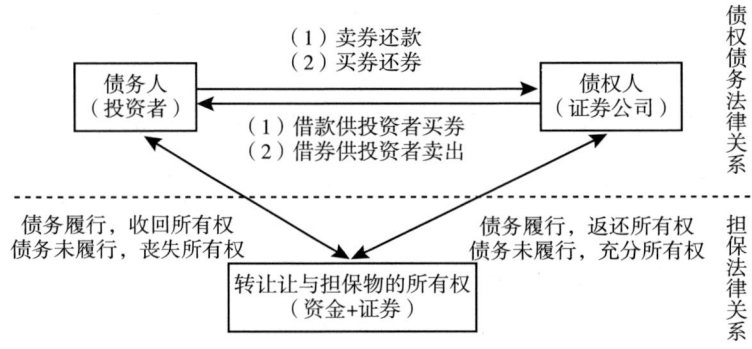

图7 融资融券让与担保法律关系

在转融通中,债权债务法律关系中证券公司是债务人,证券金融公司是债权人;在担保法律关系中证券公司是让与担保人,证券金融公司是让与担保权人(见图8)。

与"质押物"部分需要特别说明的一样,在让与担保中,在融资融券与转融通的债权债务法律关系中,均作为债务人的投资者与证券公司的权利

---

① 王闯:《让与担保法律制度研究》,法律出版社,2000,第19页。本书作者深入参与了《物权法》制订时让与担保相关条文的起草及论证工作。但《物权法》最终颁布时,删除了让与担保相关条文。

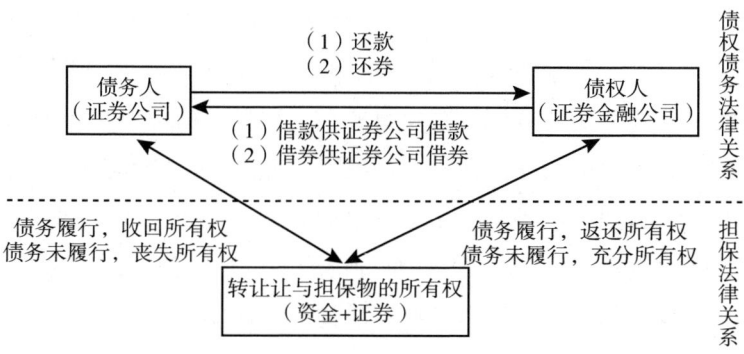

图 8　转融通让与担保法律关系

义务并不相同，均作为债权人的证券公司与证券金融公司的权利义务也不相同，其原因在于本文第一部分提及的债权人向债务人出借资金、证券与担保物变化之间是否存在联动关系，此处不赘。

（二）争议的核心问题

上述三种观点分别为我国融资融券业务设计了不同的担保法律关系，彼此之间的差异主要体现在以下几个方面。

第一，定位不同。信托不属于担保法律关系，在经济领域，其本质在于"受人之托，忠人之事"，即代他人管理或者处分财产（权），以实现财富管理或者财富增值。质押属于传统的担保法律关系，本质在于担保债权债务的实现，即通过直接支配标的物的交换价值并赋予债权人优先受偿的权利担保债务履行，具有附从性、伴随性以及物上代位性的特征。让与担保的产生是为了规避传统担保法律关系的某些限制性规定（如不得事先将担保物所有权转让给债权人），属于新型的担保法律关系，本质也在于担保债权债务的实现。但由于成文法欠缺对让与担保的规定，并且让与担保向债权人转让所有权的法律外观容易导致债权人的暴利行为，可能给债务人造成新的风险，因此在让与担保的发展进程中充满了争议及批判。

第二，设立程序不同。信托和质押的设立都需要履行一定的公示程序

（比如登记）；让与担保的设立则不需要履行公示程序，仅需要签订合同即可。我国《信托法》明确规定登记是信托设立的必要条件，① 这是由信托财产的独立性决定的。信托登记的主要目的在于通过向社会公布相关财产已经设立信托的事实，保护信托法律关系当事人之外第三人的利益，也有利于监管部门对信托业的监管。对于信托登记的效力，不少国家采取"对抗主义"，即未进行信托登记不得以信托对抗第三人，但我国采取"要件主义"，更为严格。质押包括动产质押以及权利质押，动产质押的设立需要签订书面合同以及交付标的物，对公示程序要求较少，但权利质押则不然，比如，以基金份额、股权、知识产权中的财产权以及应收账款设定质押的，应当在证券登记结算机构、工商管理行政管理部门、知识产权主管部门以及信贷征信机构办理登记。动产让与担保②根据占有是否转移可分为占有转移型动产让与担保以及非占有转移型动产让与担保。对于前者，由于债权人已经占有标的物，因此只要双方当事人签订担保契约即可设立，不需要进行公示程序；对于后者如何进行公示程序一直存在争议，至今尚未达成一致意见。

第三，当事人数量不同。信托存在三方当事人，即委托人、受托人及受益人。委托人应当依法对需要设立信托的财产（权）享有所有权或者处分权，可以是自然人、法人或者其他组织；受托人在信托法律关系中居于核心地位，是实现信托目的的主要推手，金融领域的受托人还应当符合监管部门规定的设立要求并具有牌照；受益人是信托目的实现的对象；委托人和受托人均可以是受益人，区别在于委托人可以是信托的唯一受益人，而受托人则否；此外，境外还有一种"宣言信托"，该信托中委托人和受托人可以是同一人，但我国并不承认此类信托。③ 让与担保和质押存在两方当事人，即债权人与债务人，债权人同时又是让与担保权人或者质押权人，债务人同时又

---

① 根据我国《信托法》第10条的规定，设立信托，对于信托财产，有关法律、行政法规规定应当办理登记手续的，应当依法办理信托登记。未依照前款规定办理信托登记的，应当补办登记手续；不补办的，该信托不产生效力。
② 让与担保还包括不动产让与担保，但与本文联系不大，故此处不予讨论。
③ 齐树洁、徐卫：《论我国宣言信托的立法认可与制度构建》，《江西社会科学》2006年第8期，第190~195页。

是让与担保人或者质押人,债权人与债务人不能为同一人。

第四,财产(权)权属不同。信托中的财产(权)由受托人享有,但我国《信托法》对于财产(权)的权属界定不明,并未规定财产(权)一定需要转让给受托人,① 因此我国信托当事人可以根据信托目的以及信托财产的性质,选择是否向受托人转让财产(权)。② 质押中债务人享有担保物所有权,而由债权人占有担保物;让与担保中债权人享有担保物所有权,而由债务人占有担保物。

第五,当事人权利不同。信托中的受托人在管理或者处分财产(权)时处于积极地位,应当按照忠实谨慎的要求处理信托事务、请求给付报酬或者费用补偿、在一定条件下还可以请求辞任;委托人和受益人则处于消极地位,一般不管理或者处分财产(权),比如,委托人享有知情权、对不当信托行为的撤销申请权、对受托人的解任权等,受益人享有利益请求权、监督权等。让与担保和质押中的债权人均有权在债务人不履行债务或者担保物价值降低时通过处分财产(权)使自己的债权获得清偿。但让与担保中的债权人由于享有标的物所有权,在上述情形外也有权处分财产(权),只需在特定时间向债务人返还同等数量的财产(权)即可。

本文认为,目前理论界与实务界在研究融资融券业务担保物法律性质时存在的不同观点以及彼此之间的差异,从本质上看还是对资金、证券的"所有"与"占有"的界定存在争议,从而导致对融资融券业务当事人的权利义务未达成一致意见。原因在于,资金、证券是担保法律关系的客体,是权利和义务共同指向的对象,权利在客体上得以实现,义务在客体上得以履行。资金、证券的"所有"与"占有"直接决定了附着于其上的权利由何人享有、义务由何人承担,是界定融资融券业务当事人权属关系的核心问题。

---

① 《信托法》第 2 条规定委托人应将其财产权委托给受托人。这里的"委托给"是否表明信托中的财产(权)归属于受托人尚不明确,理论和实践中对此问题也未形成统一的意见。
② 楼建波:《金融商法的逻辑:现代金融交易对商法的冲击与改造》,中国法制出版社,2017 年 6 月版,第 197 页。

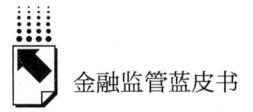
金融监管蓝皮书

三 我国融资融券业务账户体系的独特性

在目前非移动化以及无纸化背景下，已经基本没有纸质的资金、证券凭证，资金、证券的转让也不再需要交付纸质凭证，而是对资金账户、证券账户进行记增、记减。因此，资金、证券的所有、占有是通过账户体系得以实现的。因此，在金融领域，资金、证券的所有、占有以及所有权人、占有人的界定与账户体系紧密相关。

我国融资融券业务的账户体系具有独特性，具体体现为与我国法律规定的"直接持有"账户体系之间的冲突，以及由此导致的投资者对账户所享有权利的不同。产生这一问题的原因在于融资融券业务的担保物是特殊的民商事法律关系客体——资金、证券，以及资金支付系统、证券登记结算的多层级账户间接持有体系导致投资者与其账户内的资金、证券发生分离。

（一）融资融券业务担保物：特殊的民商事法律关系客体

通常认为，在几种主要的民商事法律关系中，客体包括物、给付行为、人格利益和身份利益等。担保法律关系是物权法律关系的一种，因此担保法律关系的客体是担保物，包括不动产、动产以及权利，资金是特殊的动产，证券是一种权利载体。对于融资融券业务而言，其担保物——资金、证券——是特殊的民商事法律关系客体，具体体现为在客户信用交易担保资金账户、客户信用交易担保证券账户、转融通担保资金账户、转融通担保证券账户中的资金以及证券。

根据传统民商法理论，作为担保法律关系客体的担保物应符合有体物、特定性以及独立性要求。有体物是指人的五官可以感知的物；特定性是指具有确定的界限或者范围，能够为人力所排他性的支配；独立性是指应当独立为一体并满足人类社会生活的实际需要。但资金、证券与传统的担保物相比，具有以下特殊性：一是技术进步使得资金支付系统以及证券登记结算系统取得飞跃式发展，资金、证券不再具有物理形态，纸质凭证变得无关紧要，取而代之的是资金账户、证券账户中对资金、证券数量的电子记录，为有效降低交易成本，资金、证券的流通转让不再要求交付纸质凭证，通过在相关账户中记增、记减即可实现，因此不再符合有体物要求；二是资金、证券进入相关账户后，便无法与其他资金、证券进行区分，仅是相关账户的记录发生变化，因此不再符合特定性要求；三是同质性，资金与资金之间、同类证券之间不存在根本差异，容易混同或者被替代，因此不再符合独立性要求，传统民商法理论既而认为资金、证券所有权随占有的转让而转让，其占有与所有权无法分离，否则难以实现流通转让，而传统担保物占有与所有权的分离是其担保功能得以实现的前提。[①]

金融领域担保法律关系中的担保物与传统民商法担保法律关系中的担保物要求发生抵牾的原因在于，我国目前的担保法律关系是以商品经济为基础进行构建的，对金融领域担保法律关系的特殊性关注较少。金融领域交易的目的在于资金融通，因此更加注重效率，其民商事法律关系的客体被抽象成为标准化的资金、证券，从而有助于通过流通转让实现资源的有效配置。资金、证券原本不具有价值，但是当资金成为一般等价物、证券上附着特定权利后，便有了价值，可以成为交易标的。资金、证券的特殊性导致近年来传统民商法理论对担保物的有体物、特定性以及独立性要求进行了修正，不仅从物理形态角度进行判断，而且需要根据社会经济观念的发展进行判断及调整。遗憾的是，我国《物权法》、《担保法》以及《担保法》司法解释并没有及时对担保物在金融领域的特殊性做出回应。

（二）我国融资融券业务账户体系是透明的间接持有体系

根据我国《商业银行法》的规定，我国资金账户体系是间接持有体系，投资者资金交由商业银行保管，由商业银行占有并享有资金所有权，投资者

---

① 从法律角度来看，作为物权法律关系客体的物的所有权可以和物的占有分离。比如，甲将自己的房屋卖给乙，但与乙约定租用该房屋，此时，该房屋的所有权由甲转让给乙，但该房屋本身仍然由甲占有；又如，丙用自己的古董花瓶向丁设立质押，此时，该古董花瓶的所有权仍由丙享有，但该古董花瓶的占有由丙转让给丁。

仅享有对商业银行的债权。我国的中国人民银行不是多层级资金账户间接持有体系中的中央银行，不保管商业银行的资金，也不占有或者享有商业银行资金的所有权。但由于商业银行为每个投资者名义单独开立资金账户，因此商业银行知道最底层的交易当事人，整个资金账户体系是透明的，融资融券业务的资金账户体系亦不例外。

根据我国《证券法》的规定，证券账户体系是直接持有体系，即虽然原则上证券登记结算机构应当占有证券并享有证券所有权，但由于其以每个投资者名义开立证券账户以及作为可代替物的证券与资金之间存在的差异，此时仍由投资者占有证券并享有证券所有权。但港股通、B股以及QFII中则是间接持有体系，并不符合我国《证券法》的规定。证券登记结算机构在港股通、B股以及QFII中并非以投资者名义开立证券账户，而是以金融中介名义——比如中国证券登记结算有限公司沪深分公司、香港中央结算有限公司、QFII等——开立证券账户，此时金融中介占有证券并享有证券所有权，再将证券的占有以及所有权转让给中央证券存管机构。

融资融券业务的证券账户体系则介于直接持有体系与间接持有体系之间，证券登记结算机构在融资融券业务中并非以投资者名义开立证券账户，而是以金融中介——证券公司（在融资融券中）、证券金融公司（在转融通中）——名义开立账户，①因此此时金融中介占有证券并享有证券所有权，再将证券的占有以及所有权转让给中国证券登记结算有限公司。但同时，证券登记结算机构又以投资者（在融资融券中）、证券公司（在转融通中）名义开立了二级账户客户信用证券账户、转让通担保证券明细账户。此举保证了证券登记结算机构知道最底层的投资者，整个证券账户体系是透明的，但同时又符合直接持有体系的特征，对判断证券的所有、占有造成了困惑。

---

① 根据《证券公司融资融券业务管理办法》第31条的规定，证券登记结算机构依据证券公司客户信用交易担保证券账户内的记录，确认证券公司受托持有证券的事实，并以证券公司为名义持有人，登记于证券持有人名册；根据《转融通业务监督管理试行办法》第32条的规定，证券登记结算机构依据转融通担保证券账户内的记录，确认证券金融公司受托持有证券的事实，并以证券金融公司为名义持有人，登记于证券持有人名册。

四 一个可行的解决思路：最高额质押物

随着技术的发展与进步，对于资金、证券的所有、占有已不能通过物理形态上的事实管领力进行判断，而是需要通过对相关账户的"控制"进行判断，这就需要明确投资者对账户所享有权利是否可以实现"控制"，从而以此为基础设计我国融资融券业务担保法律关系并界定担保物法律性质。

（一）资金、证券的所有、占有

传统民商法理论认为，资金、证券所有权随占有的转让而转让，其占有与所有权无法分离，否则难以实现流通转让。但在资金、证券非移动化以及无纸化的背景下，这一理论似乎可以予以修正。

我国融资融券业务账户体系通过"担保账户＋二级账户"的方式实现了资金、证券所有权与占有的分离。担保账户以债权人——证券公司（在融资融券中）、证券金融公司（在转融通中）——的名义开立，是指融资融券中的客户信用交易担保证券账户、客户信用交易担保资金账户以及转融通中的转融通担保证券账户、转融通担保资金账户；二级账户以债务人——投资者（在融资融券中）、证券公司（在转融通中）——的名义开立，是指融资融券中的客户信用证券账户、客户信用资金账户以及转融通中的转融通担保证券明细账户、转融通担保资金明细账户。担保账户与二级账户的名义人不一样，但账户内记载的证券、资金却是一样的，从融资融券业务的操作流程观之，在证券公司与投资者进行融资融券时，投资者有权通过二级账户处分担保账户中的资金、证券用于证券交易，而证券公司仅能对担保账户中的资金、证券进行监督，[①] 不能直接

[①] 根据《证券公司融资融券业务管理办法》第26条第2款、第3款的规定，证券公司应当逐日计算客户交存的担保物价值与其所欠债务的比例。当该比例低于约定的维持担保比例时，应当通知客户在约定的期限内补交担保物，客户经证券公司认可后，可以提交除可充抵保证金证券之外的其他证券、不动产、股权等资产。客户未能按期交足担保物或者到期未偿还债务的，证券公司可以按照约定处分其担保物。

处分，因此投资者具有类似于所有权人的法律地位，证券公司具有类似于占有人的法律地位；在证券金融公司与证券公司进行转融通时，证券公司有权通过二级账户处分担保账户中的资金、证券用于证券交易以及交存、提取、替换资金、证券，[①]而证券金融公司仅能对担保账户中的资金、证券进行监督，不能直接处分，并且使用担保账户中的资金、证券需要经证券公司书面同意，[②]因此证券公司具有类似于所有权人的法律地位，证券金融公司具有类似于占有人的法律地位。

（二）对关于融资融券业务担保物法律性质几种观点的评析

在我国融资融券业务中，由作为债务人的投资者（在融资融券中）以及证券公司（在转融通中）享有作为担保物的资金、证券的所有权，由作为债权人的证券公司（在融资融券中）以及证券金融公司（在转融通中）占有作为担保物的资金、证券。因此，融资融券业务担保法律关系的性质应当被界定为质押法律关系，融资融券业务担保物的法律性质应当被界定为质押物，其资金、证券的账户体系是间接持有体系。

信托财产观点存在的不足在于，一是在定位方面，信托不属于担保法律关系，无法实现担保目的，两者不能混为一谈。二是在当事人数量方面，融资融券业务的本质是债务人向债权人借款、借券，是债务人与债权人二者之间的债权债务法律关系，与具有三方当事人的信托不符。三是在当事人权利

[①] 根据《中国证券金融股份有限公司转融通业务规则（试行）》第56条第1款的规定，证券公司可以向结算公司提交指令，申请交存、提取、替换保证金，也可以通过本公司转融通保证金专用交易单元申报卖出交存的证券或者申报买入可充抵保证金证券。

[②] 根据《转融通业务监督管理试行办法》第22条的规定，证券金融公司应当逐日计算证券公司交存的保证金价值与其所欠债务的比例。当该比例低于约定的维持保证金比例时，应当通知证券公司在一定的期限内补交差额，直至达到约定的初始保证金比例。但是，对因本条第三款规定情形导致的差额，证券公司无须补交。证券公司违约的，证券金融公司可以按照约定处分保证金，以实现对证券公司的债权；处分保证金不足以完全实现对证券公司的债权的，证券金融公司应当依法向证券公司追偿。经证券公司书面同意，证券金融公司可以有偿使用证券公司交存的保证金。证券金融公司使用保证金的用途、期限、对价等具体事项，由双方通过转融通业务合同约定。

方面，信托中的受托人应当在管理与处分财产（权）时处于积极地位，但在我国融资融券业务中却是委托人处于积极地位，能够管理与处分担保账户中的资金、证券，而受托人仅负责监督，不能直接处分资金、证券，处于相对消极的地位。四是在财产（权）权属方面，信托需要委托人将自己的财产（权）委托给受托人，通常需要转让财产（权）的所有权，但作为融资融券业务担保物的资金、证券的所有权并未转让给受托人，转让的仅是占有。五是在信托财产确定性方面，我国《信托法》规定信托财产不确定将导致信托无效，作为融资融券业务担保物的资金、证券在担保账户中的数量、价值无法确定，因此不符合我国《信托法》的要求。

让与担保物观点存在的不足在于，一是在定位方面，让与担保起源于罗马法的信托让与或者信任质（Fiducia）以及日耳曼法的信托（Treuhand），但质押的起源正是为了使得上述制度中的债务人无须再向债权人转让动产或者不动产的所有权，仅转让占有即可，以避免对债权人过于有利，对债务人过分不利。因此与让与担保相比，质押在历史发展中具有一定的优越性。二是在当事人权利方面，我国《物权法》明确禁止债务履行期届满前质押物归债权人所有（即禁止流质），① 而让与担保设定时即由债权人享有担保物所有权，与《物权法》的规定不符。三是在财产（权）权属方面，让与担保中的担保物需要由债务人占有，债权人享有担保物所有权，而我国融资融券业务的担保物由债权人占有，债务人享有担保物所有权。四是在体系化方面，让与担保是在德国、日本、中国台湾等成文法系国家或地区经由判例学说百年历练而逐渐发展起来的非典型担保法律关系，并非担保的常态，至今未形成系统化的制度，在英国、美国、中国香港等判例法系国家或地区并不常见。即使在成文法系国家或地区，对让与担保中的很多问题仍存在较大争议，尚未形成统一观点，也较少将其应用于金融领域。

---

① 根据《物权法》第211条的规定，质权人在债务履行期届满前，不得与出质人约定债务人不履行到期债务时质押财产归债权人所有。

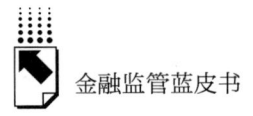
金融监管蓝皮书

（三）融资融券业务最高额质押担保法律关系的设计思路

将融资融券业务担保物的法律性质界定为质押物并未完全实现本文的目的。质押包括一般质押和最高额质押，① 与一般质押相比，最高额质押具有以下特点：一是最高额质押担保的债权是连续发生的债权，所谓"连续发生"，是指该债权为不特定债权或者将来的债权、发生次数不确定并且接连发生；② 二是最高额质押具有最高债权额限度，即最高额质押权人基于最高额质押所能够优先受偿的最高债权金额，表明最高额质押权人对质押物交换价值的支配范围；三是最高额质押的附从性较弱，即其设定时不以债权的存在和特定为必要。

最高额质押更符合融资融券业务担保法律关系。一是融资融券业务中的债权也是连续发生的债权，该债权连续发生的期间一般不超过6个月；二是融资融券业务具有最高债权额限度，比如转融通中证券金融公司对单一证券公司转融通的余额，不得超过证券金融公司净资本的50%，融资融券中证券公司是融资融券的金额不得超过其净资本的4倍等；③ 三是融资融券业务担保法律关系设定时不以债权的存在和特定为必要，比如，在融资融券中，投资者在进行融资融券之前需要先向证券公司交存一定数量的初始保证金，此时其担保的债券尚不存在。

在以最高额质押为基础对融资融券业务担保法律关系进行设计时，可以采取以下思路：

一是对中国证监会、中国证券业协会、沪深交易所、证券金融公司、中

---

① 根据《物权法》第 222 条的规定，出质人与质权人可以协议设立最高额质权。最高额质权除适用本节有关规定外，参照本法第十六章第二节最高额抵押权的规定；根据《物权法》第 203 条第 1 款的规定，为担保债务的履行，债务人或者第三人对一定期间内将要连续发生的债权提供担保财产的，债务人不履行到期债务或者发生当事人约定的实现抵押权的情形，抵押权人有权在最高债权额限度内就该担保财产优先受偿。
② 高圣平：《担保法论》，法律出版社，2009 年 1 月版，第 420～421 页。
③ 参见《转融通业务监督管理试行办法》第 41 条以及《证券公司融资融券业务管理办法》第 20 条的规定。

国证券登记结算有限公司关于融资融券业务的规则进行修改，将其担保法律关系界定为最高额质押法律关系，将其担保物法律性质界定为最高额质押物。比如，《证券公司融资融券业务管理办法》第14条第1款后半段"……为担保证券公司因融资融券所生对客户债权的信托财产"的内容，可以修改为"……为担保证券公司因融资融券所生对客户债权的最高额质押物"。

二是明确证券的透明间接持有体系。证券的间接持有体系有助于降低交易成本、提高交易效率，也是目前发展的主要趋势。[①] 因此，我国《证券法》也应当对证券的间接持有体系及投资者对账户所享有的权利予以规定。对于融资融券业务而言，可以在证券登记结算机构以债权人——证券公司（在融资融券中）、证券金融公司（在转融通中）——的名义开立证券账户，该证券账户记载债权人的自有证券以及每个债务人——投资者（在融资融券中）、证券公司（在转融通中）——交由债权人保管的证券，关键在于对每个债务人的证券进行分账户管理，而不再以债务人的名义开立账户，即采取透明的间接持有体系。

三是简化融资融券业务的账户体系。在我国的融资融券业务中，证券公司与投资者进行融资融券时涉及8个账户，证券金融公司与证券公司进行转融通时也涉及8个账户，再加上证券金融公司、证券公司、投资者的自有证券账户以及自有资金账户，每部分涉及的账户数量多达12个，这对于我国证券登记结算的效率、成本将产生负面影响。本文认为，将融资融券业务担保法律关系界定为最高额质押后，可以对其账户体系进行简化，即在融资融券中，以证券公司、投资者名义分别开立一个信用账户；在转融通中，以证券金融公司、证券公司名义分别开立一个信用账户。融资融券业务最高额质押物可以转入已有的质押品保管库并在持有人名册上加以标记，融资融券业务资金、证券的交收可以使用已有的证券集中交收账户、资金集中交收账户。

---

① 比如，罗马国际统一私法协会（Unidroit）已经发布《关于中介化证券的统一实体法公约》（Unidroit Convention on Substantive Rules for Intermediated Securities）。

五 初步启示

金融法以金融为前提,然后才是法律规则。目前对于金融法的一个研究范式是仅关注法律规则之间的比较借鉴,而忽略了实践中的业务操作流程以及法律规则演进过程中的逻辑。单纯对法律规则进行比较借鉴虽然有一定意义,但仅浮于表面。不同国家和地区的政治、经济、文化背景不同,法律规则设计难免存在差异,关键在于提炼法律规则背后的逻辑和规律。在研究金融法问题时,应当从最基本,但也是最复杂的业务操作流程出发,再将其抽象成民商事法律关系,对比业务操作流程与民商事法律关系之间的抵牾,并发现可能由此产生的金融风险点,最后才是针对金融风险点进行的金融监管。

对业务操作流程进行研究时,可以从多个视角入手。经济学关注的是业务操作流程中的成本与收益,而法学研究更加关注操作流程中当事人的权利义务安排及其变动。目前我国法学研究对于证券发行(一级市场)投入了很大的研究力量,取得了丰硕成果,但对于证券交易(二级市场)则关注较少。即使有所关注,注意力也放在证券交易所("前台")的交易规则上,对于专业性、技术性较强的证券登记结算机构("后台")鲜有涉及。但本质上,以账户体系为核心的证券登记结算才决定当事人的权属,应当是法学研究重点关注的对象。

综上所述,法学研究如果要切实为经济发展服务,在构建体系框架、夯实理论基础的同时也要关注经济实践,并及时调整研究思路、转变研究方法,更好地发挥法学研究在社会主义法治经济建设中的中流砥柱作用。

B.12
论网络互助计划的保险属性及完善监管建议

曹顺明*

摘 要： 网络互助计划是由传统的互助借助互联网科技发展升级而来，其采用新的运营模式，呈现出新的特点、新的生命力，当然也衍生出新的风险。当前市场上典型的网络互助计划在法律上不属于保险，但其经营模式如稍加改变或经营管理如稍有不慎，则极易构成非法经营保险业务或违反广告法等法律法规。当前网络互助计划存在网络互助平台投资人逐利性与网络互助公益性不匹配、业务模式难以持续、归集资金被挪用、运营不规范甚至违规、会员"权利"或"预期"落空、个人信息泄露等风险，需要通过明确网络互助计划定位、明确监管主体与分工、建立健全具体监管内容等方式加强监管，从而保障网络互助这一高尚事业能顺利发展、基业长青。

关键词： 网络互助 保险属性 风险管理 完善监管

一 问题的提出

近年来，随着"互联网+"概念的兴起及互联网金融的发展，创新型

---

* 曹顺明，法学博士，中国行为法学会常务理事，主要研究领域为公司治理、保险法、投资法。

互联网金融产品不断涌现,其中一些非保险机构基于网络平台推出的各种"网络互助计划"格外引人注目。这些网络互助计划,多数集中在意外互助、重大疾病互助领域,也有提供车辆风险互助,多以"超低价保障""产品创新"进行宣传和销售,满足了不少消费者的保障需求,吸引会员入会,动辄有几万、几十万、上百万人参与,① 且发展势态迅猛,已然成为不容忽视的社会经济现象。由于网络互助计划具有非保险机构经营、业务模式难以持续、履行承诺和资金安全难以有效保障、个人信息保密机制可能不完善等不足,② 存在的风险显而易见。

由于网络互助计划具有作为互联网创新事物的复杂性、涉及面的广泛性及影响深远性等特点,监管机构并未直接叫停该类产品,而是以"风险提示""答记者问"等温和形式,③ 加强宣传教育和风险提示。这对提高网络互助计划参与者认识,防范网络互助计划风险具有一定作用。然而,风险提示、答记者问既非根本之策,也非长久之计。要从根本上防范网络互助计划可能引发的风险,关键在于准确判断网络互助计划是否属于保险或"类保险"、经营网络互助计划是否构成非法经营保险业务,科学分析网络互助计划存在哪些风险,正确回答网络互助计划是否应受监管及如何监管等基本问题。为此,本文试图对前述问题进行探讨,希望对我国"互联网+创新"及保险业持续健康发展有所助力。

---

① 截至 2016 年 12 月 31 日,约 120 家网络互助平台上线。网络互助会员数量迅猛增长,其中众托帮、轻松互助用户数量超过 500 万人。参见孔瑞敏《2017 年网络互助行业将洗牌需警惕资金链断裂风险》,http://finance.ifeng.com/a/20170103/15120271_0.shtml,最后访问日期:2017 年 5 月 8 日。http://finance.ifeng.com/a/20170103/15120271_0.shtml。截至 2017 年 12 月 31 日,水滴互助拥有会员 1050 万人。参见《水滴互助 2017 年度报告(一):网络互助进入千万用户时代》,http://life.ynet.com/2018/01/12/857412t978.html,最后访问日期 2018 年 1 月 14 日。

② 参见中国保监会保险消费权益保护局《关于"互助计划"等类保险活动的风险提示》,2015 年 10 月 28 日。

③ 参见中国保监会保险消费权益保护局《关于"互助计划"等类保险活动的风险提示》,2015 年 10 月 28 日;《保监会有关部门负责人就"夸克联盟"等互助计划有关情况答记者问》,2016 年 5 月 3 日。

二 网络互助计划的运营模式及主要特征

（一）运营模式

目前我国多数网络互助计划的运营模式大体相同。以2016年5月3日《保监会有关部门负责人就"夸克联盟"等互助计划有关情况答记者问》提及的"夸克联盟"及"夸克综合意外互助计划"为例，其基本运营模式为：由一家运营公司发起设立并运营网络互助平台，运营公司以网络互助平台名义制定平台会员公约及具体互助计划的互助计划规则（如"夸克综合意外互助计划"规则），具有完全民事权利能力和民事行为能力的人在网络互助平台填写真实身份信息并完成注册流程成为注册会员，注册会员加入网络互助计划成为互助会员。为加入网络互助计划，注册会员应向自己在网络互助平台上的个人充值账户划入一定金额的初始费用（金额一般不大，如9元）并保证账户余额大于一定金额（一般较初始费用更少，如3元）。在发生互助事件时，网络互助平台按互助计划约定的金额发起互助，计划的其他会员有义务进行均摊式互助（每人单次互助均摊不超过事先约定的均摊上限，如3元），网络互助平台从会员个人充值账户中扣缴根据互助计划规则计算出的金额以支付给互助申请人（会员本人或其法定继承人）。

网络互助平台会员公约是规范网络互助平台参与各方基本权利义务的法律文件，其内容通常包括网络互助平台的性质、定义、公约的构成及效力、会员权利义务、网络互助平台权利义务、资金管理、终止与退出、公约修改与解释等。内容主要有：互助会员有义务根据互助计划向满足互助条件的其他互助会员提供互助，有权在需要互助时获得其他互助会员的互助；网络互助平台有权在有互助会员符合互助条件时，代互助会员在个人充值账户里扣除相应金额用于互助事宜；互助会员个人充值账户余额低于互助计划所规定的最低金额即无权就账户余额不足期间所发生的事件申请互助；网络互助平台有权根据会员公约及互助计划相关公示规则单方面判断并决定，如果互助会员违反会员公约或互助计划规则、未履行互助义务，或出现有损互助平台和其他会员的行为，网络互助平台有权终止该互助会员的账号、密码、相关服务的使用，并可对该互助会员终止部分或全部服务；网络互助平台有权制定各项互助计划并发起会员互助；网络互助平台有权对互助会员存放于互助平台的资金进行管理；在出现互助申请人通过提供虚假资料和信息而获得互助的情形时，互助平台有义务代全体互助会员向互助申请人追偿；因客观或政策原因导致无法继续运作网络互助平台，或会员数量低于一定数量时，运营公司有权关闭网络互助平台；网络互助平台对会员的充值资金进行管理，充值资金用于银行存款，资金产生的孳息，网络互助平台将用于平台日常维护费用、互助事件调查与审核费用、律师费等必要合理的第三方费用；互助会员只有在退出互助计划或互助计划终止后，才能向网络互助平台申请退还个人充值账户中的现金余额，手续费用（如账户现金余额2%，最低5元）自行承担，若此时有互助事件处于公示期，互助会员应均摊的金额将被冻结，冻结金额不能申请退还等。

互助计划规则是规范互助会员、互助申请人、网络互助平台等相关方权利义务的法律文件，通常包括计划宗旨、加入与退出、互助范围与标准、分摊标准、不予互助事项、互助申请、其他事项等。其中，"加入与退出"一般规定，会员可自愿加入、自愿退出计划，并规定具体的加入条件（如年龄、职业等）、退出机制（如一经互助即自动退出、达到规定年龄即自动退出、不履行互助义务即自动退出、会员个人账户余额少于一定金额即保障中断）。"互助范围与标准"规定互助事项的范围与互助的标准（如"意外身故：10万元；意外伤残：30万元；航空意外互助金最高为100万元，火车/轮船/汽车互助金最高为30万元）。"分摊标准"规定每人单次均摊基准上限。"不予互助事项"规定哪些情形下不予互助，或对因哪些原因引起的事项不予互助。"互助申请"一般规定申请互助需要提供的材料及申请及互助流程。"其他事项"通常包括与互助计划有关的一些具体约定或声明，如释义、纠纷处理、规划的修订权与解释权（通常归运营公司和网络互助平台）、互助平台不对每次互助的互助金总额做出承诺等。

（二）网络互助计划的主要特征

一是助人的自愿性与非法律上的义务性。助人的自愿性表现为参加网络互助平台与网络互助计划的自愿性、退出的自愿性。当然，自愿不意味着无条件，对加入网络互助平台及网络互助计划，相关会员公约及网络互助计划规则设有诸如年龄等条件；对退出网络互助计划的互助会员，有的网络互助计划规则规定，在申请退出时若有互助事件处于公示期，该会员应均摊的金额将被冻结，冻结金额不能申请退还。非法律上的义务性，指互助会员根据网络互助计划规则给予申请人款项帮助不是法律上的义务，相应的"权利人"也不能对互助会员请求法律上的强制。

二是受助的条件性与非法律上的回报性。网络互助计划的受助者（申请人）须具备互助计划规则规定的全部条件。非法律上的回报性包含两层含义：一是互助会员将获得相应的回报，即在发生互助事项且符合规定的条件时，有"权利"享受其他互助会员的互助；二是互助会员享受其他互助会员互助（"回报"）并非法律上的权利，即互助会员对其他互助会员不具有法律上的请求权。

三是介于捐赠与保险之间。互助会员在出现互助事项时向申请人提供资金支持，一方面，不以申请人向自己提供对价或回报为条件，故有异于保险（有偿）而与捐赠（无偿）相同；另一方面，互助会员向申请人提供资金支持又以自己将来万一出现互助事项时能够得到其他互助会员的互助为期盼和"潜在条件"，故有异于捐赠而与保险类似。因此，从申请人获得互助的确定性或"权利"看，网络互助计划既非传统的捐赠，也非典型的保险，而是介于捐赠与保险之间。

四是整体之间的"互助"而非个体之间的"互助"。由于目前绝大多数网络互助计划坚持互助会员"一经互助自动退出"的原则，因此，作为"申请人"的互助会员不可能再帮助或支持曾经帮助或支持过自己的其他互助会员，故在互助会员个体之间不可能出现相互帮助、支持的情形，只能是互助会员作为整体在相互之间进行帮助和支持。

五是在整个运营过程中充分利用互联网。在网络互助计划运营中,产品发布、会员招募、建立账户、个人账户充值和资金划转、互助公示等多个环节和运营中的重要内容,均充分利用互联网开展。①

三 网络互助计划的保险属性分析

要科学分析网络互助计划的保险属性,关键在于准确判断网络互助计划是否属于"保险"或"类保险"。要准确判断网络互助计划是否属于"保险"或"类保险",须搞清"保险"和"类保险"的实质判定标准,并科学确定网络互助计划是达到这些判定标准或是否充分保险的构成要件。

(一)保险的实质判定标准

关于保险的实质判定标准,我国无论理论界还是实务界都研究不多。目前主流观点认为,"保险业务"的实质判定标准包括危险显著转移与危险承担、非依附性与独立法律请求权、给付的射幸性与补偿性、对价性与金钱给付四个要件,即只有同时具备前述四项要件,方构成保险。其中,"危险显著转移与危险承担"事实上包括三个要素:危险、危险显著转移、危险承担。保险法上的危险是指不可预料或不可抗力之事故,此危险之发生须为可能且未发生;危险显著转移,是指风险应由投保人一方显著地转移出去;危险承担,是指保险人实质性地承担了承保风险。"非依附性与独立法律请求权"是指被保险人于保险事故遭受损失时,对保险人具有法律上请求保险赔偿给付之权,其包含两方面的内容:一是该请求权是单独存在的,非为其他法律行为之附随给付请求权;二是该请求权是法律上所得支持者,非为无法律约束力的"请求"。"给付的射幸性"是指保险给付是否发生或发生时间,取决于合同约定的事故是否发生或何时发生;"给付的补偿性"

---

① 关于网络互助计划的本质,有的认为包括后付费、后定价、保险期限碎片化、相互模式、互联网模式。参见王景、黄志勇《对 E 互助等类保险互联网产品本质浅析和思考》,《上海保险》2017 年第 10 期。

是指保险给付目的在于补偿被保险人一方所受损失，而非使其获得额外利益，该要件仅适用于非寿险。"对价性"是指用于补偿被保险人损失的保险基金须由投保人分摊之，即被保险人获得补偿须支付对价；"金钱给付"是指根据我国法律，保险事故发生时，保险人承担的向被保险人或受益人"赔偿保险金责任""给付保险金责任"属金钱给付义务（曹顺明等，2015）。

（二）"类保险"的界定

我国保险法中并无"类保险"一词，但我国台湾地区"保险法"曾规定过"类似保险"，如我国台湾地区2007年"保险法"第136条规定，"非保险业不得兼营保险或类似保险之业务"。"违反前项规定者，由主管机关或目的事业主管机关会同司法员警机关取缔，并移送法办；如属法人组织，其负责人对有关债务，应负连带清偿责任……"。同法第167条规定，"非保险业经营保险或类似保险业务者，处三年以上十年以下有期徒刑，得并科新台币一千万元以上五亿元以下罚金。其犯罪所得达新台币一亿元以上者，处七年以上有期徒刑，得并科新台币二千五百万元以上五亿元以下罚金。法人犯前项之罪者，处罚其行为负责人"。笔者认为，中国保监会保险消费权益保护局2015年10月28日《关于"互助计划"等类保险活动的风险提示》中所称"类保险"与我国台湾地区"保险法"中的"类似保险"应具相同含义。然而，我国台湾地区"保险法"并未对"类似保险"作明确界定，但理论界与实务界普遍认为，"类似保险"是指实质上为保险，但在外观上未使用保险或保险契约之名称（罗俊玮，2005），即"类似保险"系以"有保险之实，无保险之名为断"（卓俊雄，2012）。依此，"类似保险"的实质判定标准应与"保险"相同，只不过前者未使用"保险"之名而已。

（三）网络互助计划是否具备"保险"的构成要件

如前所论，网络互助计划如欲构成保险或类保险，须同时具备危险显著

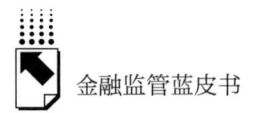

转移与危险承担、非依附性与独立法律请求权、给付的射幸性与补偿性、对价性与金钱给付四个要件。对此,我们逐一进行分析。

一是危险显著转移与危险承担要件。首先,根据保障内容不同,网络互助计划的互助范围包括意外身故、意外伤残等,针对的是可能且未发生的不可预料或不可抗力之事故,故存在保险上的危险。其次,互助会员加入网络互助计划的目的是显著转移自己的相关危险,但该目的之实现有赖于危险发生时互助计划是否存续(根据约定,很多情况下互助计划可终止)、是否有足够数量的互助会员、互助会员是否愿意进行互助等因素,因此很难说互助会员加入网络互助计划即实现了危险显著转移。最后,目前网络互助计划中运营公司、互助平台均明确标明自己仅为会员提供互助的平台,不承担实质的互助义务,而互助会员则遵循自愿原则,有权利随时退出网络互助计划、在互助事件发生时方表明是否愿意捐赠,因此在网络互助计划中,似乎没有主体承担互助会员所欲"显著转移"的危险,这与前述互助会员的危险未显著转移这一结论相吻合。

二是非依附性与独立法律请求权要件。网络互助计划中申请人获得其他互助会员"互助"的"权利"是独立的,并非依附于其他法律行为,但该"权利"是否为一种法律上的请求权则存在疑问。一般认为,请求权是指要求他人作为或不作为之权利(朱庆育,2016),这种权利在不获实现时可以请求国家强制力的支持。在网络互助计划中,关于互助会员给予互助和获得互助的规定多表述为"您有义务根据互助计划向满足互助条件的互助会员提供互助,也有权在需要互助时获得其他互助会员的互助。"[①] 依此规定,申请人所得"要求他人作为之权利"中的"他人"应指其他互助会员,但其他互助会员依会员公约却有权随时退出互助计划(其后果仅为"若此时有互助事件处于公示期,会员应均摊的金额将被冻结,冻结金额不能申请退还"),或者选择使个人充值账户余额小于规定的最低金额(其后果仅为无权就账户余额不足期间所发生的事件申

---

① 参见《夸克联盟会员公约》《抗癌公社社员公约》《E互助平台会员公约》。

请互助）。①

三是给付的射幸性与补偿性要件。网络互助计划中，仅在互助会员发生互助事项时，方得接受其他互助会员的互助；而互助事项是否发生、何时发生，则不确定。因此，其具射幸性应无争议。补偿性仅适用于非寿险，目前网络互助计划的主要互助范围为意外伤残、意外身故、重疾等，互助标准主要采定额方式。因此，补偿性要件应不适用于现有多数网络互助计划。

四是对价性与金钱给付要件。互助会员获得其他互助会员的互助，是以自己加入网络互助计划，承担互助义务为前提，但由于强调的是互助会员之

---

① 当然，较大分歧点为，如何看待当前网络互助计划中运营公司的地位、会员个人充值账户内资金的法律归属及性质。根据会员公约和网络互助计划规则，运营公司仅负责发起网络互助平台，网络互助平台负责提供信息运营服务，运营公司、网络互助平台不对互助会员进行扶助，互助是互助会员之间的互助，中间没有媒介；会员个人充值账户内资金在法律上归属于互助会员，但网络互助平台有权对前述资金进行管理并将管理产生的孳息用于维护平台日常维护费用等支出，因此会员个人充值账户内资金在性质上为互助会员为互助目的而存放在个人充值账户内的预存款。但是，前述观点难以解释以下两个问题：一是资金为种类物，一旦由互助会员交付给运营公司，则所有权应即从互助会员转移至运营公司，运营平台不是国家批准的存款机构，会员个人充值账户应属运营平台为记账方便而为个人而开立，其是否意味着该账户内资金的所有权仍归属于互助会员？二是运营平台有权对运营资金进行管理并将管理而产生的孳息用于平台运营相关费用支出，而无须由该资金"所有者"的互助会员的另行同意及行为（交付或指示交付），如果该资金在法律上归属于互助会员，又当如何解释？三是在发生互助事项后，运营平台按规定从每位互助会员的平台个人充值账户上划拨互助金，并于互助金归集完毕后一次性向互助申请人划拨，在性质上是互助平台向申请人支付法律上已经归属运营公司的"互助金"，还是互助平台归集在法律上归属互助会员的资金然后向申请人支付？然而，如果不依会员公约和网络互助计划规则的规定进行理解，而将会员个人充值账户内资金的法律归属认为属于运营公司，性质为"保费"，则其后果必然是将网络互助计划在性质上认定为"保险"，而这又存在以下几个难点：一是如果网络互助计划在性质上为"保险"，则运营公司（通过网络互助平台）应为会员互助的媒介，即"保险人"，集众人之资金，并对众人中发生风险事件者按约定标准进行补偿，但会员公约和网络互助规则又明确地将运营公司、网络互助平台的责任限于提供信息运营服务，互助是互助会员之间的互助；二是如果网络互助计划在性质上为"保险"，则互助会员加入互助计划时应有互助金额确定、互助金支付时间确定、互助期间确定，但目前互助会员加入网络互助计划时应承担的互助金额并不确定、互助金支付时间不确定、互助期间不确定（因为可随时退出）。三是如果网络互助计划在性质上为"保险"，互助会员退出互助计划一般应扣除一定的手续费，目前互助会员随时有权退出网络互助计划并不承担任何责任（例外情形是，如此时有互助事件处于公示期，会员应均摊的金额将被冻结，冻结金额不能申请退还）。

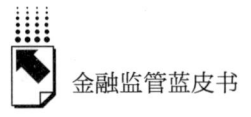

间的互助,而某一会员一旦接受互助即须退出互助计划,因此事实上不存在作为个体的互助会员之间进行互助的情形,存在的是互助会员作为整体在相互之间进行的互助。因此,可以认为网络互助计划存在一定的对价性。由于申请人获得互助的形式是金钱,因此网络互助计划存在金钱给付。

综上所述,网络互助计划符合给付的射幸性、对价性、金钱给付要件,因而易让人误认为具有"保险"属性,甚至被称为"类保险"。如前所述,构成"保险业务"须同时具备危险显著转移与危险承担、非依附性与独立法律请求权、给付的射幸性与补偿性、对价性与金钱给付四个要件,而目前多数网络互助计划不具备危险显著转移与危险承担、非依附性与独立法律请求权要件,补偿性要件也不适用,因此目前多数网络互助计划应不具保险属性,经营网络互助计划应不构成经营保险业务。

四 网络互助计划存在的风险

在我国,网络互助计划产生的时间虽然总体不长,但因存在诸如顶层设计不足、监管缺失、不少定位失当等先天不足,加上我国市场整体诚信基础薄弱、公益事业不发达、"互联网+"野蛮成长竞争激烈等宏观背景,故已有个别网络互助平台沦为"僵尸平台",有的已难以为继,相信随着竞争激烈程度的提高和时间延续,网络互助计划风险将逐步显现,这些风险主要包括以下几方面。

一是网络互助平台投资人逐利性与网络互助公益性不匹配的风险。网络互助是基于"我为人人,人人为我"互助精神开展的,网络互助平台提供的是非盈利的公益服务,网络互助事业是公益事业,目前几乎所有的网络互助平台也如此对外标示自己的公益定位及公益性质。然而,目前搭建网络互助平台的多为逐利的运营公司,而且不少还吸引到了风险投资基金、股权投资基金等投资并以此作为事业进步的标志。由于风险投资基金、股权投资基金等投资者以逐利为目标,因此搭建网络互助平台的经营公司天然具有逐利性质,这与网络互助无偿、非营利的本性及要求具有难以调和的矛盾,这种矛盾不仅表现在行为动机、行为目标上,而且也会体现在产品、服务、会员管理等各个方面。前述不匹配为网络互助计划持续健康发展埋下诸多隐患，这从目前有不少经营公司热衷于短期内扩大会员数量、申请保险经营牌照或有的经营公司眼看逐利无望即放弃平台运营即可窥一斑。

二是网络互助平台业务模式难以持续的风险。目前网络互助平台设立运营无门槛要求、平台运营成本需由运营公司贴补①、运营公司对平台运营失败几乎不承担任何责任、运营公司有权在一定情况下关闭平台而无须对会员承担任何责任，这导致平台运营需要运营公司长期"输血"。由于运营公司对为平台运营长期"输血"的意愿和能力不一，加上对平台运营失败或关闭也几乎不承担责任，这决定了目前网络平台业务模式的难以持续性。

三是网络互助平台归集资金被挪用的风险。虽然不少运营平台声称个人充值账户内的资金归属互助会员个人，但在操作安排上，该账户内资金由网络互助平台具体占有和支配，在缺乏托管或独立受托人等有效安排下，个人充值账户等平台归集资金存在被挪用风险。

四是网络互助平台运营不规范甚至违规的风险。由于目前网络互助平台正处长野蛮生长期和监管"空白"期，网络互助平台运营的各个方面，如运营模式、产品设计、会员招募、广告宣传、互助开展、资金归集、资金运用等方面都极易发生不规范运营，甚至直接违反《公益事业捐赠法》《慈善法》《反不正当竞争法》《广告法》《保险法》等法律法规，有的可能招致严重的法律后果。此种不规范及违法违规风险，最终将会影响互助会员利益，从而转化为互助会员的风险。

五是网络互助平台互助会员"权利"或"预期"落空、个人信息泄露风险。互助会员加入网络互助平台的动因，既有发扬风格帮扶他人的善意，也有于自身遭受不测时获得一份有力保障的期盼，这也是网络互助平台招募会员时有力的口号。然而，宣传口径、互助计划规则、互助计划运行实际效果之间往往存在不一致的地方，特别是网络互助平台关闭、互助会员人数未达预期数额或未维持预期数额、网络互助平台未按约定操作时，互助会员的

---

① 虽然多数规定资金管理产生的孳息用于平台维护、事件调查审核等运营费用。

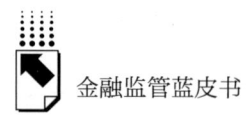

"权利"或"预期"极易落空。另外,网络互助平台内控能力不一,在内控薄弱的网络互助平台,会员个人信息被泄露也是可能的重要风险。

五 建立健全网络互助计划监管的建议

互助互济是中华民族的优良传统和高尚美德,网络互助借助现代网络科技使得这种传统和美德更加发扬光大。对此,应予鼓励和支持。然而,由于目前网络互助计划存在的不足与风险,加上监管的真空与不到位,极易使得这种创新发扬光大传统与美德之效果大打折扣甚至带来负面效应。为此,急需建立健全网络互助计划的监管,当前来看,主要可从以下几个方面着手。

一是明确监管主体与分工。按照现代监管的趋势,采取功能监管方式,区分非营利性与营利性机构或平台,由民政部门负责非营利性网络互助平台和网络互助计划的监管,由保险监管部门负责营利性、构成保险的"准网络互助计划"的监管,禁止开展未经许可的、营利性的、构成商业保险或类保险的网络互助计划。

二是明确网络互助计划的定位。纯粹的网络互助计划,须定位为公益性的非营利性机构,不得开展任何营利性活动;禁止任何营利性机构直接发起网络互助计划或开展类似活动。

三是确立网络互助计划的监管内容。具体包括投资人监管,不得由风投基金投资等机构直接投资;运营公司监管,明确资本要求、技术要求、内控要求等;平台产品、宣传及营销监管,不得进行误导性宣传及营销,不得令参加者误认为是"保险";平台实施互助监管;平台信息披露;纠纷预防及解决,明确投诉渠道、行业协调、问题多发平台监管,等等。

参考文献

[1] 曹顺明、赵鹏:《论"保险业务"的实质判定标准——兼析经营延保、救援服

务是否构成非法经营保险业务》,《保险研究》2015 年第 9 期。
[2] 罗俊玮:《保险监理之开端——何谓类似保险》,《法令月刊》2005 年第 1 期。
[3] 卓俊雄:《论类似保险之意涵——台湾高等法院一百年度金上诉字第二八号判决民事评析》,《月旦法学杂志》2012 年第 2 期。
[4] 朱庆育:《民法总论》,北京大学出版社,2016。

B.13
更加主动、全面、深度参与国际金融监管标准的制定

王 刚 程梦凡 马羽思*

摘　要： 随着未来国际金融监管标准对各国金融立法和金融监管影响力的不断提升，积极深度地参与国际金融监管标准的制定，对于一个国家的金融稳定和公共外交来说至关重要。从历史发展来看，我国对国际金融监管标准制定的参与度不高。笔者一方面统计目前在众多国际金融监管标准制定机构中担任高级领导职务的领导人的国籍，另一方面对比中国与其他国家参与制定金融监管国际标准文件数，论证了我国对国际金融监管标准制定的影响力明显不足。基于此种现状，为了进行更具主动性、全面性和深度性的有组织的安排，笔者提出了四点有针对性的建议或措施，以期提升我国对国际金融监管标准制定的影响力。

关键词： 国际金融监管标准　制定机构　领导职务　规则制定　协调与合作

中共中央《关于全面推进依法治国若干重大问题的决定》提出我国要积极参与国际规则制定，增强我国在国际法律事务中的话语权和影响力。目

---

* 王刚，博士，国务院发展研究中心金融所银行研究室副主任，副研究员，主要研究领域为金融监管、风险管理、金融法；程梦凡，对外经济贸易大学法学院2017级硕士研究生，主要研究领域为金融法；马羽思，对外经济贸易大学法学院2016级硕士研究生，主要研究领域为金融法。

前,对于参与、引领国际金融监管标准制定方面,我国缺乏机制、组织保障和路径安排,参与程度和影响力十分有限。可以预见,随着未来国际金融监管标准对各国的金融立法和金融监管影响力的不断提升,如果我国不对参与国际金融监管标准及早做出系统的规划和安排,不但可能影响我国的金融稳定,而且会丧失公共外交的一个重要渠道。

一 我国对国际金融监管标准制定的影响力明显不足

首先,在众多的国际金融监管标准制定机构中,除 IMF 和世界银行外,至今尚无中国大陆人担任高级领导职务。不仅如此,在各个制定机构下设的委员会、分委员会、工作小组、行动小组中,也无中国大陆人担任主席(组长)或副主席(副组长)。据我们对以下四个主要国际金融监管标准制定机构的统计,在金融稳定理事会下设的六个委员会(包括亚洲地区咨询小组)、巴塞尔银行监管委员会下设的五个工作小组、国际证监会组织下设的八个委员会和行动小组、国际保险监管机构协会下设的六个委员会,中国大陆人曾任或现任金融稳定理事会下合作常设委员会和国际证监会组织下的执行委员会、第五委员会和多边备忘录监督小组的副主席。表1是各国在金融稳定理事会、巴塞尔银行监管委员会和国际证监会组织内部机构现任领导职务的情况,从中可以看出我国在三大国际金融监管标准制定机构的影响力无法与发达国家相比,也不及巴西、南非、新加坡、马来西亚。

表1 主要监管标准制定机构内设机构负责人国籍统计

国际机构	内设机构	主席国籍 ()内为副主席国
金融稳定 理事会	脆弱性评估常设委员会	墨西哥
	监管合作常设委员会	美国
	标准实施常设委员会	新加坡
	预算和资源常设委员会	荷兰
	亚洲咨询小组	日本、菲律宾
	监管和实施小组	美国

续表

国际机构	内设机构	主席国籍 ( )内为副主席国
巴塞尔银行监管委员会	宏观审慎监管小组	新加坡、美国
	会计专家小组	南非
	巴塞尔委员会咨询小组	阿联酋
	理事会	澳大利亚(加拿大、马来西亚)
	新兴市场委员会	马来西亚(南非、巴西)
国际证监会组织	附属成员咨询委员会	巴西
	发行人会计、审计、信息披露委员会	美国(法国)
	二级市场监管委员会	德国(南非)
	市场中介监管委员会	中国香港(韩国)
	执行、信息交流和多边备忘录监督委员会	美国(加拿大)
	投资管理委员会	法国(中国大陆)
	信用评级委员会	美国(日本)
	商品衍生品市场委员会	美国、英国
	零售投资者委员会	加拿大(巴西)
	长期融资行动小组	马来西亚
	场外衍生品监管行动小组	加拿大、美国
	金融基准行动小组	英国
	跨境监管行动小组	中国香港
	评估委员会	澳大利亚(印度)
	会计和审计监督理事会	加拿大
	亚太地区咨询委员会	中国香港
国际保险监督官协会	会计和审计工作组	德国(美国)
	治理工作组	荷兰(阿联酋)
	保险集团工作组	德国(瑞士)
	市场行为工作组	加拿大(南非)
	养老金协调工作组	斯洛伐克
	再保险与其他风险转移方式分委会	德国
	处置工作组	瑞士(美国)
	破产与清算问题分委会	美国(日本)
	全球系统重要性保险集团分析工作组	英国
	全球系统重要性保险集团政策工作组	美国(德国)
	宏观审慎政策与监督分委会	美国(列支敦士登)
	监管发展工作组	黎巴嫩(印度)
	金融包容工作组	印度(牙买加)
	标准遵守分委会	美国(印度)
	监管合作分委会	德国
	签约国工作组	德国

资料来源：笔者整理。

其次，我国对国际金融监管标准制定机构出台的各类文件（包括标准、指引、最佳实践、研究报告等）参与不足。根据我们不完全统计，自我国2009年3月加入巴塞尔银行监管委员会和金融稳定理事会、1998年9月成为国际证监会组织执委会成员、2009年4月加入全球金融体系委员会、2009年7月加入支付和市场基础设施委员会和2000年加入国际保险监管机构协会后，截止到2014年底，这六个机构出台的列明参与起草单位的文件分别是62个、42个、34个、17个、12个和9个，而由中国大陆参与起草的文件分别只有33个、17个、15个、8个、3个和1个（见表2）。各个标准制定机构为了起草某个特定领域的标准、指引或者研究报告，往往会成立特别项目组或者工作小组。据我们收集的信息，除了银监会和证监会分别派员担任巴塞尔银行监管委员会的杠杆率监管工作小组和国际证监会组织的《新兴市场机构投资者的发展和监管》（研究报告）项目负责人外，没有中国大陆人担任过其他项目组或者工作小组的负责人。表3是金砖五国和韩国参加金融稳定理事会文件起草和担任项目负责人的情况。

表2 我国参与制定金融监管国际标准情况

机构名称	制定文件数（个）	中国大陆参与数（个）
金融稳定理事会	42	17
巴塞尔银行监管委员会	62	33
国际证监会组织执委会	34	15
全球金融体系委员会	17	8
支付和市场基础设施委员会	12	3
国际保险监管机构协会	9	1

注：统计时间自我国加入这些组织起算，国际证监会组织自1998年我国成为执委会成员起算。具体而言，金融危机前我国于1998年9月成为国际证监会组织执委会成员，2000年加入国际保险监管机构协会。本次金融危机后我国于2009年3月加入巴塞尔银行监管委员会和金融稳定理事会，2009年4月加入全球金融体系委员会，2009年7月加入支付和市场基础设施委员会。

资料来源：笔者整理。

表3 金砖五国和韩国参加金融稳定理事会文件起草和担任项目负责人的情况

	中国大陆	巴西	印度	俄罗斯	南非	韩国
参加起草文件数（个）	17	19	16	9	12	14
任项目负责人人数（人）	无	2	2	无	1	2

资料来源：笔者整理。

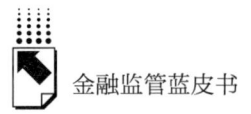

二 主动、全面、深度参与国际金融监管标准制定的措施

我们的调查表明,我国对国际金融监管标准的影响力不但远不如美国、英国、德国和日本等发达国家,而且与一些发展中国家相比也有距离。如果我们对参与标准制定仍然缺乏有组织的安排,缺乏主动性、全面性和深度性,就无法改变我国对国际金融监管标准制定影响力不足的现状。为此,我们提出以下措施。

第一,用好、用足上合开发投资银行、金砖国家银行、亚洲基础投资银行和丝路基金,引领相关国际金融规则的制定。这些国际金融机构不仅仅是国际市场资金的提供者,而且是国际金融规则供给的重要平台。它们开展国际金融业务本身需要规则先行,作为主要发起国,我国应该主导和引领相关国际金融业务规则的制定。同时,借鉴亚洲开发银行等国际金融机构的做法,在这些机构内部设立规则制定的技术援助项目,协助相关国家制定金融法律和规则。

第二,全方位参加国际金融监管标准制定。首先,落实责任主体,做出统一部署。建议中财办牵头,财政部、"一行三会"、外交部参加,研究制定我国参加国际金融监管标准制定的中长期规划和落实措施,专列预算并制定专门的国际金融组织人才培养规划,创新人才政策,明确选拔、使用、晋升机制。其次,在加入所有国际金融监管标准制定机构基础上,积极派员参加各机构下设的所有委员会、分委会、工作(行动)组和课题组,并主动争取,尽可能多地担任各制定机构及下设组织甚至课题组的负责人。最后,全面参加各种标准制定活动,深度介入标准的倡议、起草、研讨、出台等各个环节。如相关机构缺乏人手,可邀请科研机构和高校智库研究人员挂职参加相关活动。

第三,与其他国家签订双边和多边监管标准协调协议。不同于我国目前与其他国家监管机构签订的监管合作协议,双边或多边监管标准协调协议是对协议各方在特定监管领域的不同监管标准做出协调,规定各方应共同遵守的标准。它往往能够发展成为国际金融监管标准，如巴塞尔银行监管委员会的资本充足率监管标准就来自于英美两国 1987 年达成的银行资本双边协议。我们应该充分利用中美、中英、中欧、中印、中巴、金砖五国、区域性组织等双边和多边经济对话机制，选择重要但协调难度相对较小的金融监管领域与其他国家达成双边或多边监管标准协调协议。

第四，开展多层次的金融监管交流与合作。首先，继续加强现有的监管合作、监管磋商和监管联席会议等跨境交流合作机制，主动承办制定机构的年会和下设委员会会议。其次，有组织地对国际金融监管标准的征求意见稿做出反馈，有组织地研究国际金融监管标准的优缺点，为参与标准制定和修订提供理论基础。再次，积极参与 IMF、世界银行和各大洲开发银行的金融监管法律和规则的技术援助项目，主动派出技术援助专家，以此向被援助国家传播我们的金融法律和规则。最后，通过包括学术研讨会在内的各种交流平台加强国内外监管机构和学者之间的学术交流，完善财政部和"一行三会"的英文网站，组织人力把我国更多的金融监管规则翻译成外文。

参考文献

［1］中共中央《关于全面推进依法治国若干重大问题的决定》，2014 年 10 月。
［2］金融稳定理事会、巴塞尔银行监管委员会、国际证监会组织、国际保险监督官协会网站及近年年报。

B.14
政府与社会资本合作风险点探析

陈旭 朱鹤*

摘 要: 2014年以来，PPP迅猛发展，成为基础设施和公共服务提供的主要方式。然而，随着PPP项目规模的迅速扩张和金融严监管时代到来，PPP可能带来财政风险和金融风险。本文从中国PPP发展的进程和结构入手，寻找PPP和风险点，厘清PPP引发财政风险的逻辑，分析央企参与PPP与其杠杆率之间的关系。结果发现，地方政府债券规模不能满足地方政府旺盛投融资需求是PPP成为风险点的重要原因。另外，建筑央企为避免杠杆率增加，通过设计有限合伙基金作为PPP项目公司大股东的方式出表。国资委192号文、资管新规等监管规则封堵了央企PPP出表渠道，对央企参与PPP产生重要影响。

关键词: 央企杠杆率 PPP 财政风险

一 引言

近三年来，政府与社会资本合作（PPP，Public – Private Partnership）模式①

---

* 陈旭，经济学博士，中国财政科学研究院助理研究员，主要研究领域为财政金融、宏观审慎政策；朱鹤，经济学博士，北京大学博士后，北京大学汇丰商学院海上丝绸之路研究中心副秘书长，主要研究领域为中国宏观经济、国际金融。

① 关于PPP权威的定义来自于《国务院在公共服务领域推广政府和社会资本合作模式的指导意见》，即"政府采取竞争性方式择优选择具有投资、运营管理能力的社会资本，双方按照平等协商原则订立合同，明确责权利关系，由社会资本提供公共服务，政府依据公共服务绩效评价结果向社会资本支付相应对价，保证社会资本获得合理收益"。

是国务院、财政部和发改委等部门力推的政策，成为基础设施建设和公共服务提供的重要方式。2013年十八届三中全会提出"允许社会资本通过特许经营等方式参与城市基础设施投资和运营"，为PPP发展提供指引。2014年9月财政部推出76号文，① 正式界定PPP为政府和社会资本合作，成立PPP中心，为PPP提供咨询和推广。发改委也于2014年9月推出2724号文②鼓励PPP发展，制定指导意见。随后关于PPP的政策相继推出，PPP进入迅猛发展阶段。截至2017年9月末，财政部PPP全国入库项目已经达到14220个，累计投资额已经达到17.8万亿元。

推动PPP模式的要义在于简政放权，鼓励民营资本进入基础设施和公共服务领域，提高建设和服务质量。然而，由于PPP发展的快速野蛮生长，许多PPP项目实际上成为地方政府的融资手段，增加地方政府债务，积累风险。目前PPP项目的社会资本参与者中，仍以国有企业为主，尤其是中央企业。央企"跑马圈地"，依靠其建筑、资金等优势，在各个省市中标PPP项目，杠杆率有上升的倾向，也催生金融风险。

2017年7月的全国金融工作会议将未来两年金融工作的基调定为防范系统性金融风险，加强金融监管。各监管部门也开始转向规范PPP，财政部在2017年4月和11月分别发文③规范PPP项目中的地方政府担保行为和清理PPP项目库。发改委和国资委也分别出台关于基础设施建设领域和国有企业参与PPP的规范文件。④ 政府部门对PPP发展的态度已经从促发展转向为防风险。那么，PPP发展到目前的规模，其风险点在

---

① 2014年9月23日财政部下发的《财政部关于推广运用政府和社会资本合作模式有关问题的通知》（财金〔2014〕76号）。
② 2014年12月发改委发布《国家发展改革委关于开展政府和社会资本合作的指导意见》（发改投资〔2014〕2724号）。
③ 2017年4月财政部、发改委、司法部、中国人民银行、银监会和证监会联合发文《关于进一步规范地方政府举债融资行为的通知》（财预〔2017〕50号）；2017年11月财政部办公厅发文《关于规范政府和社会资本合作（PPP）综合信息平台项目库管理的通知》（财办金〔2017〕92号）。
④ 2017年11月国资委下发《关于加强中央企业PPP业务风险管控的通知》（国资发财管〔2017〕192号）。

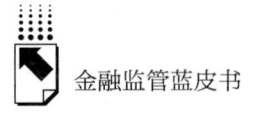

哪里？风险的传导机制是什么？如何防控这些风险？就是本文所需要回答的问题。

二 PPP风险文献综述

当前学界和政策界已经对PPP发展和对地方债务风险的影响进行了大量的研究。有的研究表明从理论上PPP可以是化解地方政府债务的方法。缪小林和程李娜（2015）分析指出PPP模式可以通过公私合作机制约束地方政府债务扩张，可以在地方政府债务风险化解方面起积极作用。在政府债务项目中引入私营资本，提升债务资金配置效率，从而可以防范存量债务风险和新增债务风险。

然而，更多的文献集中关注的是PPP过快增长可能增加地方政府债务和财政风险。关于财政风险，刘尚希（2003）定义，财政风险是政府拥有的公共资源不足以履行其应承担的支出责任和义务，以致经济、社会的稳定与发展受到损害的一种可能性。樊轶侠（2016）认为PPP项目并不一定是解决地方政府债务的有力工具，而可能给政府带来财政风险，其主要源头是未来支出承诺形成的直接负债和由不确定事项引起的或有负债。

从PPP导致政府债务风险的机制上来看，Gerd Schwartz等（2008）认为，通过PPP模式，政府可以绕过预算管理，将公共投资从预算表中摘出去，将债务从政府资产负债表中移除出去，从而引发新的财政风险。陆雨（2017）从政府信用风险、委托－代理关系中的俘获风险、契约风险等方面分析PPP模式推进过程中存在的地方政府财政风险和金融风险。在委托－代理关系中，社会资本方和政府方的利益目标不同，如果政府方或其代理人不能有效监管，那么很容易被代理人俘获，形成代理人和监管者的合谋，产生寻租。另外，由于中国政府的地位经常处于强势，政府和企业很难形成真正公平对等的伙伴合作关系，再加上形成的契约是不完全的，这都会引发PPP项目的后续风险。

吉富星（2015）通过分析地方政府行为扭曲和负债管理异化现象，指出如果PPP项目交易结构、风险分担和创新激励机制不合理，会导致政府中长期支出责任加大。目前中国PPP市场存在不确定性、监管难、契约不完全等情况，再加上政府的道德风险和财政幻觉，PPP滥用现象时有发生，可能会给政府带来新的债务。另外，由于当前我国PPP项目的融资过度依赖政府，只依靠项目公司融资难度非常大，这就迫使地方政府会提供承诺和担保等行为。合同约定、事实上的、推定的政府承担的各类承诺、保证、担保、补助和救助等都会成为政府债务风险，一旦显性化，就会转变政府直接支出责任。而且政府的各种非理性担保、不合理补贴或补偿等游离于资产负债表外，未纳入财政预算和负债管理，中长期将使得地方政府背上沉重的财政负担。许安拓和邱通（2016）也指出由于PPP项目在我国推进的速度过快，可能形成地方政府隐性债务，进一步加剧债务负担。温来成等（2015）认为，PPP是财政风险较高的公共服务供给方式，在政府与社会资本合作过程中，双方存在信息不对称，而且存在矛盾，即社会资本追求利益最大化，而政府方更注重保障公共服务的公平性，从而在风险分担方面存在分歧，最终会给政府带来潜在的财政风险。而且从我国PPP的发展态势来看，政府与社会资本合作项目急速、大面积地推进，在经验积累和市场化论证等方面，存在先天不足、项目盲目上马的现象。前期工作不充分，后期公私双方可能存在纠纷隐患。部分地方政府也可能存在为快速展现政府与社会资本合作项目政绩而忽视财政风险或让渡财政潜在收益的行为。另外，一些地方政府针对PPP项目采取约定社会投资者的固定收益或约定利率与期限回购股权等方式，将PPP项目股权合作转化为债务融资，把PPP当作融资工具，这都加剧了政府的财政风险。

从亚洲开发银行总结的PPP项目的实践经验来看，低质量的PPP项目会增加政府财政负担，因实施PPP项目，政府部门将面临新型的财政资金需求：一是直接债务；二是承担或有债务；三是由隐性担保导致的财政资金需求，有些事关民生的基础设施或公共服务项目，社会资本违约后，政府不得不介入用财政资金维持项目运营。质量不高的PPP项目是指政府部门过度承担风险、政府过度弥补可行性补贴缺口、风险分配责任不清晰、项目信息披露不充分、风险监管不到位等。对于政府部门，对PPP项目为加入中长期预算计划，并将三种财政支出责任移出预算外，更容易加大政府财政风险。马恩涛和李鑫（2017）通过梳理分析智利、秘鲁、南非和土耳其四国PPP政府债务风险管理框架，指出我国目前在PPP政府债务风险制度框架设计、风险监督与评估、预算与会计管理和信息披露与公开等方面需要加强推动，以防范PPP发展引起的政府债务风险。

PPP除了导致政府财政风险外，也会引发金融风险。李虹含（2016）认为中国的财政风险和金融风险是可以相互转化、相互渗透的。当地方政府债务风险过大时，金融机构为主导的债权人会出现大量坏账，影响正常运营，威胁整个金融系统。值得注意的是，目前尚没有讨论PPP导致央企杠杆率上升，进而影响金融风险的研究。

三 PPP发展进程与风险积聚

这部分从中国PPP发展的速度和结构入手，分析PPP的可能的风险积聚情况。

（一）2014~2017年PPP规模迅速扩大，落地率不断提升

在国务院和各部委的推动下，各地方政府纷纷建立PPP中心，2014~2017年PPP进入了快速发展时期。截至2017年9月末，根据全国政府和社会资本合作（PPP）综合信息平台项目库数据统计，全国PPP入库项目共计14059个，累计投资额达到17.7万亿元。而2016年1月入库项目还只有6997个，累计投资额为8.1万亿元。从落地情况来看，2017年10月落地率达到37.4%，落地投资额6.6万亿元。

（二）PPP项目库结构：市政工程和交通运输两个领域占比最高

在财政部项目库中涉及能源、交通运输、水利建设、生态建设和环境保护、市政工程、城镇综合开发、农业、林业、科技、保障性安居工程、旅

游、医疗卫生、养老、教育、文化、体育、社会保障、政府基础设施和其他19个一级行业。截至2017年10月，项目库中，市政工程、交通运输、生态建设和环境保护项目数排前三，分别为4954个、1865个、874个，合计占全国PPP项目总数的54.7%；交通运输、市政工程和城镇综合开发项目投资额居前三位，分别为5.47万亿元、4.79万亿元和1.77万亿元，合计占全国PPP项目总投资额的67.9%。如图1所示，市政工程和交通运输领域的PPP项目和投资额都远超过其他领域，片区开发和旅游领域推出的PPP项目也较多。

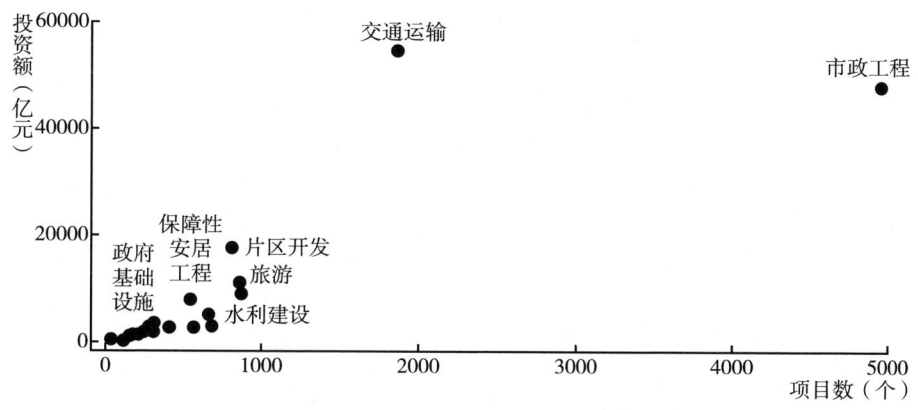

图1　各领域PPP项目数与投资额

资料来源：Wind。

（三）PPP项目的地域分布

从中国PPP发展的地域分布来看，贵州、四川、山东、新疆和云南等都是PPP大省，无论从PPP项目数，还是投资额都排名靠前。从PPP项目数量来看，贵州、新疆、四川、山东和河南分列前五名，这五个省、自治区PPP项目数占全国比重为47%。贵州在PPP投资额上也是排名第一，为1.74万亿元，随后是四川、河南、新疆和云南，这五个省、自治区的PPP投资额占全国40%。

（四）PPP 项目回报机制

PPP 模式有三种回报机制：政府付费、可行性缺口补助和使用者付费。政府付费模式的 PPP 并不会减小地方政府的财政支出责任，只是延长了支付期限，增加中长期的政府财政负担。可行性缺口补助模式中，如果政府和社会资本的风险分担机制设计不合理，很有可能导致政府形成隐性债务，在未来加大财政支出责任。使用者付费模式的 PPP 有稳定的收入现金流，几乎不会导致政府债务风险，是 PPP 模式推动的方向。监管层目前已经认识到政府付费模式引致的财政风险可能超预期，开始进行规范。2017 年 11 月，财政部的 92 号文[①]指出对于政府付费类 PPP 项目要审慎开展，确保质量。

根据 2017 年 10 月的累积数据，PPP 项目库中，可行性缺口补助类型的投资额所占比例最高，占到全部项目的 48%，政府付费类和使用者付费类分别占到 27% 和 25%（见图 2）。从项目数量来看，三种类型所占比例相对均衡，政府付费类相对较高为 35%，可行性缺口补助类和使用者付费类分别占 33% 和 32%（见图 3）。

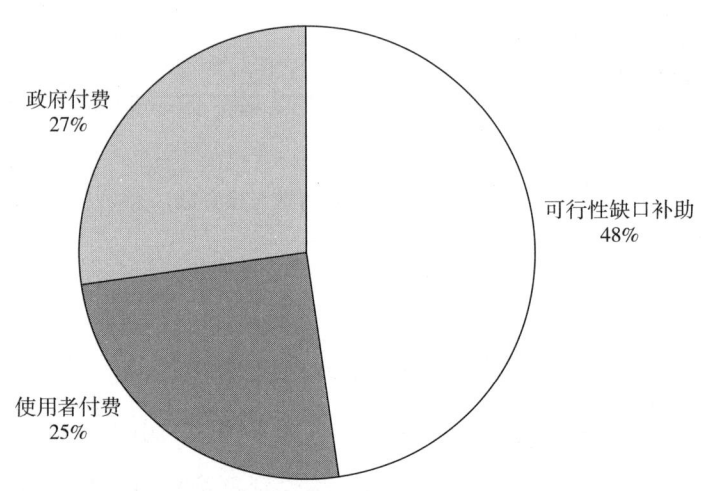

图 2　各类回报机制占比（投资额）

资料来源：Wind。

---

① 2017 年 11 月，财政部印发《关于规范政府和社会资本合作（PPP）综合信息平台项目库管理的通知》（财办金〔2017〕92 号）。

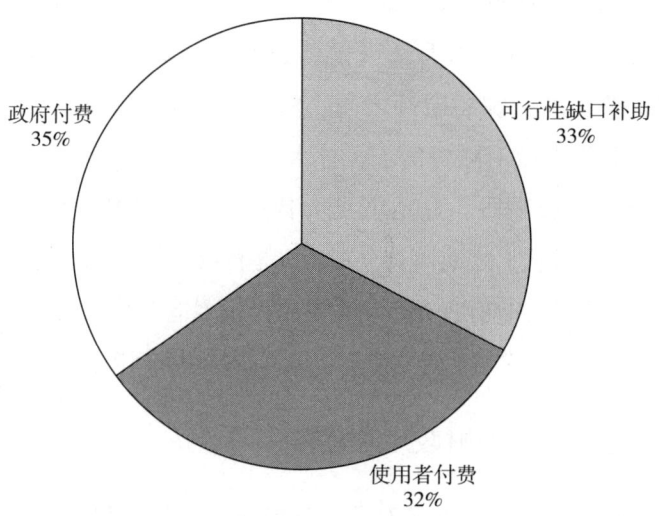

图 3　各类回报机制占比（项目数）

资料来源：Wind。

四　PPP 引发财政风险的逻辑

（一）PPP 引发财政风险的逻辑

地方政府债券规模不能满足地方政府旺盛投融资需求是 PPP 成为风险点的重要原因。地方政府具有投资冲动，各省经济表现与政绩紧密挂钩。2006 年以来，地方政府通过融资平台大规模借贷进行基础设施建设等，迅速增加地方债务。尤其是 2008 年 4 万亿元刺激计划，中央安排 1.18 万亿元，其余均由地方政府配套。老《预算法》规定地方政府不能通过发行地方政府债券融资，这导致这些配套资金大部分由融资平台完成。地方政府债务迅速增加，债务风险激增，2013 年 6 月末地方政府负有偿还责任的债务 10.89 万亿元，或有债务 7.01 万亿元。

地方政府债务风险成为中国系统性金融风险的重要源头之一。政府开始对融资平台进行严格规范。地方政府失去通过融资平台进行融资的渠道,只能另辟蹊径。尽管2014年8月新《预算法》规定地方政府可以发行地方政府债券,但保持在国务院的限额之内。从近三年地方政府债务发行规模来看,远不能满足地方政府融资需求,杯水车薪。因此,很多地方政府将PPP作为地方政府的融资手段。这也就是为什么PPP在2015年之后迅速发展。PPP并不是一个新模式,之前一直存在,只是没有发展起来。尽管有中央政府的推动,但也需要地方政府有充足动力实施。很多地方政府的动机就是解决地方政府融资问题。再这样的动机驱使下,地方政府债务风险必然会持续累积。

(二)中国PPP的财政风险分布

PPP投资额超过1万亿元的有7个省份,分别为贵州、新疆、云南、河南、四川、山东和江苏。PPP投资规模越大,未来面对的财政风险可能越大。财政收入是化解财政风险的关键因素。财政收入越高,承担财政风险的能力越强。如图4所示,利用2017年10月底的PPP投资额和2016年各省财政总收入两个维度的数据分析,可知在这7个省份中,由于财政收入较高,江苏和山东风险承担能力更强。而其他5个省份面临政府债务风险更大,尤其是新疆和贵州。

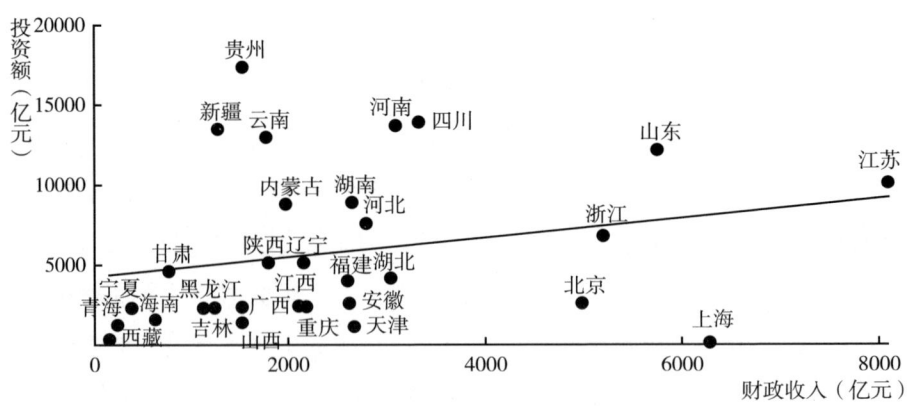

图4 各省PPP投资额与2016年财政收入

资料来源:Wind。

五　PPP 与央企杠杆率

（一）央企参与 PPP 项目现状

从 PPP 项目参与主体来看，中央企业仍处于主导地位。根据财政部 PPP 中心数据统计，截至 2017 年 9 月末，在落地的 572 个国家示范项目中，签约社会资本 944 家，国有独资和国有控股企业 549 家，占 58%。而且，大型综合建筑类央企在 PPP 中处于重要位置。根据明树数据统计，总额 8.86 万亿元的 PPP 投资中，中国建筑、中国交通、中国铁建、中国冶金、中国中铁、中国电建和葛洲坝七大央企牵头的投资就占到了 37.4%，非牵头参与的 PPP 项目还未包含在内。其中中国建筑集团一家累计中标额度就达到了 9475 亿元，占 10.7%。

央企参与 PPP 项目在资金、管理和政企关系等方面具有优势。第一，央企资金雄厚，融资能力强，可以获得低息贷款和金融政策支持。第二，在管理能力和人才储备方面也有明显优势。第三，央企与地方政府出现纠纷后更容易协调，交易成本低。

随着 PPP 项目迅猛增长，央企作为主力，参与全国各省市 PPP 项目，"多点开花"。从直观逻辑来看，央企的杠杆率应该随着 PPP 承揽数量的上升而上升。然而从数据来看，这一加杠杆趋势并不明显。根据国资委数据统计，央企资产负债率自 2015 年 9 月迅速提高之后，一直相对稳定，保持在 68% 左右，而地方国企在 2017 年 6 月资产负债率开始上扬，到 9 月达到 64%，如图 5 所示。

另外，央企参与 PPP 以大型建筑类企业为主，这些企业在高速公路、地铁、市政工程等大型建筑项目上中标较多，比如中国建筑、中铁建和葛洲坝等。如图 6 所示，中国建筑、中铁工业、中国铁建、中国电建和葛洲坝五家综合建筑类央企的平均资产负债率，在 2013 年第三季度达到相对高点，为 83%，之后逐步下降，2017 年第一季度下降较快，至 72%。

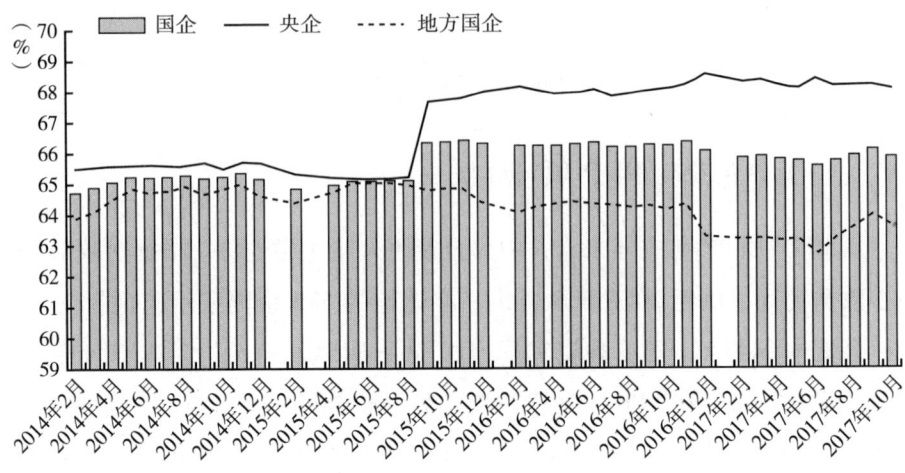

图 5　央企和地方国企资产负债率

资料来源：国资委相关统计数据，由笔者整理。

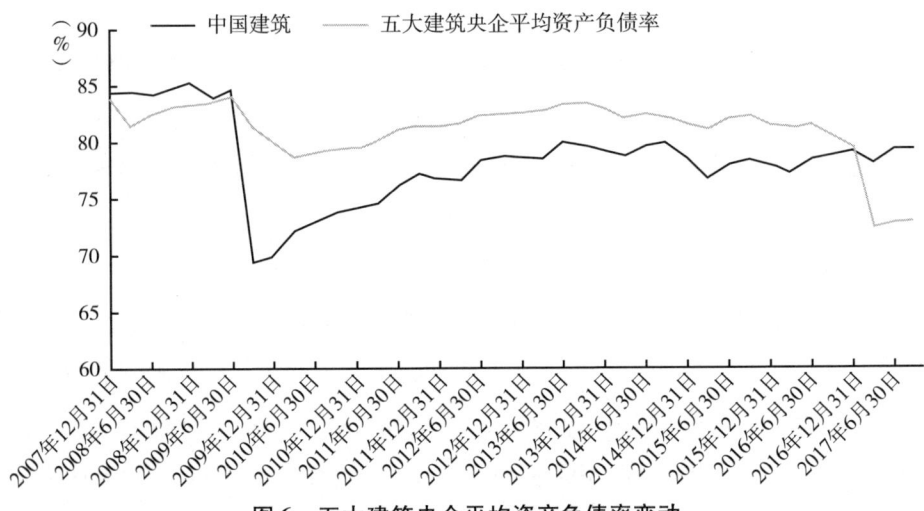

图 6　五大建筑央企平均资产负债率变动

资料来源：Wind，由笔者分析整理。

综合数据和分析，可以得到下面三个基本结论。（1）随着近三年 PPP 项目数量的快速增长和央企的参与，央企资产负债率并没有明显升高。（2）建筑类央企的资产负债率显著高于其他央企。（3）央企参与 PPP 可能更多以表外的形式，以规避并表，防止资产负债率上升。

（二）央企表外参与 PPP 项目的问题

当前企业杠杆率过高问题已经得到政策决策层重点关注，而国企杠杆率过高又是重中之重。"去杠杆"成为供给侧改革的五大政策之一。在去产能、去库存和降成本在近两年大力度推行之后，"去杠杆"这个还没推动的政策，将会成为未来两年的工作重点。因此，国资委正在加大规范央企参与 PPP 行为，防控债务风险。在 192 号文中明确指出"纳入中央企业债务风险管控范围的企业集团，累计对 PPP 项目的净投资不得超过上一年度集团合并净资产的 50%"和"资产负债率高于 85% 或近 2 年连续亏损的子企业不得单独投资 PPP 项目"。

央企以社会资本方的形式参与 PPP 项目，不仅向 SPV 公司注入资本金，还需要凭借自身信用向银行贷款或发行债券。如果该央企在 SPV 公司的股份最大，拥有项目公司的控制权，那么该项目公司的资产负债表将合并入央企总的资产负债表。这样来看，如果一个央企参加的 PPP 项目越多，那么它的资产负债率会越高。

然而，央企通常选择联合金融机构或其他企业组成联合体，让其作为大股东，规避并表。如果央企不是最大股东，那么 SPV 项目公司的资产负债表就不会并入央企总的资产负债表。这也就是为什么央企在全国各地参与了众多大型 PPP 项目，但其资产负债率并没有显著上升的主要原因。

通过设计有限合伙基金作为 PPP 项目公司大股东的方式，是建筑央企出表的重要方式之一。如果基金的优先级 LP 是拥有基金控制权，而优先级 LP 主要来源于信托计划或资管计划资金，那么 PPP 项目公司将不会并入任何一方的资产负债表。目前合并财务报表的相关规则主要依据财政部 2014 年修订的《企业会计准则第 33 号——合并财务报表》，规定"合并财务报表的合并范围应当以控制为基础加以确定"，而控制的定义是"如果投资方拥有对被投资方的权力，通过参与被投资方的相关活动而享有可变回报，并有能力运用对被投资方权力影响其回报金额，则其控制从而需要合并被投资方"。因此，央企出表的基本逻辑是将 PPP 项目公司的控制权转移给其他参与方，主要是基金等金融机构，这些基金可能是央企的下设子公司，也可能是有关联公司。在基金架构设计中，建筑央企可以转移基金控制权给优先级LP，也就是信托计划或资管计划。这样该基金的资产负债表也不会合并到央企的表中，达到出表目的。另外，由于理财资金的信托计划或资管计划是银行的表外业务，也不涉及合并银行资产负债表的问题。具体建筑央企出表方式如图7所示。

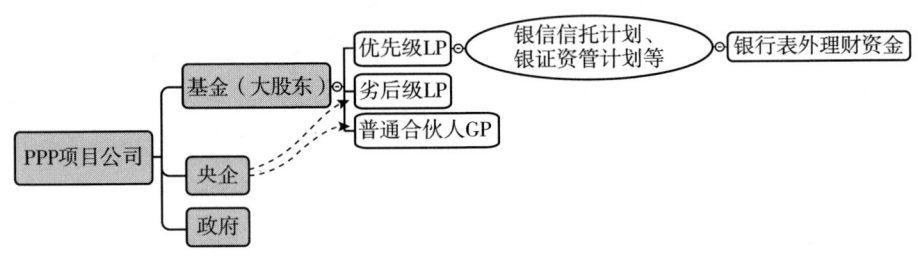

图7　建筑央企出表方式

资料来源：笔者整理。

如表1所示，4个典型央企表外参与PPP项目的案例中，中国建筑、中国电建、葛洲坝等综合建筑类央企在SPV公司中股份所占比重都很少，而由各类基金作为大股东。

表1　4个典型央企表外参与PPP项目

PPP项目	总投资额（亿元）	回报机制	SPV公司主要股东
①宿州市西外环路PPP项目	16.3	政府付费	社会资本方：中国建筑第六工程局有限公司（30.1%）；宿州市徽银基础设施发展基金（49.9%） 政府方：宿州市城市建设投资集团（控股）有限公司（20%）
②河南省开封市G230通武线开封至尉氏段改建工程PPP项目（开港大道）	19.4	政府付费	社会资本方：中国建筑一局（1%）；上海星景股权投资管理有限公司（89%） 政府方：开封交通建设（集团）有限公司（10%）

续表

PPP 项目	总投资额（亿元）	回报机制	SPV 公司主要股东
③石家庄正定新区综合管廊项目	65.1	可行性缺口补助	社会资本方：中电建路桥集团有限公司（5%）；天宝财富股权投资基金（上海）有限公司（75%） 政府方：石家庄浩运建设投资有限公司（20%）
④四川省泸州市二环路（纳溪段）	29.4	政府付费	社会资本方：中国十九冶集团有限公司（10%）；中冶建信投资基金管理（北京）有限公司（80%） 政府方：泸州长江生态湿地新城投资有限公司（10%）

资料来源：财政部 PPP 中心。

然而，这就产生了 PPP 项目的风险承担错配问题。一般而言，建筑类央企是高速公路、地铁、市政管廊等工程的建造者和运营者，应该是 PPP 项目风险的主要承担者。按照权责对应的原则，央企也应该是大股东。工程建筑是最大的利润点，金融机构一般只负责融资，不应承担建造风险。以基金等金融机构为大股东的 PPP 项目，容易引发道德风险。央企在获得建造工程利润后，放弃 PPP 项目运营，导致 PPP 项目失败。因此，这类项目有可能引发隐匿的政府财政风险。

（三）金融严监管对 PPP 的影响

2017 年底和 2018 年初，国资委、财政部、银监会和证监会密集出台一系列监管政策，进入严监管时期，央企参与 PPP 受到更严格杠杆率限制，出表渠道也基本被封堵。因此，在严监管背景下，央企将谨慎参与 PPP，出表难度增加，投资更多 PPP 会提高其资产负债率。

一方面，国资委为了规范央企参与 PPP 行为，控制风险，在 2017 年 11 月下发《关于加强中央企业 PPP 业务风险管控的通知》（国资发财管

〔2017〕192号）。192号文规定"多措并举加大项目资本金投入，但不得通过引入'明股实债'类股权资金或购买劣后级份额等方式承担本应由其他方承担的风险"，这限制了央企不能作为有限合伙基金的劣后级LP，从而降低了信托计划资金进入基金的吸引力。这是由于央企作为劣后级LP和普通合伙人GP，承担经营风险和无限连带责任，为信托或资管资金的收益可以提供一定保证。

另外，2017年11月中国人民银行《关于规范金融机构资产管理业务的指导意见（征求意见稿）》（也就是"资管新规"）从资金源头堵住央企的出表路径。资管新规针对的是影子银行中的多层嵌套、期限错配、通道业务等乱象。如资管新规指出"资产管理产品可以投资一层资产管理产品，但所投资的资产管理产品不得再投资其他资产管理产品"，这就是为了避免多层嵌套和期限错配。PPP基金的结构设计中不仅包含信托计划和资管计划，也还可能包括基金母公司，存在多层嵌套和期限错配问题。银行理财资金的期限一般较短，而PPP项目期限一般都是长达10年以上，通常是30年。银行理财资金通过信托和资管计划以滚动形式和多层嵌套得以投资PPP基金，存在较大期限错配风险。如果资管新规落地，穿透底层，银行理财资金将没有渠道进入PPP。

随着金融监管加码，银信信托计划和银证资管计划规模将大幅压缩，这会导致央企出表类PPP项目资本金的落实可能出现困难。面对优先级LP资金流失，央企有以下四种选择。（1）将自有资金注入，这会将该PPP项目合并入表内，资产负债率上升。（2）将PPP项目资产证券化，这将成为未来央企降低杠杆率的主要途径。（3）寻求PPP相关产业基金支持，注入资金成为优先级LP。（4）放弃PPP项目，导致PPP项目无法推进，将会被财政部清理出库。

六 结论和政策建议

目前中国PPP主要的风险点在于地方政府债务风险和央企杠杆率。随着PPP的快速发展，部分地方政府将PPP视为投资融资手段，加大地方政府中长期政府支出责任。但其财政能力有限，未来造成财政风险的概率较大。另外，央企在全国各地大举参与PPP项目，使得其杠杆率上升或利用表外方式融资，这也增加了整个系统的风险。

从PPP的本质来讲，在于简政放权，鼓励民营资本进入基础设施和公共服务领域，提高建设和服务质量，并不会带来风险。因此，防PPP风险，重点在于规范PPP，引导PPP回归本质。根据中国当前PPP发展的实际，应该从PPP操作层面提出以下几方面政策建议。

第一，建议针对重大PPP项目建立多级政府资本金共担机制，缓解政府资本金投入不足问题。当前市或县一级政府为单位参与和监管各自的PPP项目的投资、实施和运营等过程，存在PPP管理区域分割现象。然而，一些重大PPP项目不仅关系单个市县，而且是关系到一个省，甚至是跨省区域。这样的重大PPP项目通常需要的资本金很大，往往给单个市县政府造成较大财政压力。因此，根据事权与财权相匹配的原则，建立多级政府资本金共担机制，对影响范围广的重大PPP项目纳入统筹管理。比如呼和浩特1号、2号地铁项目是内蒙古自治区十三五规划内重要的轨道交通项目，资本金需求量大。对此类的项目，不能仅依靠呼和浩特市政府的财政支出，内蒙古自治区层面也应制定方案，予以专项的转移支付。

第二，增加PPP规范力度，提高入库项目标准，对社会资本方资本金到位或穿透后是否自有资金情况进行监督，对长期不到位的项目予以清库，提高落地率。加强规范PPP项目是防风险的需要，好的PPP项目应该有长期按效付费机制，而不是过度依赖政府付费项目。

第三，建议从国家层面进一步明确界定传统基础设施和公共服务领域的范围，避免地方财政厅和发改委在PPP管理和监督方面职责重叠。从调研反馈来看，无论是地方政府和社会资本方，还是咨询公司，都无法清晰区分某些PPP项目是属于哪个领域。PPP项目的多头管理现象还是普遍存在。

第四，建议细化政府补贴测算公式，增添其他类型政府补贴测算公式，建立具体行业项目明细范本。21号文中规定的政府补贴计算公式中，项目全部建设成本、折现率和合理利润率等概念模糊，在实际操作中存在争议，应进一步明确。另外，在PPP项目实际操作中，很多项目已经是利用另一种补贴计算公式（等额年金）计算，而且有很多项目适合利用等额年金法计算。因此，制作针对每一种类型项目的政府补贴计算范本明细是必要的，可以为地方实操提供直接指导。

第五，规范央企和地方国企参与PPP行为，避免代理问题。在去杠杆背景下，国资委对央企的资产负债率有严格限制，在192号文中明确指出"纳入中央企业债务风险管控范围的企业集团，累计对PPP项目的净投资不得超过上一年度集团合并净资产的50%"和"资产负债率高于85%或近2年连续亏损的子企业不得单独投资PPP项目"。为了规避国资委的杠杆率监管，央企和地方国企在参与PPP项目时，经常不作为大股东，而是让金融机构等其他经济主体成为大股东。但是在这个PPP项目中，央企是起着主要的建造、运营等主要作用。这就出现了代理问题，增大PPP项目的失败风险。因此，引导央企量力而行，抓PPP项目质量，而非数量。

第六，对PPP项目中的财政支出责任进行风险监控。应将PPP项目中的政府财政支出责任，统统纳入地方财政风险测试的范围，尽可能对地方财政风险测试实施较统一的指导意见。由于支出责任未能履行而引发政府债务的情况，在现实中具有不确定性，其发生的金额大小可以按照《政府和社会资本合作项目财政承受能力论证指引》风险承担的测算金额确定，作为重要事项在综合财务报告附注中揭示。在中期预算制度和政府综合财务报告制度尚未健全的情况下，对于单纯政府付费式的PPP模式应谨慎推行。严格监管财政补贴的合理性和地方跨期支付能力。对于PPP项目可能出现的"下级政府未及时足额向社会资本支付政府付费"情况，明确究竟是哪方的责任。

第七，严格规范PPP咨询市场，对咨询机构设定资质门槛。PPP咨询市场这两年迅速发展，第三方咨询机构数量迅速增加，然而大多数机构都是新转型从事PPP咨询行业，人员素质参差不齐，恶性竞争时有发生。因此，建议加快建立 PPP 咨询行业协会，研究制定行业咨询标准，发挥行业自律管理作用，规范鱼龙混杂的第三方咨询市场。

参考文献

[1] 缪小林、程李娜：《PPP 防范我国地方政府债务风险的逻辑与思考——从"行为牺牲效率"到"机制找回效率"》，《财政研究》2015 年第 8 期。

[2] 刘尚希：《财政风险：一个分析框架》，《经济研究》2003 年第 5 期。

[3] 马恩涛、李鑫：《PPP 政府债务风险管理：国际经验与启示》，《当代财经》2017 年第 7 期。

[4] 陆雨：《PPP 推进中地方政府风险因素分析及对策研究》，《财政科学》2017 年第 3 期。

[5] 温来成、刘洪芳、彭羽：《政府与社会资本合作（PPP）财政风险监管问题研究》，《中央财经大学学报》2015 年第 12 期。

[6] 财政部国际司：《亚行：PPP 项目的财政效应分析》，《中国财政》2014 年第 9 期。

[7] 李虹含：《基础设施 PPP 模式的财政风险监督控制》，《财政监督》2016 年第 3 期。

[8] 樊轶侠：《警惕 PPP 项目中蕴藏的财政风险》，《经济研究参考》2016 年第 30 期。

[9] 吉富星：《我国 PPP 政府性债务风险治理的研究》，《理论月刊》2015 年第 7 期。

[10] 许安拓、邱通：《PPP 模式下地方政府债务风险及防范》，《财会研究》2016 年第 12 期。

[11] Gerd Schwartz, Ana Corbacho and Katja Funke, "Public Investment and Public – Private Partnerships – Addressing Infrastructure Challenges and Managing Fiscal Risks", 2008: 85 – 88.

B.15
系统性金融风险监测与度量
——基于风险仪表盘方法

王一涵[*]

摘　要： 后金融危机时代,防范系统性金融风险成为我国中央经济工作的重点之一。对系统性风险的有效识别和度量有助于防范系统性风险。本文突破以往研究以金融市场部门为依据来建立系统性风险指标体系的局限,基于风险仪表盘的方法尝试从风险类别的视角建立系统性风险的指标体系,并采用 CISS 方法合成系统性风险综合指数 CSRI。本文实证研究表明,CSRI 基本上反映了我国金融市场的系统性风险状况,并且对度量中国系统性金融风险具有稳健性。

关键词： 风险仪表盘　CSRI　VAR 模型

一　引言

从后危机时代的全球经济发展情况来看,美日欧量化宽松政策持续分化,英国退欧谈判结果尚不明朗,特朗普政府的政治举措出人意料,众多国际性事件给世界经济带来了巨大的波动。在此背景之下,十九大报告和 2018 中央经济工作会议都重点强调要守住不发生系统性风险的底线,要加

---

[*] 王一涵,博士,中国社会科学院金融研究所博士后,主要研究领域为金融管理、金融实验。

快改革和完善现代金融监管体制，建立宏观审慎监管制度，实现金融风险监管全覆盖，防范系统性风险发生。目前，我国在防范系统性风险方面仍然存在几点不足。一是系统性风险监控工具和模型上的不适用。二是系统性风险指标体系不健全。三是分业监管模式对混业经营的不适应。四是金融宏观审慎监管体制不完善对系统性风险防范不适应。五是金融监管创新滞后于金融创新发展，因此，防范系统性风险首要任务是要明确金融风险构成，完善现有指标体系，构建风险仪表盘，改进工具和模型在系统性风险上的适用性，提高对系统性风险的识别、监控和计量，这对维护我国金融稳定、防范系统性风险发生具有重要的意义。同时也将为我国深化金融监管体制改革、建立宏观审慎监管制度提供良好的支持。

二 国内外研究现状

（一）系统性风险含义和传导方式

系统性风险一词最早并不是来源于金融领域，它是指由于传染病的大面积感染而导致人群大量死亡的现象。目前对于金融领域的系统性风险尚未形成统一的定义，但是对于风险的传染性和危害范围的广泛程度是有所共识的。2010年G20财长和央行行长会议认为，系统性风险是由全体或部分受损的金融体系造成，有可能对实体经济产生严重负面影响的金融服务流程受损或破坏的风险。张晓朴（2010）将系统性金融风险解释为金融体系丧失功能或者崩溃的或然性。从系统性风险的定义来看，系统性风险发生的实质是金融系统内部各个组成部分之间的结构发生变化，或者是金融系统受到实体经济环境的干扰和冲击，并且这种变化或冲击无法通过系统自我修复，而是在各组成部分之间以及系统与环境间非线性反馈机制的传导下，使整个金融系统对实体经济的功能无法有效发挥，甚至对实体经济带来负面影响的可能性。

根据系统性风险的定义，Taylor（2009）指出系统性风险的三种传导方式：一是金融机构之间的直接金融联系（包括银行间贷款和衍生品合约），使一个金融机构的破产会通过链式反应对其他机构造成负面影响；二是金融机构之间虽然没有直接的金融联系，但是由于其同质化的经营方式或资产配置方式，持有与破产机构类似的资产或对受风险触发事件影响的证券有较大风险敞口的金融机构会面临银行挤兑或减价出售；三是通过实体经济各经济变量的波动进行传导，由于大多数金融机构的资产对应着实体经济相应的负债，所以实体经济的运行状况如经济增长率、通货膨胀率、投资情况、资金密集型行业的运行状况、抵押品价格的波动都会通过融资者资产负债状况的波动传递给金融市场，从而带来系统性金融风险。

（二）系统性风险的度量方法

目前，对于系统性风险的度量方法研究主要集中在微观和宏观两个层面。微观层面主要针对单个金融机构、金融机构间的关联性，研究单一金融机构引发的风险在金融机构间的传染路径，测度其对系统性风险的贡献。宏观层面主要是利用宏观指数测度金融系统的整体风险。

微观层面的度量方法所依据的理论基础是系统性风险的一个重要来源，因此对于系统性风险的度量主要关注的是金融机构之间的关联性和传染路径。Adrian 等（2008）提出了条件在险价值方法（CoVaR）。通过关注单个金融风险的尾部分布特征，利用分位数回归技术测算单个金融机构对系统性金融风险的贡献，借助于计算该金融机构处于危机时与在正常状态时的 CoVaR 之差，来估计风险溢出效应。但 CoVaR 方法也有两个方面的缺陷，一是该方法只考虑了损失分布的 1 分位数，不能很好地捕捉门限值以下极端情况的尾部风险（范小云等，2011）；二是该方法不具可加性，不能以单个金融机构的风险加总来估计整个金融体系的风险水平。Gray 和 Jobst（2010）提出的或有权益分析，通过对政府隐含担保的集中度的计算来度量系统性风险。但是该方法缺乏对风险和风险之间的相互作用的研究，如果风险之间存在非线性的关联，会出现整体风险大于局部风险之和的结果，此时，不能将度量各类系统性风险的指标直接加总来得到整体系统性风险，这样将低估系统性风险。Acharya 等（2012）利用包含规模、杠杆率和 MES 三个变量的函数构建了一个系统性风险指数（SRISK），用以测算危机中金融机构的预期资本损失。该方法的优点是数据均来源于公开市场数据，不仅可以得到单个金融机构的系统性风险的具体数值，还可以加总得到国家或地区的总值，以及各个金融机构对风险的贡献率。但是该方法过于依赖股市的有效性，并且没有考虑金融机构的表外负债，可能导致模型低估金融机构的风险和资本缺口。

宏观层面的研究方法主要是通过构建金融压力指数来度量系统性风险。ILLing 和 Liu 等（2006）提出用金融压力指数来衡量金融压力的大小，如果一个国家的金融压力指数出现极端的情况，那么该国就存在出现金融危机的风险。由于金融机构的压力会通过银行部门、外汇市场、证券市场等部门进行传递，因此可以借助于各个部门的主要衡量指标来进行金融压力测试，如汇率波动率、无风险债券和风险债券的收益率利差等，Liu 等人以此测算金融压力指数，测算了加拿大的系统性风险压力状况。美国堪萨斯城联邦储备银行的 Hakkiot 和 Keeton（2009）选取了 11 个金融市场变量，刻画了不确定性、公众持有风险资产的意愿、信息不对称等方面的特征，编制了堪萨斯城金融压力指数（The Kansas City Financial Stress Index），测度美国银行体系风险。

上述微观层面和宏观层面的系统性风险度量方法，虽然在一定程度上度量了系统性风险，但是仍存在一定的缺陷。如微观层面的测算方法，仅考虑系统重要性金融机构对系统性风险的贡献度，缺乏宏观层面的考虑。而宏观层面的测算方法，又缺乏对系统内部各金融机构关联性的考虑，无法满足对金融系统压力的实时监控等。Daniel Hollo 等（2012）提出的基于投资组合理论的系统压力的指数合成方法（简称 CISS），综合考虑微观和宏观两个层面的影响。CISS 将金融系统分为三个层次，最底层由金融系统中各个部门组成，中间层构建了不同的模块，最高层是总的指数层。CISS 指数合成是基于标准投资组合理论，将最底层分为股票市场、债券市场、货币市场、外汇市场和金融中介五个金融机构,并选取能够代表不同金融机构系统性风险的指标,根据经验累积分布函数 CDF 对指标进行变换,并通过算术平均法生成五个市场的压力指数。再通过对中间层五个市场压力指数赋予不同的权重合成最终的系统压力合成指数 CISS,对系统性风险进行估计。

(三)系统性风险的指标体系

由于我国金融市场发育不完全,金融系统复杂性不高、金融机构之间的危机传导渠道较少等原因,我国金融体系的"内源"系统性风险远低于发达经济体。但是,我国金融体系的稳定性高度依赖于实体经济的增长状况,所以其主要的系统性风险源于实体经济增长势头的放缓(李扬、胡滨,2010)。与此同时,房地产市场、地方投融资平台、影子银行以及银信合作等也是存在于我国金融体系内的潜在风险(瞿强,2013)。而目前现有的关于系统性风险的研究鲜有将宏观经济、房地产泡沫、影子银行以及场外衍生品交易等风险因素全部考虑进去。目前在我国的现有研究中,赖娟和吕江林(2010)选取了银行、资本和外汇三个市场共四个指标。陈守东和王妍(2011)选取了银行、外汇、证券和保险四个市场共 9 个指标。张晶和高晴(2015)选取了货币、银行、债券、股票和外汇五个市场共 15 个指标。虽然指标体系的构建呈扩大的趋势,但是受模型方法以及我国金融数据限制,现有的指标体系仍不能全面反映我国金融现实状况,系统性风险测度指标体系的不健全,覆盖面小,无法为风险识别和监管提出合理的参考依据。

欧洲系统性风险委员会(ESRB)建立了一套衡量系统性风险的指标体系——风险仪表盘(Risk Dashboard),用于衡量欧盟金融体系内的系统性风险。该风险仪表盘涉及影响欧盟金融稳定的六个主要方面,包括宏观风险、信用风险、资金和流动性、市场风险、盈利和偿债能力以及结构风险,如图 1 所示。

其中,宏观风险涉及 11 个指标、信用风险涉及 13 个指标、资金和流动

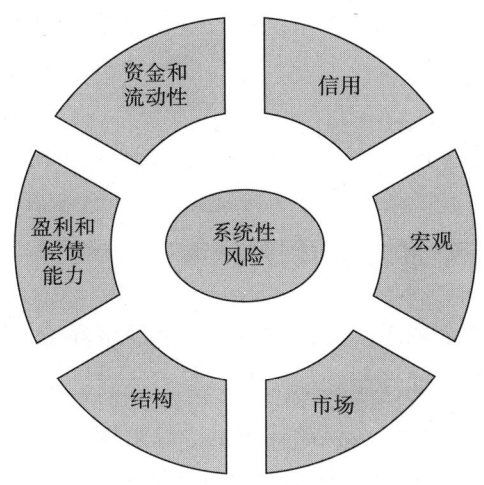

图 1 系统性风险仪表盘

性涉及 9 个指标、市场风险涉及 6 个指标、盈利和偿债能力涉及 6 个指标、结构风险涉及 6 个指标，共 51 个指标。该风险仪表盘每个季度调整发布一次，用于对欧盟系统性风险状况进行评估，并为系统性风险发展变化情况提供对比，同时也为研究人员提供了参考依据。

从现有的文献来看，在上述的系统性风险度量和指标体系建立的方法中，系统性风险仪表盘可以为及时监测和防范风险提供全面的指标依据，而目前最适于基于仪表盘的风险度量方法就是 CISS 方法，其优点一是具有较强的理论基础，强调金融系统存在压力的本质，采用实时监控方式评估整个金融系统的压力水平。二是基于权重的指标加总有效地反映了相关结构的时间变化，并且 CISS 对新信息具有稳健性，对扩展的样本可以进行循环计算。因此，本文采用风险仪表盘方法，基于中国当前的风险状况，建立适合我国国情的中国系统性风险仪表盘，并采用 CISS 综合指标合成方法，构建我国系统性风险度量和监测体系。

三 基于风险仪表盘的系统性金融风险指数构建

ESRB 的风险仪表盘是通过对欧洲金融系统内的系统性风险指标进行定

量或定性的分析，目的是对欧洲系统性风险状况进行全面的评估，并对系统性风险发展变化情况提供对比，它是目前国际上较为全面的系统性风险评估指标体系。本文将根据 ESRB 风险仪表盘的构建规则，构建中国系统性风险仪表盘并进行实证分析。

（一）系统性风险仪表盘的设计

由于我国系统性金融风险受到来自于国际经济环境、国内宏观经济、信贷市场，以及银行业、证券业和保险业等多个方面的影响。一是国际主要经济体量化宽松政策的分化，不仅给我国货币政策带来冲击，而且给我国经济转型和改革带来较大压力。二是我国经济投资比重较高、地方政府负债过度、房地产市场前景不明，加大了金融压力。三是债券市场违约事件增多，信用风险加大。四是同业借贷业务、期限错配、高杠杆等存在较大安全隐患。

因此，在指标体系的设计过程中，一要能充分反映我国系统性金融风险的整体状况，如宏观风险、信用风险、资金和流动性分析等。二要指标要具有代表性。三要所选指标要尽量为月度数据，并且数据具有可得性。基于上述分析以及指标体系构建的原则，本文从六个方面构建中国系统性风险仪表盘，共建立 6 个一级指标和 36 个二级指标（见表1）。

表1　中国系统性风险仪表盘

宏观风险
①名义 GDP 增长率
②CPI 当月同比
③M2/GDP
④固定资产投资完成额增长率
⑤失业率
⑥外债余额债务与 GDP 总量之比
⑦PMI
⑧房地产开发投资完成额累积同比增长

续表

信用风险
①信托公司利润总额
②人民币货币互换
③资金信托余额
④商业银行存贷比
⑤商业银行次级类不良贷款比例
⑥小额贷款公司贷款余额
资金和流动性风险
①商业银行拨备覆盖率
②商业银行资本充足率
③商业银行流动性比率
④商业银行不良贷款率
⑤国内信贷增长率
⑥3个月SHIBOR利率
⑦3个月SHIBOR利率与3个月中债国债到期收益率之差
⑧7天银行质押式回购加权利率
⑨银行间同业拆借市场规模
市场风险
①上证平均市盈率
②上证A股总市值占GDP比率
③上证综合指数
④投资者信心指数
⑤人民币实际有效汇率指数
盈利和偿债能力风险
①长短期债券到期收益率差
②中债新综合指数
③主权债券收益率
④保险资金运用累积平均收益率
⑤股票和基金占保险资金运用余额比例
结构风险
①短期债务占外债余额比例
②短期外债占外汇储备比例
③外汇储备增长率

（二）指数的合成

1. 数据说明

本文实证部分所使用的数据来源于 wind 数据库、中国国家统计局网站、中国人民银行以及中金在线网。考虑到数据的可得性,并希望实证分析结果可以反映后金融危机时代我国系统性风险状况,本文所采用数据为2010年1月至2016年12月的月度数据。对于只有季度数据而无月度数据的指标,采用Eviews进行拼读转换;对于只有日数据的指标采用EXCEL转化为月度数据;对于有缺失值的月度数据,使用SPSS中平滑法进行处理。

2. 各风险维度的指数合成

本文运用经验累积分布函数和序统计量对原始压力指标进行转换。设某个原始指标数据集 X_t 为 $X = (X_1, X_2, \cdots, X_n)$,其中 n 为样本容量,将原始数据集按照升序排列,排列后的样本为 $(X_{[1]}, X_{[2]}, \cdots, X_{[n]})$,其中 $X_{[1]} \leq X_{[2]} \leq , \cdots, \leq X_{[n]}$。运用经验累积分布函数将原始压力指标转化为如下形式:

$$Z_t = F_n(x_t) = \begin{cases} \frac{r}{n}, x_{[r]} \leq x_t \leq x_{[r+1]}, r = 1, 2, \cdots, n-1 \\ 1, x_t \geq x_{[n]} \end{cases}$$

其中,$t = 1, 2, \cdots, n$。如果序列中某个值重复出现,则使用序统计量的均值。经过如上处理之后,将原始压力指标转换为无量纲并且在(0,1)之间分布的序列 Z_t,并通过对 Z_t 进行算数平均得到各风险维度的合成指数(见表2)。各风险维度的时间序列见图2。

表2 各风险维度综合指标

时间	宏观风险 S_{1t}	信用风险 S_{2t}	资金和流动性风险 S_{3t}	市场风险 S_{4t}	盈利和偿债能力风险 S_{5t}	结构风险 S_{6t}
2010.01	0.457	0.151	0.187	0.686	0.629	0.234
2010.02	0.525	0.157	0.191	0.705	0.600	0.250
2010.03	0.717	0.165	0.180	0.729	0.595	0.306
…						
2016.11	0.424	0.899	0.566	0.707	0.510	0.333
2016.12	0.397	0.909	0.558	0.652	0.386	0.361

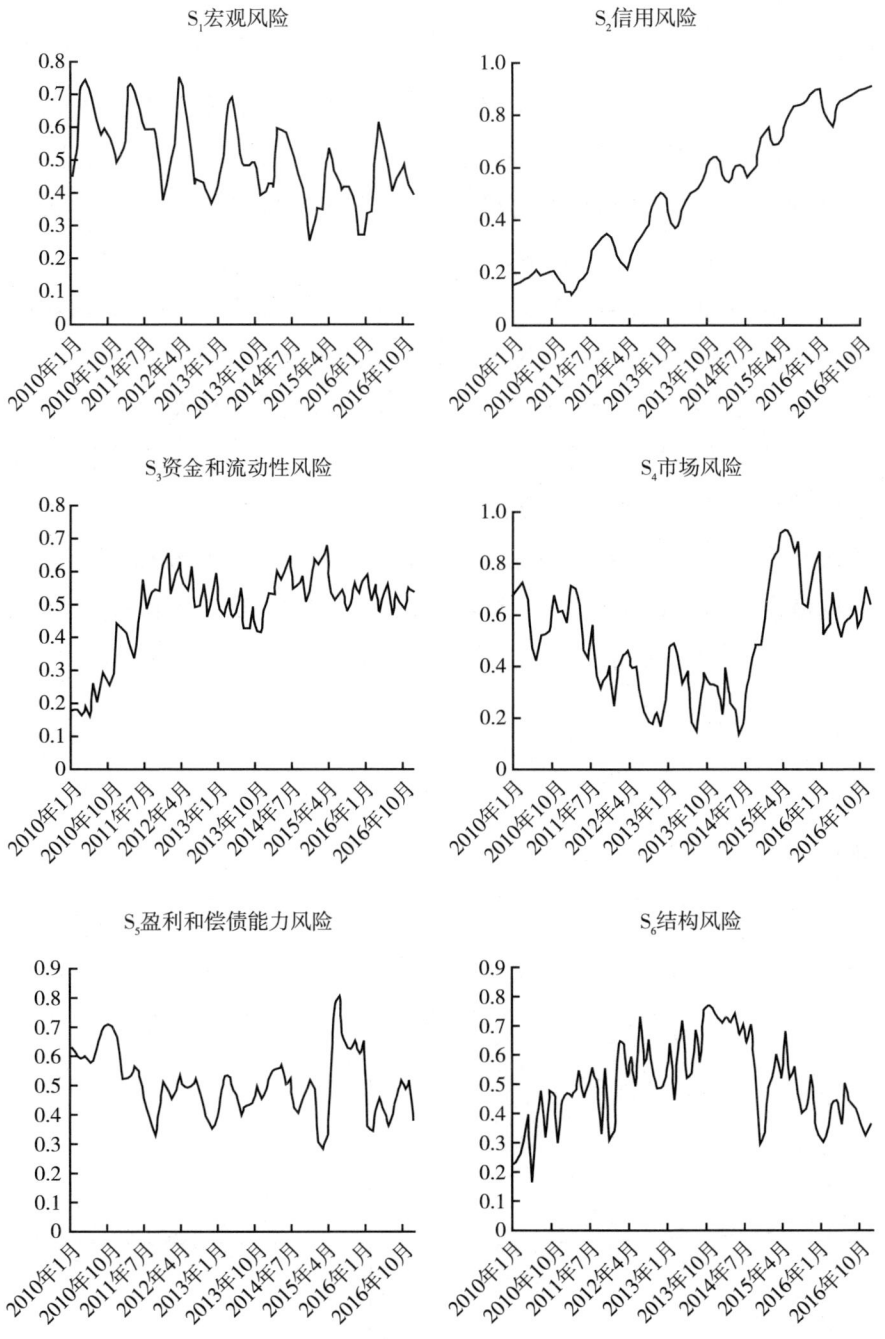

图 2 各风险维度的时间序列

（三）宏观效应分析

为考察不同风险类别对我国宏观经济运行的冲击，本文选取中国宏观经济景气一致指数 H_2 作为宏观经济运行情况的参考指标，分别用 $S_{i,t}$ 与 H_2 建立 VAR 模型，并进行脉冲响应分析。根据 ADF 单位根检验的结果，资金和流动性风险、盈利和偿债能力风险以及结构风险的时间序列具有稳定性，宏观风险、信用风险、市场风险以及一致指数是一阶稳定，因此做它们的一阶差分得到平稳的时间序列。脉冲响应结果如图 3 所示。

从图 3 可以看出，宏观风险对宏观经济运行的冲击较大，在第二期时达到最大，随后开始下降并趋于平稳。信用风险对宏观经济运行的冲击也非常显著，并在第三期达到最大，随后开始下降并趋于平稳。资金和流动性风险对宏观经济运行的负面冲击将在第三期之后趋向平稳。市场风险对宏观经济运行的冲击在第三期达到最大，在第四期之后趋向平稳。盈利和偿债能力风

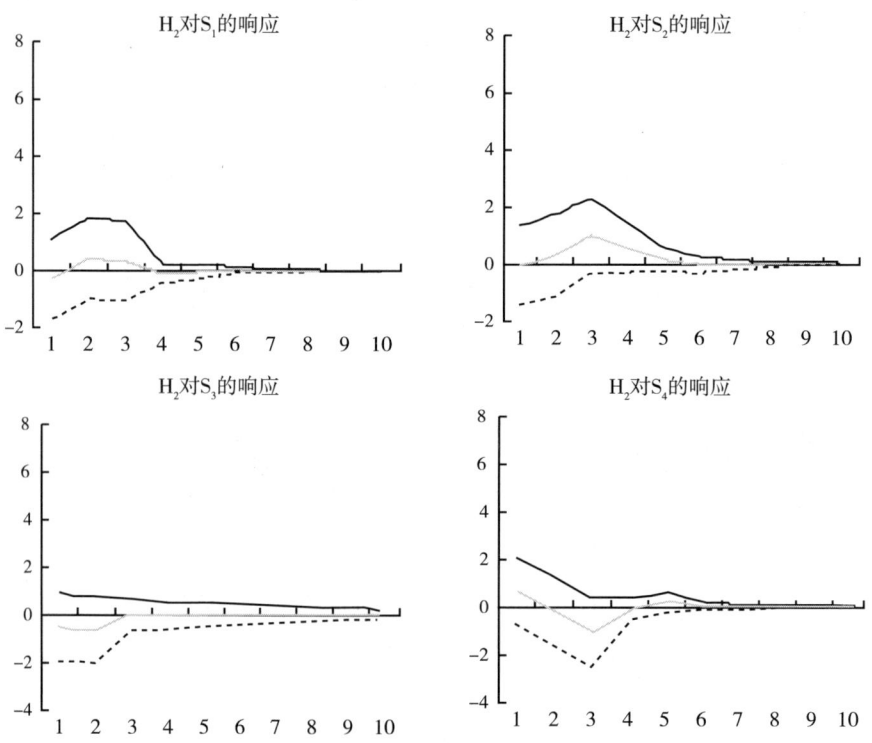

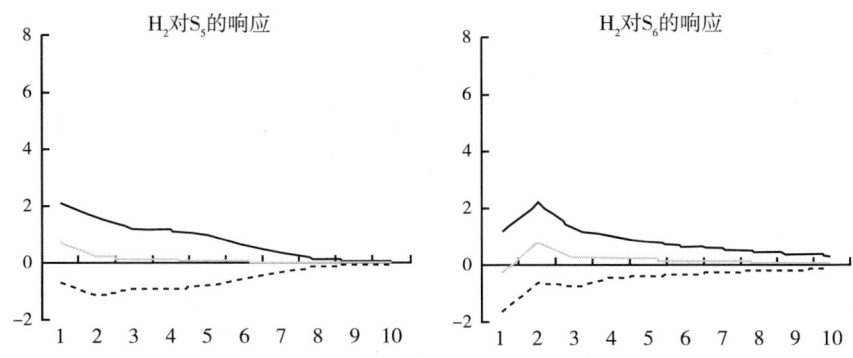

图3 宏观经济景气一致指数对不同风险指数的脉冲响应

险对宏观经济运行的冲击从第一期之后就趋向平稳。结构风险对宏观经济运动的冲击在第二期达到最大,在第三期之后趋于平稳。

四 中国系统性风险指数 CSRI 合成

(一)风险维度指数权重的确定

本文参考 Hakkio 和 Keeton (2009) 对各维度压力指数权重的确定,采用主成分法和因子分析法确定各维度综合指标的权重。

根据主成分矩阵(见表3)和总方差分解表(见表4),提取特征值大于1的主成分,对每个维度指标根据其所对应的特征根以及方差贡献率进行加权平均,再进行归一化处理,得到各维度的权重为24.89%、27.32%、18.49%、10.06%、4.39%、14.85%(见表5)。

表3 各维度主成分矩阵

	Component	
	1	2
S_1	-0.685	-0.479
S_2	0.738	0.503
S_3	0.864	-0.109

续表

	Component	
	1	2
S_4	-0.162	0.836
S_5	-0.605	0.376
S_6	0.373	-0.651

表4 总方差分解

Component	Initial Eigenvalues			Extraction Sums of Squared Loadings		
	Total	% of Variance	Cumulative %	Total	% of Variance	Cumulative %
1	2.291	38.183	38.183	2.291	38.183	38.183
2	1.758	29.303	67.485	1.758	29.303	67.485
3	0.797	13.285	80.771			
4	0.541	9.015	89.786			
5	0.320	5.329	95.115			
6	0.293	4.885	100.000			

表5 各维度综合指标权重

维度	S_{1t}	S_{2t}	S_{3t}	S_{4t}	S_{5t}	S_{6t}
权重(%)	24.89	27.32	18.49	10.06	4.39	14.85

（二）CSRI指数的合成

根据各维度指标及其权重，合成中国系统性风险指数CSRI。

$$\mathrm{CSRI}_t = (\omega s_t) C_t (\omega s_t)'$$

其中，ωs_t 表示各维度综合压力指标 S_i 与其对应的权重 ω_i 的乘积，C_t 代表不同维度随时间变化的相关系数矩阵，上式为Hadamard乘积。

$$C_t = \begin{pmatrix} 1 & \rho_{12,t} & \cdots & \rho_{1n,t} \\ \rho_{12,t} & 1 & \cdots & \rho_{2n,t} \\ \vdots & \vdots & 1 & \vdots \\ \rho_{in,t} & \rho_{2n,t} & \cdots & 1 \end{pmatrix}$$

其中，$\rho_{ij,t}$ 可通过指数加权移动平均（EWMA）方法得出，计算公式如下：

$$\sigma_{ij,t} = \lambda \sigma_{ij,t-1} + (1-\lambda)\bar{s}_{i,t} \times \bar{s}_{j,t}$$
$$\sigma_{i,t}^2 = \lambda \sigma_{i,t-1}^2 + (1-\lambda)\bar{s}_{i,t}^2$$
$$\rho_{ij,t} = \frac{\sigma_{ij,t}}{\sigma_{i,t}\sigma_{j,t}}$$

其中，$i=1,\cdots,n$；$j=1,\cdots,n$；$i\neq j$；$t=1,\cdots,n$。衰减因子 λ 参考 Hollo（2012）的设定，取 $\lambda=0.93$，$t=0$ 时刻方差和协方差的初始值由 2010 年 1 月至 2016 年 12 月的方差—协方差值矩阵确定。可以测算出我国 2010 年 1 月至 2016 年 12 月期间的系统性风险指数 CSRI，其综合指数变化，如图 4 所示。

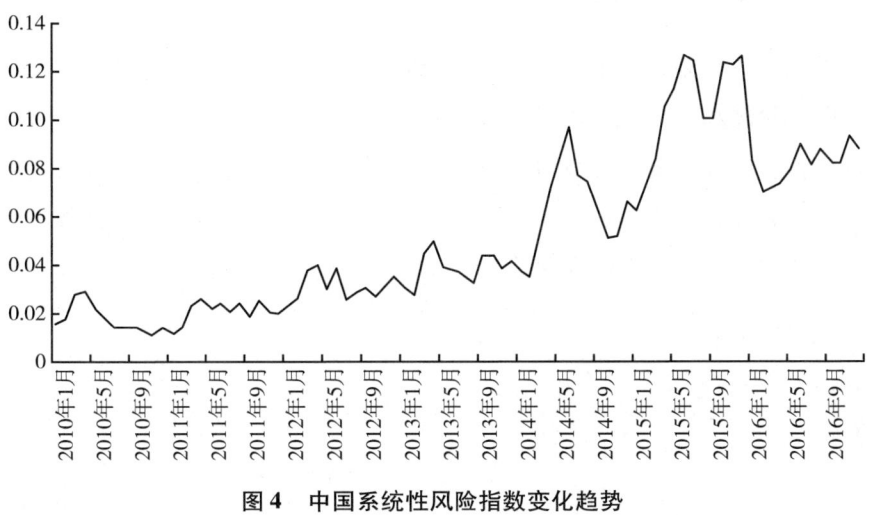

图 4　中国系统性风险指数变化趋势

根据中国系统性风险指数 CSRI 可以判断我国系统性风险的水平，由图 4 可见，2010 年 1 月到 2010 年 5 月 CSRI 出现一个小的峰值，主要是因为 2009 年 8 月到 2009 年 12 月正是欧洲债务问题逐渐恶化阶段，欧元区多个国家开始陷入危机，公共债务比重较高、主权评级降低、房地产泡沫严重等问题，不仅严重影响了欧元区的金融稳定，也给我国带来了较大的金融压力，因此到 2010 年我国 CSRI 值出现了一个小的峰值。但是随着欧洲主权债务危机的正式爆发，我国前期的经济刺激政策效果也达到了峰值，所以从 2010 年 5 月开始我国 CSRI 值回落到合理水平，并在相当长的时间内波动较为平稳。2013年5月前后，我国出现"钱荒"问题，CSRI值有所上升，到2014年5月前后达到了较高的水平。随后由于央行出台了一系列货币政策，CSRI水平开始下降。2015年6月到2015年10月，我国股市受IPO首次公开招股的影响，上证综合指数下跌6.42%。随后受股市连续下跌的市场情绪影响以及货币贬值的影响，沪市创2008年来最大单日跌幅，跌幅8.49%，其中深成指暴跌7.83%，创业板暴跌8.08%。由于我国股市的大幅震荡，CSRI再次达到峰值。从2016年初到2017年，我国CSRI走势较为平稳，虽然仍处于一个相对较高的水平，但是没有大幅波动，系统性风险整体可控。

（三）CSRI稳健性检验

根据理论经验，中国系统性风险指数与宏观经济景气指数是负相关的，系统性风险越高，宏观经济景气程度越低；相反，系统性风险越低，宏观经济景气程度越高。通过计算可以得到二者的相关系数为－0.85，具有高度的负相关。另外，图5显示了中国系统性风险指数与宏观经济景气指数的趋势图，从图中可以看出系统性风险指数CSRI越高，中国宏观经济景气一致指数H_2越低。

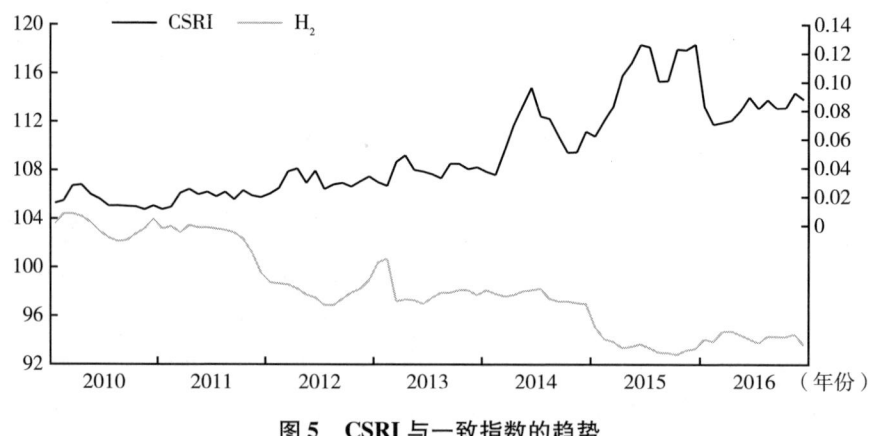

图5　CSRI与一致指数的趋势

从上述关于CSRI的测算和分析可以看出，CSRI可以有效地反映出我国系统性风险状况，为进一步分析CSRI是否具有稳健性，本文参考Daniel Hollo

(2012) 处理方法，选取不同的衰减因子计算 CSRI 值，来检验 CSRI 的变化趋势。本文分别选取 $\lambda = 0.97$ 代表较高水平，$\lambda = 0.93$ 代表中位水平，$\lambda = 0.89$ 代表较低水平，根据计算可以得到不同衰减因子下的 CSRI 趋势图，如图 6 所示。

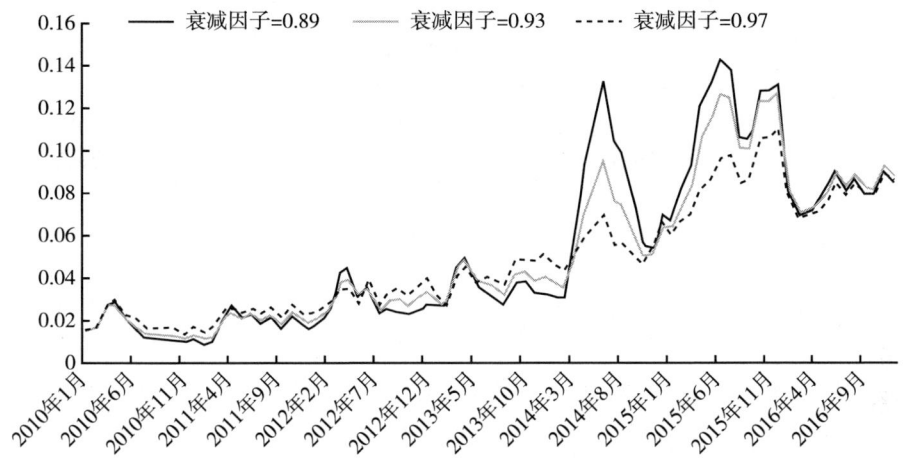

图 6　不同衰减因子下的 CSRI 值

从图 6 可以看出，虽然当衰减因子的取值越小，CSRI 的波动幅度越大。但是无论衰减因子取低水平、中水平还是高水平，CSRI 随时间变化都具有相同的趋势，可以说明 CSRI 在测算中国系统性风险水平的时候具有一定的稳定性，其变化趋势与衰减因子的取值无关。

五　结论

本文基于风险仪表盘的方法，从宏观风险、信用风险、资金和流动性风险、市场风险、盈利和偿债能力风险、结构风险六个方面建立系统性风险度量的指标体系，通过脉冲响应分析发现中国宏观经济一致指数对这六个风险层次的综合指标的冲击具有明显的响应。采用 CISS 方法合成中国系统性风险仪表盘 CSRI，实证结果表明，CSRI 基本上反映了我国金融市场的系统性风险状况，并且对度量我国系统性风险具有稳健性。

参考文献

[1] Adrian, Tobias and Brunnermeier, Markus K. "CoVaR", Staff Reports of Federal Reserve Bank of New York, 2008: 348.

[2] Acharya, V., R. Engle and M. Richardson, "Capital Shortfall: A New Approach to Banking and Regulating Systemic Risks", *The American Economic Review*, 2012 (102): 59 – 64.

[3] Daniel Hollo, Manfred Kremer and Marco Lo Duca, "CISS – A Composite Indicator of systemic stress in the financial system", Working Paper, No. 1426, 2012.

[4] Gray, D. and Jobst, A., "A Systemic CCA-a Model Approach to Systemic Risk", Working Paper, 2010.

[5] Hakkio, C, Keeton, R., "Financial Stress: What Is It, How Can It Be Measured, and why Does It Matter?" *Economic Review*, 2009, 94 (2): 5 – 50.

[6] Illing, M, Liu, Y., "Measuring Financial Stress in A Developed Country: An Application to Canada", *Journal of Financial Stability*, 2006, 2 (3): 243 – 265.

[7] Taylor, J., "Defining Systemic Risk Operationally", In Shultz, G., Scott, K., Taylor, J. (Eds.), *Ending Government Bailouts as We Know Them* (Hoover Press, 2009).

[8] 陈守东、王妍:《金融压力指数与工业一致合成指数的动态关联研究》,《财经问题研究》2011 年第 10 期。

[9] 范小云、王道平、方意:《我国金融机构的系统性风险贡献测度与监管——基于边际风险贡献与杠杆率的研究》,《南开金融研究》2011 年第 8 期。

[10] 李扬、胡滨:《金融危机背景下的全球金融监管改革》,社会科学文献出版社,2010。

[11] 赖娟、吕江林:《基于金融压力指数的金融系统性风险的测度》,《统计与决策》2010 年第 19 期。

[12] 瞿强:《直面中国金融体系潜在风险》,中国金融四十人论坛,2013。

[13] 张晶、高晴:《中国金融系统压力指数的设计及其应用》,《数量经济技术经济研究》2015 年第 11 期。

[14] 张晓朴:《系统性金融风险研究:演进、成因与监管》,《国际金融研究》2010 年第 7 期。

B.16
大数据在互联网金融监管领域的应用与发展

肖节 尹振涛*

摘 要： 互联网金融是以互联网为载体，以大数据等技术为基础，通过先进的技术手段来缩短交易路径，进而形成典型的金融创新业务。互联网金融的本质是信息技术革命前提下的业务改变。在新的技术支撑下，通过人与人、人与物的互联互通，参与金融活动，包括企业和个人，实现普惠金融服务大众的本质，更好地发挥互联网金融的市场价值。当然，这也无形中改变了以往政府金融监管的格局，为金融监管带来新的挑战。互联网金融是建立在新的信息技术手段上的对传统业务的创新，因此对于互联网金融的监管不能停留在传统的方式和方法上。在新时期，运用大数据的技术手段实现对互联网金融行业的监控和监管，实现高质高效的监管策略，最大限度地维护投资者的利益，保障市场的规范运行至关重要。本文主要从互联网金融数据的监控和分析以及互联网金融舆情的监控角度出发，对大数据技术在互联网金融监管手段的方

---

* 肖节，硕士，高级工程师，国家金融与发展实验室金融法律与金融监管研究基地大数据研究中心主任，主要研究领域为大数据技术与应用；尹振涛，经济学博士，副研究员，中国社会科学院金融研究所法与金融研究室副主任，国家金融与发展实验室金融法律与金融监管研究基地副主任、秘书长，主要研究领域为金融监管、金融制度、金融史。
数据来源说明：本报告数据依托社科院金融所大数据分析平台采集的互联网爬虫数据，采集公开互联网平台上公布的互联网金融相关信息。主要采集网站如网贷之家、融360、网贷天眼、贷罗盘等，同时采集的数据还有各大新闻媒体上与网贷、现金贷、P2P等关键词相关的数据信息。

式方法进行初步的研究。

关键词： 互联网金融　大数据　P2P　现金贷　舆情　爬虫

一　互联网金融大数据分析与舆情

（一）P2P市场分析

2007~2015年，互联网金融行业野蛮生长，在带动金融行业快速发展的同时也带来一系列的金融风险和社会问题，P2P市场的发展充分印证了这一点（见图1）。政府相关部门从2016年4月开始实施的互联网金融专项整治工作，2015年之后对于P2P互联网金融行业影响逐渐显现。充分地监督和管理P2P平台，合规运营将更加有利于行业的净化和健康发展。随着《关于促进互联网金融健康发展的指导意见》、《网络借贷信息中介机构业务活动管理暂行办法（征求意见稿）》及2016年《网络借贷信息中介机构业务活动管理暂行办法》的正式出台，我国政府初步建立了对P2P等互联网金融行业的有效监管制度。监管制度的出台给P2P互联网金融市场带来了很大的影响。

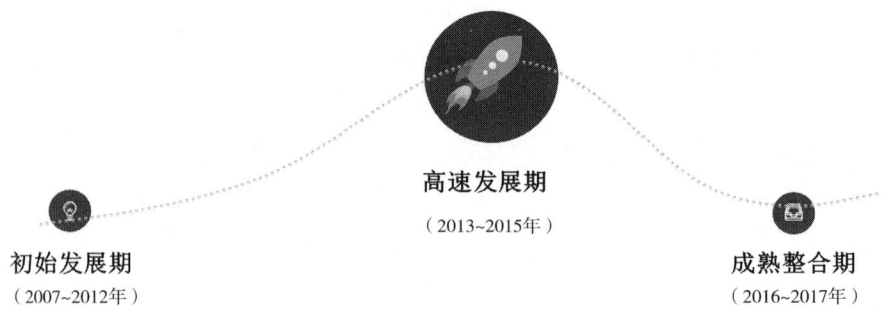

图1　互联网金融生长周期

通过网络爬虫技术，我们获取了大量用户在手机端搜索与P2P理财相关的信息，对这些信息在移动互联网上出现的频次进行挖掘分析，我们发现2016年是一个手机用户对P2P理财关注的顶点，这说明大量的用户都开始关注互联网理财，同时也正面反映了P2P带来的高收益获得了一定的成功（见图2）。

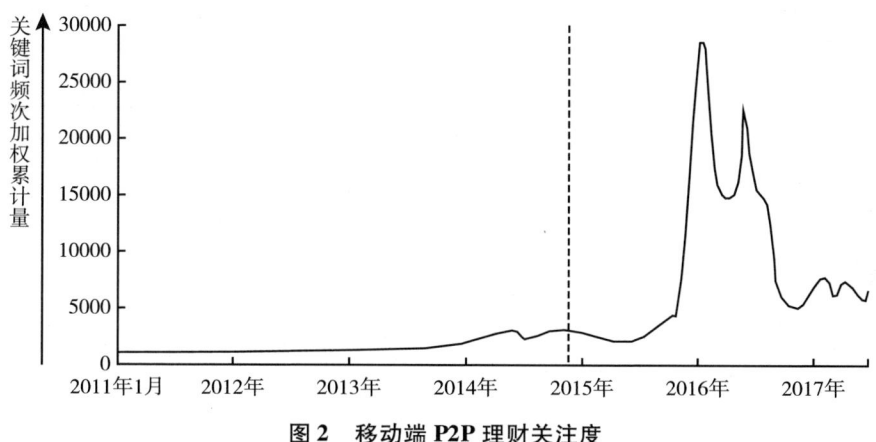

图2　移动端P2P理财关注度

同样我们对PC电脑端的用户也进行了相应的分析，这部分用户对于P2P理财的关注顶点早于手机端用户，这与移动互联网的蓬勃发展密切相关，随着移动互联网的普及，微信、知乎等各种社交软件对于信息的传递速度后来者上，由于使用的便利性和快捷性，慢慢地替代PC端的信息获取和交易方式（见图3）。

通过数据抓取近年来互联网金融平台信息，我们统计出平台数量的走势。我们分析发现自2007年开始有网络借贷以来，2013年底到2015年初是一个平台增长的爆发期，平台机构在这一阶段处于一个野蛮增长的时期（见图4）。随着互联网金融市场的发展，社会关注度也达到了新的历史高度，政府开始出台各种监管措施来稳定市场秩序，一部分存在问题的平台被清除出市场。

1. P2P理财机构全国分布

对现存互联网金融平台注册地信息进行数据分析，我们发现北京、上

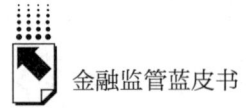

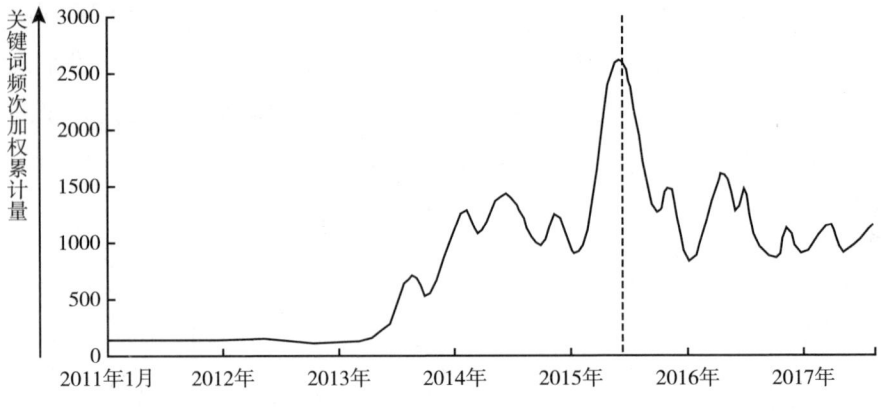

图 3　PC 端 P2P 理财关注度

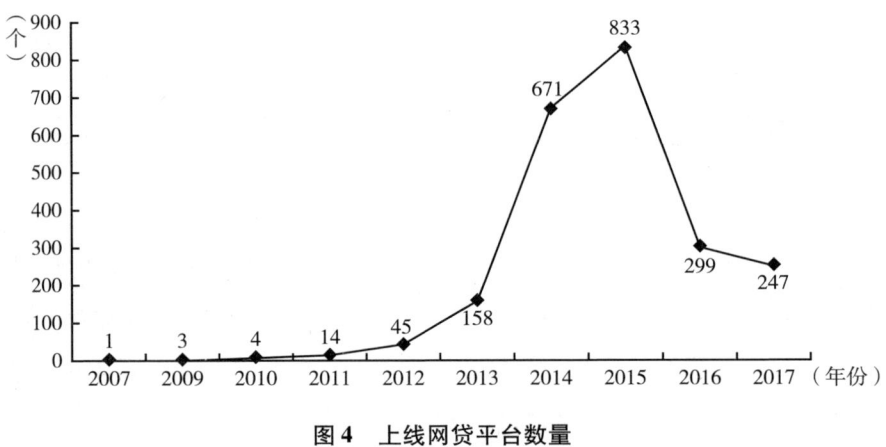

图 4　上线网贷平台数量

海、广东、浙江几个经济发达地区的平台数量最多,北京成为平台注册的首选城市。

2. P2P 理财机构背景分析

通过进一步分析互联网金融平台的背景信息,我们认为民营互联网金融平台仍然是绝对的主流,占整个市场的 80% 以上,这也充分表明网络借贷平台借贷灵活快捷,对普惠金融确实存在比较大的推动作用。

我们通过对部分银行存管平台进行细分发现,98% 以上的都是直接存管,有少部分企业采取了联合存管与银行直连的方式(见图 5 和图 6)。

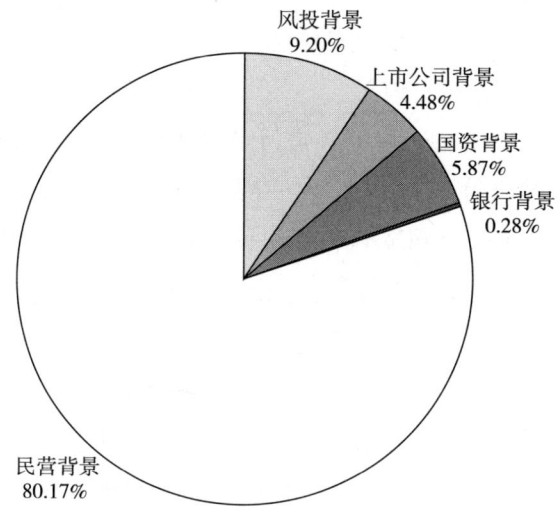

图5 P2P理财机构背景

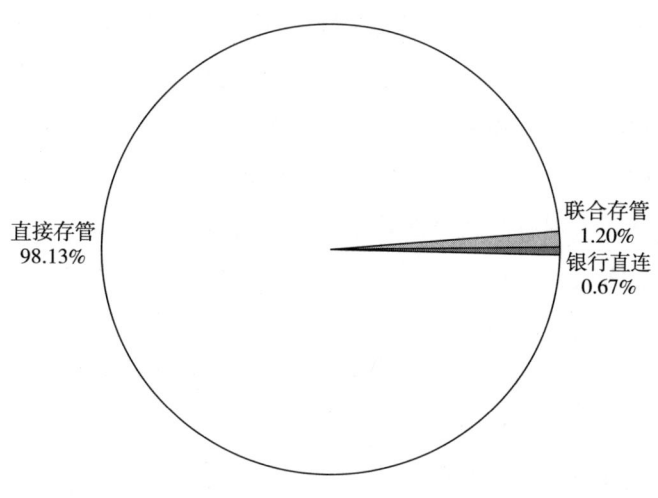

图6 部分银行存管平台

（1）银行直接连接模式。银行直接连接是指互联网金融平台（P2P）和银行直接开通支付结算通道，交易不需要充值和提款业务。在交易过程中，投资者可以直接通过银行进行网上交易。当他们偿还资金时，这些资金在投

309

资者投资前直接返回账户。目前，使用银行直接连接的平台相对较少。银行直接模式最重要的特点是在整个交易过程中，资金必须通过网上银行系统直接结算，而不受第三方的干预。

（2）直接存管模式。这种模式是目前最常见的平台与银行储户合作的模式。银行一般提前为 P2P 平台开立存款账户，包括独立个人存托凭证、风险准备金账户和担保公司账户。后两种账户都是基于 P2P 平台的需求和开户的实际情况而开设的。托管银行是指一般的投融资双方为开立独立的个人账户，将进行充值、取款、结算和资本流动的监管。这种模式由于资金不流向互联网金融交易平台，它可以有效地隔离 P2P 平台和投资者资金，可以有效地降低平台触碰资金和带来风险的可能性。但是，这种模式要求银行在初期投入更多的资金来开发系统，同时要求平台的安全性和稳定性要高。直接托管平台要求在注册完成后，提示存款账户开户，并根据提示完成类似个人电子账户，有的平台可以通过电汇充值。

（3）共同存管模式。共同保管存款和第三方支付企业意味着银行和第三方支付公司合作，联合推出一个托管方案组合。存管银行开立平台寄存账户，负责用户账户监管和基金保管功能，第三方支付作为资金结算和必要设备的技术援助。目前，许多支付公司已与多家银行合作，共同推动联合保管和管理的发展。就现有的联合保管管理平台而言，联合保管管理系统的平台在运作上没有太大的变化。注册完成后，第三方支付账户将立即开通。开设第三方支付账户后，整个开户过程结束。银行不参与审计的项目是真实的，所以只能说资金的流动是比较明显的，要避免平台直接触碰资金的可能，所以投资者选择平台时还是要看平台的整体资质。

3. P2P 理财机构成交分析

通过对 P2P 理财平台资金筹集方面的速度分析，上市公司背景的理财产品最受青睐，整体成交速度要高于其他几种方式，这主要由于上市公司业务模式灵活、利率较高，且上市公司业绩和实力更透明等原因（见图7）。

从 2007 年上半年的平均成交量来看，银行和上市公司背景企业成交量最高，这也符合银行资金规模大、实力强，上市公司产品最受欢迎的特点。

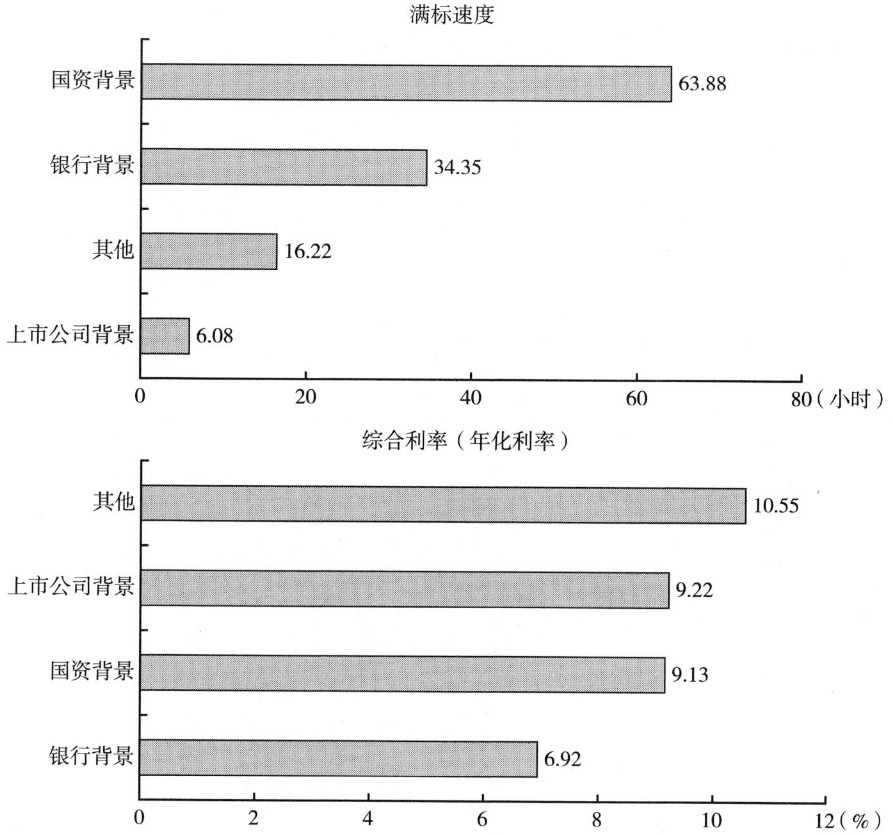

满标速度

- 国资背景 63.88
- 银行背景 34.35
- 其他 16.22
- 上市公司背景 6.08

(小时)

综合利率（年化利率）

- 其他 10.55
- 上市公司背景 9.22
- 国资背景 9.13
- 银行背景 6.92

(%)

图7 P2P理财平台资金筹集速度

4. P2P市场已暴露问题分析

虽然互联网金融由于其灵活性、快捷性等特点，给市场上各交易主体带来较高的价值，但是也正是由于其灵活性，而且目前市场还不够成熟，给了一些机构可乘之机。既存在跑路诈骗的机构，也有骗贷的个人事件发生。通过对出现问题的机构进行数据分析我们发现：大部分机构在出现问题时不是解决问题，而是在安抚投资者的过程中择机跑路。

通过对近些年累计出现问题的理财平台数量进行按区域统计，我们发现广东位居第一，北京、山东、上海、浙江也是问题互联网金融企业高发区域（见图8与图9）。

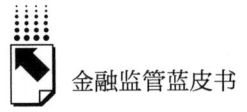

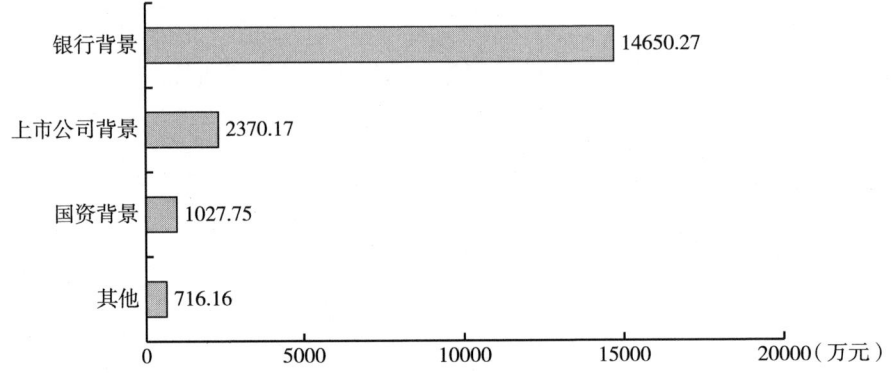

图 8 2007 年上半年平均成交量

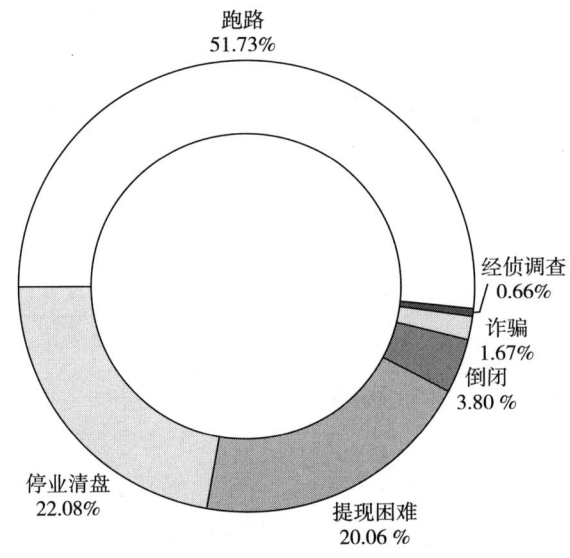

图 9 P2P 黑名单上榜原因分布

（二）现金贷市场分析

1. 现金贷市场概况

现金贷是小额现金贷款业务的简称，是针对申请人发放的消费贷款业务，以方便灵活的方式进行贷款和还款，具有实时审批、快速到账功能（见图10）。

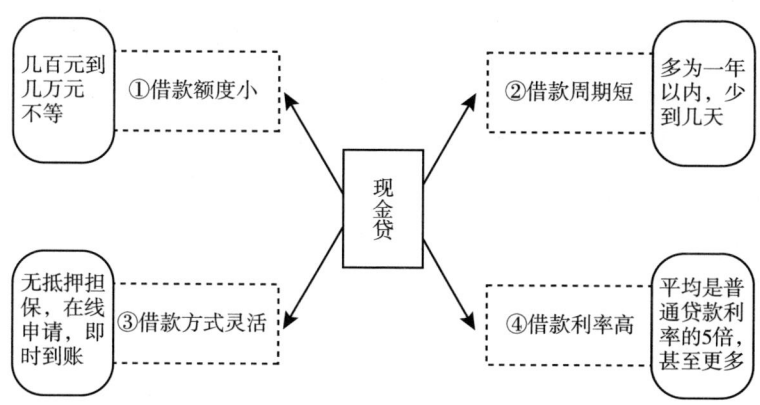

图 10　现金贷特点

从 2015 年初开始，现金贷款开始作为消费金融的一个重要分支，在中国强劲增长。目前，一线城市和二线城市主要是在线，而在三线和四线城市主要是线下（见图 11）。2016 第四季度现金贷款呈现爆发式增长态势。截至 2017 年底，据中国社会科学院金融与法律监管基地不完全统计，市场规模超过 8000 亿元。

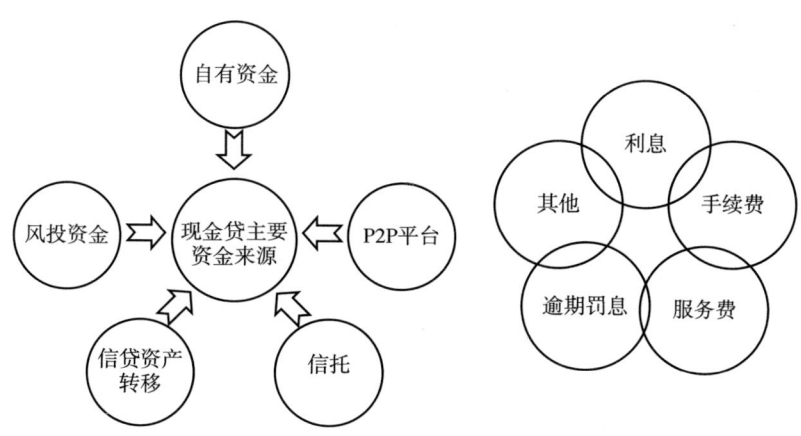

图 11　现金贷资金来源及获益方式

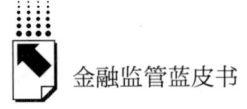

2.现金贷用户画像

通过对现金贷用户年龄、男女比例进行分析发现：用户男女比例约为5∶3，年龄集中在18~34周岁（见图12）。通过对用户所属行业进行分析发现：通信和IT行业占比最高，为40.7%，教育行业和宾馆旅游业分列第二和第三位（见图13）。

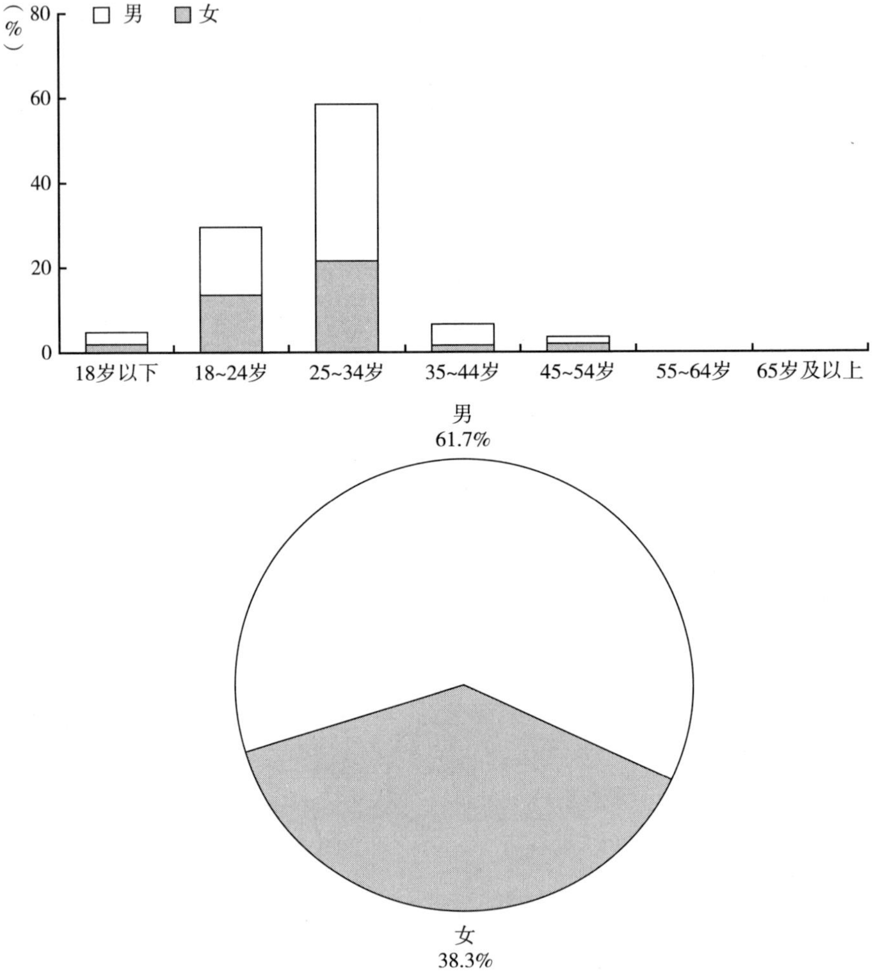

图12 用户画像

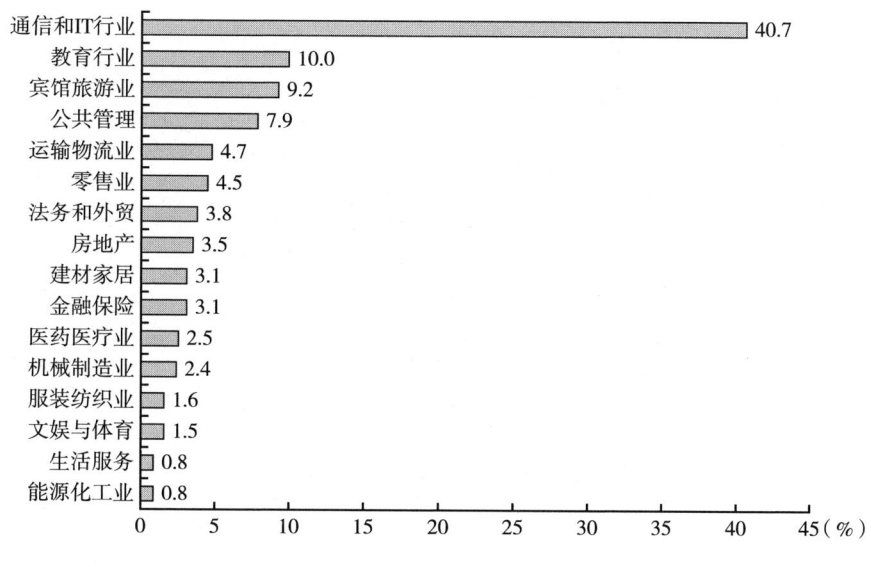

图 13 现金贷用户所属行业

3. 现金贷目前存在的主要问题

现金贷平台变换名目收取高额利息，其中有不少平台依靠高额违约金进行赢利。

《最高人民法院关于审理借贷案件的若干意见》指出：

（1）民间借贷的利率可适当高于银行利率，但最高不得超过同期银行贷款利率的4倍；

（2）如果借贷双方约定利率超过年化利率36%，则超过部分的利息应当被认定为无效。

"现金贷款"可以解决消费者的燃眉之急。但是"现金贷款"的隐性利率异常，虽然一些贷款机构声称"低利率"甚至"零利率"，但通过转化为广泛的服务费、营业费、滞纳金，利率往往达到400%甚至600%。在粗放经营模式下，不良贷款率高企。违反法定基准的借款人的暴力聚集扰乱了正常的金融秩序，严重影响了社会稳定和市场发展（见图14和图15）。

近年来，现金贷款由于贷款速度快、门槛低，有效解决了非银行服务用户的许多痛苦问题，但高利贷、暴力收款、高额逾期费等隐性金融风险引起

图 14　现金贷现实情况与国家规定

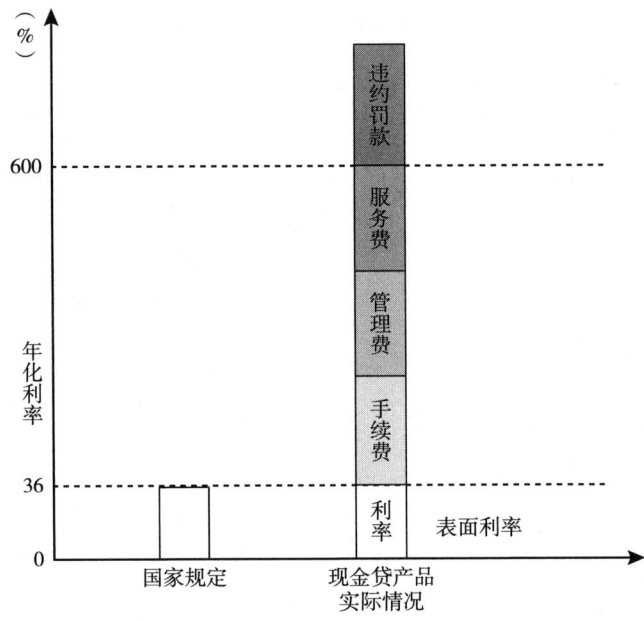

图 15　现金贷的影响

了社会各界的广泛关注。趣店、简谱科技、拍拍贷等相关企业赴美 IPO 后，现金贷款舆情已被推至最高峰。

二 互联网金融领域主要监管科技动向

（一）基于金融大数据的人工智能应用

人工智能主要依靠机器学习，采用挖掘算法可以对高度复杂和非线性的非结构化，以及低质量数据进行整合和分析，并通过统计分析方法进行改进和更新，可以为风险管理和压力测试构建更加准确和可靠的操作模型，预测结果为更科学合理的决策支持。如在金融企业入门审核、数据调查、产品分析等方面都有比较迫切的场景需求，通过实时监控风险数据和指标，及时发现违法经营风险，开展风险预警。

（二）数字化监管协议与区块链技术的结合

应用场景的出现可以帮助监管机构规范监管规则，利用区块链技术的去中心化特点，记录交易信息和监管内容，防止篡改。能有效和实时地对互联网金融行为进行信息获取和分析，有利于解决监管政策时滞、监管定位不明确、监管不及时等问题。区块链技术具有公开透明、不受篡改等特点，加强监管数据信息的存储和共享，方便安全，交易数据、风险数据、监管数据可以实时、永久、安全、完整记录并存储在分布式账户上。通过跟踪具有时间戳的数据链，监管机构可以实现对财务活动和交易的持续动态监控，有助于优化监管流程，提高监管综合效率。

（三）基于云计算的数据处理与共享应用

云计算是一个分布式计算框架，具有较强的数据处理能力和实时性，可以对不同类型的数据、数据格式和数据结构进行处理和分析，实现实时动态数据资源配置和数据信息流分享。云计算在互联网金融监管中的应用，打破

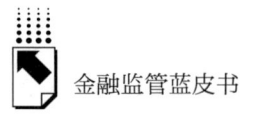

了以前实现大规模数据监控处理的成本问题和技术难点,可以提高监管资源的重用率,优化监管组织过程,提高监管应用的适应性和可扩展性,对金融监管科技的发展起到很好的基础支撑作用。

三 现状与建议

(一)互联网金融市场现状总结

1. 互联网金融创新不成熟使得市场在秩序上和竞争程度上都还不够完善

伪互联网金融和业务具有"影子银行"等问题,存在诸多金融监管风险。比如有些小贷公司建个网站,实现基本的网上交易就到处宣传自己是互联网金融平台,然而实际的业务运营模式和互联网金融平台应该具备的相关资质都不具备,这样就变成了变相的民间金融,有的甚至在过程中由于信息不透明形成欺诈等一系列问题。在这种变相的民间金融阳光化下,进而借助互联网大肆推广,甚至出现行业拆标、假标自融、期限错配、关联担保、设立资金池、资产打包等非法集资风险,这也是近些年出现各种平台跑路的主要风险。另外,还有一些互联网金融平台没有处理大数据的技术和能力,没有成熟的风险管理体系,急于扩大市场,不考虑投资者参与盲目扩张的培训和指导,形成一个庞大的资金池,对投资者形成巨大的风险。事实上,一家合格的互联网金融企业应该在平台+第三方托管风险存款保险和其他投资组合风险控制模式下建立抵押品,降低投资者参与成本,投资者使用强大的资产价值和投资需求价值,即提前承担责任,确保投资者的收入。

但目前在市场竞争不充分的情况下,模糊的信用关系和信用评估机制会造成风险。互联网的开放性和传输速度很容易扩大财务风险。

2. 市场信用环境不好,信息不对称问题依然突出

一方面,中国的信用体系结构不完善,个人信用体系相对落后。目前,信贷结构体系仍然由银行主导。信用数据仍然是中央银行信贷数据库信贷的主要来源,数据来源相对较窄,难以实时、完整地监测信用评估结果。同

时，我国还没有可以为互联网金融平台提供第三方信用评分的机构。目前，互联网金融平台的信用风险管理基本上是由平台本身完成的，很容易造成平台内部的虚假交易和庞氏骗局的道德风险。另一方面，缺乏社会信用体系。社会诚信制度缺失，信用违约缺乏有效的惩罚和追索机制，维护社会诚信的代价更大。市场机制不完善，而市场体系越不完善，市场选择行为的扭曲就越明显，市场机制不能规范复杂的市场失衡。互联网金融发展与创新存在市场逆向选择、道德风险、违约、虚假交易等机会主义行为。我们必须通过一系列机构设置来限制这些行为，从而有效降低交易成本。

3. 基于大数据的基础信息平台还未成型，互联网金融交易成本没有根本改善

政府和社会的大数据信息平台目前都还处于建设初期，还没有一个完整的平台能够实现互联网信息的处理和监管，政府职能部门和互联网金融平台之间的信息孤岛问题仍然没有得到有效的改善。这一现状是阻碍互联网金融发展的核心问题。互联网数据的互融互通、基于互联网金融数据的共享问题和智能化问题，以及在这些交易过程中出现的一系列安全问题将成为互联网金融发展过程中必须解决的核心环节。

4. 金融监管法制化无法跟上互联金融创新的变化，导致市场界定产权困难

清晰的产权界定和保护依据是市场公平交易的前提，也是维护交易者基本权益的有效保障手段。互联网金融创新对原有市场秩序产生重组效应，这势必会导致交易主体间的各种关系发生变化。产权关系如果不能清晰地界定会导致很多侵犯投资者权益的潜在风险的存在，同时也不利于创新模式的推广。

（二）大数据在互联网金融监管方面的建议

1. 建立和完善法律法规监督体系

在监管机构层面，要进一步强化科技监管体系的顶层设计框架，促进金融科技规范有序、长远发展。监管机构要形成适应金融和技术创新趋势的正规部门，加快建立包括监管技术在内的金融技术应用行业标准，深入研究和全面掌握新的金融技术形式和新技术。

一是实施互联网金融平台业务类别的监管标准;二是对大数据平台信息建设进行规范,基于风险管理水平的多维信用数据元素建设,满足监管基本要素的需要;三是加强信用信息平台的数据交换和信息共享机制建设,实现对数据的有效风险监控;四是在拥有不良信用记录积累和个人消费行为的平台上实行标准的信用体系;五是对有潜在系统风险的信贷行为构建预测预警机制。

2. 分类监管协调原则

一是建立多级审计机制,实行分类监管,注意对审计前、审计中和审计后的监管;二是信息资源共享和风险监管作为落实多部门协调监督的基本原则,落后于中国的社会信用体系,但随着互联网推荐信息发展,其真实性和有效性逐步提升。参考价值逐步加强,信用记录及时性增强,信用体系和动态数据分析在补充监管下可能成为有效手段。加快建设大数据驱动的风险管理系统是P2P和互联网金融创新发展的关键。数据成为资产,可以将金融活动转化为智能数据处理活动,大大减少信息不对称,提高风险评估和预测能力。

3. 建立大数据舆情辅助决策机制

金融市场是瞬息万变的。任何一个微小金融事件的发生,都有可能引起山崩海啸般的一系列连锁反应。对大数据、AI、区块链,云计算等现代技术的应用范围、运营模式和运营规则等提出明确的顶层框架和行业标准,在促进金融技术创新的同时有效控制风险。同时要适应金融科技跨行业、跨机构、跨业务的多维集成和运作特点,加强监管机构之间的协调和联动。数据驱动技术作为核心技术强调数据收集、集成、处理、解析、建模、分析和预测。数据质量和系统数据控制对数据标准有很高的要求。金融监管机构应建立基于数据定义和数据标准的数据共享平台,实现数据的无缝共享,消除信息孤岛。互联网舆情技术在金融业中的作用日益凸显,可以更好地促进金融创新,保持金融秩序的稳定,进一步帮助金融机构树立品牌形象,加强声誉风险管理。舆情分析可以有效防止负面信息的肆意传播失控,帮助金融机构改善网络舆论导向,营造积极的舆论环境。通过舆论支持的决策管理系统作为相关管理机构的辅助决策工具，为政府在金融监管和风险防控方面做到把防范措施提前。通过互联网舆情技术，收集网络大数据分析金融市场信息，结合传统的财务数据分析，决策以课题为核心，以传统的基于互联网舆情的财务分析方法为辅助，辅助决策主题相关知识库的建设、智能研究方法库的模型库和政策分析，不断完善辅助金融监管决策体系建设，为决策主体提供全方位、多层次的决策支持和知识服务。为财务管理研究机构和政府部门提供帮助，协助和帮助决策者。总之，针对互联网金融创新发展，一方面政府监管需要加强供给侧的改革要求，重视完善个人信用体系、社会信用体系部门间协调机制，培育市场创新机制；另一方面还要改革传统的原有监管制度和措施，鼓励建设基于个人的大数据的信息系统和风险预警机制。

B.17
金融科技监管政策分析与国际比较

杜晓宇 巴洁如*

摘 要: 金融科技强调新技术对金融业务的辅助、支持和优化作用,代表着金融与科技的全方位融合趋势。由于金融科技存在跨界化、去中心化等特点,可能出现跨监管领域、高度复杂的金融产品,对现有的监管制度及体系产生影响,因此,对金融科技的监管面临诸多挑战。本文对2017年国内出台的部分金融科技监管政策进行分析,梳理了国外金融监管主体和国际组织对金融科技业态的部分政策立场。最后,结合我国金融科技产业发展的实际情况,提出具有针对性的政策建议,以期促进我国金融科技行业健康有序发展。

关键词: 金融科技 政策法规 国际比较 监管科技

2017年来,金融科技(FinTech)概念方兴未艾,众多互联网金融企业纷纷转型金融科技,相较于之前的互联网金融业态,金融科技更加强调新的技术对金融业务的辅助、支持和优化作用,代表金融与科技的全方位融合或

---

* 杜晓宇,法学硕士、管理学硕士,腾讯研究院专家研究员,金融研究中心副主任,主要研究领域为金融科技、金融监管政策;巴洁如,法学硕士,腾讯研究院高级研究员,金融研究中心副秘书长,主要研究领域为支付清算、金融科技。

趋势。需要强调的是金融科技同样要遵守金融业务内在规律以及法律法规和监管要求。按照巴塞尔银行监管委员会对金融科技的分类，主要分为支付结算、存贷款与资本筹集、投资管理、市场设施四类，具体业态主要包括网络支付、网络借贷、智能投顾、区块链技术在金融领域应用等。由于金融科技存在跨界化、去中心化等特点，可能产生跨监管领域的高度复杂的金融产品，冲击现有的监管制度及体系，金融科技监管面临重要挑战。2017年，全球监管机构高度重视对金融科技的监管，密切跟踪研究金融科技创新行为，倡导监管科技（RegTech）理念，强化监管科技的发展和应用。

2017年，我国金融科技监管特点总体表现为"重整治、强监管"。在7月召开的全国金融工作会议上，习近平总书记指出，金融工作要"强化监管，提高防范化解金融风险能力。要以强化金融监管为重点，以防范系统性金融风险为底线，加快相关法律法规建设，完善金融机构法人治理结构，加强宏观审慎管理制度建设，加强功能监管，更加重视行为监管"。年底召开的中央经济工作会议强调，"打好防范化解重大风险攻坚战，重点是防控金融风险，要服务于供给侧结构性改革这条主线，促进形成金融和实体经济、金融和房地产、金融体系内部的良性循环，做好重点领域风险防范和处置，坚决打击违法违规金融活动，加强薄弱环节监管制度建设"。鉴于此，加强金融监管、打击金融违法犯罪活动成为2017年监管工作的重点。为加强金融监管协调，中央金融工作会议决定成立国务院金融稳定发展委员会，管理协调"一行三会"的工作，负责金融稳定协调，制定金融发展规划，维护国家金融稳定。2017年5月，中国人民银行正式成立金融科技委员会，着眼于构建长期有效的金融科技监管构架，防范潜在金融风险，保障金融安全稳定。

互联网金融专项整治工作延期一年至2018年，按照互联网金融专项整治实施方案的要求，各监管部门不断完善各项金融科技监管制度（详见附表1和附表2），同时加大了金融执法检查力度，对一批涉及互联网金融领域的违法案件给予重罚，起到了震慑违法、净化市场的作用。金融监管力度的加大，进一步促进金融科技行业健康有序发展。

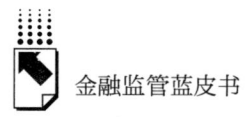

金融监管蓝皮书

一 国内金融科技监管概况

（一）网络借贷行业监管细则落地，监管框架体系形成，"现金贷"业务纳入整治范畴

2016年8月24日，《网络借贷信息中介机构业务活动管理暂行办法》出台，在厘清网贷行业监管及业务规则的基础上，明确了行业可持续发展方向，为网贷行业规范发展和审慎监管奠定了制度基础。2016年底至2017年，银监会相继发布了《网络借贷信息中介机构备案登记管理指引》（以下简称《备案指引》）、《网络借贷资金存管业务指引》（以下简称《存管指引》）和《网络借贷信息中介机构业务活动信息披露指引》（以下简称《信息披露指引》），网贷行业的"1+3"（一个办法加三个指引）监管框架体系基本形成[①]。

《备案指引》明确了网贷平台办理备案的流程，并且将备案作为办理增值电信业务许可证和银行资金存管前置条件，备案工作由地方金融监管部门负责办理，《备案指引》也规定由各地金融监管部门出台落地细则。自《备案指引》发布以来，厦门率先出台备案办法，上海、深圳、北京等地公布了征求意见稿。多个地方提出银行存管属地化要求，例如上海率先提出"选择在本市设有经营实体且符合相关条件的商业银行进行客户资金存管"，深圳则将这一要求进一步细化，而北京并未要求监管银行属地化。由于网贷平台的备案是由地方金融办操作的，因此各地的管理办法肯定会有差异，而且不同地方的管理水平肯定也会有所区别。鉴于此，中国互联网金融协会曾公开表示，希望各地统一网络借贷企业备案标准，避免出现监管套利的现象。

《存管指引》中提出商业银行提供的资金存管业务，应"实现客户资金

---

① 《信息披露指引出台 网贷行业"1+3"制度体系完成》，http://www.cbrc.gov.cn/chinese/home/docView/DEAF23AEBF564ABEB8479FEA4E25F185.html。

与网络借贷信息中介机构自有资金的分账管理",但《存管指引》并未要求商业银行建立"小账户"模式,而是规定网络借贷资金存管专用账户,即网贷中介机构在存管银行处开立的资金存管汇总账户,并未要求投资人可以从存管银行直接查询账户余额。中国互联网金融协会出台的《互联网金融个体网络借贷资金存管系统规范》和《互联网金融个体网络借贷资金存管业务规范》则规定存管银行应当采取小账户模式,在存管账户下为每位投资人设立子账户,进一步防范资金被挪用的风险。

《信息披露指引》规定网络借贷信息中介机构及其分支机构,应当通过其官方网站以及其他互联网渠道向公众公示网络借贷信息中介机构基本信息、运营信息、项目信息、重大风险信息、消费者咨询投诉渠道等相关信息。从维护消费者合法权益的角度出发,《信息披露指引》明确了信息披露的基本概念和原则;规定了应当被披露的信息内容,包括网络借贷信息中介机构基本信息、运营信息、项目信息、重大风险信息、消费者咨询投诉渠道信息等网贷业务活动应当披露的信息。同时,《信息披露指引》配套了《说明》,对披露的口径、披露标准予以规范,重点对概念模糊、争议较大的披露信息逐一进行解释,有利于避免信息披露过程中因披露主体的标准不一致,而导致披露对象对信息披露内容的混淆和误解[1]。

2017年12月,互金整治办先后下发了《关于开展"现金贷"业务活动清理整顿工作的通知》《关于规范整顿"现金贷"业务的通知》《关于印发小额贷款公司网络小额贷款业务风险专项整治实施方案的通知》,"现金贷"业务由此被纳入互联网金融专项整治范畴。"现金贷"业务在两年内迅速爆发式增长,部分校园贷机构、P2P企业在业务受限的情况下,也纷纷转投现金贷行业,一时间互联网小贷牌照"洛阳纸贵",部分地市级甚至县级金融办也批复小贷公司可以从事跨地域的网络小贷业务。"现金贷"业务虽然在满足消费信贷需求方面发挥了一定作用,但是以"四无"(即无抵押、无场

---

[1] 《信息披露指引出台 网贷行业"1+3"制度体系完成》,http://www.cbrc.gov.cn/chinese/home/docView/DEAF23AEBF564ABEB8479FEA4E25F185.html。

景依托、无指定用途、无客户群体限定）为特征的业务模式，伴随着过度借贷、暴力催收、畸高利率等问题，导致了多起恶性案件的发生，社会影响极为恶劣。

《关于规范整顿"现金贷"业务的通知》指出，"各类机构以利率和各种费用形式对借款人收取的综合资金成本，应符合最高人民法院关于民间借贷利率的规定，禁止发放或撮合违反法律有关利率规定的贷款"。现金贷行业从业者应采取有效措施防范借款人"以贷养贷""多头借贷"等行为。此外，"各类机构应坚持审慎经营原则，全面考虑信用记录缺失、多头借款、欺诈等因素对贷款质量可能造成的影响，加强风险内控，谨慎使用'数据驱动'的风控模型，不得以各种方式隐匿不良资产"。针对暴力催收问题，明确提出"各类机构或委托第三方机构不得通过暴力、恐吓、侮辱、诽谤、骚扰等方式催收贷款"；明确提出"禁止通过互联网平台或地方各类交易场所销售、转让及变相转让现金贷公司的信贷资产；禁止通过网络借贷信息中心机构融入资金"。此外，银监会"禁止消费金融公司通过 P2P 网络借贷撮合等任何方式为无放贷业务资质的机构提供资金发放贷款，以信贷资产转让、资产证券化的名义融入的资金应与表内融资合并计算；禁止消费金融公司通过签订三方协议等方式与无放贷业务资质机构共同出资发放贷款；禁止消费金融科技公司将授信审查、风险控制等核心业务外包；禁止消费金融公司接受无担保资质的第三方机构提供增信服务以及兜底承诺等变相增信服务；督促消费金融公司立即采取有效措施要求并保证第三方合作机构不得向借款人收取息费；禁止消费金融公司发放无指定用途贷款"。

《小额贷款公司网络小额贷业务风险专项整治实施方案》明确突出排查和整治 11 个重点领域，包括严格管理审批权限、重新审查网络小额贷款经营资质、股权管理、表内融资、资产证券化等融资、综合实际利率、贷款管理和催收行为、贷款范围、业务合作、信息安全、非法经营。目前网络小贷牌照已经暂停发放，通过 ABS 方式将网络小贷业务出表的方式也处于停滞阶段。对于"现金贷"业务的专项整治体现了 2017 年以来金融监管部门防范风险的大方针，对于金融风险隐患"打早打小"，防止存在不受金融监管约束的金融业务演变成"灰犀牛"，进而造成系统性风险。

（二）加强网络支付业务监管，备付金和多头连接商业银行成为重点整治范畴，坚决打击无证支付业务，规范条码支付业务

《非银行支付机构风险专项整治工作实施方案》指出，"按照安全与效率兼顾、鼓励创新与规范发展相结合、监管与服务并重、监管标准一致性的原则，规范非银行支付机构经营模式，清理整治无证机构，遏制市场乱象，优化市场环境，促进支付机构坚持服务电子商务为社会提供小额、快捷、便民小微支付服务的宗旨，坚持支付中介的性质和职能"。[1] 2017年，监管部门对备付金管理、支付机构多头连接问题，以及无证经营支付业务等进行重点规范。

1. 备付金管理专项整治工作

支付机构收取的客户备付金是支付机构收到的预收待付货币资金，根据《非金融机构支付服务管理办法》《支付机构客户备付金存管办法》的规定，备付金不属于支付机构的自有财产。保护客户备付金的安全，不被支付机构挪用，是维护金融消费者合法权益，防范支付行业风险的底线。2015~2016年，中国人民银行曾注销了广东益民、浙江易仕、上海畅购3家严重违规的支付机构的《支付业务许可证》，同时在对支付机构检查中我们还发现，西安银信商通电子支付有限公司、安易联融电子商务有限公司、湖南星广传媒有限公司、广西支付通商务服务有限公司存在挪用、占用备付金备行为，资金缺口总计超过1.35亿元。此外，还存在支付机构将客户备付金以自身名义在多家银行开立账户分散存放的现象。据中国人民银行统计，平均每家支付机构开立客户备付金账户13个，最多开立账户达70个[2]。将客户备付金

---

[1] 多部门关于印发《非银行支付机构风险专项整治工作实施方案》的通知，http://www.gov.cn/xinwen/2016-10/13/content_5118605.htm。
[2] 中国人民银行有关负责人就非银行支付机构客户备付金集中存管有关问题答记者问，http://www.pbc.gov.cn/goutongjiaoliu/113456/113469/3234880/index.html。

分散存放，既不利于存管银行及监督机构对备付金的监测，也为支付机构挪用备付金提供了土壤。为解决备付金资金安全问题，中国人民银行在《非银行支付机构风险专项整治工作实施方案》中提出，建立备付金集中存管制度，即将支付机构的备付金集中统一缴存到一个中国人民银行或商业银行专用账户中，以加强对备付金安全管理，同时取消备付金存款利息，改变支付机构"吃息差"的业务模式，引导支付机构回归支付中介业务方向。《中国人民银行办公厅关于实施支付机构客户备付金集中存管有关事项的通知》规定，"自2017年4月17日起，支付机构客户备付金应以一定比例按季度交存至指定机构专项存款账户，该账户资金暂不计付利息"。交存比例根据评级结果和业务模式确定为10%~24%，集中存管的指定机构目前为中国人民银行。2017年12月29日，中国人民银行办公厅发布了《关于调整支付机构客户备付金集中缴存比例的通知》，将自2018年2月至4月，按照每月10%逐月提高集中缴存比例，至2018年4月备付金缴存比例将达40%~54%。

2. 跨机构清算业务专项整治

目前，部分支付机构的跨机构清算业务采用多头开立账户，以"本贷本"方式违规变相从事清算业务。《非银行支付机构风险专项整治工作实施方案》规定了非银行支付机构从事跨行支付业务的基本监管要求，明确提出"支付机构开展跨行支付业务必须通过人民银行跨行清算系统或者具有合法资质的清算机构进行，实现资金清算的透明化、集中化运作，加强对社会资金流向的实时监测"。在中国人民银行指导下，中国支付清算协会组织会员单位，积极筹建"非银行支付机构网络支付清算平台"及经营实体。2017年8月29日，网联清算有限公司正式设立。

中国人民银行规定，网联清算平台上线后，支付机构与银行直连开展跨行支付业务应于2018年6月30日前全部迁移到网联平台处理。在支付机构与银行"直接"模式终结的同时，客户备付金集中存管制度也可以得以落地。以"共建、共有、共享"为建设理念的网联平台，将通过统一标准、统一规则、统一监管，为非银行支付机构的网络支付业务提供转接清算服务，支付机构与银行多头连接从而变相从事清算业务的局面将彻底改变。对于非银行支付行业整体而言，理顺后端清算市场秩序和规则，将进一步促进前端交易信息透明度的提升，优化市场竞争环境，确保用户资金安全，有助于我国非银行支付市场持续健康发展。而网联平台所带来的支付机构与银行合作模式的变化，未来将持续促进支付机构回归支付业务的本源，通过产品和服务体验提升，通过赋能多元化应用场景，为用户提供更为多样化的支付增值服务。

3. 对无证支付机构加大清理整顿力度，规范支付创新行为

2017年11月13日，中国人民银行办公厅下发了《关于进一步加强无证经营支付业务整治工作的通知》（简称217号文）和《关于规范支付创新业务的通知》（简称281号文），进一步加大对无证支付机构的整治和处罚力度，规范支付机构创新行为。

对于无证支付机构，由于中国人民银行支付缺乏有效的惩治手段，无证支付特别是"二清机构"一直处于"打而不死，死而不僵"的状态。217号文通过"以有证查无证"方式，全面检查持证机构违规为无证机构提供支付清算服务的行为，对于这类持证主体干扰支付市场秩序的行为给予整治和惩处，旨在切断无证机构的支付渠道，从根源上净化支付服务市场环境。

217号文明确规定了持证机构的范围，包括银行业金融机构、非银行支付机构，以及中国银联、农信银资金清算中心、各地代收付中心等。在机构自查内容方面，涉及特约商户管理、受理终端与接口管理、备付金管理、账户开立与使用、外包管理、代收付业务管理等。

281号文进一步规范支付创新业务，强调了重大创新业务需要提前30天备案；加强了对收单业务受理终端、小微商户、代收业务、支付通道的管理；目前支付行业中存在个别支付机构通过排他协议的方式限制支付工具的做法，所以明确提出了支付机构不得滥用本机构及关联企业的市场优势地位，排除、限制支付服务竞争，优化市场环境。

4. 规范条码支付业务，资质要求和明确支付限额

2017年12月27日，中国人民银行颁布《条码支付业务规范（试行）》，

条码支付业务终于结束了多年的"裸奔"状态。条码支付业务始于2014年，当时中国人民银行认为该项业务存在较大风险隐患，并下发了《中国人民银行支付结算司关于暂停支付宝公司线下条码（二维码）支付等业务意见的函》，但实际操作中条码支付业务并未暂停，并出现了爆发式增长，随着令牌化技术的完善，条码支付安全标准得以提升，加之条码支付业务有利于便民支付，可以成为银行卡收单业务的有效补充，监管当局最终肯定了条码支付业务模式，并出台政策加以规范。

《条码支付业务规范（试行）》明确支付机构向客户提供基于条码支付的付款服务时，应取得网络支付业务许可；支付机构为实体特约商户和网络特约商户提供条码支付收单服务的，应当分别取得银行卡收单业务许可和网络支付业务许可。对于不同的风险防范能力等级设定了不同的交易限额（见表1）。

表1 条码支付业务交易限额

风险防范能力	交易验证方式	日累计交易限额（银行:单一账户）	日累计交易限额（支付机构:所有支付账户或快捷支付）
A	包括数字证书或电子签名在内的两类(含)以上有效要素	自主约定	自主约定
B	不包括数字证书、电子签名在内的两类(含)以上有效要素	5000元	5000元
C	不足两类要素对交易进行验证的	1000元	1000元
D	静态码	500元	500元

（三）ICO被认定违规，代币发行融资被全面禁止

2017年9月4日，中国人民银行等七部委联合发布了《关于防范代币发行融资风险的公告》，认为国内通过发行代币形式包括首次代币发行（ICO）进行融资的活动大量涌现，投机炒作盛行，涉嫌从事非法金融活动，严重扰乱了经济金融秩序。公告认定，代币发行融资，即融资主体通过代币

的违规发售、流通，向投资者筹集比特币、以太币等所谓"虚拟货币"，本质上是一种未经批准的非法公开融资的行为，涉嫌非法发售代币票券、非法发行证券以及非法集资、金融诈骗、传销等违法犯罪活动。公告规定，任何组织和个人不得非法从事代币发行融资活动，任何所谓的代币融资交易平台不得从事法定货币与代币、"虚拟货币"相互之间的兑换业务，金融机构和非银行支付机构不得直接或间接为代币发行融资和为"虚拟货币"提供账户开立、登记、交易、清算、结算等产品或服务①。我国各代币交易所在禁令出台后，转入国外运营，在比特币交易中以人民币作为交易资金的比例大幅降低。

在我国现行法律框架下，ICO融资模式涉嫌违反我国非法集资的法律红线，很多ICO项目以区块链技术创新为幌子，实际以圈钱为根本目的。中国人民银行等部委此次从速打击非法代币融资行为，及时将金融风险消化在萌芽阶段，有效防止类似"E租宝"案件的再次发生，切实有效维护了金融消费者合法权益，也可以进一步促使区块链回归技术本源，有效促进实体经济发展。ICO禁令出台后陆续出现了IFO（分叉发行）、ITO（通证发行）、IDO（专属设备挖矿）等方式来代替ICO，相关业务经过穿透后是否符合监管要求，值得关注。

（四）对金融违法行为加大处罚力度，净化市场环境

2017年被金融业称为"史上最严"监管年，大额罚单不断开出。全年行政处罚超2700件，罚没金额超80亿元②。其中，针对"侨兴债"事件③，

---

① 中国人民银行等七部门关于防范代币发行融资风险的公告，http://www.gov.cn/xinwen/2017-09/04/content_5222657.htm。
② 2017"史上最严"金融监管年：行政处罚超1700件，https://news.sina.cn/gn/2017-12-14/detail-ifypsvkp3068323.d.html?vt=4&pos=8&wm=2272_7071。
③ 2014~2015年，蚂蚁金服招财宝平台上销售的惠州侨兴电讯工业有限公司和惠州侨兴电信工业有限公司私募债，浙商财险提供了履约保证保险。2016年12月，侨兴方面到期无法兑付债务，构成违约。招财宝上的投资者对外曝出此事，引起业内外的震惊，银监会通报了"侨兴债"处罚结果，称这是一起银行内部员工与外部不法分子相互勾结、跨机构跨行业跨市场的重大案件。

银监会开出了历史上最重的罚单之一，对广发银行总行、惠州分行及其他分支机构的违法违规行为罚没合计7.22亿元，保监会对浙商保险顶格处罚，处以罚款合计200万元。据不完全统计，中国人民银行及其分支机构全年对支付机构处罚案件超过50笔，对违规严重的乐富支付的支付业务许可证拒绝续展，责令其退出市场。支付业务许可证从最多的271张已经缩减至247张。2017年的金融监管取得了明显效果，促进行业健康规范发展，金融服务实体经济能力增强。

二 金融科技监管的国际经验

（一）部分国家和地区金融科技监管举措

2017年前后，美国、英国、新加坡、中国香港等国家和地区，在虚拟货币、区块链与分布式账本技术（DLT）、智能投顾等金融科技领域出台了监管规则。与此同时，各国不断加强对金融科技细分业态的研究与监测。2017年初，美国白宫国家经济委员会发布《金融科技框架》白皮书。2017年4月，英国财政部（UK Treasury）发布关于金融科技的监管创新计划。美国证监会（SEC）和澳大利亚证券与投资委员会（ASIC）发布针对智能投顾业务模式的监管指引。美国证监会、新加坡金管局（MAS）和中国香港证券及期货事务监察委员会针对数字代币和ICO行为发布监管政策。部分金融科技监管政策和具体实践见附表3。

（二）国际组织加强金融科技影响的研究分析

1. 二十国集团（G20）

作为国际经济合作组织，G20在2016年9月的杭州峰会上，形成了普惠金融发展领域的首个国际性共同纲领——《G20数字普惠金融高级原则》，旨在推动各国政府采取积极行动，运用数字技术和方法，促进全球普惠金融水平的提升。该原则包括了倡导利用数字技术推动普惠金融发展、平衡创新与风险、构建恰当的法律和监管框架、扩展金融基础设施系统、切实保护消费者权益，提高消费者数字金融素养等八项核心原则，并提出了促进目标实现的关键行动倡议。金融科技与数字普惠金融实践存在密切联系，金融科技领域的创新为数字普惠金融奠定了全新的技术支撑，为普惠金融的商业可持续性提供了可行的路径，是数字普惠金融发展的重要驱动力。

2017年3月，G20国际治理创新中心（CIGI）发布研究报告指出，区块链技术是建立包容性全球数字经济过程中的一项关键技术，其透明、安全、可追溯的特性，将有望在普惠金融、税收、贸易投资、就业、气候、健康等领域发挥更为积极的作用。同时，报告倡议G20国家遵循杭州峰会《二十国集团创新增长蓝图》中所提出的总体方针，在合作研究、监管沙盒项目、中央银行区块链联盟、跨国监管协调等领域，采取具体措施，以支持公共和私有部门的区块链创新，并建立一致的国际监管框架，以降低创新中的潜在风险，充分发掘区块链技术的经济和社会价值。

2. 金融稳定理事会（FSB）

金融稳定委员会（FSB）成立了金融创新网络工作组，推进金融科技领域研究工作。2017年6月，FSB发布《金融科技对金融稳定的影响》报告，对金融科技可能带来的正负面影响进行了全面分析。在FSB的研究框架中，全面探讨了金融科技的范围、对金融稳定带来的效益和风险、监管方式、存在挑战及未来监管应注意的问题等。根据经济功能，FSB将金融科技分为支付清算类、借贷和众筹类、保险类、投资管理类和市场支持类几大类别，并针对网络借贷、智能投顾、虚拟货币等具体业务活动，评估了潜在的效益和风险。总体来说，积极影响包括主体多元化发展提高了金融体系弹性，提升了效率和透明度，拓宽了金融服务获取渠道，而可能对金融稳定带来的风险则包括宏观金融风险（如信贷增长不可持续、关联度提高、顺周期、风险传染等）和微观金融风险（如信用风险、流动性风险、操作性风险等）。由于可获得的数据有限、口径不一，评估金融科技对金融稳定带来的实际影响存在较大挑战。FSB在报告中得出结论，现阶段金融科技创新尚未对金融稳定形成实质性风险，但是也提出了10个值得金融监管机构注意的问题，包括对管控第三方服务提供商风险、降低网络安全风险、监测宏观金融风险、跨境法律和监管安排、支持大数据分析的治理和披露框架、评估监管范围并及时更新、拓展跨部门沟通渠道、替代性数字货币研究等，此外，国际监管合作与协调也应进一步得到强化。

3. 支付与市场基础设施委员会（CPMI）

国际清算银行（BIS）支付与市场基础设施委员会（CPMI）主要关注金融科技对支付体系等金融基础设施所带来的影响。2017年2月，CPMI发布《支付、清算与结算体系中的分布式账本技术》报告，围绕DLT技术在支付、清结算领域的发展情况，提出了一个较为全面的结构化分析框架，对于市场主体对区块链技术的应用与研究具有一定参考价值。CPMI工作组的分析框架由四个核心部分构成：一是理解DLT技术的功能和特性，包括识别DLT所能解决的问题、对产业链会带来影响等，以及影响DLT技术落地的因素，比如市场规模和市场结构等环境因素、与原有系统之间的互联互通等技术因素、商业模式是否清晰等商业因素；二是理解DLT技术对于支付体系效率所带来的影响，包括对交易处理速度、处理成本、对账速度和透明度、信用和流动性管理成本、智能合约带来的效率提升等；三是理解DLT技术对安全性的潜在影响，包括系统弹性、可扩展性等操作风险，法定结算最终性等结算风险，以及法律、治理、数据和隐私安全等方面的问题；四是理解DLT技术对宏观金融市场的影响，比如互联互通和标准化问题，DLT系统是否会对金融市场结构产生影响，是否会对金融业务和监管模式带来变化等。由于DLT技术目前仍处于早期发展阶段，CPMI在分析框架中也提出了未来技术演进和应用过程中，需市场参与者和监管机构共同探索解决的核心问题。

4. 巴塞尔银行业监管委员会（BCBS）

巴塞尔银行业监管委员会（BCBS）成立金融科技工作组，研究金融科技对银行业务模式及银行业监管所带来的影响和挑战。2017年8月，BCBS发布《稳健实践：金融科技发展对银行及银行业监管的影响》咨询报告，以10条观察及相关建议的形式，对金融科技的含义、具体产品和服务、市场规模、应用场景进行了分析，提出金融科技对商业银行和银行体系带来的促进作用，以及潜在的风险和挑战，并探讨了对于银行业监管机构和监管框架的影响。对于银行业监管机构来说，金融科技对现有监管协调机制、监管模式及监管框架都将产生一定影响，BCBS 结合文献研究、业务活动调查、产品分析和场景评估，为银行业监管提出了前瞻性建议，包括与其他有权主体开展合作，为从事银行业务活动的各类主体建立适当、统一的监管标准；在跨境金融科技业务领域，强化银行业金融监管的国际协调；评估现有培训模式，提升监管人员在新兴技术和业务模式上的专业知识和监管能力；探索应用创新技术改进监管模式和流程，发展监管科技（SupTech）；针对创新产品和业务模式所引发的新型风险，对现有监管框架的适应性进行评估，确保监管框架的适应性等。

5. 国际证监会组织（IOSCO）

国际证监会组织（IOSCO）在金融科技对资本市场的影响方面进行持续研究。2017 年 2 月，IOSCO 发布《金融科技调查报告》，对金融科技领域的创新业务模式和新兴技术进行了界定，分析了金融科技在全球范围内兴起的推动因素，系统梳理了替代性融资平台、零售交易和投资平台、分布式账本技术（DLT）等金融科技细分领域的发展现状以及带来的机遇和挑战，并对各国家和地区的证券业监管措施和具体实践进行了总结，提出了未来证券监管机构应重点解决的若干问题，包括网络安全风险、投资者教育、金融科技业务活动所带来的监管边界模糊、国际层面的监管协调等。

6. 国际保险监督官协会（IAIS）

国际保险监督官协会（IAIS）关注金融科技对保险行业及保险监管所带来的影响，并于 2017 年 2 月发布《保险行业中金融科技的发展》研究报告，分析了保险科技（Insurtech）创新兴起的背景，对保险业技术创新及其对从业机构、业务模式等带来的影响进行了分析，总结了目前保险科技行业发展现状和应用场景，并对技术创新可能对保险行业、保险监管模式带来的影响进行了评估。IAIS 认为，随着保险科技的不断发展，保险业监管机构将面临诸多挑战。比如，对技术创新的理解和评估、对审慎监管框架的调整、对现有监管模式的改进以及跨部门合作和协调等，监管部门应对此进行战略性规划和考量。

（三）国际金融科技监管的总体发展趋势

从诞生到快速兴起，金融科技产业在技术应用和业务模式上仍处于不断调整和变化的阶段。新兴金融科技产品和服务对传统风险管理框架所带来的影响，对金融监管模式所造成的冲击，仍有待市场实践进一步检验。对金融科技发展所带来的新兴风险进行前瞻性研究分析，是各国金融监管主体和国际金融监管协调机构正在密集开展的工作。从监管政策导向上，金融科技的监管具有以下几个趋势。

1. 实行功能和行为监管，根据金融业务的本质属性适用相应的监管规则

为避免重复立法所带来的资源浪费，在不大幅改变现行金融监管框架的前提下，许多国家和地区对金融科技秉承"技术中立"原则，无论采用何种创新技术提供服务，都应根据其业务实质，同等适用相应的法律法规。以智能投顾领域监管为例，国际证监会组织对各国证券业监管机构开展了调研，结果显示，市场发展相对成熟的，包括美国、英国、中国香港、日本在内的国家和地区，智能投顾业务受到现行证券领域的监管规则调整。对部分存在监管空白或监管边界较为模糊的新兴模式，通过补充性规则或要求，明确业务定位和法律适用。比如，美国证监会、新加坡金管局、中国央行及其他部委针对数字代币的发售活动适时进行的规范。又如，澳大利亚 ASIC 在智能投顾监管领域，发布 RG255 监管指引，明确智能投顾仍须遵守传统投顾领域的法律法规，根据业务情况申请相应牌照。

2. 出于风险防范和消费者保护因素，对从事金融科技创新业务的机构提出更高的标准和要求

由于金融科技具有较为浓重的技术创新色彩，普通零售客户可能对技术和模式创新的局限性缺乏基本认知和理解。比如，智能投顾客户可能并不清楚自动化工具自身可能存在偏见，对某些专有类产品具有倾向性。因此，部分国家或地区在对金融科技从业主体的监管上，会设定比传统模式更加严格

的要求。比如，澳大利亚 ASIC 对纯依靠技术生成投资建议的智能投顾流程，在算法监督、人员组织、客户权益保护等方面提出了更高的要求，在人员组织方面，规定持牌企业必须有至少一名满足投资顾问行业最低培训和能力标准的人工责任经理（RM），负责智能投顾模式中的日常决策和持续业务活动，而且在一般义务方面，引入了适当补偿方案，持 AFS 牌照的服务提供商应为客户办理专业责任保险（PI 保险），在由于算法缺陷为客户造成损失时，可纳入保险赔偿范围。

3. 成立金融科技部门或团队，加强与市场机构的联系与沟通，密切跟踪金融科技领域发展情况

包括澳大利亚证券与投资委员会（ASIC）、英国金融行为监管局（FCA）、中国香港证券和期货委员会（HKSFC）、荷兰金融市场监管局（AFM）、新加坡金融管理局（MAS）、加拿大安大略证券委员会（OSC）、美国金融业监管局（FINRA）等在内的金融监管主体，纷纷成立了专门机构或团队，监测和指导辖区内金融科技机构的业务发展情况。总体来说，具有较强技术驱动色彩的金融科技企业，往往对金融领域的合规要求不甚了解，监管机构主导设立的金融科技管理部门，通过为金融科技企业提供指导，协助企业理解监管框架和授权流程，更好地满足现行监管合规要求。比如，新加坡 MAS 设立的"金融科技与创新小组"，与国家研究基金会合作成立了金融科技办公室，是专门为金融科技问题设置的一站式虚拟组织，积极推动新加坡成为全球金融科技中心。英国 FCA 的创新中心（Innovation Hub）正计划成立专门的投顾部门，为开展智能投顾业务的企业提供支持，帮助企业评估业务模式，有效填补目前投顾市场中的空白。荷兰 AFM 开展"创新与金融科技项目"，通过降低不必要的门槛，更好地适应创新企业的发展特征和需求。加拿大 OSC 发起成立"Launch Pad"专门团队，帮助智能投顾、P2P 借贷和众筹平台等金融科技企业的业务开展符合证券领域法律和监管要求。美国 FINRA 成立了跨部门金融科技咨询委员会，更加主动介入金融科技发展过程中出现的法规和监管问题。

4. 根据金融科技产业的发展情况，监管模式和手段也在进行适应性调整

目前，英国、新加坡、中国香港等国家和地区纷纷采取监管沙盒（Regulatory Sandbox）、创新中心（Innovation Hub）、创新加速器（Accelerator）等创新监管模式，在促进金融科技创新的同时，对业务模式合规性和新兴风险进行前瞻性评估。

监管沙盒是在监管部门通过提供可控、包容的测试环境，允许企业在创新金融产品和服务大规模推广之前，以及时、低成本的方式进行实验。各国的沙盒模式存在差异，在进入沙盒主体资质方面，英国、新加坡不要求主体资质，中国香港要求必须是授权或获牌机构。在优惠政策方面，一般包括监管要求的适度宽松或暂不适用、放宽或暂不要求牌照资质。在保障措施方面，一般对客户群体、金额和期限进行一定限制，对报送义务提出额外要求，补充性消费者保护和风险防范措施，以及某些监管规则不能豁免。

创新中心主要是为监管和被监管主体提供就创新产品和服务的沟通交流平台，金融科技企业可与相关监管机构进行充分对话，监管机构可及时了解业务模式和创新技术，评估对监管框架带来的影响，并提供窗口指导。

创新加速器是类似"孵化器"的机制安排，初创企业可在加速器框架中联合上下游合作伙伴，在固定期限内，共同开发测试新技术和新方案，部分测试效果较好的企业最后会推出产品原型（见表2）。

表2 监管机构的金融科技监管模式创新

国家/地区	监管沙盒	创新中心	创新加速器
澳大利亚	证券与投资委员会（ASIC）	证券与投资委员会（ASIC）	证券与投资委员会（ASIC）
比利时		中央银行（NBB）/金融服务和市场监管局（FSMA）	
欧央行		单一监管机制（SSM）	
法国		金融审慎监管局（ACPR）/金融市场管理局（AMF）	中央银行（BDF）
德国		德国联邦金融管理局（BaFin）	

续表

国家/地区	监管沙盒	创新中心	创新加速器
意大利		中央银行（BOI）	
中国香港	香港金管局（HKMA）	香港金管局（HKMA）	
日本		中央银行（BoJ）/日本金融厅（FSA）	
韩国	金融服务委员会（FSC）	金融服务委员会（FSC）	
卢森堡		金融业管理局（CSSF）	
荷兰	中央银行（DNB）/金融市场管理局（AFM）	中央银行（DNB）/金融市场管理局（AFM）	
新加坡	新加坡金管局（MAS）	新加坡金管局（MAS）	新加坡金管局（MAS）
瑞士	金融市场监督管理局（FINMA）		金融市场监督管理局（FINMA）
英国	金融行为管理局（FCA）	中央银行（BoE）/金融行为管理局（FCA）	中央银行（BoE）

资料来源：BCBS–FSB。

三 监管科技（RegTech）发展概况

（一）监管科技概念的演进和变化

作为金融科技的分支领域之一，监管科技（Regulatory Technology）有望成为金融科技监管领域的重要工具。目前，对监管科技尚未形成统一明确的定义和界定。随着2008年金融危机后金融监管力度不断强化，金融机构的合规成本显著提升。为应对来自监管合规方面的压力，企业运用大数据、云计算、区块链、API、机器学习等前沿技术，降低合规成本和摩擦，提升金融产品和服务的安全性，为金融产品和业务模式的持续创新提供保障。

英国金融市场行为监管局（FCA）于2015年提出，支持企业采用新型技术更好地实现监管要求，降低合规成本，并提出"监管科技"（RegTech）这一术语。2016年，国际金融协会（IIF）对监管科技定义进行了界定，监管科技是指通过创新技术的应用，以更加高效的方式满足监管合规要求。

与此同时，监管科技概念的内涵和外延也在不断变化。除了金融机构在合规管理方面的应用之外，金融监管机构也开始研究，利用监管科技来提升金融科技监管的有效性。在此基础上，巴塞尔银行业监管委员会（BCBS）将监管科技又进行了细化区分，将被监管机构通过技术满足监管合规要求的应用称为"合规科技"（RegTech），将监管机构通过技术应用改进监管流程称为"监管科技"（SupTech）。

总体来说，广义的监管科技应包含两个层次的功能，一方面是通过新兴技术辅助被监管机构提升合规性、降低合规成本；另一个方面，辅助监管机构强化风险监测能力、降低风险监测成本，优化金融监管效率。

（二）监管科技应用现状及实践

根据市场研究机构 CB Insights 的数据统计，2017 年对监管科技和合规科技的关注度迅速攀升。2013 年以来，全球监管科技领域股权融资达到 49.6 亿美元。在实践中，由于金融科技的发展，金融科技导致的交易结构更加复杂，交易规模迅速扩张，所采用的大数据、区块链等技术较之传统的金融机构技术有所不同，迭代速度极快，监管机构难以一时间全面掌握；另外，监管规则也日趋复杂，特别是我国金融科技企业居于世界领先水平，面临技术出海的选择，而各国金融科技监管政策有较大不同，合规成本显著，因此上述情况均需要通过监管科技方式加以解决。

监管科技在促进监管合规及有效性方面已经开展的实践包括以下几点。

（1）应用大数据分析工具进行持续风险监测和分析，以进一步提升业务合规性。大数据分析技术可作为信息管理、交易报送和监管报告流程中的重要手段。比如，以常见的交易行为模式为基础，通过数据分析识别支付交易活动中的恶意主体，向监管机构报送相关信息，监管机构可通过大数据工具进一步判断哪些交易行为可能涉及违法活动。在整个流程中，时间和劳动成本将大幅降低，且能够有效避免人为错误和漏判风险。

（2）应用认知计算、机器学习、人工智能等技术，实现大规模数据的挖掘、组织和分析。根据需要，机器学习可以创建自我完善且更加准确的数据分析、模型和预测方法，如在压力测试领域。人工智能解决方案可将监管内容和要求转变为数据，以可编程的方式实现对数据的管理。未来，随着人工智能技术的不断突破，通过自动化工具也许可以实现跟踪监管政策变化并相应做出调整，甚至实现对新的法律规定的解读。

（3）应用程序编程接口（API）允许不同的软件程序进行连接，实现彼此之间的互联互通，可应用于数据的自动化交换和报送，包括向监管机构进行的信息和数据报送等。

（4）通过云计算技术，不同的金融机构可将各自的合规功能整合在一个平台中，并以低成本、更为灵活的方式实现数据存储、标准化和信息共享。云端的中央数据库可为同一家机构中的不同业务部门提供服务，也可以为跨产业的不同机构提供访问接口，如KYC信息的集中存储、共享查询。

（5）生物识别等身份验证技术为客户身份的识别和确认提供了高效和安全的途径。目前，金融机构、技术初创企业都已开发了人脸识别功能，用户上传身份证件，通过人脸识别软件的扫描，将用户面部与身份证件上的照片进行匹配，确认是不是同一名客户。

（6）通过区块链和分布式账本技术（DLT）的应用，监管机构成为区块链中的节点，全部的交易记录可以直接并实时向监管机构报送，改变了传统的事后的数据信息报送流程。

在具体的实践上，腾讯公司与各地金融办合作的模式给出了一条新的路径。目前腾讯公司已经与北京市金融局、深圳市金融办签署战略合作协议，充分利用金融安全大数据监管平台，通过金融风险的识别和监测预警，助力地方金融监管，保障金融业务安全，防控金融风险[1]。腾讯公司依托19年安全积累、亿级体量的黑产数据，从计算力、算法、数据等三方面为反诈骗AI创新提供条件，包含有反薅羊毛、反骗贷、反洗钱、反骗保（保险）、移动银行APP保护、防盗刷等众多功能，可以有效帮助银行、证券、保险、

---

[1] 《腾讯与北京金融局战略合作 发布首个金融安全大数据监管平台》，http://tech.qq.com/a/20171216/013495.htm。

P2P等行业客户，准确识别恶意用户与行为，解决客户在支付、借贷、理财、风控等业务环节遇到的欺诈威胁，协助监管机构维护金融安全与稳定。

三 对我国金融科技监管政策建议

一是监管应具有"穿透性"，将金融科技业务全面纳入金融监管体系，构建完善的金融科技监管体系。金融科技并不改变金融行业的本质，同时金融科技行业是典型的跨市场业务，金融科技公司可能同时涉足经营支付业务、网络借贷业务、网络基金销售或券商资管产品、网络保险代销、消费金融分期、互联网私募股权融资、信托受益权转让、资产证券化结构性交易等业务。根据机构类型的传统分业监管模式，并不适应于金融科技混业、跨界经营的属性。而在监管协调方面，无论是金融监管机构之间，还是国家与地方监管机构之间、金融监管与非金融监管机构之间，目前尚未建立统一顺畅的协调机制。以"侨兴债"事件为例，广发银行与浙商财险均被监管机构给予了重罚，而未将其向普通投资者出售的销售平台纳入监管范畴之中，充分体现了监管在金融科技领域的不足之处，金融科技也成了监管套利的途径之一。为此，监管机构应当考虑通过"穿透"，发现金融科技的业务本质，建立一致、有效的监管原则、监管工具、基础设施、监管指标等，在现有分业监管格局下加强金融监管协调，并与市场进行充分的信息和实践层面的沟通，保证对所有金融科技业务的无死角监管。

二是监管应具有"适应性"，考虑到金融科技的风险属性，可以通过监管沙盒的模式进行试点。金融科技本身的金融属性决定其有很强的风险特征。风险一方面是来自金融科技本身的风险，另一方面是金融科技存在加大金融体系风险的因素，比如在技术环境中，风险的隐蔽性更强、传播速度更快、影响范围更广，增加了金融系统性风险，同时也使得金融脱媒风险加大[①]。有

---

① 《构建中国金融科技监管"双支柱"访人民银行金融研究所所长孙国峰》，http://www.financialnews.com.cn/jg/dt/201709/t20170912_124409.html。

鉴于此，监管应当更加具备适应性，对于创新型的金融科技业务，目前采取"放一放"的思路有时会造成大面积风险，比如"现金贷"业务，互联网小贷业务本身属于个别地方金融监管部门对某些有大数据风控能力和场景优势的互联网企业进行的一次有益的尝试，但是由于没有监管沙盒制度，各地网络小贷业务蜂拥而上，将全国变成了业务试验田，存在巨大风险隐患。而完善的监管沙盒制度则可以有效避免这一问题。对于监管沙盒的引入，有观点认为，从国际经验看，实施监管沙盒的都是一些初创型企业，金融科技自我发展动力不足，需要鼓励发展，而我国市场庞大，金融科技企业特别是大型金融科技企业自身发展动力强，在监管沙盒机制设计上，要更加强调控制，比如建立合格投资者白名单，在特定封闭的场景下使用，引导服务于实体经济和普惠金融，建立先行赔付机制等，可以有效控制风险①。

三是监管应具有"有效性"，完善统计指标体系，提升监管自身的技术能力。目前，监管科技尚处于起步阶段，短期内并不能满足金融科技的监管需要。各相关部门首先应当考虑建立完善统一的金融科技统计指标体系，改变现有统计口径不一，或者根本未纳入统计指标的情况，这才能为金融科技监管奠定良好的基础。同时监管机构的重点应在于建立监管科技专业团队，弥补部门监管机构技术人才严重短缺的问题，借助信息科技部门的力量，提高金融监管者的信息科技知识水平，并内化为监管体系以及监管微观标准。对于跨境金融科技问题，如比特币监管、数据流动、AML 等，监管当局应积极参与国际金融监管合作，共同防范金融科技跨界、跨境传染的风险，共同制定金融科技监管及其监管科技应用的微观标准和技术指南。

四是监管应具有"稳定性"，避免"运动式"监管，构建金融科技监管长效机制。金融科技对未来金融体系以及金融监管框架的影响存在较多的未知性和不确定性，需要构建一个具有长期、动态视角的金融科技监管长效机制。避免采用"运动式"监管，对于问题缺乏前瞻性、出现问题就盲目采

---

① 《构建中国金融科技监管"双支柱"访人民银行金融研究所所长孙国峰》，http://www.financialnews.com.cn/jg/dt/201709/t20170912_124409.html。

取"一刀切"的监管方式,将"脏水和孩子一起泼掉,然后再将孩子捡回来",使金融科技行业限入"一放就乱、一管就死"的循环。监管当局要完善金融科技监管的基础设施,比如建立金融科技相关金融业务的信息系统和检测体系。相关部门要逐步改革完善金融科技监管机制,缓释金融科技导致的跨界经营、混业经营与分业监管的制度性错配程度,不断完善金融科技监管的治理体系,以功能监管作为支撑构建金融监管新机构体系,强调监管制度的稳定性,给予市场合理的预期,保护市场的"信赖利益"。同时监管当局往往通过设立超级商业机构的方式来监管市场,例如设立"网联"、"信联(百行征信)"来管理网络支付和互联网征信行业,这些超级机构本身具有行政垄断色彩,要考虑将其纳入重要金融基础设施管理,避免造成其他金融风险。同时要考虑进一步通过行业自律组织的方式加强行业自律管理,以市场化的方式完善金融科技管理,促进行业健康有序发展。

附表1 国内主要金融科技监管制度(截至2017年12月)

名称	发布主体
《关于办理涉互联网金融犯罪案件有关问题座谈会纪要》	最高人民检察院
《关于进一步加强金融审判工作的若干意见》	最高人民法院
《关于防范代币发行融资风险的公告》	中国人民银行等七部委
《关于加强支付结算管理,防范电信网络新型违法犯罪有关事项的通知》	中国人民银行
《关于落实个人银行账户分类管理制度的通知》	中国人民银行
《金融机构大额交易和可疑交易报告管理办法》	中国人民银行
《关于〈金融机构大额交易和可疑交易报告管理办法〉有关执行要求的通知》	中国人民银行
《银行卡清算机构准入服务指南》	中国人民银行
《关于将非银行支付机构网络支付业务由直连模式迁移至网联平台处理的通知》	中国人民银行
《关于修订非银行支付机构分类评级相关指标的通知》	中国人民银行
《关于实施支付机构客户备付金集中存管有关事项的通知》	中国人民银行
《中国人民银行关于印发〈条码支付业务规范(试行)〉的通知》	中国人民银行

续表

名称	发布主体
《关于进一步加强无证经营支付业务整治工作的通知》	中国人民银行办公厅
《关于规范支付创新业务的通知》	
《条码支付受理终端技术规范(试行)》	
《条码支付安全技术规范(试行)》	
《关于调整支付机构客户备付金集中缴存比例的通知》	
《网络借贷信息中介机构备案登记管理指引》	银监会、工信部、工商总局
《关于进一步加强校园贷规范管理工作的通知》	银监会、教育部、人社部
《网络借贷资金存管业务指引》	银监会
《网络借贷信息中介机构业务活动信息披露指引》	银监会
《关于开展银行业"违法、违规、违章"行为专项治理工作的通知》	银监会
《关于开展银行业"监管套利、空转套利、关联套利"专项治理的通知》	银监会
《关于开展银行业"不当创新、不当交易、不当激励、不当收费"专项治理工作的通知》	银监会
《证券期货投资者适当性管理办法》	证监会
《公开募集开放式证券投资基金流动性风险管理规定》	证监会
《关于开展以网络互助计划形式非法从事保险业务专项整治工作的通知》	保监会
《关于加强保险消费风险提示工作的意见》	保监会
《信用保证保险业务监管暂行办法》	保监会
《关于进一步加强保险业风险防控工作的通知》	保监会
《关于对互联网平台与各类交易场所合作从事违法违规业务开展清理整顿的通知》	互金整治办
《关于规范整顿"现金贷"业务的通知》	互金整治办
《关于印发小额贷款公司网络小额贷款业务风险专项整治实施方案的通知》	P2P网贷整治办
《关于开展"现金贷"业务活动清理整顿工作的通知》	P2P网贷整治办

附表2　国内部分金融科技行业自律规范情况（截至2017年12月）

名称	发布主体
《互联网金融信息披露个体网络借贷》(T/NIFA 1—2017)团体标准	中国互联网金融协会
《互联网金融信息披露互联网消费金融》(T/NIFA 2—2017)团体标准	
《互联网金融个体网络借贷资金存管业务规范》(T/NIFA 3—2017)团体标准	
《互联网金融个体网络借贷资金存管系统规范》(T/NIFA 4—2017)团体标准	

续表

名称	发布主体
银行卡收单外包服务机构评级指引	中国支付清算协会
银行卡业务风险管理体系指引	
银行卡收单业务风险管理指引	
银行卡发卡业务风险管理指引	

附表3　部分国家和地区金融科技监管动态

时间	国家/地区	政策与实践	主要内容
2017.1	美国	白宫国家经济委员会（National Economic Council）发布《金融科技框架》白皮书①	明确六项政策目标：培育积极的金融服务创新创业；推动安全、可负担、公平的资本获取渠道；强化美国国内外普惠金融发展；应对金融稳定风险；推动形成21世纪新型金融监管框架；维护国家竞争力。并提出涵盖消费者保护、技术标准、提升透明度、网络安全和隐私保护、提升金融基础设施效率等领域的十项原则
2017.2	美国	美国证监会（SEC）针对智能投顾服务模式发布指引②	明确智能投顾服务平台作为注册投资咨询机构,应同等适用1940年《投资顾问法案》及其他实质性要求的约束,并围绕投资者适当性、信息披露内容和形式、内部合规程序等领域提出部分合规建议
2017.7	美国	美国证监会（SEC）发布DAO调查报告③	认定DAO提供和出售的代币属于有价证券,应受联邦证券法调整,对代币证券属性的认定,应从交易的经济属性加以判断
2017.4	英国	英国财政部（UK Treasury）发布关于金融科技的监管创新计划④	提出英国金融行为监管局（FCA）、支付系统监管局（PSR）、审慎监管局（PRA）、英格兰银行（BoE）现阶段和未来的工作内容,探讨金融监管机构如何适应并鼓励创新商业模式的发展,如何利用创新技术降低新兴金融科技企业的监管合规成本等
2016.8	澳大利亚	澳大利亚证券与投资委员会（ASIC）发布《面向零售客户提供电子化金融产品建议的监管指引》（RG255）⑤	针对智能投顾服务提出了较为全面、具体的监管要求。指引旨在鼓励能够为消费者带来好处的创新,内容包括监管范围、澳大利亚金融服务（AFS）许可证制度、智能投顾从业主体的一般义务、提供符合客户最大利益的投资建议四个方面。从宏观监管框架上,秉承技术中立原则,智能投顾同样需要遵守传统投顾领域的法律规范,需要根据业务情况申请AFS牌照,但作为特殊服务类型,指引在智能投顾模式中的算法监督、人员组织、客户权益保护等方面提出了更高的要求

续表

时间	国家/地区	政策与实践	主要内容
2016.11	新加坡	新加坡金管局（MAS）发布监管沙盒指引⑥	指引吸收了前期通过公开征求意见反馈得到的建议,并采纳了沙盒真实应用中取得的经验,鼓励并允许采用创新技术提供金融产品或服务的企业进入监管沙盒开展实验。同时,监管沙盒的明确性、灵活性和透明度在该指引中得到了进一步提升
2017.8	新加坡	新加坡金管局（MAS）发布关于在新加坡阐明发售数字代币的监管立场⑦	明确提出,如果数字代币构成《证券及期货法案》(SFA)第289章第所规定的产品,则在新加坡发行与销售的数字代币应受到新加坡金管局监管。如果数字代币符合SFA中对于证券的定义,除非获得豁免,否则代币发行机构必须在发行之前,向MAS提交招股说明书。除非获得豁免,此类代币的发行和中介机构,还应根据SFA和《金融顾问法案》的相关要求,取得牌照,并同等适用反洗钱和反恐怖融资领域的相关规定。此外,为此类代币提供二级交易服务的平台,应根据SFA相关规定,经MAS批准,作为授权交易所或市场经营机构开展业务活动。随后,MAS与新加坡警察局商业事务部共同对数字代币及虚拟货币投资活动发布了消费者警示,提示相关风险
2017.4	日本	《支付服务修正法案》正式生效	法案增加了"虚拟货币"章节,引入虚拟货币交易机构的强制登记注册制度,明确包括虚拟货币买卖以及与其他虚拟货币交换、提供媒介、经销及代理、管理交易者资金和虚拟货币的行为应纳入监管的核心业务范围,对交易机构提出明确的行为规范,强化交易机构信息与风险提示义务等。同时,虚拟货币交易机构还应履行新修订的《防止犯罪收益转移法案》中规定的反洗钱的相关义务
2016.8	中国香港	香港金管局（HKMA）发放首批储值支付工具（SVF）牌照⑧	根据《支付系统及储值支付工具条例》向支付宝钱包、微信支付、八达通卡等五种储值支付工具的发行人发放牌照。该条例于2015年11月生效,授权香港金管局实施多用途SVF的强制性牌照管理制度,并履行相应监管职责。条例规定了1年的过渡期,2016年11月13日以后,除非取得豁免,否则无证发行或经营SVF业务,均属于违法

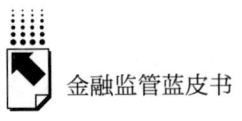

续表

时间	国家/地区	政策与实践	主要内容
2017.9	中国香港	香港证券及期货事务监察委员会（证监会）发表有关首次代币发行（ICO）的声明⑨	阐明根据个别ICO的事实和情况，所发售或销售的数码代币可能属于《证券及期货条例》所界定的"证券"，并因此受到香港证券法例的规管。虽然在一般ICO中发售的数码代币通常被认为具有"虚拟商品"的特点，但某些ICO的条款及特点，可能意味着有关数码代币属于"证券"。如ICO所涉数码代币符合"证券"定义，需接受香港证监会监管，并在取得证券业相关牌照后，方可开展业务

资料来源：①White House National Economic Council, A Framework for FinTech [R], 2017.

②US Securities and Exchange Commission, IM Guidance Update on Robo – Advisers [R], 2017.

③US Securities and Exchange Commission, Report of Investigation Pursuant to Section 21 (a) of the Securities Exchange Act of 1934: The DAO [R], 2017.

④UK Treasury, Regulatory Innovation Plan [R], 2017.

⑤Australian Securities & Investment Commission, Providing Digital Financial Product Advice to Retail Clients (RG 255) [R], 2016.

⑥《新加坡金管局针对金融科技实验发布"监管沙盒"指引》, http://www.mas.gov.sg/News - and - Publications/Media - Releases/2016/MAS - Issues - Regulatory - Sandbox - Guidelines - for - FinTech - Experiments.aspx。

⑦《新加坡金管局阐明发售数字代币的监管立场》, http://www.mas.gov.sg/News - and - Publications/Media - Releases/2017/MAS - clarifies - regulatory - position - on - the - offer - of - digital - tokens - in - Singapore.aspx。

⑧《香港发放首批储蓄支付牌照，支付宝、微信支付在列》, http://www.xinhuanet.com/2016 - 08/25/c_ 1119456489.htm。

⑨《证监会发表有关首次代币发行的声明》, http://www.sfc.hk/edistributionWeb/gateway/TC/news - and - announcements/news/doc?refNo = 17PR118。

参考文献

[1] G20, "G20 High – Level Principles for Digital Financial Inclusion", 2016.

[2] G20, "The G20 Countries Should Engage with Blockchain Technologies to Build an Inclusive, Transparent, and Accountable Digital Economy for All", 2017.

[3] Financial Stability Board, "Financial Stability Implication from Fintech: Supervisory and Regulatory Issues that Merit Authorities' Attention", 2017.

[4] Committee on Payments and Market Infrastructures, "Distributed Ledger Technology

in Payment, Clearing and Settlement: An analytical Framework", 2017.

[5] Basel Committee on Banking Supervision. Sound Practices, "Implications of Fintech Developments for Banks and Bank Supervisors (Consultative Document)", 2017.

[6] International Organization of Securities Commissions, "IOSCO Research Report on Financial Technologies (Fintech)", 2017.

[7] International Association of Insurance Supervisors, "Fintech Developments in the Insurance Industry", 2017.

[8] International Monetary Fund, "Fintech and Financial Services: Initial Considerations (Staff Discussion Note)", 2017.

[9] Institute of International Finance, "Regtech in Financial Services: Technology Solutions for Compliance and Reporting", 2016.

[10] Financial Conduct Authority, "Call for Input: Supporting the Development and Adoption of Regtech", 2015.

[11] 徐忠、孙国峰、姚前等:《金融科技:发展趋势与监管》,中国金融出版社,2017。

[12] 李文红、蒋则沈:《金融科技(FinTech)发展与监管:一个监管者的视角》,《金融监管研究》2017年第3期。

[13] 孙国峰:《共建金融科技新生态》,《中国金融》2017年第13期。

[14] 孙国峰:《从FinTech到RegTech》,《清华金融评论》2017年第5期。

[15] 杜宁、孟庆顺、沈筱彦:《监管科技发展现状及实施》,《中国金融》2017年第19期。

[16] 尹振涛、郑联盛:《构建金融科技监管的新范式》,《金融博览》2017年第15期。

[17] 王瑛:《2016年中国支付清算市场迎来重大变局》,《中国信用卡》2016年第12期。

[18] 巴洁如:《智能投顾面临的法律合规问题及国际监管经验》,http://www.sohu.com/a/158381216_455313。

B.18
系统性风险宏观审慎监管的国际经验及启示

夏诗园*

摘　要： 2008年全球金融危机后，世界主要经济体开始重新审视系统性风险和微观审慎监管暴露出的弊端，并采取以宏观审慎监管为主的重要变革。当前，新型金融业态快速发展，极大拓展了金融系统的触角和运营边界，同时，也使我国系统性金融风险的管理面临更大的挑战。中国经济现已经进入金融风险高发期，借鉴世界发达国家宏观审慎管理的政策改革经验，深入分析我国分业监管体制监管中存在的困难，对防范和化解系统性金融风险大有裨益。

关键词： 系统性风险　逆周期　宏观审慎　金融监管模式　国际经验

2008年全球金融危机暴露出微观审慎监管的诸多弊端，各经济体为弥补危机中宏观审慎政策的缺失做出了诸多努力。作为世界重要的经济体，我国和西方发达国家相比，对系统性金融风险的防范能力仍有待提高，金融体系的脆弱性逐渐显现，亟须建立行之有效的宏观审慎监管机制。为此，如何在深化金融改革、稳步推进金融创新的同时，构建金融宏观审慎管理制度框架，是预防我国金融系统性风险、维护金融安全迫切需要解决的重要问题。

---

* 夏诗园，经济学博士，现为中国社会科学院金融研究所博士后，主要研究领域为宏观经济运行、金融计量与金融工程、金融风险与监管。

一 宏观审慎监管定义及特点

微观审慎监管的目的是使银行个体的资本水平与其自身的风险敞口相一致,限制单个银行倒闭的频率和成本。而宏观审慎政策度量和检测的重点是银行体系整体的风险水平,因此必须识别风险来源,如金融传染、金融市场的溢出效应和被风险管理人员所忽视的一些资产泡沫等问题,而这些并不被包括在单个银行层面的风险模型中。金融危机的惨痛教训表明,微观审慎政策无法在经济上行时期抑制银行的扩张和系统性风险的集聚,更没能在整个金融体系趋于崩溃时起到阻止风险发生的作用。其主要失败的原因是,允许银行在高杠杆水平运营,因监督不力而允许监管套利,以及缺乏对失败的金融机构进行有效的处置框架等。为此,世界各国陆续改变目前的微观审慎监管框架范式,以此来弱化金融体系顺周期特性的重要性。

1979 年,宏观审慎管理概念首次被提出,1998 年开始大规模应用。虽然目前世界各国对宏观审慎监管政策的定义尚未统一,但在具体实践过程中,基本已达到以下共识。宏观审慎政策是事前预防性政策,与微观审慎监管相比,宏观审慎监管是一个动态发展的框架。其目的是通过采取相关政策措施防止金融体系风险对实体经济造成破坏,避免一国由于宏观经济的大幅度波动所造成的巨额经济损失。另外,宏观审慎监管和微观审慎监管两者都不是"目的",而是"中间目标"。即使一国经济稳定,在经济增长和金融监管成本之间仍然存在一个权衡,而这一权衡将会极大地影响微观审慎和宏观审慎监管的设计。银行监管的宗旨是在两个极端之间达到一个平衡,一方面是完全的金融稳定,较高的资本金水平,银行零破产风险;另一方面是低资本金水平,以及具有高度竞争力和系统性风险的庞大银行业。当达到风险和收益之间的有效便捷时,这个信贷市场规模和稳定性之间的权衡才变得更为重要。因此,现有监管操作的改进一方面要着眼于增强金融稳定性,另一方面又不能妨碍经济的长期增长。从此种角度来说,良好的微观审慎和宏观审慎政策对于经济的长期稳定增长都十分重要。

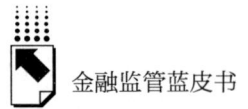

微观审慎政策和宏观审慎政策之间的区别较为复杂，主要表现在目标、关注点、外部性类别和需要的输入变量上的不同。具体来说：第一，目标不同。根据定义，微观审慎监管关注的主要是银行个体的倒闭风险以及其产生的一系列结果，而宏观审慎监管则主要关注的是系统的整体风险。第二，关注点不同。微观审慎监管主要关注的是局部均衡框架，银行破产的社会成本是可以被预期的，考虑了可能的金融传染和对银行客户的外部性，却忽视了市场暴跌等问题的影响。而宏观审慎监管则主要关注一般均衡，避免产生合成谬误，不仅在个体层面有效率，而且在集体层面也有效率。第三，针对的扭曲不同。微观审慎监管主要关注的是单个银行倒闭所产生的社会成本，但是没有考虑间接产生的后果。而宏观审慎监管则主要考虑的是银行倒闭对资产价格和经济活动所产生的影响，以及对银行风险的反馈作用。第四，必要的输入变量也不同。这主要是指微观审慎监管是基于外部给定的资产价格的概率分布以及价格之间所产生的相关性。而宏观审慎方法主要是考虑均衡价格。总体来说，宏观审慎监管和微观审慎监管之间既具有多维度上的差异和统一，也存在多个区域范围的重叠。

宏观审慎政策是一种降低金融体系中整个系统范围内风险发生的可能性，减少危机发生时对实体经济带来巨大经济损失的政策。从更加广泛的意义上来说，宏观审慎政策的目标是通过使用相关政策和手段来缓解过度的金融和信贷周期，以防范系统性危机。一旦危机确定发生，则会通过资本吸收不利的系统性成本的方法来稀释和缓解风险。

宏观审慎政策皆在解决系统性风险的时间和横截面两个特定维度。其中，前者主要是反映金融体系的顺周期性，也就是说，在金融周期的高涨时期具有增加风险敞口的倾向，在萧条阶段则过度厌恶风险的倾向。信贷、流动性和资产价格的周期变化以及繁荣时期总风险的累积等常常表现出一定的顺周期性，这就使整个金融体系更容易受到冲击，不仅提高了金融危机的发生概率，同时在危机来临时，也增加了系统性的监管成本。从横截面角度来说，主要是反映给定时间点风险在金融体系内的分布，这可能会引起风险传染、资产甩卖以及其他效应。

宏观审慎政策的另一个重要特征是它的全系统视角，这是相对于微观审慎政策而言的。系统性风险产生的过程极其复杂，又有多种的表现和伪装形式，而且在形成和传递过程中，大量的机构也起到了关键性的作用。加强宏观审慎的监管政策，严控金融风险已上升到我国国家的战略高度。但是，我国金融市场运行机制尚处于探索阶段，经济发展极易受到国际短期资金流动的冲击。与美国、英国等监管体系相对较为成熟的国家相比，我国宏观审慎的监管经验仍处于薄弱阶段，资本账户的开放程度也不够高。因此，发达经济体的宏观审慎监管经验可为我国相关监管部门提供有效借鉴。

二 我国金融监管面临的主要问题

近年来，我国在金融监管范围内做了许多努力，但是，与西方国家仍存在较大差距，我国分业监管体制面临的问题主要有以下几种。

（一）现行分业金融监管机制易造成监管重叠和监管真空

现阶段，金融业混业经营是全球金融业主流，银行业务领域不断扩张，给予其从事不同金融业务的难得机遇。同时，金融企业混业经营模式下的银行在资产证券化中也承担了资产证券化的全面风险。当前，我国的分业监管体制存在过度监管、监管重叠和政策协调摇摆等问题，严重扰乱了金融市场的正常秩序。另外，分业监管导致监管真空。在当今金融创新趋势下，金融产品和金融服务越发多样性，金融公司的业务弹性不断加大。但是，我国缺乏一个统一独立的金融创新监管机构，对互联网金融和金融衍生品市场的监管存在严重缺失，从而滋生了系统性风险产生和扩散的渠道。

（二）分业监管协调成本较大

我国金融监管部门存在的监管重叠和监管真空问题，极大提高了金融监管的协调成本。而且混业经营模式、金融创新以及新设计的监管工具等也会增加监管的不确定成本。另外，金融机构为了满足监管机构的监管要求，还

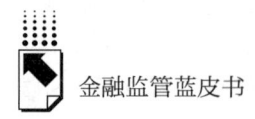

需付出包括信息披露、设置相关部门、准备金等业务成本。为满足监管机构的政策要求，商业银行的资本回报率和资产回报率可能会降低，银行利润存量也受到限制，极易产生道德风险和商业银行的逆向选择，增加系统性风险的发生概率。

（三）联席制金融监管存在缺陷

在当前的金融分业监管体制下，央行和监管机构间在货币政策和监管信息上存在严重的信息不对称，相关统计数据较为分散，缺乏集中的收集和汇总，这就导致货币政策和监管职能无法得到有效发挥，更别说判定经济发展中存在的风险信号了。虽然，国务院设立的金融监管联席会议制度在调控我国宏观经济、提升金融监管能力、防范金融风险和信息共享等方面发挥了巨大的积极作用，但是制度并没有从根本上改变现行的金融监管体制，对于现行职责分工也不存在替代和削弱。因此，对监管机构缺乏实质的约束，货币政策与监管政策的协调也大多流于形式，各监管机构在信息和资源共享渠道上仍不顺畅，再加上缺乏外部监督和争端解决机制，所以在实际运作中，政策工具组合效果不佳。

（四）中央监管与地方监管存在目标冲突

从监管实践上来看，首先，推动地方金融快速扩张是地方政府的主要动机。长期来说，地方和中央的监管博弈极易累积风险隐患，从而产生通货膨胀和金融机构资产质量下降等问题。其次，中央与地方金融监管对于金融创新易造成监管真空。最后，地方政府风险处置能力较弱，一旦发生实质性风险，监管部门欠缺经验，在识别、处置金融风险等方面能力明显不足，所以最终风险还是需要中央政府或中央银行来兜底。

（五）监管法律方面的缺陷

和西方发达国家相比，中国金融监管法律制度仍有诸多地方需要完善。首先，我国对金融机构混业经营和金融创新业务监管仍处于起步阶段，缺乏针对金融控股公司的监管法规，各类不同主体的理财产品多游离于法律规定之外。各监管机构间协调不畅，监管标准也不统一，严重干扰了金融市场的公平竞争秩序。其次，我国现有法律法规对各类金融业务的定义较为模糊，各类金融理财业务的基本法律性质较难确认。再次，我国金融监管机构信息协调不充分，各监管部门之间缺乏有效的信息交流机制和法律保障，无法共同协商制定政策和选择监管工具。最后，法律缺位扩大了分业监管漏洞。现行的分业监管体制在协调监管上缺乏明确的原则指引、实施规范和监管机构，监管职责也不够明确，导致监管机构缺乏一定的监管动力和约束力。

（六）系统性金融风险监测分析方法框架亟待完善

目前，我国系统性金融风险的监测分析尚缺乏系统化的框架，风险监测工作在政策实施上对不同类型机构间较易产生的关联风险仍缺乏重视。我国对系统性金融风险的分析多以定性分析为主，定量分析较少，与国际发达国家相比，我国系统性金融风险的监测分析指标体系以及预警系统的开发和应用仍存在相当大的差距，政策工具开发也有待加强。

三　国外宏观审慎监管经验

（一）宏观审慎监管的相关制度安排

监管机构设置包括以下几种。第一，"单一监管模式"。这一模式的主要特点是将主要的宏观审慎职责交于央行，而宏观审慎决策则由董事会或行长来负责（如捷克、爱尔兰、新西兰和新加坡）。或者将宏观审慎职责交于央行，选择增设一个协调机制（如爱沙尼亚和葡萄牙），或者明确赋予央行对其他监管机构提供监管建议的权力（如挪威和瑞士）。第二，在央行内部专设委员会管理货币政策和宏观审慎。此种方式允许独立的监管机构和外部专家加入决策委员会，一方面可充分利用外部机构和专家的专业和信息优势，另一方面也能借助外部不同观点约束央行的权力，代表性国家为马来西亚和英国等。第三，可在央行之外，设立相应的跨部门委员会。同时也将央行纳入此委员会，以便达到协调各方政策行动、促进信息共享的目的，此种模式通常适用于财政部具有较大权力的国家，如法国、德国、美国等。

从监管范围角度来看，宏观审慎政策决策机构监管范围的扩大可分为被监管机构的扩大、被监管产品的扩大以及被监管市场的扩大三个层次。按照给予决策者直接控制宏观审慎工具的权力强度的不同，决策机构的权力可分为硬性、半硬性和软性三种。

从透明性和问责机制角度来看，一般情况下，宏观审慎决策机构会定期召开正式会议，对拟采取的政策措施基于简单多数或特定多数的规则进行投票表决。接着，通过借助一系列的沟通工具将政府的政策立场及时告知公众，提升公众对其监管行动的认同感，有利于政策目标的实现。

（二）各国宏观审慎监管政策比较

1. 美国的宏观审慎监管经验

2008年金融危机使全球意识到巴塞尔协议Ⅱ的弊端，该协议的强周期性放大了经济波动。这是因为风险在经济繁荣时期明显较低，而经济低迷时期却明显较高，银行的资本充足率变化又具有一定的顺周期性，这就导致金融部门的行为更加具有顺周期性，从而累积系统性风险。为此，美国签署并发布了《多德—弗兰克华尔街改革和消费者保护法案》（以下简称《法案》）。《法案》的实施为确立以宏观审慎监管为主的金融监管新框架提供了法律保障。根据《法案》规定，美国设立了跨部门的金融稳定监督委员会（FSOC），并赋予其一定范围的权利来识别金融机构的潜在风险，其监管范围主要包括美国的重要机构和重要支付结算系统。同时，进一步落实法案中的《柯林斯修正案》以加强对重要金融机构资本充足率的监管。一旦确认某机构中存在潜在风险，经过FSOC批准，美联储可要求该机构使用出售分拆子公司的方式来化解风险。从宏观审慎管理政策工具选择的角度，美国建立了衡量宏观经济、金融状况的监测指标和风险预警机制，确定了解决金融体系顺周期问题的各项措施，如实施贷款损失准备的动态拨备计提、运用留存利润建立留存资本缓冲等。

2. 英国的宏观审慎监管经验

金融危机后，英国放弃了之前采用的金融稳定局（FSA）、英格兰银行和财政部三部门共同监管的模式，重新构建以宏观审慎政策为重点的金融监管框架。第一，成立了金融政策委员会（FPC），使用逆周期资本缓冲工具CCB来反映银行体系内随时间变化的风险。当FPC认为银行内部出现风险时，应提高CCB的比率，即通过增加银行用来吸收潜在损失的额外资本缓冲来稀释风险。反之，则释放部分资本，下调CCB比率。第二，从部门资本金要求（Sector Capital Requirements，SCRs）角度。SCRs和CCB类似，都是针对银行的额外资本金缓冲要求，但SCRs的针对性更强，适应面更广。第三，从系统性风险缓冲（Systemic Risk Buffer，SRB）角度。一般来说，SRB的比率会随着总资产规模的扩大而提高。通常情况下，会设立一个阈值，低于该阈值的机构将暂时不受约束，此阈值会根据风险情况进行实时调整。第四，从杠杆率要求（Leverage Ratio，LR）角度。2015年4月，英国政府赋予FPC设定杠杆率要求的权力，此要求主要适用范围为银行、住房协会和受审慎监管局监管的投资公司。FPC认为，满足杠杆率指标的资本应以普通股一级资本为主，高触发性额外一级资本为辅。第五，从住房市场工具（房贷价值比，Loan to Value Ratio，LTV；债务收入比，Debt to Income Ratio，DTI）角度。前者主要是按揭贷款价值与用来作为担保的房地产价值的比率，后者主要是借款人未偿还债务与其年收入的比率。FPC对高DTI的新按揭贷款/新按揭贷款比例设定上限，以便限制家庭债务水平，提高金融的稳定性。LTV和DTI工具是所有对自住房发放按揭贷款并受审慎监管局和金融行为监管局等机构监管的行为。

3. 新兴经济体国家

和金融市场发达的经济体相比，新兴经济体国家存在经济不稳定、金融体系稳健性不强等问题，这在一定程度上助长了国际资本的投机行为，主要经验有四条。第一，对银行体系进行外汇头寸管理，能有效调控银行外汇风险敞口，进一步优化外债期限结构，此种模式的代表性国家为韩国。第二，通过调整和设计托宾税（包括预扣税、金融交易税、宏观审慎稳定税、无息准备金等多种方式）来限制资金跨境流动的规模，缓解跨境资金流动所导致的汇率波动，此种模式的代表性国家为巴西。通过预扣税和金融交易税来控制短期资本流动规模，通过实施无息准备金制度来增加特定类型资金流入成本，从而改善资金流入结构，防止短期资金的过度流入。第三，调整贷款价值比和债务收入比等指标来抑制房地产市场过热问题，主要代表性国家是韩国。第四，建立利率走廊机制。具体来说，当短期资金流入，汇率出现升值压力时，下调存贷款利率，控制资金流动走势，主要实施国家为土耳其。

四 中国系统性风险宏观审慎监管

（一）注重宏观和微观审慎监管统一，实现宏观审慎政策的权衡

金融危机后，世界主要经济体逐渐转变对个体金融机构风险监管的过度关注，防范系统性风险的能力得到了显著提高。具体来说，由于宏观审慎机构可能无法识别存在于经济中的潜在系统性风险从而忽略危机的形成，另外，宏观审慎政策可能会高估系统性风险并实施不必要的措施，因此，我们应注意宏观审慎政策的权衡问题。所选择的监管工具所构成的宏观审慎政策组合，应该既能够应对时间维度的系统性风险，也能够应对横截面维度的危险。在机构设计上，为了限制政治干预，我们应务必做到设计独立、目标明确。应修订和完善激励、约束市场机构的监管政策，为监管系统性风险提供良好的制度、体制和机制环境。另外，和宏观审慎政策有直接关系的政策主要包括微观审慎政策、货币政策、竞争政策、消费者保护政策和财政政策五种，我们在实践中还应注重宏观审慎政策和其他政策的互补。

（二）借鉴央行统一的金融综合监管模式、强化中央银行在金融稳定框架设计中的核心地位

分业监管模式剥离了中央银行的监管职能，此种方式无法有效解决货币政策与金融监管的冲突，同时，在识别风险、应对危机等方面也存在较大弊端，加大了协调危机的困难，提高了协调成本，因此，应学习金融危机后美国、英国、欧盟、俄罗斯等世界主要经济体的做法，强化中央银行在金融稳定中的核心作用，由传统的多头监管、双峰监管向统一监管转变。具体来说，在宏观审慎监管上，可以借鉴俄罗斯的监管改革经验，逐步将银行、证券、保险业的监管职能纳入央行进行统一管理，扩大央行的调控职能或附属机构监管权力范围。对于宏观审慎金融监管政策的统筹和协调工作则可以组建隶属于中央银行的统一金融政策委员会（FPC）。抑或是借鉴美国做法，在不改变已有的金融监管架构格局的情形下，成立专门的金融稳定综合监管新机构（FSOC），具体部门的成员可以由各监管部门和其他专业机构或独立人员共同组成，从而提高各监管部门的协调效能。

（三）限制逆周期监管成本，完善金融监管协调机制

当前，我国对金融监管体制改革的成本问题缺乏重视，逆周期监管成本的限制需要系统完备的财政体系的支持。我们应建立科学有效的监管目标，避免监管重叠导致的监管浪费。关注被监管者的利益，并用法律的形式加以确定，为监管机构的良好运行提供充足的条件。另外，还应积极完善金融监管的协调机制，构建全面灵活的系统性金融风险监测评估框架。在强化对金融机构微观监测的同时，还应重视对宏观经济相关指标的监测，尤其应密切关注系统性金融风险潜伏的重灾区。在风险评估方法方面，要积极探索合理的计量模型量化分析方法，建立科学、可量化的系统性风险度量指标。

（四）统一制定金融产品监管标准，建立金融监管信息共享平台

在分业监管的现行制度下，我们应对金融产品采用穿透式核查、监管方法，制定对资管产品的统一要求，避免资产管理利用跨监管层层嵌套的方式达到产品的表面合规或规避监管的目的，提高监管信息的透明度，防止风险错配。在当今互联网金融发展浪潮下，相关金融监管部门要以大数据和网络技术为支撑，建立高效、共享、安全的监管信息平台和金融监管联动模式，实现金融业内部监管的信息共享。一旦某一行业出现危机，可及时隔离风险源，切断风险传染渠道，有效控制金融风险。

（五）完善金融机构市场退出机制

在当前我国分业监管模式下，金融机构的市场退出机制仍欠规范，为此，我们应加快构建金融机构的市场退出机制。不断丰富监管机构防范风险的工具、手段和技术，在监管过程中，明确和完善监管责任的追究制度，健全投资者保护制度，建立科学的风险分担与损失补偿机制。还要建立健全金融机构的市场退出和金融消费者保护制度，研究出台银行破产条例、存款保险条例和金融控股公司管理办法，适时推出放贷人条例。

（六）健全存款保险和金融消费者保护框架

冰岛危机暴露了存款保险制度的脆弱性，由于缺乏跨国监管协调，当冰岛银行体系出现风险时，存款保险公司也相继破产。因此，只有当存款保险公司有政府支持并且承诺接管所有存款保险的理赔时，存款保险制度才会有效。为此，欧洲已全面重建了存款保险制度，各国之间有相等的覆盖范围并且准备建立共同存款保险基金。在此基础上，我们应积极推进存款保险制度的出台，为推进我国金融市场的公平竞争提供相应的制度条件。另外，金融危机也使各国意识到金融消费者保护制度缺失对加剧市场失灵的推动作用，因此，进一步加强对金融消费者利益的保护对于预防和缓解系统性风险也极其重要。

参考文献

[1] IMF,"Global Financial Stability Report", 2010.
[2] Timothy F. Geithner, "Testimony before the Financial Crisis Inquiry Commission: Causes of the Financial Crisis and the Case for Reform", 2010.
[3] 范小云:《系统性金融风险的监管策略》,《改革》2017 年第 8 期。
[4] 董新贵:《国际金融监管改革及对我国的启示——基于监管模式改革经验的比较》,《华北金融》2016 年第 4 期。
[5] 李文泓、周皓:《金融监管体制改革的国际经验和中国道路》,《清华金融评论》2014 年第 4 期。
[6] 李东辉、罗猛:《系统性风险及其监管:国际经验及启示》,《中国金融》2009 年第 24 期。
[7] 王靖国:《系统性金融风险监测与防范的国际经验》,《中国金融》2011 年第 8 期。
[8] 彭化非:《英国系统重要性金融机构监管的经验与启示》,《西部金融》2017 年第 7 期。
[9] 王镇:《国外宏观审慎监管政策回顾及对我国的启示》,《华北金融》2017 年第 4 期。
[10] 王学菲:《逆周期金融监管难点及应对策略》,《西南金融》2017 年第 3 期。
[11] 杨明:《关于国际三大金融组织对有效宏观审慎政策国际经验总结的简要介绍》,《金融会计》2016 年第 11 期。
[12] 林毅:《系统性风险与金融安全网制度建设——基于国际金融危机的经验和教训》,《海南金融》2014 年第 9 期。

B.19
金融科技创新与监管模式的新挑战

李泽广　钱若晨　马　楠*

摘　要： 本文梳理了金融科技的新特点和对"新型风险"的放大效应，探讨了科技金融对金融监管形成的新挑战。在比较分析各国在金融科技监管方面的新思潮之后，特别聚焦于金融科技在风险控制的应用、监管沙盒和监管科技的发展政策与实践问题，较为详细地梳理了主要趋势和模式选择。在此基础上，借助科技金融创新，从当前金融监管错配的视角加以分析，来寻求中国完善金融科技监管的可行路径和对策建议。

关键词： 金融科技　监管沙盒　监管科技　监管错配

一　金融科技快速发展为传统监管架构带来新挑战

近年来，以"脱媒"、"去中心化"和"定制化"为核心特征的金融科技日渐表现为颠覆传统金融业的颠覆力量。根据高盛（2017）的研究，2010~2016年是各类金融科技业务呈现井喷的时期：第三方支付从1550亿美元快速攀升到11.4万亿美元规模，同期增长近73倍；网络借贷交易额从40亿美元增长到了1560亿美元，增长幅度达到38倍；2017年春节期间的

---

* 李泽广，经济学博士，博士后，南开大学金融学系副教授，主要研究领域为金融经济学；钱若晨，南开大学金融学硕士，主要研究领域为金融中介理论；马楠，南开大学法学学士，上海交通大学凯原法学院硕士研究生，主要研究领域为金融法。

微信红包数量更是高达惊人的 140 亿个……

从上述数据可以清晰看出，金融科技作为金融系统的"新生力量"，正在迅速地改变金融系统的格局。当然，理论研究界已对金融科技所产生的颠覆性影响具备一定的预判。[①] 然而，时至今日业界对于金融科技的内涵与外延仍然缺乏相对统一的定义，所隐含的金融科技分类学（taxonomy）也颇负争议，对金融不稳定和金融监管所产生的新挑战、应对方略研究更是相对匮乏。

众多的业界人士将金融科技归纳为"ABCD"，意指人工智能（AI）、区块链（Block-chain）、云计算（Cloud Computing）和大数据（Big Data）。亦有学者强调金融科技背后的技术属性，认为金融技术部门通过 IT 技术为企业及组织提高相应金融产品和服务的质量。从业务角度划分，可以分为 P2P 网络借贷、第三方支付、众筹、互联网保险、互联网信托、互联网财富管理、智能投顾、手机银行、自动存取款机、移动金融、互联网征信和数字货币等具体形式。较为权威的定义由金融稳定委员会（Financial Stability Board）则给出了一个较为权威的定义，将金融科技描述为"技术上的金融创新导致新的商业模式，应用程序、流程或对金融市场和金融机构提供的产品和服务产生实质性影响"。此外，巴塞尔银行监管委员会（Basel Committee on Banking Supervision）对金融科技也进行了相应的分类，如下表所示。

表 1　巴塞尔银行监管委员会对金融科技的分类

部门创新			
存款、贷款、筹资服务	支付、清算、结算服务		投资管理服务
资金募集	零售	批发	高频交易
借贷市场	手机钱包	价值移转网络	复制交易
手机银行	P2P 转账	Fx 批发	电子交易
信用评分	数字货币	数字交易平台	智能顾问

[①] 朱民：《金融科技对整个金融功能产生颠覆性冲击》，《金融界》2017 年 9 月 18 日。

续表

市场支持服务	门户与数据整合器
	生态系统(基础设施、开源、API端口)
	数据应用(大数据分析、机器学习、预测建模)
	分布式账本(区块链、智能合约)
	安全(客户身份识别与授权)
	云计算
	物联网/移动技术
	人工智能(机器人、财务自动化、算法)

资料来源：BCBS。

金融科技的快速发展一方面对传统金融业提出挑战，形成金融创新的破坏效应，如就业冲击、业务流失和市场份额被挤占、快速颠覆和重塑金融业格局等。如同熊彼特所言，"创新不断地从内部使这个经济结构革命化，不断地破坏旧结构，不断地创造新结构……这种竞争打击的不是现有企业的利润边际和产量，而是它们的基础和它们的生命"。另一方面，金融科技通过实现传统业务的改造升级，尤其是与金融科技发展趋势相融合，将为传统金融业在风险识别、投资决策和业务拓展等方面带来新的契机。金融科技利用技术创新来驱动传统金融业的效率，如依托大数据的风险控制系统优化、征信技术大的飞跃、管理的智能化和量化决策的推广，显然会进一步提升金融的创新能力，更加有效、合理地利用社会资源，增强经济活力，提升消费者福利。

然而，颠覆式创新也往往意味着对传统监管模式的严峻挑战，金融监管与金融创新本就难以匹配，监管与创新始终存在一定的时滞，而颠覆式创新则意味该时滞会被进一步放大。过度的创新使得金融产品更加复杂，加剧了金融体系的脆弱性，加之金融科技依托更加复杂的科技，各类新型风险被复杂化，也呈现更典型的隐蔽特征。具体来看，金融科技迅速发展带来的新型风险如下：微观金融层面主要是信息科技风险、杠杆率、流动性风险、期限错配、操作风险（尤其是网络安全和法律风险），以及各类风险之间的交融叠加；宏观金融层面表现为各类衍生类信贷的膨胀，金融产品相互关联性或相关性增加、现存机构则面临更大的风险承担激励、顺周期性、传染性和系统关联重要性。因而在肯定金融科技带来的积极作用的同时，也应注重金融科技带来的新型风险，并加以合理规制，构建与之相匹配的监管体系，乃是金融业今后能否得以持续健康发展的重要保障。

（一）网络与数据资产的安全性

大数据将成为关键性的"数据"资产，数据的安全及其产权归属日益成为发展金融科技的核心话题。通常而言，大数据的维度涵盖数据分析的效率、准确率、容量和安全性等不同维度。由于金融科技依托于互联网和云平台，数据的获取、分析与相应的数据安全、隐私保护则成为金融科技关键的底部支撑。由于金融科技的发展需要依托大量的用户数据，大数据技术所带来的 APIs 模式的兴起、网络节点指数型增长和网络爬虫与反爬虫机制，都伴随着大量网络安全风险，复杂的网络环境使得黑客攻击和病毒袭击变得更为普遍，如何防范金融科技带来的网络安全风险成为金融科技企业亟待解决的问题之一。

近年来，各类恶意网络攻击事件频出。如 2015 年 8 月 9 日，英国电信运营商 Carphone Warehouse 被黑客入侵，近 240 万名在线用户的个人信息遭到泄露，其中可能包括超过 9 万名用户的加密信用卡数据。泄露的部分可能包括用户的姓名、住址、电话、出生日期、银行卡信息等高度隐私信息。2017 年 5 月比特币勒索病毒的出现再一次为科技创新所带来的风险提出了警示。无独有偶，2017 年 5 月至 9 月，美国知名信用机构 Equifax[①] 遭到黑客袭击，大约 1.43 亿名用户的数据遭到泄露。显然，众多的黑客攻击事件使得金融科技的发展必须明确构建以数据安全为核心的风险防范体系。

金融科技企业相对于监管者的数据优势也会带来监管错配问题。现有金融监管机构收集和开发数据能力仍然相对较低，数据往往不能覆盖现存金融机构的所有活动，同时由于金融科技的发展，金融机构能从更广泛的用户数

---

① Equifax 是一家提供个人消费、信用卡和信用评级的信息数据服务的信用评级公司，在该事件中用户社保号码、生日、地址和信用卡等私人信息。

据中寻求创新，充分发挥大数据的预测作用，导致产品与业务的复杂程度上升、透明度下降，监管机构难以获得全部且真实的数据。一旦参考数据出现错误，就有可能导致主管机构的判断与决策出现偏差或失误，进而可能导致监管与创新的时滞被进一步拉大，监管框架可能出现方向性偏差，整个金融系统的风险进一步提升，正是由于监管机构在获取数据、分析数据的能力远逊于金融机构，数据的滞后性导致监管的滞后性，进而派生新型风险。

（二）科技金融放大流动性风险的潜在可能性

整体来看，传统金融机构的风险控制架构已然受到较为严格的控制，也由一定的存款准备金和风险资产拨备覆盖。而类似于P2P、互联网保险和众筹等新型金融科技公司的风险控制能力和资本运作模式则有待完善，风险敞口覆盖不足，加之对金融科技活动的审慎监管处于探索阶段，缺少这些机构对短期负债、预期外资金外流的有效监控，整个金融科技行业自身面临较大的风险承担激励；同时由于缺乏相对统一的宏观审慎监管，一旦风险被引爆，刚性兑付和担保机制难以缓解流动性风险，极易使得这个新兴部门陷入危机之中，并造成不可估量的负外部性。

在金融科技类信贷平台上，金融机构通过期限错配来实现资金来源短期化，资金运用长期化的"金融炼金术"①。比如，通过将长期融资项目拆解为多个短期融资项目来吸引投资者，从而实现快速融资；这种拆分行为的确会给平台带来较大的交易量与成交额，产生"吸睛效果"。事实上，尽管这种方式"创造"了多个短期融资项目，但并未真正创造出更多的投资机会，甚至过于分散的融资项目使得原有资金偿还的风险更具不确定。期限被拆的次数越多，发生风险的可能性越大。当其中某一项目出现问题，整个资金链就可能断裂，这不仅给投资者造成损失，还会造成市场过度波动和流动性风险，并触发"挤兑"行为。由此可以看出，当资产与负债具有不同的流动性特征时，流动性风险极易显性化，一旦机构被迫低价甩卖优质资产变现以

---

① 参见Mervyn King所著的《金融炼金术的终结》。

维持运营,则可能会陷入金融海啸中的"恶性循环"(vicious cycle)模式。

此外,金融科技可能进一步催生"新型"影子银行的出现。尽管影子银行的出现为金融科技活动创造了空间,缓解了金融科技创新带来的资金压力,但不应忽略由此造成金融市场流动性风险压力加大的可能。与传统商业银行不同,影子银行受到的监管较少、所面临的风险资本约束较低、风险敞口暴露程度更高,且内部风险控制能力不完善,自身缺乏良好风险防范能力。金融科技活动导致影子银行的数量进一步增多,使得影子银行带来的风险进一步增大,甚至可能诱发系统性风险。如何对金融科技与影子银行的交互作用进行识别和约束成为当前监管机构面临的又一难题。

(三)金融科技存有放大复杂风险因素

次贷危机之中的"忽略风险"和"复杂风险"一直备受争议,而金融科技的新型业务存在恰恰会将这两类风险放大。除此之外,金融科技改变了传统金融业务双方和多方的关联方式与紧密度,从而使得交易对手风险也有被放大的可能。斯坦福大学著名学者Krishnamurthy曾提出"交易对手风险"可被归咎为次贷危机的根源之一。金融创新使各产品和市场之间的互动关系更为密切,提高了彼此间的相互依赖度,即便微小的失误也容易诱发连锁反应。

同时,科技金融的发展使得金融风险传递链条更加复杂。交易对手风险、复杂风险等新型特征风险的出现,使得金融创新产品的风险结构具有复合性质和状态依存性质。而证券化的衍生过程又使得风险传递机制在原有基础上增添了诸多环节。因此某单一环节一旦出现问题,就会导致整个金融要求权的追索过程发生阻塞,所有参与金融交易的主体都被暴露在风险状态之中。

此外,第三方风险因素不容忽视。金融科技在某些服务的提高方面更具有优势,传统银行在整体运营客户关系的基础上选择将大量服务外包给第三方运营商,不仅可以帮助银行提高管理与服务质量,还可节约一定的金融科技研发成本。然而,大量服务外包给一个或多个第三方运营商时,第三方的运营风险便与银行紧密相连。当前的监管体系并未完全覆盖第三方服务提供商,如果银行难以识别某些第三方的运营风险,或者监管机构难以有效约束第三方时，一旦第三方出现风险，则可能诱发更大的危机。比如，当外包服务供应商无法正常运营时，这种过度集中的外包服务就会导致金融机构出现集体服务中断事故。特别是跨境第三方运营商，在合作期间如果该国发生经济、政治等国家级风险事件，运营商无法及时有效地提供服务，那么都将对金融市场造成不小的冲击。此外，第三方运营商的信息安全管理极易产生风险。金融机构的第三方运营商越多，网络节点与网络端口越多，信息安全风险发生的可能性就越大。因此，金融机构需要与第三方运营商保持一致的信息安全监管等级，并对第三方运营商进行持续监管，以保证用户信息安全系统不会遭受网络攻击，产生信息安全风险。

（四）金融监管错配风险

传统的分业经营、分业监管模式渐趋式微，而金融科技伴随的金融混业经营现象越发明显。金融科技的高速发展带来金融产品的不断创新，混业经营已经逐渐成为主流。但现行法律框架仍是分业监管的框架，监管体系与金融创新的错配更加明显。分业监管模式难以完全覆盖现有金融体系，往往会出现监管缺失或监管重叠等现象。同时由于每个国家对于金融风险控制要求不同、对金融企业风险敞口要求不同、监管力度不同，还极易产生跨区域监管套利现象。

金融科技伴随着大量金融创新产品的出现，金融科技的复杂性、多样性、混合性使得金融产品较以往更加复杂，更难以理解，而监管当局难以在短期内完全了解该种产品的构造，缺乏针对新型风险的参考数据和指标，往往需要大量专业人才花费大量时间才能掌握新的业务模式与产品，以及隐藏的风险维度。但由于监管的滞后性，当监管当局着力构建与之匹配的监管体系时，金融机构又再次创新，两者陷入不断循环的"猫鼠游戏"之中，监管与创新的错配再次被放大。

（五）系统性风险的形态、触发机理与风险传递渠道发生显著变化

系统性风险始终是监管机构最为关注的风险，而在金融科技时代，系统

性风险则更加分散，从集中于商业银行和大型金融控股公司分散至各个特殊金融科技企业，然而一旦风险爆发却又极易形成系统性的影响。由于金融科技打破了行业壁垒，促进了金融机构与非金融机构的融合，金融模块化成为趋势。处于中心位置的金融科技服务提供商，会向多个大型金融机构提供相同服务或基础设施，并显示出系统重要性。当该服务提供商陷入危机时，是很难阻断其"传染"给其他重要金融机构的，极易造成整个行业陷入危机。另外，跨行业、跨市场的金融科技产品越来越多，导致不同业务紧密联系、相互渗透，相关性和联动性的加强放大了金融市场的系统性风险。金融科技产品经过层层包装、跨界嵌套，其风险被隐藏，难以识别和度量，而网络技术的融合导致金融产品的覆盖面更加广泛，使其中暗藏的金融风险更加难以察觉，传统的风控手段难以覆盖。当某一具有系统重要性的金融科技公司出现危机时就可能引发连锁反应，从而导致整个金融体系陷入危机。

此外，金融科技活动也具有顺周期性，在经济迅速发展阶段，金融科技企业迅速扩张，金融科技信贷规模迅速扩大，风险敞口远超风险控制约束，加剧了金融活动的投机性。当经济衰退时，不良情绪迅速蔓延，导致整个金融科技活动快速萎缩，极易诱发系统性风险。例如智能投顾和对冲策略可能会表现出更强的羊群行为和踩踏效应，如果风险模型由于依赖类似的算法而高度相关，反而会潜在地增加资产价格的波动幅度。另外，众筹网站和金融科技信用中介机构面临较大的风险激励时可能会选择放宽它们的筹资和信贷标准，较低的标准又会诱发投资者的道德风险和逆向选择，所有这些都可能增加金融科技活动的顺周期性，进一步加剧对于金融体系的冲击。

通过上述风险分析不难看出，传统监管体制与金融创新的错配问题被金融科技再度放大，现有的监管技术已经落后于金融业务创新的变革速度，金融科技业务扩张的速度更是远高于监管所覆盖的范畴。同时第三方服务提供商、高度复杂的金融创新产品、影子银行的迅速扩张，均构成对现有监管体制的重大挑战，监管与创新的错配被进一步放大。如何解决监管与创新之间的错配问题，防止金融科技进一步产生各类错配问题，在适度鼓励金融科技创新的同时又能促进金融业稳健发展，成为各国监管机构面临的重要挑战。

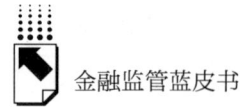
金融监管蓝皮书

二 主要发达经济体监管金融科技的主要思潮与理念

（一）推动金融科技在风险控制与管理中的应用

由于科技在金融领域方面的应用，金融创新呈现爆发式增长，金融服务的质量和速度得到巨大提升，金融混业经营渐成主流。互联网的广泛使用又使得金融风险的传染性加强，传播速度更快、涉及范围更广，这些都对当前的监管模式造成更大挑战。为了匹配现有金融创新模式，克服监管与创新的错配问题，监管机构认识到科技对于监管体制同样重要，这就推动了金融科技在监管领域的应用，发展出金融科技重要的分支之一——监管科技（RegTech）[1]。监管科技可以满足关于对监管报告、金融犯罪、消费者权益保护、数据保护等的一系列要求，其主要使用的技术主要包括 IT 技术（云计算、人工智能等）、数据技术（大数据、实时监控等）、身份识别技术等。

从监管机构的角度来看，监管科技能够实现持续监控，通过数字和数据技术实现监管流程的自动化，释放过度的监管资本来提高效率，并且可以缩短调查违规事件中涉及的公司所耗费的时间成本。不仅如此，监管科技还提供了更多选择，如通过深度提供接近实时的洞察力学习和人工智能过滤器，融入国家和全球市场的运作，期待事先发现问题，而不是仅仅事后采取执法行动。监管科技包括三个不同的市场参与主体：（1）传统的金融机构，尤其是在金融危机之后面临更高的监管要求时，需要监管科技满足监管机构的要求；（2）监管机构需要监管科技提升监管效率，追求实时、持续的监管，实现监管流程的自动化和事先预防；（3）政策制定者需要监管科技来协调各行各业的参与者，构建全行业的必要基础设施。

---

[1] 根据当前的主流观点，"科技监管"是监管（regulatory）与科技（technology）术语的缩写，是技术特别是信息技术在监管流程方面的应用，不仅是 FinTech 的一个子集，从整体上看，RegTech 代表金融服务监管的下一个逻辑演进，并应逐步成为整个金融服务部门的基础。

各发达经济体也纷纷采取了行动。英国作为世界金融科技的领先地区，在2015年由前财政大臣George Osborne率先提出"监管科技"。英国金融市场行为管理局将监管科技描述为"运用新技术，促进并达成监管要求"。根据西班牙国际银行（BBVA）的报告，金融业监管科技的重点是：手动过程的自动化以及分析/报告过程中步骤之间的联系、数据质量的改进、宏观数据观的创建，监管过程中自动分析数据并且不断自主学习，自主筛选有意义的报告发送给监管机构，并在内部用于改善关键业务决策。

目前，监管科技最具潜力的领域在于宏观审慎政策的制定。在全球金融危机之前，金融稳定的监管重点主要放在个别金融机构的微观审慎层面。自2008年以来，宏观审慎政策出现了新的焦点，G20委托IMF、FSB和BIS把重点放在相关预警系统的开发上，以对系统性金融危机的到来做出预知和提前的防范，将重点着眼于整个金融体系的稳定，基于全面的分析，重点关注随时的相互联系和演变。而监管科技则依托大数据技术，通过实时收集数据和深度机器学习，在预警系统性风险方面表现出优势。

众所周知，监管科技依托于数据，然而如何围绕数据构建监管科技体系则尚在探索之中。如英国的Blackett报告提出了一种有利于统一数据驱动型监管和合规模式的方法，这将涉及监管政策构建、报告标准、协调一致和统一合规工具体系等诸多元素（见图1）。

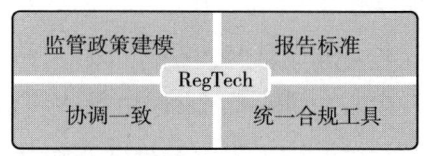

图1　融合数据驱动监管与合规监管的英国模式

资料来源：Blackett报告。

监管政策建模：新兴技术（如基于代理的建模）可用于模拟新政策颁布前可能会产生的影响以及对现行监管的实际影响，包括监管机构之间的冲突。通过数据建模预测政策影响。

报告标准：在多个司法管辖区之间制定通用的合规性标签和报告标准。

系统风险工具：鼓励学术界开发一系列工具来评估风险，作为监管机构的参考指标。

协调一致：各个地区之间应当加强合作，特别是数据的分享和相关预警机制的建立。

统一合规工具：由于合规性分析的重要性日益凸显，监管机构可能会鼓励开发一套开放源代码合规工具（这反过来将为金融科技和其他金融服务初创公司提供机会）。

考虑到在金融科技时代，监管与创新之间关于数据的迟滞使得监管错配进一步放大了这一问题，监管科技则完全建立在数据基础之上。当监管机构与金融机构对数据的收集、分析、处理均处在同一水平时，监管错配现象将会得到极大缓解，甚至可以通过监管科技来预测未知风险，做到实时、持续监管。简言之，监管科技真正的变革潜力是通过利用新技术来重新概念化金融监管的未来，这种转变的实际后果将意味着从 KYC（Know Your Count）思维到 KYD（Know Your Data）的转变。

（二）监管沙盒模式的推出与尝试[①]

近年来各国纷纷推出所谓的"监管沙盒"，既为金融科技创新留足空间，又将其不利影响加以有效控制。2015 年 11 月，英国金融行为监管局发布《监管沙盒》指引文件，并于 2016 年 5 月正式启动全球第一个"监管沙盒"项目，开始开放沙盒监管测试报名。2016 年 11 月，新加坡金融管理局发布《金融科技监管沙盒指引》文件，在 2017 年初开放测试招募。2017 年 2 月，澳大利亚证券与投资委员会发布《金融科技产品及服务测试》监管指引文件，并开放测试环境。

沙盒（Sandbox）是计算机安全中常用的概念，是用来执行那些来自未经验证或不可信源头的程序代码。"监管沙盒"是政府给予金融科技公司特

---

① 以下数据均来自 FCA、ASIC、MAS、中国香港金管局和中国台湾金融监督管理委员会网站。

许权，简化市场准入标准和流程，在确保消费者权益的前提下，在监管机构可控的限定环境中，对其新产品和服务进行真实或者虚拟的测试，并根据其在监管沙盒的测试情况准予推广的一种机制（见图2）。目前，参与监管沙盒测试的多为传统金融机构与金融科技公司。

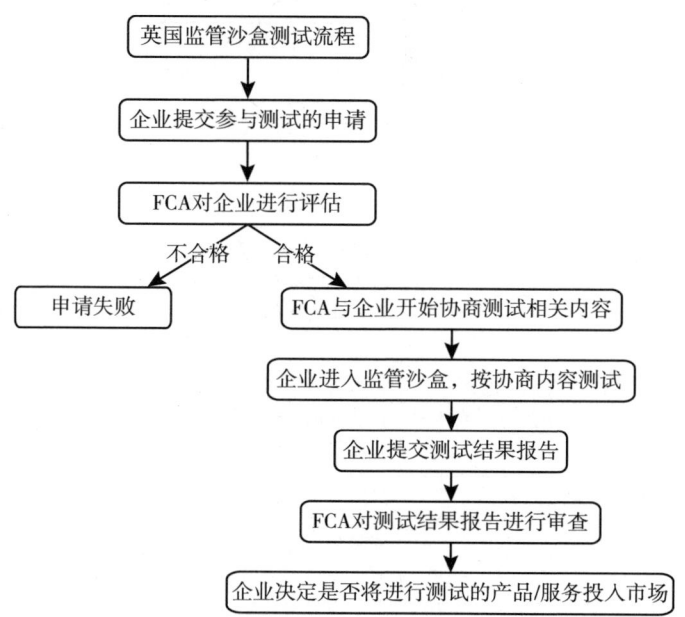

图2 英国监管沙盒测试流程

对于参与测试的金融科技公司来说，通过监管沙盒测试，公司可以在监管机构的监控下实现一定范围内的真实环境测试，有利于降低新产品由于涉及突破现有法规而推迟面世的状况，降低了合规成本。在测试过程中，政府和监管机构同时可以指导并帮助初创公司识别和防控风险，降低初创公司对新产品、新业务的担忧。而且测试过程中也涉及真实的消费者，初创公司可以根据消费者的反馈信息对产品和业务及时进行调整与修改。

对于政府和监管机构来说，在测试中可以更加深入了解新产品与业务的本质、风险和运行流程。在测试中发现的违反法律法规的行为以及监管漏洞可以及时进行自我完善，降低了传统监管的滞后性。监管沙盒模式的建立，有效地加强了初创公司、监管机构和政府与消费者的联系与沟通。尽管世界各国纷纷效仿英国建立起了"监管沙盒"模式,各国对其具体要求设置依然存在差异(见表2)。

表2 各国对"监管沙盒"的要求

差异\国家	英国	新加坡	澳大利亚
监管主体	金融行为监管局	金融管理局	证券和投资委员会
监管时间	3~6个月	具有弹性	12个月,可申请最长1~2个月的延期
可申请主体	金融产品服务的所有创新,但需在《金融服务和市场法案》(FSAM)范围之内	金融机构、金融科技公司和专业服务公司与这些业务合作或提供支持	禁止测试设计复杂、流动性差、回报期长以及针对弱势消费者的金融产品
准入条件	相关监管部门对金融科技企业的创新性与价值性进行衡量	相关监管部门对金融科技企业的创新性与价值性进行衡量	备案制,需要满足两份豁免文件的具体要求。
适用范围	适用范围更广泛	局限于金融科技领域	适用范围更广泛
退出机制	期限届满退出	期限届满退出(可延期)或可申请自愿退出	期限届满退出(可延期)

此外,各国监管机构也纷纷设立创新中心与创新实验室来鼓励金融科技发展。2014年10月,英国金融行为监管局设立"创新中心"(Innovation Hub)。创新中心主要为企业提供服务,帮助加强企业与监管部门的沟通与交流。为企业金融创新提供支持与帮助,让企业可以对监管政策、法律法规等有更加全面的了解与认识,协助企业进行监管沙盒的资格申请。2016年,美国货币监理署(Office of Comptroller of Currency,简称OCC)分别在华盛顿、纽约和洛杉矶创建"创新办公室"。监管机构可以通过"创新办公室"直接与金融科技公司和监管科技公司进行交流,可以及时地了解当下新技术的发展与应用情况,并推动新技术在监管方面的应用,完善当前的监管体系(见表3)。

表3　促进创新的各国司法管辖区

	创新主导机构		
	创新中心	加速器	监管沙盒
英国	央行/金融行为监管局	央行	金融行为监管局
澳大利亚	证券和投资委员会	证券和投资委员会	证券和投资委员会
新加坡	金融管理局	金融管理局	金融管理局
中国香港	金融管理局		金融管理局

资料来源：BCBS – FSB survey。

（三）强化境内外金融监管合作、设立信息共享机制

通过监管机构建立信息共享渠道，不仅可以提高对整个金融行业的监管力度，提高监管效率，同时还可以降低监管成本，减少由于信息不完全而产生的监管漏洞，防止监管重叠、监管错位。例如英国根据《2000年金融服务与市场法》与《2012年金融服务法》，加强英国的财政部、审慎监管局、金融行为管理局等国内监管部门的交流与合作。韩国在2001年颁布了《建立金融监管机构法》，其中明确规定了金融监管部门的合作机制，金融监管委员会和央行可以在合理范围内，互相要求对方提供有关信息与数据。澳大利亚金融监管理事会（包括澳大利亚储备银行、澳大利亚审慎监管局、澳大利亚证券与投资委员会）成员之间存在《理解备忘录》，其主要目的是促进成员之间的信息共享，减少监管漏洞，降低监管成本。

2010年，欧盟通过了《泛欧金融改革法案》，这是欧盟近年来最深远的改革。通过新的改革法案，欧盟建立起了欧洲银行管理局、欧洲证券市场监管局、欧洲保险和职业养老保险监管局。这三方机构分别对应监管欧盟的银行业、证券市场以及保险业。这些机构超脱于单个国家，掌握着比单个国家更权威的最终决定权。这项法案的实施有助于统筹欧盟成员国的各个金融机构监管的问题并对金融机构实施更加高效的监管审查。

事实上，在反洗钱与打击恐怖主义融资领域内各国建立了良好的监管合作机制，这种模式为未来各国的监管合作提供了参考。1989年西方七国为

反洗钱和打击恐怖主义融资成立了反洗钱金融行动特别工作组（Financial Action Task Force on Money Laundering——FATF），其成员国遍布各大洲主要金融中心，制定的反洗钱四十项建议和反恐融资九项特别建议（简称FATF40+9项建议），是世界上反洗钱和反恐融资最权威的文件，除FATF及其建议外，联合国还积极发布禁止或限制国家、公司和个人的制裁名单，FATF与联合国相关组织共同构建完整的世界反洗钱与打击恐怖主义融资体系。该体系下首先要对每个客户的账户根据反洗钱要求的核心要素进行审查，其次在每个大型金融机构都会有相应的反洗钱部门，再根据不同的司法辖区建立相应的反洗钱中心，对可疑交易报告进行审查，最终达到反洗钱与打击恐怖主义融资的目的。在未来的监管科技体系下，依托大数据和人工智能进一步提升反洗钱与打击恐怖主义融资的效率，也应实现从KYC思维到KYD的转变，加强各国之间的监管合作。

三　对中国的启示

（一）加快监管科技的应用

金融科技的应用使得传统金融行业发生了翻天覆地的变化，也对传统监管系统带来了巨大的冲击与挑战。金融科技服务与活动已经跨越了行业与国界的限制，而监管领域仍在维持传统的监管制度与监管方法，导致当前监管效率低下、金融机构合规成本高昂，也带来了复杂风险的新挑战。如果仍保持"先发展，后监管"的思路，将无法对风险进行有效监控与预防。因此要积极推动科技在监管领域的应用，构建与监管科技相适应的监管体系，利用大数据、区块链、云计算与人工智能等新技术，提高对金融市场风险的掌控和防范能力。利用监管科技着力于宏观审慎政策的制定与完善，充分发挥大数据的预测作用，加强对数据的收集、分析与处理，实现实时、持续监管，克服监管错配，消除监管与创新之间的时滞，避免对金融创新设置不必要的障碍，保证市场功能的有效实现。

1. 着重构建穿透式监管体系

所谓穿透式监管就是对金融业务和行为追根溯源，穿透金融产品的表面形态，从最初的资金来源到中间的种种环节，与最终资金投向连接起来。根据金融业务和行为的实质明确所应受到的监管法律法规。通过这种监管可以消除监管套利与监管真空、提高防范和化解金融风险的能力，也能防止创新与监管业务结构错配、周期性错配、监管制度对围观金融机构风险承担激励的扭曲效应。

金融科技公司利用金融科技将一整套业务细化分为若干阶段，每一阶段看似并无问题，但是在整体层面观察，便会发现这种细分成若干阶段实际是利用现有监管漏洞，实现逃避监管的目的。为了更好地实现穿透式监管，我国需要着重采取以下举措。

第一，设立资产管理产品的统计与监测框架。吸取国际监管穿透经验，制定统一的统计、产品、代码和信息分类等标准。对每个产品进行登记，登记内容包括基本信息、募集信息、资产负债信息和终止信息，从而可实现逐层识别的目的。

第二，构建资产管理产品的信息登记系统。收集每个金融机构的资产管理产品的交易数据，从而实现产品和资金全流程监控。

第三，明确每个监管主体、监管部门在穿透式监管中的分工职责，建立完善的问责机制，将微观与宏观审慎监管相结合，尽量消除监管漏洞和监管套利的可能性。

第四，明确资产管理产品的资金来源与最终去向，并提高信息披露的质量和市场透明度。从而降低甚至消除不正当交易、内幕交易、操纵市场等行为的可能性。

第五，提高对第三方服务供应商的监管力度。很多金融机构的重要金融科学技术都外包给第三方服务供应商，例如云计算、数据服务等方面。尽管金融业务被外包出去，但是这些操作和业务与原金融机构仍然存在或有关系，因此机构应该加强对第三方服务供应商的有效监管，要求其建立相应的风险控制机制、完善内部风险控制系统、对第三方进行持续监控，并确保对外包服务的控制应与机构内部运行的监管标准保持一致。

2. 加快金融科技在金融监管中的应用

现行的金融监管制度不仅无法与金融科技的发展速度相适应，而且可能会抑制金融科技的发展。主要原因就是当前的监管主体对新科技、新产品不甚了解，监管能力不足，因此难以掌握金融科技的真实进展。我国的监管机构当前已经意识到这些缺陷，并开始加以改造。

2017年5月15日，中国人民银行成立金融科技委员会。该委员会将强化监管科技应用实践。通过利用大数据、人工智能、云计算等技术丰富金融监管手段，提升跨行业、跨市场价差性金融风险的甄别、防范和化解能力。这体现出我国对加强和促进金融监管科技应用的决心。

例如，监管沙盒可以在监管主体可掌控范围内在虚拟或者真实市场环境中对新的金融科技产品、服务进行测试，这正与我国当前监管需要相吻合，建立"监管沙盒"既能鼓励金融创新，又能对金融风险进行有效控制。我国的"穿透式监管"理念方针和监管信息化等更是为建立"监管沙盒"提供了有力的技术支持（见表4）。

表4　香港与台湾地区的监管沙盒近况

	香港	台湾
主导机构	香港金融管理局	金融监督管理委员会
测试时长	6个月	6个月
可申请机构	银行、科技公司	以科技创新方式从事属于需主管机构许可、核准或特许的金融业务试验

我国目前只在香港和台湾地区建立了监管沙盒。香港已经对9家银行的26项科技产品进行了测试，其中12项已测试完成等待后续推进。香港金融管理局根据之前运作监管沙盒的经验，更是在2017年9月推出了沙盒2.0模式。沙盒2.0模式中新增三项功能：第一，设立金融科技监管聊天室，以便在金融科技项目初期向使用者尽快反馈意见；第二，科技公司无须经过银行，可直接通过聊天室与金融管理局进行沟通；第三，金融管理局、证券及

期货事务监察委员会及保险业监管局的沙盒"实验"会相互协调运作,为跨界别金融科技项目提供"一点通"切入,按实际需求接通三大监管机构。

我国内地也已经开始建立"监管沙盒"试点,北京市在位于房山区的"北京互联网金融安全示范产业园"作为试验地进行"监管沙盒"的测试;在深圳成立区块链"监管沙盒"。考虑到我国金融创新的主体仍是银行业,其本身的产品服务的数量与品种、风险防控、专业人员、资金规模等方面已形成较高的水准。因此,在监管沙盒模式初级阶段可以先在银行业进行试运行,并积极促进银行业与新型金融科技公司联合测试。未来我国进行更大范围的监管沙盒测试时,中国人民银行和金融监管机构应是较为合适的监管主体,其他金融科技部门与其保持密切联动。根据国际和国内经验,制定"监管沙盒"的详细流程,确保监管过程全面、标准、安全与透明。在测试过程中,重点保护涉及的消费者的合法权益,确保消费者的个人信息安全通过"监管沙盒"测试,促进监管部门对金融科技的认识,从而提高其在金融科技发展过程中的风险甄别和防范速度,进而提高金融监管的有效性。

(二)优化当前的金融监管架构

金融科技创新领先于金融监管,当前的监管体系无法完全匹配新的金融模式,监管缺位、监管重叠导致对金融科技活动监管产生真空地带,金融科技领域乱象丛生,大批投机性资金快速涌入,P2P网络借贷等业务导致信用风险、流动性风险、道德风险等风险发生概率进一步提升。

尽管2016年我国金融监管框架已经从差别准备金动态调整机制上升转变为宏观审慎评估体系,但是主要的监管目标仅是银行业。由于金融科技的兴起,为规避当前监管,部分金融活动已经开始从传统银行业转向影子银行和非金融机构。针对这一监管漏洞,应当扩大当前宏观审慎监管范围,将保险、投行和金融科技公司等皆纳入监管范围。透过宏观审慎监管,针对金融科技的顺周期性进行相应的调整。同时,还应当借助宏观审慎工具,对金融科技公司的资本金、准备金、流动性等提出一系列要求,提高行业准入门槛,从而增强金融科技公司的稳健性,降低系统性金融风险发生的概率(见图3)。

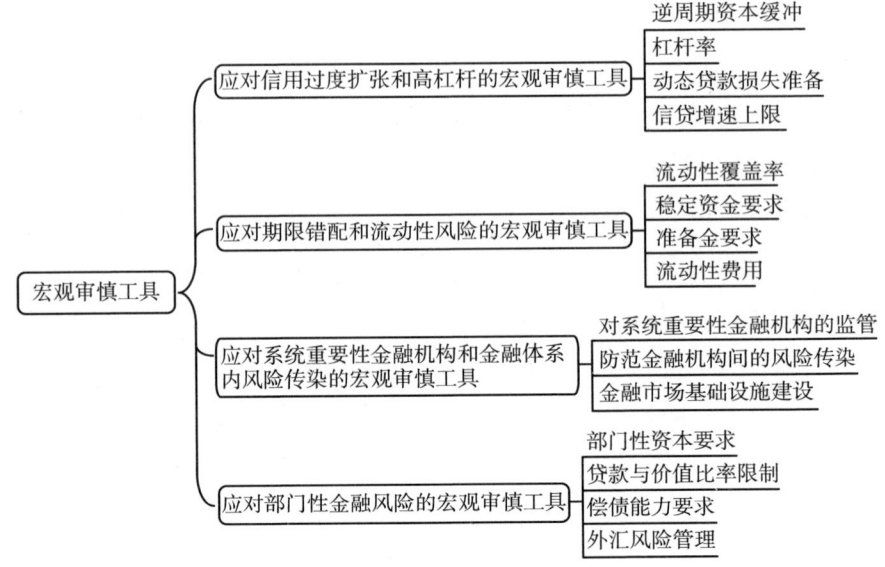

图 3 宏观审慎常见工具类型

除此之外,值得注意的是我国当前仍实行分业监管模式,例如货币市场由中国人民银行进行监管、存贷款市场由银监会进行监管、股票市场由证监会进行监管。但是由于金融业务涉及领域逐渐多元化,业务界限模糊,很容易出现监管漏洞或者重复监管,因而当前在分业监管的模式下注重功能监管、审慎监管是克服监管错配的有效方法,从长远来看,应该逐渐改革当前的监管模式,顺应混业经营的趋势。

事实上,从功能划分所对应的监管主体可以有效地解决混业经营现状下产生的监管归属问题。监管对象由特定类型的金融机构转变为特定功能类型的金融服务,金融监管类型应该根据风险实质而不是机构类型。只有这样,即使金融产品与服务不断创新,也都可以将其纳入新模式的监管体系中,有效地解决监管漏洞或者重复监管的问题。

(三)积极推进国际金融监管合作

随着互联网等技术的应用,越来越多的金融公司开始进行跨国业务。例如，蚂蚁金服已在美国、新加坡、韩国、英国、卢森堡和澳大利亚六个国家设立了分支机构，据该公司统计，30%的用户来自海外。金融机构日益国际化，金融服务全球化趋势已成必然，但各国监管合作仍未有较大提升，极易产生跨国监管套利现象。同时国家之间的宏观审慎监管要求差异容易导致本国金融科技公司向境外低监管要求的国家进行转移，以逃避本国严监管要求。如何解决跨境问题则显得越来越重要，一方面，我国监管部门应当加大对公司境外分支机构的监管强度；另一方面，也要积极促进国际监管合作，建立全面的跨境监管合作计划，以顺利推进信息共享、跨境审查、处置协调等工作。

国际金融监管合作具体内容可以参考反洗钱国际合作模式。我国在2004年2月向反洗钱国际组织金融特别行动组（FATF）正式递交加入申请，并于2005年1月正式成为FATF观察员。2004年10月，我国与俄罗斯、哈萨克斯坦、塔吉克斯坦、吉尔吉斯斯坦、白俄罗斯共同创立欧亚反洗钱与反恐融资工作组。现已与美国、俄罗斯等国家和地区建立双边合作机制，与世界银行和英国、加拿大等国际组织和国家开展了反洗钱交流和技术援助活动，加强了各国金融情报机构间的信息共享，同时对如何利用金融科技有效打击洗钱等违法犯罪活动等进行经验交流与学习。

我国可以借鉴国际反洗钱组织的形式，积极推动建立国际金融科技监管组织，以此加强国际监管交流与合作。同时努力促进与其他国家金融监管主体建立信息互通与合作机制，及时有效地互相披露对方需要的有关信息，必要时提供一定的司法援助，以此降低由于信息流动障碍和跨国审查障碍而导致的监管漏洞的存在。

（四）加强网络安全监管

以数据与安全为核心的金融科技面临的首要风险便是网络安全风险，随着数字应用范围的扩大，网络端口增多，面临的网络攻击会更加频繁。例如2017年"趣店"被爆出泄露大量学生用户数据。泄露出的数据内容包括学生姓名、电话、父母电话、借款金额、滞纳金，甚至包括学信网账号密码等隐私信息。泄露的主要原因是"趣店"内部数据管理存在巨大安全隐患。由于没有完善的脱敏和保密程序，公司人员级别越高越可以获取更多的数据。因此保护企业数据和用户个人隐私的安全机制不仅要防范外部窃取，也要防范从内部泄露。

当前我国应当提高法律监管程度，各金融科技公司要建立起严格的用户信息保密制度和"防火墙"，严厉打击将个人金融保密信息出售或者非法提供给第三方的行为，并防范外部黑客非法入侵盗取信息等行为。未尽到保护义务或者有违法行为的，监管部门应当按照有关法律法规的规定，按情节严重程度责成相应公司停业整顿甚至吊销公司营业执照，并对遭受经济损失的用户给予一定的经济补偿。利用科技手段建立防护措施，例如指纹识别、人脸识别技术等，同时进行积极宣传，努力提高金融消费者的自我防范意识，保证个人隐私不被泄露。

金融与科技的加速融合不仅带来新的生产与生活模式，也带来新的风险、冲击与脆弱性因素，广泛应用的金融科技产品在当代金融行业中也日益扮演着举足轻重的角色。由于金融科技的应用，金融行业更加的多样化和分散化，提高了金融行业整体的运行效率、金融市场的风险管理技术和整个社会的福利水平。然而，金融科技仍然是个"新事物"，所带来的冲击效应远超乎想象，需要充分借鉴发达国家的经验教训，在适度鼓励金融创新的基础上尽快完善和"升级"我国的金融监管架构，防范由金融科技快速发展带来的新型风险和金融系统性风险。

参考文献

［1］ FSB, "Financial Stability Implications from Fintech—Supervisory and Regulatory Issues that Merit Authorities' Attention", 27 June 2017.

［2］ Gai Keke, Meikang Qiu, Xiaotong Sun, "A Survey on Fintech" *Journal of Network and Computer Applications*, 16 October 2017.

［3］ Huaxia, "UK Mobile Phone Retailer Carphone Warehouse", hacked, http: //

news. xinhuanet. com/english/2015 – 08/09/c_ 134497584. htm，2015.

［4］ GregBuchak, Gregor Matvos, Tomasz Piskorski, et al. ,"Fintech, Regulatory Arbitrage, and the Rise of Shadow Banks", September 2017.

［5］ Financial Stability Board, "Financial Stability Implications from Fintech", http：// www. fsb. org/, 2017.

［6］ Bank for International Settlements, "Sound Practices：Implications of Fintech Developments for Banks and Bank Supervisors", www. bis. org, 2017.

［7］ Financial Systems Unit RegTech, "The new magic word in Fintech", https：// www. bbvaresearch. com/en/ . March 2016.

［8］ Daniel Gutierrez, "Big Data for Finance – Security and Regulatory Compliance Considerations," inside Big Data. http：//insidebigdata. com/2014/10/20/big – data – finance – security – regulatory – complianceconsiderations/. Oct. 20, 2014.

［9］ Douglas W. , Arner. Jànos Barberis, Ross P. Buckley. ,"FinTech, Regtech and the Reconceptualization of Financial Regulation", *Northwestern Journal of International Law and Business*, October 2016.

［10］ International Monetary Fund, "Financial Stability Board & Bank for International Settlements", *Elements of Effective Macroprudential Policy*, Aug. , 2016.

［11］ UK Government Chief Scientific Adviser, Supra Note 119：at 49.

［12］ UN Counter Terrorism Implementation Task Force, "Tackling the Financing of Terrorism", Oct. 2009.

［13］ 习近平：《决胜全面建成小康社会，夺取新时代中国特色社会主义伟大胜利》，中国共产党第十九次全国代表大会，2017。

［14］ 徐忠、孙国峰、姚前：《金融科技：发展趋势与监管》，中国金融出版社，2017。

［15］ 梁颖琳：《宏观审慎监管框架下我国金融业监管协调问题研究》，《财经问题研究》2013 年第 4 期。

［16］ 薛洪言：《金融科技可能被"玩坏"了》，http：//mp. weixin. qq. com/s/ RsRdZqZ1Ecv7iyWPoU2OfA. 2017。

［17］ 陈林：《互联网金融发展与监管研究》，《南方金融》2013 年第 11 期。

［18］ John Hoopes、Aaron Bawcom、Fred Shore：《虚拟安全：沙盒、灾备、高可用性、取证分析和蜜罐》，杨谦、谢志强译，科学出版社，2010。

［19］ 刘来吉、张童：《国外金融监管协调合作的成功经验及启示》，《海南金融》2011 年第 7 期。

［20］ 郭晖：《巴塞尔协议新规及对我国金融监管的影响》，《会计之友》2011 年第 17 期。

［21］ 李娜：《加拿大金融监管体系对我国金融监管的启示》，《经济视角》2012 年

第 1 期。

[22] 郭子源、温济聪、李晨阳：《"穿透式监管"严防交叉性金融风险》，中国经济网，2017。

[23] 苟文均：《穿透式监管与资产管理》，《中国金融》2017 年第 8 期。

[24] 张忱：《利用最新的科技手段服务金融监管：监管科技未来已来》，中国经济网，2017。

[25] 杨琨：《促进科技与金融业务的融合》，《中国金融》2011 年第 17 期。

[26] 张金城、李成：《金融监管国际合作失衡下的监管套利理论透析》，《国际金融研究》2011 年第 8 期。

[27] 陈志惠：《反洗钱国际合作的法律机制研究》，硕士学位论文，东北大学，2010。

[28] 孙立坚：《中国金融发展如何才能做到为实体经济服务》，《中国发展》2012 第 6 期。

[29] 张景智：《"监管沙盒"制度设计和实施特点：经验及启示》，《国际金融研究》2018 年第 1 期。

B.20
保险偿二代的风险管控效果及制度完善

王向楠 周华林[*]

摘 要： 保险业"偿二代"正式实施以来，中国保险市场快速发展变化中的诸多风险问题显露出来。这体现了"偿二代"设计的监管指标随风险变化的性质，但其中部分问题也反映出"偿二代"存在的不足。本报告在分析了"偿二代"在风险管控上取得的成效和暴露的不足后，从七个方面提出了加强"偿二代"风险管控能力的监管建议。

关键词： 保险监管 偿二代 新兴风险 资本 流动性

一 历史和背景

1998年11月，保险业的专业监管机构成立，统一监督管理全国保险市场。此后几年，保险监管主要关注的是当时颇为急迫的产品和市场行为监管，包括产品审批或备案、市场准入、现场检查、非现场检查等。2003年初，中国参考欧盟偿付能力 I（Solvency I）和美国基于风险的监管规则体系（Risk-based Capital, RBC）开始建设中国保险业的偿付能力监管系统，此后被称为"偿一代"。2006年8月，国务院下发的《关于保险业改革发展的若干意见》（保险业"国十条"）明确规定，不断完善以偿付能力、公司治

---

[*] 王向楠，经济学博士，中国社会科学院金融研究所副研究员，主要研究领域为金融与保险；周华林，中国社会科学院研究生院博士，云南财经大学讲师，主要研究领域为金融与保险。

理结构和市场行为监管为"三支柱"的现代保险监管制度,其中,偿付能力监管是核心。

2012年4月,中国正式启动了第二代偿付能力监管制度体系(简称为"偿二代")的建设工作,计划用3~5年时间,建成既与国际接轨又符合中国国情、以风险为导向的偿付能力监管体系。2015年2月,"偿二代"正式发布并进入实施的过渡期。自2016年第一季度起,"偿二代"监管体系正式实施,保险公司只向保监会报送"偿二代"报告,停止报送"偿一代"报告。"偿二代"是中国保险监管历史上的一项重要制度,也是国际保险监管规则的一项创新,为新兴保险市场发展现代保险业提供了重要监管参考。

"偿二代"试运营和正式实施期间,中国保险业正处于深入推进全面深化改革阶段。2012年启动的保险资金运用政策市场化改革基本完成。2015年起,商业车险条款费率市场化改革试点逐步推广至全国,目前,除意外伤害险费率的市场化改革尚未完成之外,人身保险产品费率市场化改革基本完成。保险业市场化改革在激活保险主体发展活力的同时,部分市场主体利用改革初期监管制度体系不完善、监管规则有空隙,进行短期炒作和投机等行为。尤其是少数股东把保险作为低成本的融资渠道,专注于在资本市场和海外市场收购,将保险业推至舆论的风口浪尖,也使得保险业的市场风险不断累积,在一定程度上影响了金融市场稳定。

"偿二代"弥补了"偿一代"的很多缺陷和不足,适应了新兴市场保险业发展的监管要求。"偿二代"实施以后,相关监管指标较好地反映了行业风险变化,除部分保险公司监管指标不达标以外,多数保险公司监管指标均符合要求,保险市场总体上保持了健康平稳发展。但是,近几年来,中国保险市场发生的一系列风险事件,也显示"偿二代"仍存在不足和问题。目前中国发布的"偿二代"为其主干技术标准,相应的配套制度和细则尚在陆续制定推出中。2017年9月,中国保监会发布《偿二代二期工程建设方案》,按照"边建设、边实施"的工作思路,计划用3年的时间全面完成"偿二代"二期工程建设。

目前,中国已经成为全球第三大保险主体,2018年有望超过日本成为全球第二大保险市场，中国现代保险服务业发展也需要先进的保险监管制度体系保驾护航，中国在国际保险市场监管领域的影响力和作用对中国保险业发展具有重要意义。

在此背景下，本报告在分析"偿二代"的主要特点后，着重分析"偿二代"的风险管控成效和不足，并提出制度完善的对策建议。

二 "偿二代"的主要特点及监管边界

（一）"偿二代"的主要特点

"偿二代"是有创新意义的监管制度设计，其主要特点可以概括为如下几点。（1）属于风险导向型。"偿二代"建立了按照风险进行分层的保险监管模型，对每一层风险又进行了细分。与"偿一代"相比，"偿二代"的风险覆盖面更广泛，对风险的计量更科学，可以更灵敏地反映风险的变化。（2）在全国实行统一监管。美国是联邦共和制，其保险监管采用州监管模式，虽然2008年金融危机以后，美国保险监督官协会（National Association of Insurance Commissioners，NAIC）制定了不少统一监管制度，但仍以州监管为主。欧盟是多个国家组成的政治联盟，其保险监管也实行分国别监管的模式。中国的政治制度特征决定了保险业监管为统一监管模式，因而"偿二代"不需要考虑分散监管导致的复杂技术问题。（3）主要适用于新兴保险市场。美国、欧盟、澳大利亚、日本等基本建立了较为完善的市场经济体系，其保险监管中的部分规则和技术手段不适合应用于新兴保险市场。中国保险市场仍处于初级发展阶段，尚未建立现代保险服务体系，所以设定保险监管规则时需要考虑这些情况。（4）吸收了国际保险业和银行业的监管理念。"偿二代"采用"三支柱"模型，以资本充足（偿付能力）为基础。"偿二代"的核心监管指标是核心偿付能力充足率和综合偿付能力充足率，各项风险的计算和监管资本要求均体现了以资本充足为核心的现代金融监管理念。（5）与国际保险监管规则兼容。"偿二代"参考了欧盟偿付能力Ⅱ

(Solvency Ⅱ)、美国RBC、美国偿付能力现代化计划（Solvency Modernization Initiative，SMI）和国际保险监管核心规则（Insurance Core Principle，ICP）等，所以其监管理念和框架体系等都与国际保险监管规则一致，可以较好地相互兼容。（6）包含宏观审慎监管等系统性风险监管手段。例如，"偿二代"的监管资本要求包含了附加资本要求，该项资本要求主要是针对系统性风险的监管资本要求；2008年金融危机中，美国国际集团（AIG）的风险反映传统保险监管制度体系对集团监管不力，所以"偿二代"对保险集团和金融集团的监管内容也主要是防范系统性风险事故。

（二）"偿二代"的监管边界及适用范围

按照国际保险监管规则的分层体系和方法，"偿二代"在中国监管体系中处于第一层，即适用于单一保险公司、保险集团、金融集团、国际活跃保险集团和全球系统重要性保险机构（G-SII）。由于保险业系统性风险的特殊性，对保险业系统性风险的监管不是主要由"偿二代"负责，而是主要由第二层次和第三层次的监管制度和措施负责（见图1）。

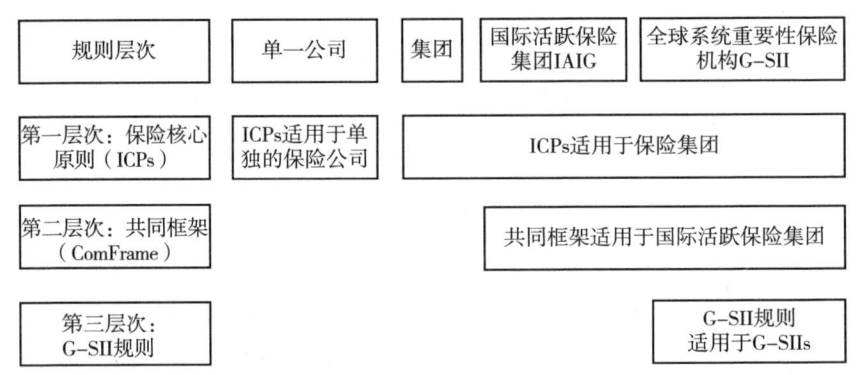

图1 国际保险监管规则分层体系

资料来源：赵宇龙《中国风险导向的偿付能力体系C-ROSS》，海峡两岸保险监管合作机制会议，2014年12月26日。

国际保险监管组织和各国都在探索和完善对保险业系统性风险的监管制度和措施。目前国际保险监管组织已经建立了针对G-SII的识别和监管制度，2016年完成了对G-SII评估方法的更新。2017年IAIS正式发布了以风险为基础的全球保险资本标准（ICS）1.0，预计将于2019年发布ICS2.0，并于2020年正式实施。各国监管机构也将根据ICS标准，建立针对本国保险业系统性风险的监管标准。2017年12月，中国保监会取得ICS对多个事项的认可，包括中国信用评级机构评级结果、单独设置中国贴现率风险溢价、非寿险风险采用"偿二代"标准校准、按照中国建议设计费用通胀率压力、设置体现中国市场特征的市场风险等，这显著降低了中国保险公司未来将面临的ICS监管资本要求。

"偿二代"在中国保险业风险监管体系中处于基础和核心地位，也是保险业系统性风险等特殊风险监管制度建设必须遵循的基本原则。提高"偿二代"的风险管控能力和效果对中国保险业的健康发展意义重大，是维持保险市场稳定的重要工具和手段。

三 "偿二代"的风险管控成效

（一）"偿二代"的风险监测结果及评价

2015年2月17日，"偿二代"进入试运营期，在试运营期间保险公司分别按照"偿一代"和"偿二代"两套标准编制偿付能力报告，但以"偿一代"作为监管依据。试运营期间，产险公司、寿险公司和再保险公司的偿付能力充足率均波动不大，从整体上讲，产险公司的偿付能力充足率上升，寿险公司和再保险公司的偿付能力充足率下降。"偿二代"模式下前三大产险公司和前三大寿险公司的最低资本要求、实际资本等均高于"偿一代"下的指标值，反映了"偿二代"风险导向的监管特点。由于试运营效果较好，2016年1月1日起，"偿二代"正式投入运营，监管机构重点监测"偿二代"下的核心偿付能力充足率、综合偿付能力充足率、风险综合评价等指标，并根据偿付能力风险管理评估（SARMAR）得分计算保险公司的控制风险监管资本，以调节保险公司资金使用成本。

近年来，保险业在进行全面深化改革，"前端放开"赋予保险公司更大的经营自主权，然而，部分保险公司忽略或者无视"后端"风险管控约束，大量涉足高风险业务，使得保险市场风险不断累积，潜在的风险隐患加大。自2016年以来，产险公司、寿险公司、再保险公司和整个保险业的各季度核心偿付能力充足率和综合偿付能力充足率持续下降（见表1和图2），这反映了"偿二代"对风险变化的敏感性。

表1 各季度保险业偿付能力充足率

单位：%

		2016年第一季度	2016年第二季度	2016年第三季度	2016年第四季度	2017年第一季度	2017年第二季度	2017年第三季度
核心偿付能力充足率	寿险公司	2.31	2.27	2.23	2.15	2.14	2.16	2.38
	产险公司	2.55	2.55	2.51	2.5	2.39	2.23	NA
	再保险公司	2.55	4.18	2.78	3.97	3.3	3.24	NA
	合计	2.31	2.27	2.23	2.15	2.14	2.2	2.41
综合偿付能力充足率	寿险公司	2.55	2.5	2.45	2.33	2.3	2.29	2.47
	产险公司	2.86	2.78	2.76	2.83	2.69	2.53	2.77
	再保险公司	2.55	4.18	2.78	3.97	3.3	3.24	3.31
	合计	2.55	2.5	2.45	2.33	2.3	2.35	2.53

资料来源：各公司的偿付能力数据。

部分保险公司大规模发展短期投资型业务，导致监管资本要求大幅增加，偿付能力充足率仅略高于监管底线，综合风险评级低于B级，被迫追加控制风险监管资本。2016年第四季度，前海人寿和富德生命人寿的核心偿付能力充足率分别为56.23%和75%，瑞泰人寿、恒大人寿、前海人寿、和谐健康和富德生命人寿的综合偿付能力充足率分别为108.31%、109.68%、112.47%、113.67%和114%[1]；众诚产险、安心产险、恒大人寿、新光海航人寿和中融人寿的风险综合评级低于B级，偿付能力充足率

---

[1] 《2016年4季度寿险公司偿付能力排行榜》，2017年2月7日，http://www.sohu.com/a/125671779_611537。

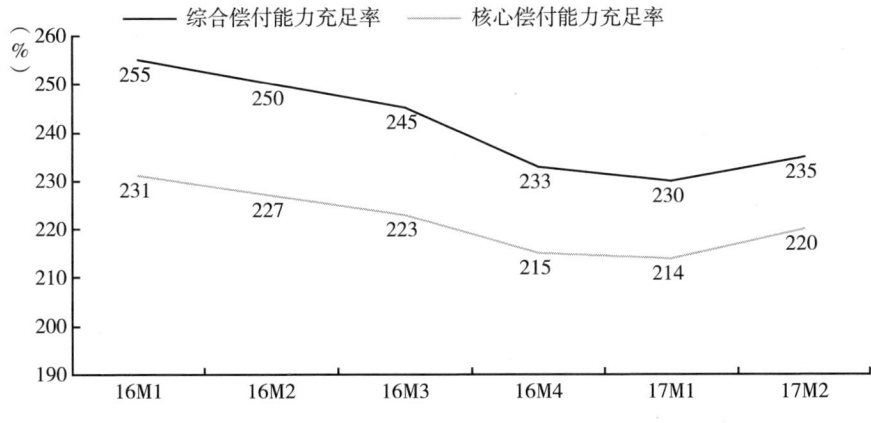

图 2　保险业各季度偿付能力充足率变动趋势

低于监管底线；产险公司、寿险公司和再保险公司的 SARMAR 平均分分别为 70.72 分、76.35 分和 81.91 分①，而 SARMAR 得分低于 80 分将被要求追加控制风险监管资本。

近年来，由于安邦产险和天安产险大量销售投资型非寿险产品，这两家公司的保费规模之和超过了行业的 1/3。2015 年第四季度以来，天安产险的核心偿付能力充足率持续逼近监管门限值；而安邦产险综合偿付能力充足率急剧下降，2014 年和 2015 年末，安邦产险的偿付能力充足率分别达到了 5152% 和 8612%②，而 2016 年以来安邦产险各季度偿付能力充足率略高于 400%，较往年大幅下降（见表 2）。2016 年第一季度以来，整个产险业各季度平均综合偿付能力充足率总体呈下降趋势，直到 2017 年第三季度，产险业偿付能力充足率略有回升。

近年来，部分寿险公司大量销售具有高保证收益的万能险产品，万能险投资款新增交费规模剧增。2016 年，安邦人寿、华夏人寿、富德生命人寿、和谐健康、恒大人寿的万能险投资款新增交费占原保费的比重分别为 189.4%、

---

① 《2016 偿付能力风险管理能力评估结果：7 家寿险公司不足 70 分》，2017 年 1 月 20 日，http：//finance.china.com.cn/news/20170120/4077555.shtml。

② http：//insurance.hexun.com/2016-05-03/183660596.html，2016 年 5 月 3 日。

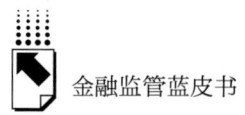

表 2　各季度综合偿付能力充足率——产险

单位：%

	2015年第四季度	2016年第一季度	2016年第二季度	2016年第三季度	2016年第四季度	2017年第一季度	2017年第二季度	2017年第三季度
天安产险	132	120	127	113	136	122	114	111
安邦产险	417	406	424	417	415	—	—	—
财产险公司整体	282	286	278	276	283	269	253	277

资料来源：根据各保险公司偿付能力信息披露报告及券商报告等整理。未查找到安邦产险2017年第二季度和第三季度偿付能力充足率数据。

303.1%、66.7%、44.3%、1186.8%；恒大人寿万能险投资款新增交费为原保费的11.9倍，万能险新增交费同比增长280.66%①。2016年第一季度以来，天安人寿、富德生命、华夏人寿、和谐健康、恒大人寿、安邦人寿、前海人寿、安邦养老等8家被重点关注的寿险公司各季度平均综合偿付能力充足率远低于传统大型保险公司（前7家），平均综合偿付能力充足率逼近监管门限值（见表3）。

表 3　各季度综合偿付能力充足率——寿险

单位：%

	2016年第一季度	2016年第二季度	2016年第三季度	2016年第四季度	2017年第一季度
8家寿险公司	151	146	143	129	120
7大寿险公司	277	270	268	258	258

资料来源：根据各保险公司偿付能力信息披露报告及券商报告等整理。

（二）"偿二代"的正面影响及评价

"偿二代"很好地适应了中国保险业发展的监管需求，其风险管控效果

---

① 中国保监会网站披露的各寿险公司的月度保费收入及构成。

与"偿一代"相比有多方面的改进,对中国保险业发展、金融监管改革和国际保险监管制度建设产生了一系列积极影响。

(1) 增强了风险计量的科学性。"偿二代"以风险为导向,比较全面地覆盖了保险公司面临的各类风险。将市场风险、信用风险、巨灾风险、退保风险和费用风险等,纳入第一支柱的定量资本计算要求。为了在一定程度上捕捉声誉风险、战略风险、操作风险、流动性风险等难以量化的风险造成的损失,将它们纳入监管指标体系。

(2) 倒逼出资主体提高资本使用效率。"偿二代"将资金使用成本与风险挂钩,涉足高风险业务将面临更高的监管资本要求,这将倒逼出资主体注重平衡资本使用的成本和收益,将有限的资源配置到效率更高的业务上,从而倒逼保险公司调整业务发展模式,优化整个市场的业务结构。约从2010年起,中国人寿、新华人寿、太平洋人寿等大型保险公司已经开始着手主动调整业务结构,"偿二代"实施以后,大部分保险公司的业务结构调整转型已取得初步成效。

(3) 一定程度上防范了保险业系统性风险。保险业传统的微观审慎监管对保险业系统性风险的监管较为乏力,2008年金融危机中美国国际集团AIG危机风波就显示出保险业微观审慎监管的缺陷和不足。"偿二代"考虑了宏观审慎监管,通过附加资本要求和保险集团监管要求等多种工具进行宏观审慎监管,可以部分地实现保险业系统性风险监管目标,辅助全球系统重要性保险机构、国内系统重要性保险机构、国际活跃保险集团等保险业系统性风险监管工具发挥作用。

(4) 提升了中国保险业在国际监管领域中的影响力。国际金融监管是全球经济治理的重要组成部分,"偿二代"为新兴市场参与国际保险监管规则制定提供了典范。可以说,欧盟的Solvency Ⅱ、美国的SMI和中国的"偿二代"(C-ROSS)是2008年金融危机以后国际保险业最具影响力的三种保险监管制度体系。"偿二代"为中国乃至新兴市场提供了有力的监管工具,针对新兴保险市场发展速度快、风险变化大的特点,"偿二代"预留了必要的接口,可以在不影响整体框架的情况下完善监管要求,具有较强的适

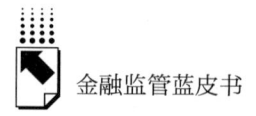

应性和动态性①。中国在新兴市场国际保险规则的制定中发挥了重要作用,推动了"一带一路"沿线国家偿付能力监管合作和发展。

总之,"偿二代"监管指标变化反映了保险业的风险状况,保险公司涉足高风险业务将面临较高的监管资本要求,偿付能力充足率指标也可能触及监管底线。"偿二代"对风险的分类更为细致,反映了不同风险对保险公司监管指标的影响。"偿二代"运营状态较好,符合预期监管目标,也实现了对市场的有效监管。保险业风险总体处于可控状态,保险经营过程基本稳健,未发生保险公司破产或倒闭现象。

四 "偿二代"风险管控的不足

近年来保险市场发展迅速、变革剧烈,也出现了一些乱象,这反映出中国保险监管在一些环节上相对滞后。"偿二代"制度体系的设计及其实施存在一些不足。

1. 偿付能力数据不实

"偿二代"风险因子和准备金假设等涉及主观判断,如金融资产分类、没有报价的金融资产、投资性房地产公允价值评估增值、金融资产减值等风险因子涉及主观判断,判断结果将影响认可资产的计算;准备金假设的选择会影响负债估计、承保利润等的计算。部分保险公司为了保障偿付能力充足率会故意错判。此外,个别保险公司没有按照规定口径报送数据,报送数据时采取"报喜不报忧"原则,导致报送数据质量偏低,未能真实反映保险公司的风险情况。

2. 新风险和新问题不断涌现

新兴市场保险业发展速度较快,风险变化也较快。随着金融创新的发展,信用保证保险、大病保险、巨灾保险和各类指数保险等新兴业务不断涌

---

① 《财经》杂志,2017年3月7日,http://finance.sina.com.cn/roll/2017-03-07/doc-ifyazwha4085162.shtml。

现，跨市场跨区域的金融产品、互联网金融、资产管理产品多层嵌套衍生出诸多新型资产。对于这些"新情况"，当前"偿二代"的监管设计较为单薄。

3. 流动性风险隐患加大

在经济金融形势和多项监管制度的影响下，2016~2018年中短存续期保险产品规模收缩，大量涉足此类业务的保险公司将面临较大的退保压力。当前，中国保险业处于满期给付的高峰期，日常经营性现金流出规模较大，期缴保费规模难以在短期内缓解现金流出压力，保险业现金流风险隐患加剧。目前，中国只有33%的受访保险公司按照自身情况开展了流动性风险压力测试和指标监测分析，其中约30%的公司制订了流动性应急计划[①]。

4. 资本规划管理不足

"偿二代"可将风险细化到险种、渠道、机构，从而测算各种分类情况下的资本使用效率，为保险公司经营管理提供支持。但是，在实际执行中，部分公司只将资本规划作为一项报送任务，并未按照资本使用效率和公司战略等调整发展策略，如片面发展中短存续期产品、片面打车险价格战等；部分公司只是根据业务规模测算资金成本情况，未能测算最优资产配置方案。目前，中国保险公司的资本规划工作总体处于初级阶段，有调查显示[②]：近半数保险公司只建立了简化的资本规划方法和工具，只有13%的保险公司建立了资产负债管理模型和工具并将之运用于业务决策过程，1/4的保险公司并未开展资本规划工作。

5. 保险公司自我风险管理意识不足

中国保险业发展历史较短，虽然大部分保险公司已经建立了风险管理体系，但其中大部分公司的风险管理体系与领先的保险公司存在很大差距。部分保险公司或者其控股机构尚未形成持续经营的发展理念，片面追求"短平快"效益，缺乏对保险负债长期责任的担当。个别公司的控股股东将保

---

① 普华永道：《2017年保险公司偿二代二支柱暨风险管理调查报告》。
② 普华永道：《2017年保险公司偿二代二支柱暨风险管理调查报告》。

险业作为聚钱利器和融资平台，自我风险约束意识淡薄，接近或徘徊于监管机构行动的底线，远没有形成风险创造主体应有的主动风险管理意识。

6. 对保险公司优化业务结构的影响不足

"偿二代"推出正处于中国保险产品费率市场化改革、保险市场主体增加和金融综合经营加剧的时期，一些保险公司优先发展了短期型、理财型险种，而对风险补偿和长期保障型业务的重视不足。虽然"偿二代"根据各业务的风险特征，设立了不同的资本要求，能够激励保险公司开展低风险业务，但是奖惩力度是不够的，对政策性业务的倾斜不够。一方面，如果对高风险业务的资本惩罚力度不够，将不能有效影响高风险偏好公司的行为，从而对整个保险业带来负面影响（尤其是通过声誉风险渠道）。另一方面，近几年来，金融保险业更定位于"回归初心"，这要求保险业多开展服务实体经济和人民生活的业务，而"偿二代"作为一项对保险公司有基础性影响的制度，对此还没有多少政策倾斜。

五 完善"偿二代"风险管控能力的监管建议

1. 强化现场检查和数据稽查审核

（1）保险监管机构要加强对保险公司的现场检查，通过定期检查或者不定期抽查等多种方式，对偿付能力报告涉及的数据进行稽核和验证，特别是强化对社会重大热点事件中涉及的保险公司的现场检查，采取"双罚"（罚公司和罚个人）原则。（2）对于数据报送口径不一致的保险公司，保险监管机构要责令其限期整改，并对数据转换关系及其对风险的影响进行说明。（3）对于涉及保险公司主观选择和判断的指标，保险监管机构要重点审核督查，进行敏感性分析；同时，保险监管机构要建立多套标准模型，作为现场检查的参考和依据。（4）保险监管机构应当联合银行、证券等其他多家监管主体，强化对投资和经营较为激进、增资频繁且金额较大的保险公司的上级股东机构的现场检查和审核，强化对资金来源、用途和账务往来等情况的审核。

2. 建设"偿二代"二期工程，弥补"偿二代"监管缺口

（1）健全风险识别和分类评级监管。加强保险集团、保险资产管理公司、养老保险公司、相互保险公司、自保公司和地方专属性保险公司等新兴主体风险的识别和分类评级监管制度建设。（2）健全资产端监管制度，增补新兴资产风险识别、多层嵌套投资产品的"穿透式"监管等内容。较之于负债端，保险公司资产端的创新多、嵌套层次多、跨界多，监管难度较大，因此"偿二代"要加强完善资产端监管制度，挤出资本水分。（3）健全宏观审慎监管，加强与国内多个关联监管主体的协作和交流，加快出台G-SII和国内系统重要性保险机构监管制度，基于ICS监管原则建立国内保险业系统性风险监管制度。（4）健全"偿二代"运行机制，确保"偿二代"实施到位，建立常态化、多元化的偿付能力数据真实性检查制度，建立多维、立体、开放的偿付能力分析监测体系，跟踪云计算、大数据、人工智能和区块链等金融科技的发展趋势，建设关于保险科技新技术的监管制度。

3. 加强流动性风险压力测试，制订流动性应急计划

保险监管机构和保险公司都要加强流动性风险管理，监管机构负责对整个市场流动性风险的压力测试，保险公司负责自身流动性风险的压力测试。（1）监管机构要督促保险公司制订流动性应急计划，评估应急计划对于缓解流动性危机的作用和效果，推动保险公司做好计划落地执行。（2）对于投资经营较为激进且偿付能力充足率逼近监管底线的保险公司，监管机构要加强对其高风险业务的梳理和引导，建立风险缓释机制，逐步疏解流动性风险。

4. 推动保险公司加强资本规划管理

保险监管机构要推动保险公司做实资本规划管理，通过资本使用效率倒逼保险公司转型发展，实现资源的优化配置。根据现阶段的情况，可以采取如下措施。（1）推动保险公司加强自身制度建设和改革创新，逐步打破承包制层级管理关系，加强对基层机构的管控，实现对公司资本和费用的透明化管理。（2）推动保险公司完善公司治理结构，明确资本规划管理的权责，

组建专门团队负责资本规划管理任务的落实。(3) 推动保险公司加强资产负债模型和工具建设,为资本规划管理提供支持。(4) 要求保险公司定期报送险种、渠道、机构等的资本使用效率情况,建立行业资产使用效率的分层指标体系,对资本耗用较大且资本使用效率较低的保险公司,进行调查并给予指导。(5) 做好数据和信息保密工作,防范泄密事件。

5. 督促保险公司加强自身风险管控

保险监管机构要督促保险公司主动进行风险管理,从风险源头拦截和控制高风险业务。(1) 根据公司风险管理能力,采用分层监管措施。第一层,对于 SARMAR 得分大于 90 分的公司,公布这些公司的名称、节约的监管资本要求数量、节约监管资本为公司创造的价值等。第二层,对于 SARMAR 得分为 60~80 分的公司,建立进阶奖励措施。第三层,对于 SARMAR 得分低于 60 分的公司,督促其制订风险管理改进计划。(2) 督促保险公司加强风险管理制度建设,规范风险管理流程,特别是加强操作风险管理。(3) 推动保险公司细分风险责任,建立风险责任归属认领机制,并与个人工资绩效管理挂钩。(4) 开展"偿二代"培训。通过多种形式的培训,增强公司管理层和具体落实部门人员对"偿二代"的理解,进而将"偿二代"风险管控功能和公司发展有机结合,促进"偿二代"落地实施。

6. 激励保险业服务经济社会

金融与实体经济是相互支撑的,保险业要从风险管理方面服务好实体经济和人民生活。如果说税率是财政政策调节国民经济的重要手段,利率和准备金率是货币银行部门调节国民经济的重要手段,"偿二代"对各保险业务线和投资品种的资本金的要求也能用于调节保险供给主体的行为,从而影响经济社会。因此,监管机构要平衡因子设计的科学性和政策性,激励保险业服务实体经济和社会发展,如对责任保险、农业保险、医疗保险、养老保险等长期被鼓励的业务给予较其风险水平更低的资本要求。

7. 实行适度从严的保险监管措施

现阶段,中国保险监管机构应采用"适度从严"的保险监管措施,增强制度制定和执行的权威性,严厉打击各类违法违规行为,从严治理。具体可以采用如下措施。（1）建立针对重点公司的监管机制。在"偿二代"核心监管指标的基础上，建立第二道监管门槛，对落入区间内的保险公司实行重点监管，增强监管制度的风险敏感度。（2）健全市场退出机制。对于偿付能力充足率持续不达标的保险公司，区分其情节严重程度，制定差异化的监管措施，通过保险公司、公司负责人或高管人员的退出等，优化市场资源配置。（3）加强资本监管。完善对合格资本、核心资本的认定，挤出资本水分，加强"穿透式"监管，重点解决规避监管、隐藏风险、盲目追求高收益的行为。

参考文献

[1] 陈文辉：《保险偿二代的实施重点》，《中国金融》2016 年第 13 期。
[2] 郭金龙、周华林：《保险业系统性风险及其管理的理论和政策研究》，社会科学文献出版社，2016。
[3] 赵宇龙：《保险业偿二代二期工程将实施更严格资本标准》，《21 世纪经济报道》2017 年 9 月 26 日。
[4] 中国保监会：《中国保监会发布实施偿二代二期工程建设方案》，2017 年 9 月 20 日，http://www.circ.gov.cn/web/site0/tab5207/info4082920.htm。

B.21
高频交易的市场影响
——以中国为例

吴 亮*

摘　要： 高频交易是金融市场技术进步的产物，这是一把"双刃剑"，对资本市场有利有弊。一方面，高频交易可平滑不同市场和关联产品价格，提供市场流动性，提高价格发现效率，克服交易中人为因素的影响。另一方面，高频交易也可能产生加大市场波动、影响市场公平性、增加技术系统压力等消极影响。其在中国市场上的影响究竟如何，我们通过2015年6~9月的实际交易数据来做分析，试图研究高频交易在中国市场极端情景下的市场影响，以探索高频交易中的规律，进一步加强和完善我国高频交易监管。

关键词： 程序化交易　金融监管　金融风险　高频交易

近年来，随着交易理念和计算机技术的快速变革，程序化交易在国内市场得到快速发展。特别是在期货市场和一些指数类产品中，程序化交易已经成了主流的交易方式之一。程序化交易特别是高频交易的发展会对市场产生

---

* 吴亮，管理学博士（金融监管方向），中国证券监督管理委员会博士后科研工作站与北京大学经济学院联合培养博士后科研人员，中证金融研究院助理研究员，主要研究领域为金融改革、资本市场监管。本报告所有内容仅代表笔者本人的观点，不代表笔者所在单位、部门的意见和建议，也不表明或暗示笔者所在单位会以此为决策依据。

什么样的影响？它的发展壮大会不会影响资本市场功能的发挥，会不会产生新的风险？解答好这些问题是因地制宜采取有效监管措施的前提，这对于我国资本市场长期健康稳定发展都具有重要的现实意义。

一　程序化交易及高频交易简介

（一）程序化交易概念界定

1. 程序化交易

当前业界和学界对程序化交易（Program Trading）的概念并没有形成统一认识。程序化交易最早起源于美国，最初美国纽交所对程序化交易定义为：指数套利[①]或者任何买入或者卖出一篮子股票总数超过 15 只且总金额超过 100 万美金的交易策略。后来在 2007 年 11 月 1 日，纽约交易所重新颁布交易规则[②]，将程序化交易定义为指数套利或者任何买入或者卖出一篮子股票总数超过 15 只的交易策略，取消了原有的金额限制。此外美国知名程序化交易服务商将程序化交易定义为"根据现货投资标的组合与其对应的指数期货或期权合约中存在的一个非基本面因素的相互联系价格关系[③]，而在股票、期货、期权市场上同时进行一篮子交易的投资策略"，这都是从投资组合角度来定义程序化，是程序化定义的一个鲜明维度，但并不是全部。

另一个维度是从计算机自动交易角度定义，强调计算机依托程序自动实现有条件下单、自动止盈或止损、多账户交易等行为。

[①] 指数套利是投资者同时交易现货市场中的一篮子股票组合和期货中的股指合约，二者有一定的对应关系，一般为股指和其一篮子股票标的，通过现货市场与期货市场上的价差来实现套利，这种价差往往时间较短，会在套利增多后逐渐缩小直至消失。这种现货市场与期货市场的套利，在 t+0 制度下更为通畅。
[②] 原有的交易规则为 80A，新的交易规则为 132B。
[③] 基本面分析法是假设股票的价格受宏观经济、政府政策、公司未来前景影响，故对上述因素进行分析把握以预测股票未来价格的方法。

2. 算法交易

狭义的算法交易（Algorithmic Trading）是指使用计算机来确定订单最佳的执行路径、执行时间、执行价格及执行数量的交易方法。该定义侧重于交易的执行环节，一般不包含交易的决策环节。

广义的算法交易，又称自动交易或者黑箱交易（Black-box Trading），是指通过电子化的交易平台，运用预先设定好的算法来自动进行交易的决策和执行的过程。在算法交易系统中，计算机程序可以自动或者是仅借助极为有限的人工参与来决定委托的申报时机、申报价格、申报数量等。本文所指的算法交易特指广义的算法交易。

3. 高频交易

高频交易（High-frequency Trading）是广义算法交易的一种，其核心特征是交易速度快、频率高。

美国商品期货交易委员会（Commodity Futures Trading Commission，简称CFTC）在监管草案中并未给出高频交易的具体定义，但认为高频交易具有以下特征：（1）在交易决策、生成和执行过程中主要由机器完成；（2）通过各种延迟技术来最大限度地降低交易延迟；（3）维持较高撤单成交比率。

欧洲MiFID Ⅱ（欧盟金融工具市场法规）认为，高频交易是指订单发送、取消或者修改的物理时延成为指令至交易场所通信或执行所需时间决定因素的高速算法交易。MiFID Ⅱ认为高频交易者具有如下的行为特征：（1）使用主机托管（Co-Location）、市场直接连入（Direct Market Access）或者邻近主机托管（Proximity Co-Location）服务；（2）每日资产组合周转率至少达到50%；（3）报单撤销（含部分撤销）比例超过20%；（4）大部分持仓头寸日内结清；（5）在有佣金返还（若提供流动性订单）的交易所中，提供的订单超过50%有资格获得佣金返还。

根据德国高频交易法的定义，高频交易是一种特殊类型的算法交易，是指运用超级计算机以极快的速度发现证券市场价格的瞬间变化，根据预先设定的规则独立地做出交易决策，进而确定相应的订单参数，自动完成优化和订单申报，最终通过捕获单次交易中的瞬间微小价差来进行获利的一种交易方式。

独立咨询机构 TABB 将高频交易定义为寻找市场流动性不均衡和短期价格无效的机会，从而获取利润的自动化交易策略，具有高换手率和市场中性的特征。

我国则使用"双五标准"——每秒有 5 笔（含 5 笔）以上报单，且当天重复出现 5 次（含 5 次）以上——来认定程序化交易客户，而对高频交易并无明确的认定标准。

4. 暗池交易

信息技术的飞速发展以及监管政策的转变导致交易市场间的激烈竞争，也带来了一系列优点，包括交易费用的降低以及交易机制的不断创新。但同时竞争也带来了市场碎片化问题，包括流动性碎片化以及信息碎片化。投资者为寻找最优执行价格而不得不考虑多个市场可能性，因此增大了投资者的价格搜寻成本。

当前投资者可选择交易市场，既包括交易所市场，也包括非交易所市场，如美国和加拿大的另类交易系统、欧洲的多边交易体系（MTFs）以及交易商内部交易网络。从前绝大部分交易在交易所完成，而现在交易则变得碎片化，同时由于同一只证券的交易往往分散于多个交易市场，但并不是所有的交易场所都在交易达成前公开具体报价信息，所以市场碎片化又引起了信息透明度的下降。

各交易市场不断推出新的交易制度以吸引订单流量，其中之一便是暗池交易。在暗池交易中，价格的形成不是由公开询价产生的，而是取决于其他公开市场的最新报价或直接由交易双方协商决定。

暗池交易并不是一种新的市场现象，交易者一直试图隐藏自己的交易倾向，以最小化市场冲击成本。类似的非公开交易由来已久，如楼上市场，即为经纪公司内部化的订单交易。不同的是暗池交易大量使用了自动化交易程序，过去由于手工下单占总交易量的绝大部分，暗池交易并没有得到广泛应用，但随着程序化交易的兴起，交易者开始更多地依赖暗池交易。

（二）程序化交易与大宗交易、算法交易、高频交易的区别

广义上，算法交易、高频交易属于程序化交易。但是狭义的程序化交易（指美国纽约证券交易所的定义）与大宗交易、算法交易、高频交易也有所区别（见图1）。

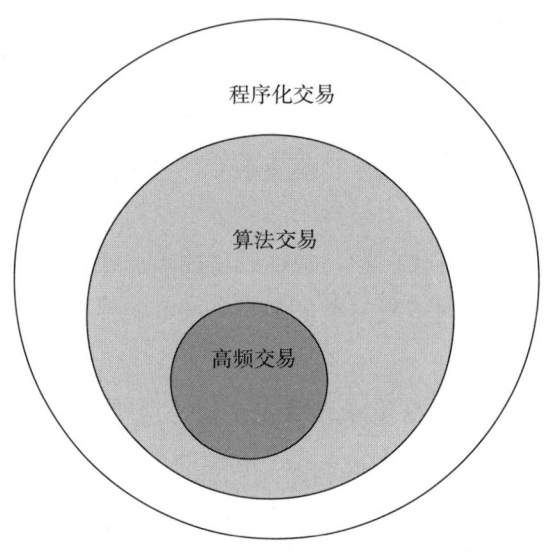

图1　程序化交易、算法交易、高频交易的关系

1. 狭义程序化交易与大宗交易有所不同

程序化交易是指数套利或者买入或者卖出一篮子股票总数超过15只的交易策略，一般是交易多只股票，而大宗交易一般针对单只股票或债券，同时程序化交易与大宗交易者的交易时间、交易频率、价格限制和信息披露要求方面存在较大差异。

2. 狭义程序化交易与算法交易有所不同

虽然程序化交易和算法交易都是通过电脑运算来下单，但是算法交易更多是基于投资者对于首次市场的判断，提出一个技术模型，然后运用程序化交易平台来实现，但狭义程序化交易更多的是强调投资组合的交易策略，算法交易不一定进行组合投资。

3. 狭义程序化交易与高频交易也有所不同

程序化交易和高频交易都是计算机下达交易指令以快速从交易对象的微小价差变化中获利,二者都利用技术模型优势,但是高频交易比一般程序化交易速度更快,频率更高,甚至一分钟交易数百次,而有的程序化交易策略可能数月才交易一次。

综合来看,笔者将程序化交易定义为"按照预先设置的逻辑和方法进行交易,完全依靠计算机程序完成的电子化交易方式"。

二 我国高频交易行为分析

沪深 300 股指期货自上市以来,我国程序化投资者尤其是高频交易投资者的数量不断增多。2015 年 5 月底,沪深 300 股指期货甚至一度成为全球第一大股指期货交易品种,这与高频交易的广泛应用也有一定关联度(见图 2)。

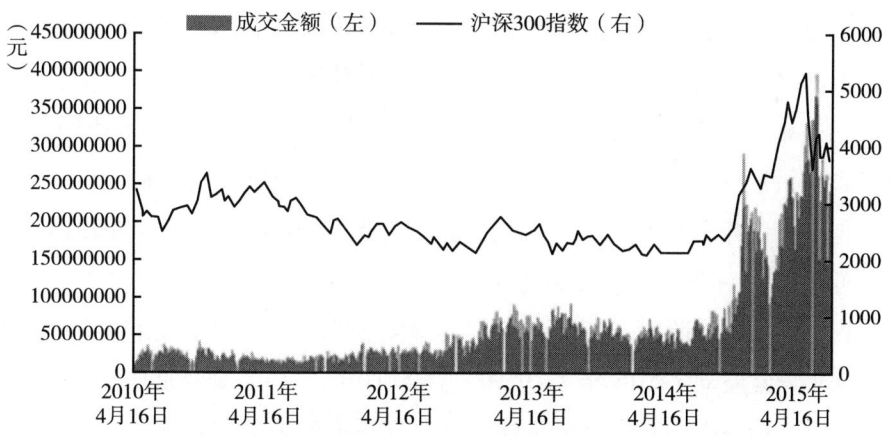

图 2 沪深 300 股指期货成交金额与现货指数走势对比

受各种因素的影响,国内金融模型类的量化应用主要集中在股票市场,而高频交易主要集中在期货市场,且尚处于起步阶段。从交易量来看,2015

年上半年，中金所高频交易客户总交易量为1.45亿手，成交额约为190亿元，占全市场的比重约为33%。在高频交易客户完成的交易中，高频交易量约为0.35亿手，成交金额约为45亿元，占全市场的比重约为7.6%。从客户组成来看，自然人占比超过80%，一般法人及特殊法人占比不足20%。

（一）高频交易投资群体规模：受政策影响波动较大

本文根据常用的"五五分类"标准进行甄别，即投资者在1秒内有5笔以上（含5笔）报单，且当天重复出现5次以上（含5次），则被认定为高频交易者。根据国际证券委员会组织（IOSCO）对高频交易特征的定性描述，高频交易者持仓量一般较低，本文在"五五分类"基础上将每天持仓量超过成交量一半的交易者剔除。

从筛选出的高频交易者来看，自股指期货上市以来，高频交易者的发展经历了五个阶段。

一是起步阶段（2010年4月至2011年8月），日均高频交易者参与人数为10~15人，不到总参与人数的0.1%。

二是快速增长阶段（2011年9月至2013年8月），参与人数增长近10倍，最高峰出现在2013年4~8月，日均达到186人。

三是持续发展阶段（2013年9月至2015年7月），经过快速增长后，每日参与人数为150~200人，已成长为股指期货市场上比较稳定的投资群体。但随着股市的回暖，股指期货高频交易者在2014年下半年和2015年上半年迎来了再一个快速增长的高潮。

四是发展受挫阶段（2015年7月至2017年2月）。由于股市在2015年7月遭遇了异常波动，2015年7~9月，中金所出台了一系列降低股指交易量的措施。这也使得高频套利交易无法实现，高频交易者数量锐减。股指期货市场沉淀资金9月7日仅为167.4亿元，3个月时间内资金净流出近70%。

五是逐步回升阶段（2017年2月至今）。2017年2月16日，中金所发布公告，推出放宽日内开仓手数、调整保证金比例及手续费等政策，高频交易者参与股指期货交易的人数有所回升，但效果还不明显。相信未来随着中金所进一步放宽日内开仓手数和调整保证金比例，高频交易者会逐步进入股指期货市场（见图3）。

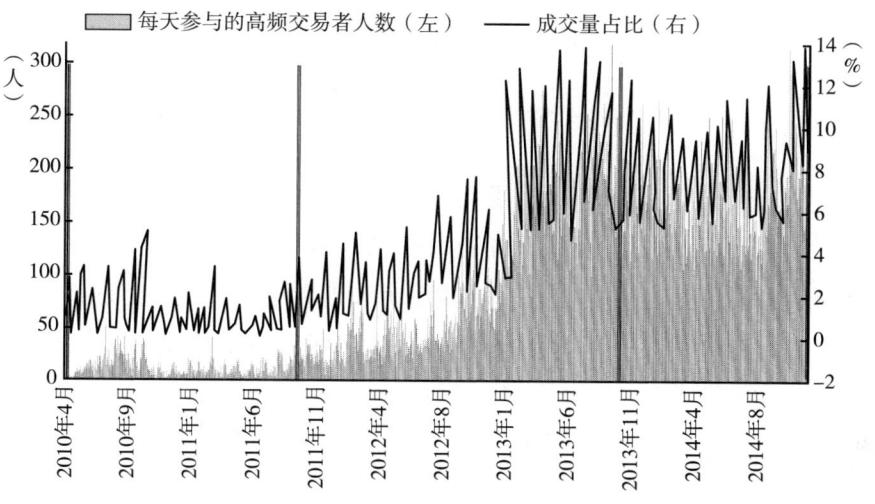

图3　2010~2014年每天参与的高频交易者人数及成交量占比

（二）高频交易量规模：高频交易成交量占总量比稳定在8%左右

在高频交易参与人数逐渐增加并企稳的同时，其成交、持仓规模也经历了类似过程。日均成交量从2010年的3000多手增长到2014年的6万多手，增长了20倍。2014年前10个月日均成交占总体水平的8.33%，虽然与美国市场的60%还存在较大差距，但已粗具规模（见表1）。

表1　高频交易日均成交、持仓量

单位：万手、%

年份	日均成交量	日均成交占比	日均持仓量	日均持仓占比
2010	0.31	1.10	0.00	0.23
2011	0.25	1.07	0.01	0.14
2012	1.49	3.10	0.02	0.26
2013	6.47	7.78	0.09	0.82
2014	6.31	8.33	0.09	0.59

高频交易的日均持仓总量不超过900手，体现了高频交易低持仓的特征，表明高频交易主要采取日内趋势的交易策略。

三 高频交易对中国市场的影响：以2015年6～9月为例

2015年6月以来，A股市场出现较大波动，程序化交易特别是高频交易在此期间扮演的角色及对市场的影响，也引起包括投资者、监管者在内的众多市场参与者的关注。本文利用2015年6～9月交易所订单及成交数据，选取了股市异常波动期间的典型案例来分析高频交易的市场影响。

（一）高频交易对市场流动性的影响

市场流动性（Liquidity）指资产在无太大损失下能够以一个合理的价格顺利变现的能力。针对高频交易对市场流动性的影响，有研究报告认为，高频交易的大量使用容易引发市场新的崩盘。但也有市场分析人士认为，高频交易者即做市商，是市场活力和健康的象征，各方莫衷一是。

为了验证高频交易对市场流动性的影响，本文对2015年6～9月的交易数据进行了实证检验。本文以成交表中某一笔成交对应买卖订单下单的先后顺序判别流动性的消耗，先下单的订单以较保守的价格进入订单簿，增加了订单簿的深度，提供了流动性；后下单的订单以激进的价格主动吃掉订单簿上的订单，消耗了流动性。对2015年6～9月股票市场异常波动期间交易数据进行分析发现，下跌期间共成交908723笔，其中593770笔成交是主动吃单，消耗了流动性，占比65%，这说明在市场下跌需要流动性时，高频交易者成为流动性的消耗者，影响了市场的平稳运行。

此外，在研究区间内，高频交易者的撤单率高达36.23%，高于非程序化交易者8.25%，这说明高频交易者提供了大量的虚假流动性。

（二）高频交易对市场价格波动的影响

波动性是指金融资产在一定时间段的变化性。针对高频交易对市场波动性的影响，有学者认为高频交易加剧了市场价格波动，同时损害了中小投资者的利益。但也有一些业内人士认为高频交易快速消化市场信息，虽然客观造成波动，但是并不影响投资公平性，因为投资公平是投资机会均等而不是投资结果均等。

因此，本文通过对2015年6~9月股市异常波动期间的数据进行分析，研究高频交易对市场价格波动的影响，结果发现高频交易在2015年市场异常波动时加剧市场下跌。

2015年7月27日14点，沪指出现大幅跳水，截至收盘，沪指暴跌8.48%，创8年来最大单日跌幅。我们通过对该日订单和成交数据的研究发现，高频交易者表现为市场的净卖方，加速了市场的下跌。

将2015年7月27日14~15点作为研究区间，研究对象为区间内交易过沪市A股与ETF基金的投资者，总数为615万人。以一秒钟5笔下单为高频交易者的评判标准，区间内参与交易的高频交易者有1562人，占全市场参与交易的账户比重仅为0.025%，但成交额占比达到近7%。因此，虽然从账户数上看程序化交易者只占很小一部分，但是其对市场的影响却是不可忽略的。具体研究结论如下。

1. 高频交易在快速下跌期间为净卖方

从订单成交来看，高频交易者总成交额为331亿元，占市场总成交额的6.84%。高频交易者的净卖出额为65.14亿元，占其成交额的19.63%，这说明大多数高频交易者都在下跌期间进行了减仓。而非高频交易者的净买入额为65.14亿元，占其成交额的1.44%，这说明平均而言，非高频交易者在下跌期间交易的方向性并不明显。

2. ETF套利者未发挥稳定市场价格的作用

由于很大一部分高频交易者都使用了ETF套利交易策略，所以本文对ETF市场和股票市场分别进行了统计。这一时段，股票型ETF高频交易金额为52.6亿元，净卖出金额为7.0亿元，占比13.3%。股票市场高频交易者总成交额为249.3亿元，其中卖出额为142.2亿元，净卖出额为35.2亿元。可以看出，高频交易者同时是这两个市场的净卖出方，说明其在市场下跌期间并没有使用ETF套利交易策略，而是成为单方向的投机交易者，并没有起到套利交易者稳定市场价格的作用。

3. 高频交易者的净卖出行为加速了市场下跌

高频交易者与普通投资者比较，具有反应速度快、可批量下单等优势，在市场出现异常情况时，高频交易的交易机制一旦被触发，程序将自动发出大量低于市价的卖单以保证订单能够被快速执行。同时，由于高频交易具备短时间大量下单的能力，很容易成为卖方的交易工具。

通常情况下，只有以更低价格申报的卖单才会对股票的市场价格造成冲击，所以本文对这部分订单的申报价格与股票的市价关系进行了分析。经过计算发现，高频交易者主动卖出股票时，其申报价格平均低于市场价格0.133元，而非高频交易者主动卖出股票时，其申报价格平均低于市场价格0.026元。换言之，普通投资者主动卖出股票时，往往选择以买一价或者买二价进行申报，而高频交易者为了抢占先机，通常使用远低于市场价格，甚至是跌停的价格进行申报。在市场大跌、买方流动性缺乏的情况下，高频交易者的这种超低价卖单的申报将会加速股票价格的下跌，加剧市场的恐慌情绪。

（三）高频交易在特殊交易日是否存在"抢跑"现象

通过对2015年6~9月的数据进行分析，我们也发现高频交易者在每日交易开盘前15分钟和最后收盘15分钟，确实会对股票市场价格形成"快起跑"的引领作用。但这种"快起跑"仅在开盘和收盘时比较明显，在中间日常交易中的效应不突出。这也与我们交易系统有关，当前在国内期货市场上，国内期货交易所发布数据的频率通常为每秒钟2笔，即便高频交易者有更快的交易软件，但是整个市场交易系统的价格发布频率是一定的。

综上，由于高频交易者具备高速获取信息的能力，可以捕捉市场动态，引发市场跟随，比如频繁下单、撤单，相较于普通交易者的信息优势，在特殊交易日中不免会出现"抢跑"现象。

五 初步结论

第一,程序化交易未来将成为股指期货市场重要的交易方式之一,发展的潮流不可逆转。从现实来看,虽然有2015年中金所限制交易手数等政策,我国股指期货市场程序化交易者数目总体上仍不断增长。虽然从绝对数量来看,程序化交易投资者占比不高,但委托交易量已达到一定规模,仅以2014年为例,股指期货程序化交易日均成交量约占总体交易量的10%。未来程序化交易将进一步在股指期货市场扩张,这是由程序化交易的高稳定性和高赢利性所决定的。

第二,高频交易的发展趋势受市场驱动和监管政策的双重影响,发展前景面临不确定性。高频交易策略是众多程序化交易策略的一种,目前国内对其市场影响争议较大,有的认为高频交易提供了市场流动性,有利于资产价格充分发现,有的则认为高频交易加剧了市场信息不对称性,增加市场的波动性,助涨助跌。目前监管部门对高频交易的态度是"严格管理、限制发展、趋利避害、不断规范",未来如果一直秉持这一监管态度,中金所也难以出台鼓励高频交易的举措,则高频交易数年内在国内不会有大的发展。如果监管部门调整监管思路,高频交易则可如星星之火,渐成燎原之势。市场驱动也是另外一个重要原因。近年来,利率市场化改革不断深入,大量银行理财资金寻求委托中高收益的内在需求十分旺盛,在房市、债市等其他投资标的并不火热的情况下,高频交易持续稳定的正向盈利将吸引广大机构投入资金进入这一行业,这也给这一行业带来成长契机。但如果美联储加息和中国人民银行维持货币中性,金融机构的缩表可能引发资产管理行业的巨变,高频交易的发展则会存在不确定性。

第三,高频交易对于市场流动性具有两面性。理论上,高频交易降低了买卖价差,为市场提供了流动性,但由于现实中很多高频交易策略的撤单率很高,实际上是提供了虚假的流动性。如2015年6~7月股市异常波动期间,高频交易者的撤单率高达36.2%。同时,如果高频交易采用准做市策略,每次迅速结清头寸,则会成为流动性的重要消耗者。如2015年6~7月股市下跌期间，总成交高频交易908723笔，其中593700笔是主动吃单，消耗流动性占比65%。可见，在极端情况下，高频交易可能加剧流动性枯竭进而引发市场波动。

第四，高频交易者短期对于市场价格有助涨助跌情况。普通投资者买入股票往往以卖一价和卖二价申报，卖出股票往往以买一价和买二价申报，而高频交易者为了获得先机，往往使用略低于市场价格的价格申报，因而高价买单和低价卖单在一定程度上可能加剧短期价格的波动。如根据2015年6~7月股市数据分析，高频交易者主动卖出股票，其申报价格比非高频交易者的卖出申报价格平均低0.017元。

第五，高频交易在特殊交易日的开盘和收盘时间存在先发优势。高频交易多被机构投资者或个别个人投资者使用，相对于一般投资者，高频交易者购买和使用了先进科技和信息服务，其系统的接入、运行速度以及行情信息可能占有一定优势。由于高频交易中的信息不对称，高频交易也出现了众多问题，比如在特殊交易日存在"快起跑"现象。如根据2015年6~7月股市数据进行分析，我们发现高频交易者在每日交易开盘前15分钟和最后收盘15分钟有引领市场价格趋势的行为。

第六，高频交易未来将改变投资理念和投资生态。交易中的套利策略的重点在于分析短期内价格变化甚至订单流变化情况，这与传统的对公司进行基本面分析、进行价值投资的方法有很大不同，从而使市场偏离资源配置的作用。如果以高频交易为代表的程序化交易得以应用推广，金融系统将不断演变成一个策略对抗系统，与公司基本面研究等无关，其反映经济信息的功能也将有所削弱。

参考文献

[1] Berkowitz S, Logue D & Noser E., "The Total Cost of Transactions on the Nyse", *Journal of Finance*, 1988, 43（1）: 97 - 112.

[2] Levecq H & Weber B., "Electronic Trading Systems Strategy Implications of Market Design Choices", *Journal of Organizational Computing and Electronic Commerce*, 2002, 12 (1): 85 – 103.

[3] Bersimas D., "Optimal Control of Execution Costs", *Journal of Financial Markets*, 1998, 1 (1): 1 – 50.

[4] Madhavan A., "Market Microstructure: A Survey", *Journal of Financial Markets*, 2000, 205 – 258.

[5] Kaufman P. J., *Smarter Trading: Improving Performance in Changing Markets* (McGraw-Hill, 1995).

[6] Boehmer E., "Dimensions of Execution Quality: Recent Evidence for US Equity Markets", *Journal of Financial Economics*, 2005, 78 (3), 553 – 582.

[7] 波涛:《系统交易方法》,经济管理出版社,1998。

[8] 刘永福、李建功:《利用 BP 神经网络预测上证指数》,《市场周刊·商务营销》2003 年第 10 期。

[9] 尚俊松:《改进 BP 神经网络在股市预测中的应用》,《价值工程》2004 年第 7 期。

[10] 台文志:《利用马尔可夫链模型预测股票市场的近期走势》,《西南民族大学学报》(自然科学版) 2008 年第 3 期。

B.22
私募投资基金的风险特征及其监管研究

杨　楷*

摘　要： 本文首先分析了私募投资基金近年来强劲的扩张态势，然后根据我国私募投资基金的现状探讨了其自身稳健性和系统性风险两个方面的风险特征。接着介绍了私募投资基金在实践领域所暴露的主要问题，进而结合私募投资基金的发展趋势和风险特征，提出了私募投资基金监管所面临的挑战。研究表明，现有监管在信息不对称所导致的风险方面虽较为完备，但仍可以进一步增强灵活性。而对其他类投资、股权投资和创业投资等私募投资基金方面的监管还需完善。最后，本文据此提出相关政策建议。

关键词： 私募投资基金　风险特征　监管

按照中国证券投资基金业协会的分类，私募基金主要包括私募证券投资基金、私募股权投资基金、创业投资基金和其他类私募投资基金。2017年，私募投资基金的基金管理人和管理资金规模都出现了较快增长，尤其是私募股权投资基金和创业投资基金在金融支持实体经济的政策导向下较上年明显增加。与此同时，相应监管规则的出台力度近年来也在加大，2017年8月31日，国务院发布《私募投资基金管理暂行条例（征求意见稿）》，表明私募基金行业的统一监管规则即将出台。然而，无论从理论还是实际层面看，

---

* 杨楷，金融学博士，中国证监会博士后研究人员，主要研究领域为金融监管。本文仅代表笔者个人观点。

私募投资基金都存在不少风险，需要根据其自身风险特征和行业发展变化进一步完善监管制度。

一 私募投资基金发展现状

（一）私募基金的规模

2017年私募基金发展势头迅猛，规模不断壮大。至8月底，基金业协会的备案数据显示，私募基金实缴规模首次突破10万亿元，达到10.21万亿元，较年初累计增长24.9%，成为私募基金行业发展的一次标志性事件。至12月底，私募基金管理的基金规模已达11.1万亿元，增长40.68%。与公募基金11.6万亿元的基金规模已经十分接近。而从私募基金资产净值方面看，私募证券投资基金在经历了2014~2016年的连续增长之后，于2017年出现明显下跌。但私募股权投资基金和创业投资基金延续了近年的增长态势，较2016年分别实现了51.64%和46%的涨幅。私募股权基金成为2017年私募基金发展的主要推动力（见图1）。

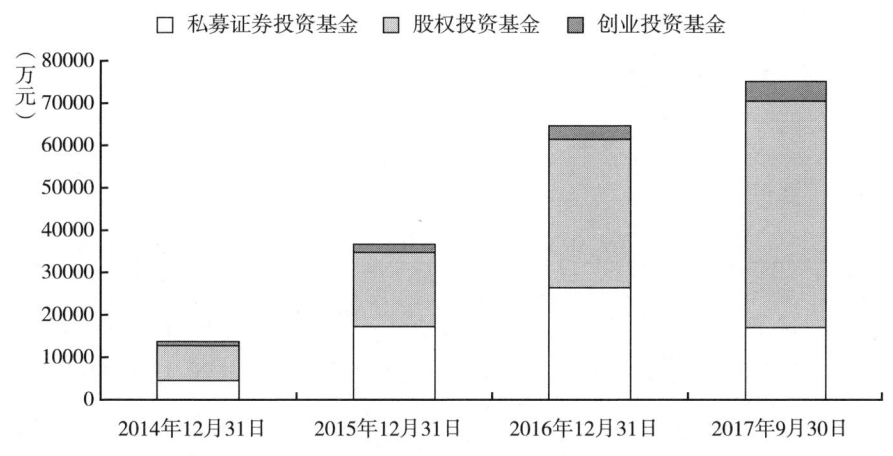

图1　私募基金截止日资产净值

注：2017年底数据尚未公布，图中2017年数据为第三季度末数据。
资料来源：Wind。

（二）不同类私募基金的结构

2017年底私募基金管理人总数达22446家，较2016年的17433家增长近30%，但较2015年的25005家有小幅下降（见图2a）。其中私募股权投资基金管理人家数最多，占整体的一半以上。就私募基金的发行数量而言，自2015年底至2017年底增幅高达1.76倍，且各类私募基金管理人管理的基金数量2015~2017年均有所增加，其中私募证券投资基金的数量占比最高，约占所有私募基金产品的一半（见图2b）。从综合管理人和产品数量看，私募股权投资基金的规模基本与私募证券投资基金相当。

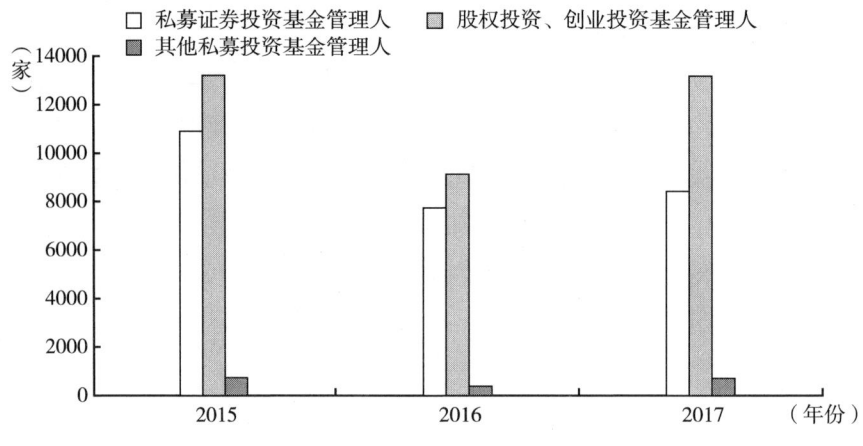

图2a 私募投资基金管理人数量

资料来源：Wind。

截至2017年12月底，已登记私募基金管理人管理基金规模在100亿元及以上的有187家，管理基金规模在50亿~100亿元的238家，管理基金规模在20亿~50亿元的599家，管理基金规模在10亿~20亿元的734家，管理基金规模在5亿~10亿元的1025家，管理基金规模在1亿~5亿元的3920家，管理基金规模在0.5亿~1亿元的2135家。平均管理基金规模为5.83亿元，5亿元以下的占68.51%，可见私募基金仍以小型机构为主，但大型基金的数量近三年也在稳步增长（见表1）。

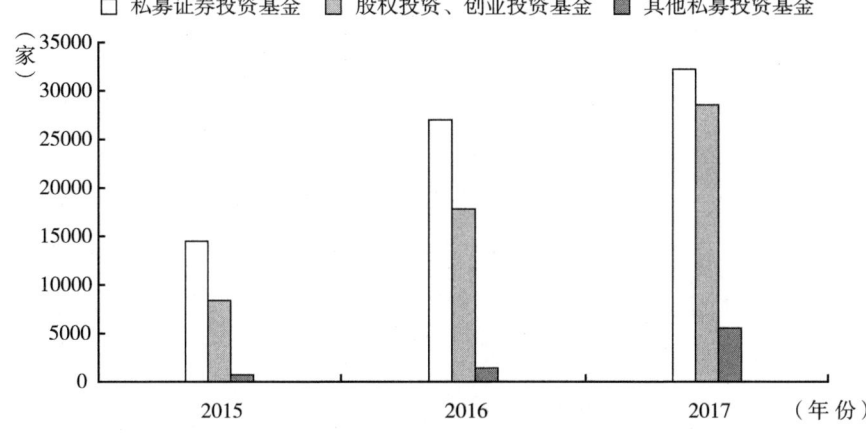

图 2b　私募投资基金数量

资料来源：Wind。

表 1　按管理运行当中的基金总规模划分的基金管理人家数

单位：家

规模（亿元） \ 年份	2015	2016	2017
>100	87	133	187
50~100	99	157	238
20~50	283	439	599

注：仅列示 20 亿元以上规模的基金管理人家数。
资料来源：根据中国证券投资基金业协会统计数据整理。

私募投资基金作为以非公开方式募集资金的投资基金，主要面向高净值人群和机构投资者，投资者门槛较高，有着明确的数量限制。在产品的具体设立上，一般采用契约制、合伙制和公司制三种组织形式。由于各形式对应的法律关系不同，在基金的内部风险控制、收益分配、费用和税收等方面均有一定差异。目前，我国的私募证券投资基金中采用契约型组织形式的占绝大多数。而私募股权投资基金出于税收等方面的考虑主要采用有限合伙制。组织形式的不同决定了收益分配、收费模式和内部治理等的差异。

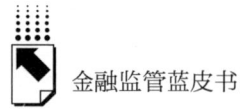
金融监管蓝皮书

（三）私募投资基金行业对外开放的进展

2016年6月，我国就已允许符合条件的外商独资和合资企业申请登记成为私募证券基金管理机构，按规定开展包括二级市场证券交易在内的私募证券基金管理业务，并明确了外资私募基金机构的登记注册要求。至2017年末，已有7家外资私募基金管理机构完成登记。其中三家外商独资企业（WFOE）已经在中国推出股票型、债券型和量化对冲策略私募产品。另外，这些外商独资的私募投资基金还拥有合格境外机构投资者（QFII）和人民币合格境外机构投资者（RQFII）的投资额度。

二 私募基金的风险特征

理论上，私募基金的风险包括基金本身的稳健性和对系统性风险的影响。基金本身的稳健性主要包括投资运作、经营管理等内部不规范行为造成的不稳定，从而产生给投资者造成损失的风险。系统性风险主要指私募基金对整个金融体系的风险外溢影响。由于私募基金在法律关系上不属于金融机构，因此其风险不同于传统金融机构的风险。而其非公开发行的性质，也形成了私募投资基金不同于其他投资基金或金融服务的风险特征，并且不同的私募投资基金种类具有明显差异。

（一）基金本身的稳健性受信息不对称影响强

1. 道德风险问题较为突出

无论私募基金采用何种组织形式，基金份额持有人和基金管理人间都存在信息不对称，而私募股权投资基金中还存在管理人与所投资项目之间信息不对称问题。从私募投资基金的信托关系看，这种信息不对称造成的基金管理人的道德风险较为突出。在这类基金中，委托人是基金份额的持有者而受托人为基金管理人，两者遵循收益共享、风险共担的利益分配原则。虽然本质上，受托人的利益依赖于委托人，但由于投资收入主要由受托人管理，在委托人难以有效监督的情况下，受托人可能优先满足自身收益。在私募证券投资基金中，基金管理人除了收取管理费，还会收取业绩费用。部分管理混乱、缺乏主动投资能力的基金在募集后仍可以得到管理费用，但并未为投资者创造价值。而一些直接作为一般合伙人的管理人更可能为提高自身收益，而忽视投资者资产的安全性。

在私募股权投资基金中，利益冲突更会出现在募、投、管、退的各个环节。在资金募集阶段，管理人和投资者之间可能存在偏向性的正式或补充条款。在投资阶段，利益冲突主要出现在资金分配到不同的投资标的上，部分管理人将更倾向于投资到自己的关联方。在公司管理阶段，则可能出现管理人通过粉饰报表数据等欺瞒投资者和监管机构的情况。同时，还可能出现所投公司与基金管理人之间的利益冲突。在退出阶段，还可能发生管理人为增加自身费用收入而延长产品期限的情况等。

2. 对投资者保护的需求较强

国内私募产品的销售有四种常见方式，包括管理人与投资者的直接协商、证券期货公司等经纪商中介、专门的私募产品销售机构和银行的代理销售。无论通过哪种形式，其禁止公开宣传推介的非公开销售方式都主要依赖于私人信息，而类似无固定市场、无固定形式的交易较容易产生信息不对称的问题，尤其是合格私募基金投资者的数量相对个人投资者而言数量较少，资金募集的竞争较为迫切，导致私募基金的销售容易出现管理人和投资者之间信息不对称的情况，从而造成道德风险或是逆向选择的风险，甚至产生欺瞒投资者的行为，给投资者权益带来较大隐患。

美国私募基金投资者的构成中，养老金计划等长期机构投资者占比较个人投资者高。而当前，国内私募证券投资基金的投资者中，个人投资者占比较各类资产计划、投资基金等机构投资者占比高。尽管这些自然人投资者风险承受能力相对较强，对管理人的资质、经验和以往业绩具有一定的判断能力，但在各种背景的私募基金管理人迅速发展的环境下，投资者的风险辨别能力也难以对信息不对称造成的风险产生全面有效的约束。况且部分私募证券投资基金的策略和基金净值估算方法等都较为复杂，而私募股权投资期限较长，投资者难以对基金管理人进行持续监督。这些因素都使得完备的投资者保护规定或保护计划对私募基金投资者十分重要。

（二）投资运作风险差异化明显

私募基金属于高风险高收益的产品。一方面，内部投资运作或经营管理当中的操作风险可能导致投资者遭受巨额损失。在私募证券投资基金的投资运作过程中，尽管都存在投资组合风险、宏观经济风险和市场风险等具体风险形式，但由于不同基金投资于不同的证券、依赖于不同的投资策略，所以各个基金最终面临的风险千差万别。国内私募证券投资基金产品的投资类型包括股票类、债券类、货币类、混合类、期货期权等衍生品类、上市公司定向增发类和FOF、资产证券化类等。使用的投资策略有市场中性、事件驱动、宏观策略、套利策略、权益关联策略、多策略和管理期货策略等。投资于不同产品的不同策略会产生不同的风险收益特征，意味着基金管理人需要建立不同的内部控制制度，以避免过度承担风险，给投资者带来损失。

另一方面，私募股权投资基金和创业投资基金属于长期性投资，对投资人的资金锁定期限长，收益只能在项目退出后全部实现，面临的外部环境有较大的不确定性。与私募证券投资基金类似的是，私募股权投资基金所投资的项目分布于各类行业、各种企业，这些项目本身在生产经营、公司治理等方面就具有很强的多样性，且宏观经济和政策、退出时的二级市场状况等外部环境也变化较快，这些都决定了不同基金面临的风险必然存在较大差别。以上两个方面表明，大多数私募基金虽然有相同的组织形式，但投资运作类别的差异造成私募基金管理人的风险承担差异化显著，加大了私募基金风险管理和内部控制要求的难度。

（三）对系统性风险贡献较小

系统性风险在金融体系内传导的一个主要途径是金融机构间的资产负债表关联。而私募基金包括基金管理人、基金托管人和基金份额持有人，不同于系统性风险理论中的单个金融机构，与银行和非银行金融机构之间的资产负债表关联较弱。因此，私募基金较难产生明显的风险外溢性。但作为重要的二级市场参与者，其投资策略灵活，追求超额收益，投资行为相对激进，使得私募证券投资基金也可以成为加剧系统性风险的一个重要市场因素，例如在1997年亚洲金融危机中，以量子基金为首的国际对冲基金对东南亚国家货币大举做空，进一步引发各国的资金外流，导致风险蔓延。

国际经验表明，私募股权投资基金与影子银行间存在关联。美国的并购基金等私募股权投资基金普遍采用高杠杆的经营模式，通过提高财务杠杆率实现更加可观的收益。尤其是部分商业银行将给予私募股权投资基金的贷款放入CLO资产包进行销售后，提高了对私募股权投资基金的贷款能力，使得大量负债被用于新的收购。一旦利率上升或是宏观经济下行，很大数量的私募股权投资基金将无力偿还债务，进而可能导致CLO市场的恐慌。

国内私募基金虽不能直接向银行借贷，也不具备做空的条件，但少数私募投资基金可以投资于商业银行的理财产品、证券公司的集合理财计划和信托公司的集合信托计划等非标产品，直接参与影子银行的资金链条当中或是向特定企业提供融资，容易形成资金池业务，面临较高的流动性风险或信用风险。与此同时，部分资产管理计划也可以投资私募基金，但从风险的角度看，国内私募基金与影子银行的联系仍主要是在资产端而非负债端，更容易受到影子银行风险的影响，而非对影子银行风险产生显著影响。再加之私募基金的整体规模不大，整体而言私募基金的风险外溢性较弱，对系统性风险的贡献较小。

三 私募投资基金当前的问题和监管挑战

（一）当前暴露的主要问题

第一，资金募集过程中的违法违规问题突出。截至2018年1月9日，共有319家机构被基金业协会列入失联公告名单，其中92家机构已被注销登记，9家机构已自行申请注销登记。主要涉及非法集资、出现兑付问题。

一是通过私募基金份额或私募基金受益权的分拆转让以及另立账户等方式变相突破合格投资者标准和人数限制。二是直接或间接向不满足合格投资者认定标准，数量远超 200 人上限的广大消费者进行募资，且不及时备案，涉嫌非法集资的行为。三是在产品销售当中向投资者承诺保本保收益。这其中除了管理人单方面为了提高资金募集规模而吸引投资者以外，也有部分投资者对私募基金认识不到位，在超出自身风险能力承受范围外投资私募基金，向管理人提出保本保收益的要求并在双方之间达成协议。四是部分私募机构利用互联网平台和电信等各种方式变相公开宣传推介以求扩大资金来源。

第二，挪用和侵占基金财产。部分私募基金通过私自变更合同等办法造成募集资金不能进入托管账户，而直接被管理人挪用从事民间借贷等活动。另外一些私募基金经营管理混乱、投机性强、投资能力和管理资金规模不匹配，导致基金产品兑付困难、继而违规挪用募集资金兑付前期产品、采用发行新产品兑付旧产品的问题，致使流动性风险突出。此外还有少数私募基金管理人侵占投资者资金的情况发生。

第三，违规开展借贷业务。以委托贷款、债转股和明股实债等形式从事实质上的资金借贷业务，甚至进行直接贷款和 P2P 等，脱离了投资活动的本质。而在私募证券投资基金投资非标债权的活动中，还较容易发生资金违规流入房地产企业或其他贷款受限制行业的现象。

第四，关联交易和利益输送时有发生。一方面私募基金将自营业务资产同受托资产混同，在内部控制不严的情况下，可能发生受托资产投向自营项目，为自营项目谋利，而损害投资者利益的情况。另一方面，私募基金的资金募集方可能与其投资标的公司间存在各种复杂且隐蔽的关联关系，投资者的资金可能被用于向关联方提供融资。

第五，操纵市场和内幕交易仍然存在。在私募基金管理人大幅增加、投资人情绪高涨和管理人能力参差不齐的情况下，道德风险的问题较难避免。不但私募基金机构可以通过社会网络掌握非公开信息进行市场操纵或内幕交易，而且私募基金机构内部也存在内幕交易的情况，例如一些私募基金员工利用私募基金投资组合信息进行证券买卖。

（二）主要的监管做法

私募基金在目前暴露出的风险主要是私募机构的行为不规范和信托关系下由信息不对称造成的道德风险问题。这些问题已经成为证监会日常监管和基金业协会在行业自律规则方面的主要关注点，相关的规章制度已经得到较为充分的改善。基金业协会已经就私募基金登记备案、道德风险、信息披露和投资者权益保护等方面制定了较为完备的规章指引，通过聚焦产品销售和投资运作等实务操作当中的违法违规行为，建立各类网上信息报送系统等方式方法显著提高了行业信息透明度，增强了行业诚信体系建设。而证监会也对私募基金加强了事中风险监测，充分利用现场检查和专项检查等手段，并强调进一步加强私募基金的分级分类监管和差异化监管。尤其是2017年8月出台的《私募投资基金管理暂行条例（征求意见稿）》在国家层面对私募基金主体、运行和监管等全面统一监管安排，理顺了私募基金监管的体制，明确了私募基金的行为规范。

私募基金的风险特征和实践中所暴露的问题都说明私募基金必须有外部监管以减少投资者利益因信息不对称而受到侵害。在私募基金规模快速扩大阶段，更需要建立完备的规则规范私募基金行为，促进行业优胜劣汰。除此之外，还应在坚持防范金融风险底线、全面保护投资者权益的同时，在具体监管规则中考虑私募基金的风险特征，避免单纯的机构监管方法。此外，还需应对内外环境变化带来的新挑战。

（三）私募基金监管可能面临的挑战

1.其他类私募投资基金监管规则不明确

其他类私募基金的关注度较低，但发展迅速。从图2a和图2b可以看出，截至2017年底，虽然其他类私募投资基金管理人只有779家，基金数量共5737只，但仍较上年实现了爆发式增长，其中其他类私募投资基金管理人较2016年增加74.66%，其他类私募投资基金数量较2016年增加2.68倍。其管理规模达17232亿元，占私募证券投资基金规模的75.39%，较上

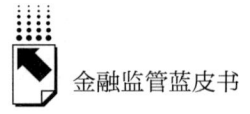

年实缴规模的4353亿元增加近2.96倍。按照基金业协会的分类,其他类私募基金是指投资除证券及其衍生品和股权之外的私募基金,其对应的产品类型主要是红酒艺术品等商品基金和其他类基金。事实上,国内的其他类私募基金主要投资于具有影子银行性质的非标债权。这类基金之所以在2017年出现大幅扩张,主要是由于投资非标债权的私募基金具有固定收益性质,且本金能够赎回,对投资者具有较大吸引力。此外,非标债权作为银行信贷出表的重要通道,部分银行、信托或资产管理公司对设立相应管理人或发行相应产品有着较强的现实需求。

2018年1月12日,基金业协会在《私募投资基金备案须知》中规定,底层资产为借贷性质的资产或其受(收)益权,进行委托贷款或信托贷款等直接或间接借贷,通过特殊目的载体或投资企业变相进行借贷活动的三类产品不属于私募基金,不再予以备案,大大限制了私募基金开展非标债权业务的空间。但2017年8月国务院发布的《私募投资基金管理暂行条例(征求意见稿)》中只将私募基金分为私募证券投资基金和私募股权投资基金,并未涉及投资于非证券及其衍生品和股权之外的基金类型。下一步,其他类私募投资基金如何定位、业务开展受到限制的已备案管理人和产品如何运作以及存量的非标债权业务风险如何应对等都值得进一步明确。

2.对私募股权投资、创业投资基金的监管需加强

私募股权投资基金和创业投资基金目前增长强劲,尤其是在金融服务实体经济、支持创新创业,以及针对创业投资基金的差异化监管的政策环境下,这两类基金预计还将有较快的发展。作为私募投资基金的重要组成部分,此二者比私募证券投资基金的回报可能更高,但风险也更大。除了信息不对称导致的道德风险、利益冲突外,私募股权投资基金期限长,流动性差,还强烈依赖一二级市场溢价,涉及较多利益相关者和资本市场制度。首先,在私募股权投资基金的投后管理阶段,我国虽然有大量管理人,但这些管理人的公司治理和为企业提供价值增值服务的能力尚有待提高。其次,在私募股权投资基金的退出阶段,退出策略涉及上市、并购和减持等多项制度,对公开市场的监管也提出了要求。最后,部分私募股权投资基金还开展

了直接在二级市场购买上市公司股票的业务（PIPE），但目前监管对此关注仍相对较少。

对于创业投资基金而言，一方面，长期以来，其与私募股权投资基金在实务中有一定交叉，这导致两者的定义尚存在一定争议，不利于分类分级监管。另一方面，创业投资基金需要平衡风险管理和优惠扶持，包括引导长期投资者参与和具体的税收优惠，以及同产业基金等监管机制的协调都需进一步完善。

3. 完善私募基金业的对外开放监管政策

近来出台的经济金融政策都表明，金融等服务业对外开放已步入快速推进的阶段，而私募基金领域的开放程度已在金融行业中处于前列。虽然对外开放有利于引入国际私募基金机构的先进投资和管理经验，提高国内机构专业化水平，与国际标准接轨，但也可能带来新的问题。从风险的角度看，私募基金投资于国际资本市场或进行境外并购时，一方面可能扩大跨境资本流动，不利于外汇管理；另一方面可能会受到国际资本市场风险的影响，但这种影响仍属于投资组合的风险。而在基金管理人本身的稳定性方面，美国次贷危机的经验表明外资私募基金管理人可能受到母公司资产负债状况恶化的负面影响。

从私募基金对外开放的管理机制建设方面看，在政策制定上面临一系列的实际问题。首先，国内私募机构已开展跨境并购，或投资于"一带一路"项目，私募基金行业双向开放成为必然，关于私募基金走出去的政策措施有待完善。其次，部分外资私募基金在境内开展业务，具有申请公募牌照的需求，而国内相关的制度尚未明确。最后，从全球的发展经验看，私募基金都具有明显的国际化特征，投资标的分布在全球，尤其是美国有相当大数量的对冲基金都注册在国际避税地，大量开展离岸业务。长期来看，有关私募基金国际化发展的规则也要健全。

四 相关建议

就金融风险而言，私募基金的风险主要在于其自身的稳健性，而其对系统性风险的影响较小。这主要是由于其资产管理的性质决定，而资产管理活动中的信息不对称问题又决定了私募基金本身的道德风险和投资者保护的重要性。当前对私募基金的监管，已经在信息不对称所产生的各类不规范行为方面进行了较为完备的管理，但仍存在一些问题。结合私募基金发展状况和风险特征，提出如下建议。

（一）进一步明确顶层设计

一是将私募基金监管与资产管理行业监管相统一。私募投资基金本质上属于资产管理行业的一种，当前私募基金暴露出的问题与整个资产管理行业的监管规则、行业规范不明晰，投资文化尚未成熟也有较大关系。建议借鉴美国的《投资公司法》，在更高层次对投资基金进行界定，并与统一的资产管理行业规定对接，由证监会和基金业协会负责具体的制定和执行。

二是在私募基金管理条例中理顺私募基金的信托责任关系。明确相应的私募投资基金建立在代客理财的契约关系基础之上，从而明确各方主体的权责关系，方便内部治理机制的建设，减少利益冲突的发生，同时也为登记备案和日常监管等奠定制度基础。

（二）增强投资者权益保护自主性

通过建立监管规则约束基金管理人行为是保护投资者权益的重要举措，而帮助投资者识别风险，增强市场对各利益主体行为的约束则更为重要。因此，在加强私募投资基金信息披露责任、完善信息披露形式、适当扩大信息披露广度和深度的同时，还需要通过监管提高信息披露质量。进而想方设法提高投资者对这些信息的利用率，帮助投资人提高风险识别能力，通过投资者"用脚投票"防止私募基金机构的道德风险。一是可以为投资者制定纸质或电子手册等材料，其中记录利用已披露信息识别重点风险的方法等，要求销售机构在产品销售过程中向投资者提供。二是继续加强投资者教育。鼓励私募基金机构和基金业协会都参与对私募投资基金的教育，逐步形成市场化的、风险自担的投资文化。三是为私募基金制定纠纷解决机制，为投资者提供维护权益的指引。

（三）健全私募股权和创业投资基金监管

与私募证券投资基金侧重行为监管不同，这两类基金同时还涉及如何促进实体经济发展的问题，因此在监管中需要平衡行为监管和提高发展活力之间的关系。一是坚持专业化发展。在信息披露、估值核算、业绩评价等方面注重股权投资的特殊性，建立相匹配的方法。二是促进私募股权投资基金投后管理能力的提高。可以在基金管理人要求和投资项目合同两个方面对私募股权基金积极参与公司治理进行引导。三是加强分级分类监管在创业投资基金中的运用。逐步完善养老金等第三支柱资金进入创业投资领域的制度安排，同财政税务部门协调推进创业投资基金的税收优惠政策。

（四）完善其他类私募投资基金监管

第一，加强对投资非标债权私募基金的风险监测。除了暂停对类似活动进行备案外，还有必要在通过报送的信息进行风险分析的同时，加大现场检查力度，配合当前通道业务严格管理的要求。避免这类业务扰乱市场秩序，产生劣币驱除良币的逆向选择问题。第二，适时出台针对投资非标债权的私募基金自律性监管规则。按照其他类私募投资基金的分类，非标债权属于此类基金的投资范围，但尚无相应文件明确禁止。第三，明确其他类私募投资基金的定位，2017年国务院发布的《私募投资基金管理条例（征求意见稿）》未明确提及。

（五）提高私募投资基金监管弹性

一方面，对私募投资基金的内部风险管理设定底线。投资资产和投资策略的不同影响基金的风险承担，设定统一的内部管理标准或分别制定差异化政策都不切合实际。可以从内部控制机制建设、内部风险控制能力等方面提出要求，而非设定具体标准。另一方面，灵活使用豁免政策或负面清单机制。对于业绩持续表现良好、风险控制制度完善以及受到政策支持的私募基金，可以实施部分豁免政策，并及时向投资者披露，引导私募基金建立声誉约束机制。

（六）逐步建立双向开放的管理办法

外商独资私募基金已经在国内落地，其在享受国民待遇的同时也要受到同等的监管约束，下一步需将外资私募基金纳入现有政策以保证公平竞争。对于"走出去"的私募基金，一方面要加以引导鼓励，另一方面也要重视境外风险。再者，还可以加强基金业协会与私募基金国际行业协会等的联系与信息共享。

附 录

Appendix

B.23
2017年度金融监管大事记

吕志成

2017年1月

1. 中国人民银行等十四部门发布《关于促进银行卡清算市场健康发展的意见》

1月，中国人民银行等十四部门发布《关于促进银行卡清算市场健康发展的意见》，意见明确银行卡清算市场将稳妥有序开放；发展成熟、经营稳健的银行业金融机构可试点设立信用卡公司；逐步实现信用卡利率、银行卡刷卡手续费的市场化定价；建立市场化、多元化的客户权益保障机制和创新与规范结合、监管标准一致的监管体系。

2. 银监会印发《关于民营银行监管的指导意见》

1月5日，银监会印发《关于民营银行监管的指导意见》。一是要求民营银行明确差异化发展战略，坚持特色经营。二是坚持鼓励与规范并重、创新与防险并举，推动创新发展。三是强化审慎监管，强化自我约束、市场约束，明确属地监管责任，加强监管联动。

3. 保险公司章程指引加强公司治理规则建设

1月12日，保监会就《保险公司章程指引》公开征求意见。该指引明确股东享有董监事提名权及在特定情况下直接向保监会提供证据和反映问题的权利等保险公司章程的必备条款。

4. 保监会印发《关于进一步加强保险资金股票投资监管有关事项的通知》

1月24日，保监会印发《关于进一步加强保险资金股票投资监管有关事项的通知》。通知显示，保监会将保险资金股票投资分为一般股票投资、重大股票投资和上市公司收购三种情形，根据持股份额变化，实施层层递进的差别监管。

2017年2月

1. 财政部印发《关于全面开展省级地方国库现金管理的通知》

2月10日，财政部印发《关于全面开展省级地方国库现金管理的通知》，通知要求地方国库现金管理操作应公开、公平、公正，不得与银行贷款挂钩，不得指定质押品，不得借此干预金融机构正常经营。各地区应严格执行每月25日前上报下月操作计划等规定，并向财政部、中国人民银行报备相关信息。

2. 证监会发布《关于修改〈上市公司非公开发行股票实施细则〉的决定》

2月15日，证监会发布《关于修改〈上市公司非公开发行股票实施细则〉的决定》，新修订的实施细则取消了将董事会决议公告日、股东大会决议公告日作为上市公司非公开发行股票定价基准日的规定，明确定价基准日只能为本次非公开发行股票发行期的首日。

3. 银监会发布《关于印发网络借贷资金存管业务指引的通知》

2月23日，银监会发布了《网络借贷资金存管业务指引》。该指引规定了商业银行作为存管人履行授权保管和划转客户资金等资金存管职责，内容主要包括业务审查、账户开立、清算支付、账户核对、存管报告、档案保管、资金监督等方面；网贷机构作为委托人主要在系统开发、信息披露、数据提供、客户服务等方面履行职责。

2017年3月

1. 保监会进一步加强市场准入信息披露工作

3月9日，保监会发布公告称，保监会持续加大信息披露监管力度，陆续出台了偿付能力、资金运用、股权信息、关联交易等一系列信息披露制度，不断强化社会公众监督，提高行业透明度。

2. 保监会印发《关于离岸再保险人提供担保措施有关事项的通知》

3月16日，保监会印发《关于离岸再保险人提供担保措施有关事项的通知》，并自发布之日起实施。该通知明确保险公司可以就应收分保款项和应收分保准备金等再保险信用风险暴露要求离岸再保险人提供担保措施。主要的担保措施包括存款资金、备用信用证和其他保监会认可的担保措施。

3. 银监会发布《关于外资银行开展部分业务有关事项的通知》

3月17日，银监会发布《关于外资银行开展部分业务有关事项的通知》。通知明确，在华外资银行可依法开展国债承销业务、托管业务，以及财务顾问等咨询业务，除银监会行政许可规章另有规定外，外资银行开展上述业务不需获得银监会的行政许可，采取事后报告制。

4. 证监会开展2017年度专项执法行动

证监会2017年度专项执法行动自3月20日起拉开序幕，主要包括事关市场风险防范的案件，市场和舆论关注的重点，热点案件，影响市场改革发展的案件和重大欺诈案件等四大类违法违规行为成为排查重点。

5. 证监会就《公开募集开放式证券投资基金流动性风险管理规定》公开征求意见

3月30日，证监会就《公开募集开放式证券投资基金流动性风险管理规定》公开征求意见。意见显示，公募基金一是需围绕基金投资运作与申赎管理，进一步完善开放式基金流动性风险管控指标体系；二是建立以压力测试为核心的流动性风险监测与预警制度，强化机构主体的风险管控约束机制。

2017年4月

1. 银监会印发《关于提升银行业服务实体经济质效的指导意见》

4月7日，银监会印发《关于提升银行业服务实体经济质效的指导意见》，重点用"十招"促使银行业围绕"三去一降一补"支持供给侧结构性改革，提升服务实体经济水平。该意见提出的前3条措施分别为：一是深入实施差异化信贷政策和债权人委员会制度；二是多种渠道盘活信贷资源，加快处置不良资产；三是因地因城施策，促进房地产市场长期稳健发展。

2. 银监会加大监管处罚力度

4月8日，银监会发布公告称，银监会加大监管处罚力度。一是开展专项行动，整治市场乱象。二是弥补监管短板，扎紧制度笼子。三是严格处罚标准，加大罚没力度。四是坚持双线问责，强化高管责任。五是重视长效监管，实现以罚促改。

3. 银监会警示银行业风险防控十大重点领域

4月10日，银监会发文明确当前银行业风险防控的十大重点领域，提出要重点关注逾期90天以上贷款与不良贷款比例超过100%、关注类贷款占比较高或增长较快、类信贷及表外资产增长过快的银行业金融机构。银监会警示的十大风险包括：信用风险、流动性风险、房地产领域风险、地方债务违约等传统领域风险、债券波动、交叉金融产品、理财业务、互联网金融、外部冲击等非传统领域风险以及重大案件和群体事件风险。

4. 证监会公布全新的《期货公司风险监管指标管理办法》

4月21日，证监会公布全新的《期货公司风险监管指标管理办法》。一是提高最低净资本要求至3000万元。二是按流动性、可回收性及风险度大小进一步细化资产调整比例。三是调整资产管理业务风险资本准备计提范围与计提标准。四是进一步强化对期货公司的监管要求。

5. 保监会发布《进一步加强保险业风险防控工作的通知》

4月23日，保监会发布《进一步加强保险业风险防控工作的通知》，归纳了当前保险业风险较为突出的九个重点领域，对保险公司提出了39条风险防控措施要求。九个重点领域包括：一是流动性风险防控；二是资金运用风险防控；三是战略风险防控；四是新型保险业务风险防控；五是外部传递性风险防控；六是群体性事件风险防控；七是底数不清风险防控；八是资本不实风险防控；九是声誉风险防控。

6. 中共中央政治局就维护金融安全提出六项任务

4月25日，中共中央政治局就维护国家金融安全进行第四十次集体学习。会议就维护金融安全提出六项任务。一是深化金融改革，完善金融体系，推进金融业公司治理改革，强化审慎合规经营理念，推动金融机构切实承担起风险管理责任，完善市场规则，健全市场化、法治化违约处置机制。二是加强金融监管，统筹监管系统重要性金融机构，统筹监管金融控股公司和重要金融基础设施，统筹负责金融业综合统计，确保金融系统良性运转，确保管理部门把住重点环节，确保风险防控耳聪目明，形成金融发展和监管强大合力，补齐监管短板，避免监管空白。三是采取措施处置风险点，着力控制增量，积极处置存量，打击逃废债行为，控制杠杆率，加大对市场违法违规行为的打击力度，重点针对金融市场和互联网金融开展全面摸排和查处。四是为实体经济发展创造良好金融环境，疏通金融进入实体经济的渠道，积极规范发展多层次资本市场，扩大直接融资，加强信贷政策指引，鼓励金融机构加大对先进制造业等领域的资金支持，推进供给侧结构性改革。五是提高领导干部金融工作能力，领导干部特别是高级干部要努力学习金融知识，熟悉金融业务，把握金融规律，既要学会用金融手段促进经济社会发展，又要学会防范和化解金融风险，强化监管意识，提高监管效率。六是加强党对金融工作的领导，坚持党中央集中统一领导，完善党领导金融工作的体制机制，加强制度化建设，完善定期研究金融发展战略、分析金融形势、决定金融方针政策的工作机制，提高金融决策科学化水平。金融部门要按照

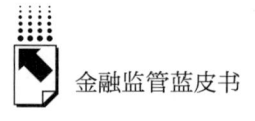
金融监管蓝皮书

职能分工,负起责任。

7. 保监会印发《关于强化保险监管打击违法违规行为整治市场乱象的通知》

4月29日,保监会印发《关于强化保险监管打击违法违规行为整治市场乱象的通知》。该通知部署了八个方面专项整治工作:一是着力整治虚假出资,切实解决资本不实问题;二是着力整治公司治理乱象,提升治理机制有效性;三是着力整治资金运用乱象,坚决遏制违规投资、激进投资行为;四是着力整治产品不当创新,坚决清退问题产品;五是着力整治销售误导,规范销售管理行为;六是着力整治理赔难,提高理赔服务质量和效率;七是着力整治违规套取费用,规范市场经营行为;八是着力整治数据造假,摸清市场风险底数。

2017年5月

1. 保监会发布《关于保险业支持实体经济发展的指导意见》

5月4日,保监会发布《关于保险业支持实体经济发展的指导意见》。意见提出,将推进保险资金参与PPP项目和重大工程建设。支持符合条件的保险资产管理公司等专业管理机构,作为受托人发起设立基础设施投资计划,募集保险资金投资符合条件的PPP项目。在风险可控的前提下,调整PPP项目公司提供融资的主体资质、信用增级等监管要求,推动PPP项目融资模式创新。

2. 银监会发布《商业银行押品管理指引》

5月8日,银监会近日发布《商业银行押品管理指引》。指引提出商业银行应遵循合法性、有效性、审慎性、从属性原则,完善押品管理的组织架构,加强押品分类、押品估值、抵质押率设定等重点环节的风险管理,规范押品调查评估、抵质押设立、存续期管理、押品返还处置等业务流程。

3. 金融科技委员会在央行设立

5月15日,中国人民银行成立金融科技(FinTech)委员会,旨在加强金融科技工作的研究规划和统筹协调。中国人民银行表示,将强化监管科技应用实践，积极利用大数据、人工智能、云计算等技术丰富金融监管手段，提升跨行业、跨市场交叉性金融风险的甄别、防范和化解能力。

4. 证监会发布《区域性股权市场监督管理试行办法》

5月16日，证监会发布《区域性股权市场监督管理试行办法》。该办法明确界定中央和地方监管职责，充分发挥中央和地方两个积极性，这有利于完善监管协同机制，防止监管空白和监管套利，严厉打击各类违法违规行为，保护投资者合法权益，防范和化解金融风险，促进区域性股权市场健康稳定发展。新规主要作了以下制度安排：一是总则，二是证券发行与转让，三是账户管理与登记结算，四是中介服务，五是市场自律，六是监督管理。

5. 保监会印发《关于债权投资计划投资重大工程有关事项的通知》

5月22日，保监会印发《关于债权投资计划投资重大工程有关事项的通知》。按照通知要求，保险资金通过债权投资计划形式对宏观经济、区域经济和社会发展具有重要带动作用的重大工程，将在增信环节、注册效率等方面获得政策倾斜。此举有利于疏通保险资金进入实体经济的渠道，为实体经济发展创造良好的金融环境。

6. 银监会发布《大中型商业银行设立普惠金融事业部实施方案》

5月25日，银监会发布《大中型商业银行设立普惠金融事业部实施方案》。方案明确了设立普惠金融事业部的基本原则，即商业化运作、条线化管理、专业化经营、差异化发展、分步骤实施、配套政策支持。重点要求大中型商业银行按照商业可持续原则，建立专门的综合服务、统计核算、风险管理、资源配置和考核评价等机制。

7. 央行要求加强开户管理提高洗钱风险防控能力和水平

中国人民银行5月27日下发通知，要求各银行业金融机构和支付机构加强开户管理，有效防范非法开立、买卖银行账户及支付账户行为；加强可疑交易报告后续控制措施，切实提高洗钱风险防控能力和水平。

8. 证监会发布《上市公司股东、董监高减持股份的若干规定》

5月27日，证监会发布《上市公司股东、董监高减持股份的若干规定》。主要措施内容包括：一是鼓励和倡导投资者形成长期投资、价值投资

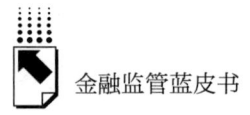

的理念;二是完善大宗交易制度,防范"过桥减持";三是引导持有上市公司非公开发行股份的股东在股份锁定期届满后规范、理性、有序减持;四是健全减持计划的信息披露制度;五是强化上市公司董事高管的诚信义务,防范其通过辞职规避减持规则。

9. 中国人民银行发布《关于加强小额支付系统集中代收付业务管理有关事项的通知》

5月28日,中国人民银行办公厅发布了《关于加强小额支付系统集中代收付业务管理有关事项的通知》,规定集中收付中心将严禁向公用事业类和公益类以外的其他机构提供代收付服务,对于已为其他机构提供代收付服务的集中代收付中心,应于2017年12月31日前断开与上述机构的链接,停止为其提供服务。

2017年6月

1. 证监会将深化绿色证券政策机制

6月12日,证监会与环保部共同签署《关于共同开展上市公司环境信息披露工作的合作协议》。协议提出,要坚持依法、全面、从严监管、践行绿色发展理念,不断完善上市公司环境信息披露制度,督促上市公司切实履行信息披露义务,引导上市公司在落实环境保护责任中发挥示范引领作用,牢牢扛起国家责任、社会责任。

2. 银监会发布《关于进一步加强校园贷规范管理工作的通知》

6月17日,银监会发布《关于进一步加强校园贷规范管理工作的通知》。通知要求:一是疏堵结合,维护校园贷正常秩序;二是整治乱象,暂停网贷机构开展校园贷业务;三是综合施策,切实加强大学生教育管理;四是分工负责,共同促进校园贷健康发展。

3. 央行等五部门联合印发《金融业标准化体系建设发展规划(2016~2020年)》

6月18日,中国人民银行等五部门联合发布《金融业标准化体系建设发展规划（2016~2020年）》，围绕统筹监管系统重要性金融机构、统筹监管金融控股公司和重要金融基础设施、统筹负责金融业综合统计，防范化解金融风险，加强重点标准研制和实施。

4. 保监会就《信用保证保险业务监管暂行办法》公开征求意见

6月19日，保监会就《信用保证保险业务监管暂行办法》公开征求意见。该办法规定，保险公司不得为以下四种行为提供信保业务：一是类资产证券化业务或债权转让行为；二是主体信用评级AA及以下的债券发行业务；三是保险公司的控股股东、子公司以及关联方的融资行为；四是保监会禁止承保的其他行为。

5. 保监会将切实加强万能险监管，守住行业风险底线

6月26日，保监会发布信息称，保监会将就"个别保险公司通过资产管理计划、万能险等筹资入市，影响资本市场秩序"等加强监管，措施包括：一是强化对法人治理、资金运用、产品管理等领域的监管力度，对重点公司实施全过程、穿透式监管，坚决守住不发生系统性风险的底线；二是加大违法违规查处力度，对恶意扰乱市场秩序、违规运用保险资金、背离万能险自身发展规律的行为，坚决查处，决不手软；三是健全和完善监管制度，督促保险公司转变发展方式，优化业务结构，引导保险资金服务实体经济，支持资本市场平稳健康发展。

6. 中国人民银行发布《第四批非银行支付机构〈支付业务许可证〉续展决定》

中国人民银行发布的《第四批非银行支付机构〈支付业务许可证〉续展决定》显示，此前公布的93家支付机构中有9家支付机构未通过续展，2家支付机构因违规而缩减业务范围。央行严控第三方支付牌照的力度一以贯之。央行此前表示，对于确有资本实力、资源优势、技术能力、合规意识和发展前景的机构，支持其通过并购重组方式适当加快发展。

7. 中国人民银行印发《中国金融业信息技术"十三五"发展规划》

6月27日，中国人民银行印发了《中国金融业信息技术"十三五"发展规划》，规划明确提出了"十三五"金融业信息技术工作的指导思想、基

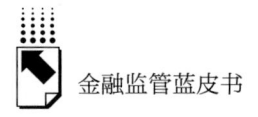

本原则、发展目标、重点任务和保障措施。

8. 保监会发布《保险资金参与深港通业务试点监管口径》

6月29日,保监会发布《保险资金参与深港通业务试点监管口径》,允许保险资金参与深港通业务试点。文件主要内容:一是明确了保险机构可以投资深港通下的港股通股票,应当参照要求执行;二是明确了保险资金可以通过证券投资基金投资港股通股票,基金管理人的资质需符合相关监管规定。有利于在"一国两制"基础上,支持香港经济的繁荣稳定;有利于支持保险资金"南下",充分利用内地和香港两个市场配置资源,分散投资风险;有利于拓宽境外投资渠道,稳步提升投资收益。

9. 外管局数据显示跨境资金流动形势明显好转

6月29日,国家外汇管理局公布了2017年第一季度国家收支平衡表和国际投资头寸表。数据显示,我国国际收支经常账户顺差在合理区间,非储备性质金融账户转为顺差,跨境资金流动形势明显好转。总体来看,我国储备规模仍然位列全球第一,对外各类投资更趋理性,来华直接投资持续增长和其他来华投资回升亦显示境外投资者看好我国经济前景,这些都表明我国国际投资头寸状况较为稳健。

2017年7月

1.《证券期货投资者适当性管理办法》正式实施

证监会发布的《证券期货投资者适当性管理办法》于7月1日起正式实施,其作为我国证券期货市场首部投资者保护专项规章,是资本市场重要的基础性制度。投资者适当性制度是国际资本市场的普遍规则。自2007年以来,我国已经在部分市场、产品和业务中陆续实行了适当性管理。本次正式实施的《证券期货投资者适当性管理办法》是在现有制度实践的基础上,对资本市场适当性管理制度的完善、整合和提升。

2. 证监会发布《关于开展创新创业公司债券试点的指导意见》

7月4日,证监会发布《关于开展创新创业公司债券试点的指导意见》。

意见明确：一是创新创业债属于公司债券的一个子类别；二是发行主体范围包括创新创业公司以及募集资金专项投资于创新创业公司的公司制创业投资基金和创业投资企业；三是证监会、证券自律组织建立创新创业债配套机制；四是允许非公开发行的创新创业债设置转股条款；五是证券公司分类评价中社会责任评价的重要内容；六是将创新创业债纳入地方金融财税支持体系。

3. 保监会发布《关于做好保险公估机构业务备案及监管工作的通知》

7月6日，保监会发布《关于做好保险公估机构业务备案及监管工作的通知》，通知从四个方面明确了保险公估机构业务备案的要求和程序。一是明确保险公估机构经营保险公估业务，应当符合《资产评估法》和国务院保险监督管理部门的要求，按照全国性保险公估机构和区域性保险公估机构实行分级备案。二是明确保险公估机构应根据业务发展规划，具备日常经营和风险承担所必需的营运资金并实施托管。三是明确保险公估机构应拥有一定数量的保险公估师，强化专业资质人员执业。四是明确现存保险公估机构应在过渡期内完成公估业务备案工作。

4. 中国人民银行发布《中国金融稳定报告（2017）》

7月6日，中国人民银行发布《中国金融稳定报告（2017）》，对2016年我国金融体系的稳健性状况进行了全面评估。报告认为，2016年，我国坚持稳中求进的工作总基调，国民经济运行缓中趋稳、稳中向好，金融业改革不断深化，金融市场平稳运行，金融机构整体稳健，金融基础设施建设取得新的进展，宏观审慎政策框架不断完善，实现了"十三五"良好开局。

5. 证监会发布修订后的《证券公司分类监管规定》

7月14日，证监会发布修订后的《证券公司分类监管规定》。该规定主要修订内容包括五个方面：一是维持分类监管制度总体框架不变，集中解决实践中遇到的突出问题；二是完善合规状况评价指标体系，落实全面从严监管要求；三是强化风险管理能力评价指标体系，促进行业提升全面风险管理能力；四是突出监管导向，引导行业聚焦主业；五是为持续完善评价体系留出空间，增强制度的适应性和有效性。

6. 我国设立国务院金融稳定发展委员会

全国金融工作会议于7月14~15日在北京召开，习近平总书记在会上发表重要讲话，强调金融安全，要推进"一带一路"金融创新，提出要设立国务院金融稳定发展委员会，强调党中央对金融工作的集中统一领导。设立国务院金融稳定发展委员会，强化中国人民银行宏观审慎管理和系统性风险防范职责，并强化监管问责。在国务院金融稳定发展委员会中，强化的是央行在宏观审慎管理中的主导地位，这是由央行在金融体系中的核心功能决定的。

7. 保监会发布《信用保证保险业务监管暂行办法》

7月20日，保监会发布《信用保证保险业务监管暂行办法》。该办法明确提出，保险公司开展信保业务应当坚持"依法合规、小额分散、稳健审慎、风险可控"的原则，确保公司经营稳定。针对前期信保业务发展中存在的突出问题，该办法以"负面清单"形式规定信保业务的经营范围和市场行为。

2017年8月

1. 保监会发布首批《保险业务要素数据规范》

8月2日，保监会发布了首批《保险业务要素数据规范》。该规范是从保险业务活动出发，覆盖财产险、人寿险、健康险、意外险等不同险种，穿透承保、保全、理赔、收付、再保等核心业务流程的系列数据规范。

2. 银监会、财政部、中国人民银行、保监会、国务院扶贫办联合印发《关于促进扶贫小额信贷健康发展的通知》

8月15日，为进一步加强扶贫小额信贷管理，切实纠正各地扶贫小额信贷工作中出现的偏差，更好地发挥其在精准扶贫、精准脱贫中的作用，银监会与财政部、中国人民银行、保监会和国务院扶贫办联合印发了《关于促进扶贫小额信贷健康发展的通知》。该通知进一步明确扶贫小额信贷有关政策要点，要求各地在发展扶贫小额信贷过程中要坚持精准扶贫，坚持依法合规，坚持发展生产，切实提高贫困户脱贫内生发展动力。

3. 国家发改委、中国人民银行、保监会等31个部门联合发布《关于对保险领域违法失信相关责任主体实施联合惩戒的合作备忘录》

8月30日，国家发改委、中国人民银行、保监会等31个部门联合发布《关于对保险领域违法失信相关责任主体实施联合惩戒的合作备忘录》。该备忘录内容涵盖保险领域失信联合惩戒对象、惩戒措施、惩戒方式、信息共享、信息管理等五个方面，核心是六大类28项联合惩戒措施。一是限制联合惩戒对象市场准入；二是限制联合惩戒对象任职资格；三是加强对联合惩戒对象的监管；四是限制联合惩戒对象的部分消费行为；五是限制联合惩戒对象享受优惠政策；六是限制联合惩戒对象参加评优表彰。

4. 银监会印发《信托登记管理办法》

8月25日，为建立全国统一的信托登记制度，进一步促进信托业持续健康发展，保护信托当事人的合法权益，银监会发布《信托登记管理办法》。该办法按照"集中登记、依法操作、规范管理、有效监督"的总体原则，主要规定了信托登记的定义及流程、信托收益权账户管理及信托登记信息管理、监管要求等，构建了我国信托业统一的信托登记制度。

5. 证监会发布《公开募集开放式证券投资基金流动性风险管理规定》

8月30日，证监会发布《公开募集开放式证券投资基金流动性风险管理规定》。该管理规定包括10章41条。内容主要涵盖基金管理人内部控制以及基金产品设计、投资限制、申购赎回管理、估值与信息披露等业务环节的规范，并针对货币市场基金的流动性风险管控做出了专门规定。

2017年9月

1. 中国信托登记系统上线运行

9月2日，《信托登记管理办法》经中国银监会颁布后正式生效，奠定了我国信托登记的制度基础。依照该办法的相关规定，中国信托登记有限责任公司信托登记系统于办法生效当天上线运行，全面提供信托登记服务。

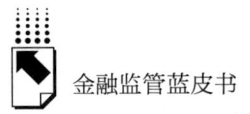
金融监管蓝皮书

2. 七部委发布《关于防范代币发行融资风险的公告》

9月4日，中国人民银行等七部委联合发布《关于防范代币发行融资风险的公告》。公告要求：一是准确认识代币发行融资活动的本质属性；二是任何组织和个人不得非法从事代币发行融资活动；三是加强代币融资交易平台的管理；四是各金融机构和非银行支付机构不得开展与代币发行融资交易相关的业务；五是社会公众应当高度警惕代币发行融资与交易的风险隐患；六是充分发挥行业组织的自律作用。

3. 证监会进一步完善并购重组信息披露规则

9月22日，为提高并购重组效率，打击限制"忽悠式""跟风式"重组，增加交易的确定性和透明度，规范重组上市，证监会对《公开发行证券的公司信息披露内容与格式准则第26号——上市公司重大资产重组（2014年修订）》进行了相应修订，进一步明确相关规则的具体执行标准。一是简化重组预案披露内容，缩短停牌时间；二是限制、打击"忽悠式""跟风式"重组；三是明确"穿透"披露标准，提高交易透明度；四是配合《上市公司重大资产重组管理办法》修改、规范重组上市信息披露。

2017年10月

1. 中国保监会针对行业公司治理问题连续下发多份监管函

为落实党中央、国务院关于金融工作的决策部署，进一步强化保险监管，有效防控公司治理风险，中国保监会于10月连续下发多份监管函，要求保险公司严格执行公司治理的相关规则制度，对部分公司关联交易采取禁止性措施，公司治理监管从柔性引导向刚性约束转变。

2. 中国人民银行宣布对普惠金融实施定向降准政策

10月8日，中国人民银行宣布对普惠金融实施定向降准政策，以支持金融机构发展普惠金融业务，着力缓解小微企业融资难、融资贵问题，提高金融服务覆盖率和可得性，为实体经济提供有效支持。

3. 证监会：重拳打击违法减持甚至清仓式减持行为

证监会10月13日通报4宗违反证券期货法律法规、破坏市场秩序的案件。证监会重申，对于类似的上市公司大股东、董监高违法减持甚至清仓式减持及相关违法违规行为，证监会将重拳治乱，严厉打击，对于其中涉嫌刑事犯罪的坚决移送公安机关，依法追责。

2017年11月

1. 国务院金融稳定发展委员会召开第一次会议

11月8日，国务院金融稳定发展委员召开第一次全体会议，学习贯彻党的十九大精神，研究部署相关工作。会议讨论通过了国务院金融稳定发展委员会近期工作要点，强调要继续坚持稳中求进的工作总基调，坚持稳健货币政策，强化金融监管协调，提高统筹防范风险的能力，更好地促进金融服务实体经济，更好地保障国家金融安全，更好地维护金融消费者合法权益。

2. 前三季度保险业为全社会提供风险保障逾2900万亿元

保监会11月9日披露的保险业前三季度运行情况显示，全行业共实现原保险保费收入30457.32亿元，同比增长21.01%，其中，产险公司和人身险公司分别增长14.54%和23.43%；赔付支出8327.27亿元，同比增长7.44%；为全社会提供风险保障2909.81万亿元，同比增长46.33%。

3. 银监会发布2017年三季度主要监管指标数据

11月10日，银监会发布2017年三季度主要监管指标数据，数据显示：银行业资产和负债规模稳步增长；银行业继续加强金融服务；信贷资产质量保持平稳；利润增长总体稳定；风险抵补能力继续加强；流动性水平保持稳健。

4. 中国人民银行就《关于规范金融机构资产管理业务的指导意见》公开征求意见

11月17日，为规范金融机构资产管理业务（以下简称资管业务），统一同类资管产品监管标准，有效防控金融风险，更好地服务实体经济，中国

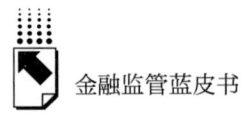
金融监管蓝皮书

人民银行会同银监会、证监会、保监会、外汇局等部门起草了《关于规范金融机构资产管理业务的指导意见（征求意见稿）》，正式向社会公开征求意见。

5. 证监会发布修订后的证券交易所管理办法

11月17日，证监会发布修订后的《证券交易所管理办法》，此次修订以党的十九大及全国金融工作会议有关精神为指导，从证券交易所本身的性质、特点、市场职能定位出发，借鉴境外证券交易所的成熟经验，认真吸取2015年股市异常波动的深刻教训，围绕优化交易所内部治理结构，强化交易所履行一线监管职责做了一系列制度调整。

6. 银监会就《商业银行股权管理暂行办法》公开征求意见

11月17日，为加强商业银行股权监管，规范商业银行股东行为，弥补监管短板，银监会就《商业银行股权管理暂行办法》公开征求意见。该办法内容包括总则、股东责任、商业银行职责、信息披露、监督管理、法律责任、附则七个章节。该办法确立了"三位一体"的商业银行股权穿透监管框架。

2017年12月

1. 央行银监会联手整顿严格监管规范现金贷

12月1日，互联网金融风险专项整治工作领导小组办公室和P2P网贷风险专项整治工作领导小组办公室联合下发了《关于规范整顿"现金贷"业务的通知》，对当下问题集中暴露的现金贷给予规范。该通知对现金贷业务开展原则、网络小贷清理整顿工作、银行业金融机构开展现金贷业务等提出具体要求。

2. 证券交易资金前端风险控制业务规则发布

为强化风险控制、维护市场公平，上海证券交易所、深圳证券交易所和中国证券登记结算有限责任公司联合制定了《上海证券交易所、深圳证券交易所、中国证券登记结算有限责任公司证券交易资金前端风险控制业务规则》及配套细则。细则旨在更好地维护交易结算秩序，维护市场公平，保护投资者特别是中小投资者的合法权益，保障证券市场安全稳定运行。

3. 银监会开出史上最大罚单

12月8日，银监会通报了"侨兴债"处罚结果，对广发银行总行、惠州分行及其他分支机构的违法违规行为罚没合计7.22亿元。

4. 我国将扩大外资银行业务经营空间

12月13日，经国务院批准，银监会将放宽对除民营银行外的中资银行和金融资产管理公司的外资持股比例限制，实施内外一致的股权投资比例规则。

5. 中国人民银行发布《自动质押融资业务管理办法》

12月15日，中国人民银行发布《自动质押融资业务管理办法》。与此前规定相比，该管理办法的一大变化在于扩大了成员机构的融资空间，尤其是城商行等金融机构由实收资本的5%提高至15%，质押债券范围也进一步扩大，纳入央行认可的地方债。这两项举措均为流动性管理提供了便利。

Abstract

As the annual report of the Research Center for Financial Laws and Regulations (FLR), *China Financial Supervision and Regulation Report: 2018* seeks to reflect the current status, development and reform progress of China's financial supervision and regulation in a systematic, comprehensive, persistent and authoritative manner. With the philosophy of "factually recording, objectively reviewing and comprehensively analyzing", we hope this report can provide reliable and useful references for financial institutions, academic researchers and regulatory authorities.

The Report 2018 consists of three parts: General Reports, Sub-reports and Special Topics. The first of the general reports is The Potential Systemic Risks of China: Challenges and Solutions which systematically analyzed the source of the systemic risk in our country and the main risk problems, and put forward the suggestion of regulatory policies. The second general report is *China's Financial Supervision and Regulation: Developments in 2017*, which surveys the major reform and policy issues of China's financial supervision and regulation in 2017 and gives an outlook of 2018. The sub-reports provide the details of development in regulation of banking, securities, insurance, trust and foreign exchange administration. The Special Topics deliver deeper analysis on selected important issues in China's financial supervision and regulation, including regulation of network mutual aid plan, Public-Private Partnership, block chain financial, the VAT of asset management products, systematic risk measure, and so on.

Keywords: Financial Regulation; Systemic Risk; Supervision Coordination; Liquidity Risk

Contents

I General Report

B. 1 The Potential Systemic Risks of China: Challenges
and Solutions　　　　　　　　　　*Hu Bin, Zheng Liansheng* / 001

Abstract: Systemic risk, also known as endogenous risk, may result in financial crisis. This kind of risk can be transmitted in aspects of time and space dimension. Influenced by the interaction between economic fluctuation and financial systemic risk, liquidity risk plays a significant role in terms of time dimension, centering in interbank market and bond market. By contrast, when the risk is transmitted in the space dimension, major issues like real estate bubble, shadow banking risks and local government debt should be vigilant. Consequently, the prevention and control of systemic risks requires a global framework and system thinking method. Strengthening financial leverage's role should be given the priority. And an effective and long-term housing system should be set up based on the supply and demand relation. Moreover, the supervision of shadow banking system should be enhanced. And strict precautions must be taken against national enterprise bonds and local government bonds. Lastly, marketization reform should be promoted to relieve the resonance between home and abroad.

Keywords: Systemic Risk; Time Dimension; Space Dimension

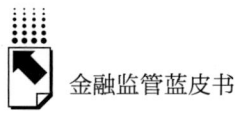
金融监管蓝皮书

B.2　Financial Supervision of China: Significant Events in 2017

Yin Zhentao, Wei Mingxin / 046

Abstract: This paper first discusses the key direction of the reform of financial supervision system indicated by The National Conference on Financial Work and explains the function that financial markets serve the real economy. Then, this paper analyzes the remediation of the chaos in the banking markets and the the liquidity risk management of commercial banks, the coordination of the supervision policies in the assets management markets and the supervision policies of the universal life insurance business. The enhanced liquidity risk management of pubic funds will promote the stable operation of the fund markets. The "double-normalization" of IPO and securities issuance examination will allow capital markets to play a more important role. In addition, regulators conducted a remediation of the Internet financial markets, focusing on online lending business and virtual currency. Finally, this paper raises an expectation for the points of financial supervision in 2018.

Keywords: Systemic Risk; Supervision Coordination; Internet Finance; Liquidity Risk

Ⅱ　Topical Report

B.3　The Report of Banking Regulation

Ba Jinsong, Li Yufeng and Bai Xiaowei / 067

Abstract: The year 2017 witnessed that the intensive and drastic supervision became the two significant characteristics in the history of banking regulation. Strict law enforcement and legal offense punishment serves as a good deterrent. According to the current trend, it is expected that banking regulation will continue being tightened in 2018. On the basis of strict rule enforcement, possible measures include new laws and actions to enlarge the scope and enhance the depth of regulation. On the one hand, the regulator will promote the banking system to support the real economy, and urge the banking system compliant development. On the other hand, further endeavors will fall on the improvement of modern banking systems, pushing forward the transformation of banks to high quality development, other aspects covered as well, in order to "remodel" the banking business in the new economic stage.

Keywords: Intensive Regulation; Risk Management; Address the Vulnerability; Rebuild

B.4 Annual Report of Securities Relation *Xing Yan, Wu Liang* / 100

Abstract: Since 2017, socialism with Chinese characteristics in the new era is the guideline for securities regulatory work. Meeting the 19th National Congress and studying the spirit of the 19th National Congress are the main line of regulatory work. Serving the real economy, preventing financial risks and deepening financial reform are the three most important tasks. Regulators continue to deepen the reform and opening up of the capital market, to strengthen the comprehensive supervision in accordance with the law and to keep the bottom line where systemic risks do not occur. On this basis, all the regulatory work has made some new progress. Multi-level capital market system has been initially established.

Keywords: Securities Industry; Regulation; Multi-level Capital Market; Risk Prevention

B.5 The Annual Report of Insurance Supervision
Sun Caihua, Zhang Kun / 119

Abstract: In 2017, the insurance market in China enjoyed a rapid

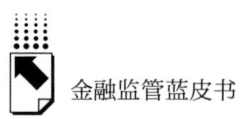

development because of China's national income's steady growth. Property insurance business grew steadily and Life insurance business grew quickly. China Insurance Regulatory Commission (CIRC) placed a high priority on risk management, set standard on act of insurance companies investing in listed companies, strengthened the supervision of connected transaction, promoted insurance companies to serve the real economy. In 2018, CIRC will actively guide insurance institutions to serve the project of "the Belt and Road", continue to step up its efforts to monitor the use of funds and carry out administrative penalties.

Keywords: Insurance Industry; Risk Management; "The Belt and Road"

B.6　Trust Regulation Annual Report　　　　　　　*Yuan Zengting* / 141

Abstract: It is not until the end of 2017 that the signal of coming out of the trust industry's strict regulatory cycle was revealed. In the past year and a half, the trust industry operated in a relatively loose regulatory environment with a v-shaped inversion. Under the background of the other financial industries' de-channelization and strict supervision, the growth of trust business received more attention. Structure characteristics of the trust industry statistics, to a certain extent, reflected the development trend of trust channel business, and trusted in the service in parallel between the financial system and the real economy, facing the complicated situation that the reasonable and unreasonable components coexist. However, in 2018 the quality of business classification and statistics needs to be improved. The current level of industry risk that statistics reflected is not significant. Its reality also depends on the observation of the future strict supervision.

Keywords: Trust Industry; Channel Business; Financial Supervision

B. 7 Annual Report on Foreign Exchange Management

Lin Nan / 155

Abstract: At the Fifth National Conference on Finance, President Xi Jinping emphasized that "we must improve the system and mechanisms of the foreign exchange market". In 2017, from the perspective of the "Troika", composed of the opening up of the trade and investment and finance industries, the reform of the exchange rate formation mechanism, and the reduction of foreign exchange management, which were cooperated with each other, the foreign exchange management has been greatly improved in the "New Era". With the steady progress of authenticity review, facilitation and balanced supervision, new improvements were made in the direct investment, cross-border foreign exchange credit and foreign exchange management in capital markets. The financial sector opening up has continued orderly, together with the steadily progressing of capital account convertibility. As the important strategic asset of the country, foreign exchange reserves is gradually becoming "buffer" and "shock absorber" of external shocks. The RMB exchange rate is basically stabilizing at the levels of reasonable and equilibrium. In accordance with the report of the 19th National Congress of the CPC, China's foreign exchange management must further promote the rationalization of factor prices and promote the formation of a mechanism for efficient allocation of social resources by financial institutions in 2018. From the perspective of the economic efficiency of China's foreign exchange market organizations, the foreign exchange market must expand the hierarchy of market participants; improve the reforms of RMB bond market and developments of RMB assets; resolve the risks of RMB internationalization, in order to provide the necessary conditions for economic restructuring, and further to form a virtuous circle of the financial sector opening up, exchange rate reform and balance of payments sound equilibrium.

Keywords: Foreign Exchange Management; Foreign Exchange Reserve; RMB Exchange Rate; Financial Sector Opening Up; Macro-prudential Policy

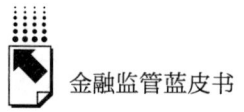

Ⅲ Special Research

B. 8   Research on the VAT of Asset Management Products

Wang Gang, Wang Feiran and Hu Yuzhe / 179

Abstract: Since March 2016, while the financial sector implement the policy of "Value-added Tax", the Ministry of Finance and State Administration of Taxation issued a series of files, making regulations on VAT of asset management products, confirming that conducts should be levied VAT during the asset management since January 1, 2018. Recently, to research the industry influence of TAV for asset management products and the possible problems during the implementation, the Financial Department of the State Council Development Research Center visited and discussed with many different typical enterprise in this industry. This report first summarizes the main content and development of the current VAT system, and then summarizes the main problems existing in the current tax system. Based on the characteristics of asset management products, and drawing on foreign experiences, this report proposes basic principles that should be followed when designing tax system of asset management products, and puts forward some specific recommendations.

Keywords: Asset Management Products; Value-added Tax; Policy Suggestion

B. 9   The Experiences of Cash Loan Market Supervision in
the United States   *Yin Zhentao, Li Huan* / 202

Abstract: This article first discusses the current development of the cash loan market in China, and compares with several major cash loan products such as payday loans and auto-title loans in the United States. After that, this article analyzes the outstanding problems of the default rate, repeated borrowing rate and deferred repayment rate of the cash loans in the United States. This article analyzes the supervision policies of the United States from the federal to local framework and the policy against the "debt trap". Finally, based on the experience of the U. S. supervision policies, this article puts forward suggestions on the supervision of the cash loan business in China.

Keywords: Payday Loan; Debt Trap; Consumer Protection; Cash Loan

B. 10 The Application and Supervision of Blockchain Finance

Liu Liang, He Xin / 214

Abstract: In recent years, the development of blockchain technology has attracted worldwide attention. At present, the application of blockchain technology is still at the exploratory stage. This paper introduces the development and application of blockchain technology and points out the possible risks of applying this technology in the financial field. Based on the current situation of the supervision of blockchain finance in China and foreign regulatory experience, some suggestions are put forward in this paper for the supervision of blockchain finance in China.

Keywords: Blockchain; FinTech; RegTech

B. 11 The Definition of the Legal Nature of Guaranty in Margin Trading from the Perspective of Account System

Yang Guang / 227

Abstract: The legal nature of the guaranty in margin trading is the key problem of the margin trading, the perspective from account system is conductive to resolving this problem. As to this question, the scholars and practitioners

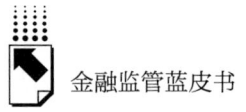

respectively hold different views such as trust estate (including object of trust-based transferring guaranty), pledge (including object of account pledge) and general transferring guaranty, the core argument behind various views is the definition of "ownership" and "possession" of securities and cash. The account systems of securities and cash have experienced the development from the direct holding system to the indirect holding system, as well as from the disperse custody to the centralized custody during which the right of investor to the account has fundamentally changed. However, the division of "ownership" and "possession" of securities and cash has achieved in account systems of margin trading in China by the use of the guaranty account and the "second-level account", from which we can make conclusion that the legal nature of the guaranty relationship can be defined as the maximum amount pledge legal relationship and the guaranty as the object of maximum amount pledge.

Keywords: Margin Trading; Legal Nature of the Guaranty; Maximum Amount Pledge

B. 12 An Analysis on the Attributes of Insurance of Network Mutual Assistance and Further Advice on Supervision Improvement   *Cao Shunming* / 251

Abstract: Network mutual assistance is developed and upgraded by means of internet technology from traditional mutual assistance, which takes a new operating model and shows a new feature along with a new vitality, but also brings new risks. The typical network mutual assistance in today's market is not insurance in legal system. However, it is easy to be identified as illegal insurance business or violation of insurance or advertising laws and regulations, as long as there is little change in its business model or slight mistake in its management. Currently, network mutual assistance has many risks, for example, investors' characteristic of profit chasing are not in line with the nature of public interest, its business model is difficult to sustain, its raised funds may be misappropriated, its operation is not standardized or even illegal, and its members cannot always achieve their "rights" or "expectations", the leakage of personal information, etc.. To ensure the network mutual assistance a bright future, we have to determine its position, identify the main body of supervision and responsibilities, establish and improve the content of specific regulatory measures to strengthen supervision.

Keywords: Network Mutual Assistance; Attributes of Insurance; Risk Management; Supervision Improvement

B. 13 Participate in the Proceed of Instituting International Financial Regulation Standards More Initiatively, More Profoundly and More Deeply

Wang Gang, Cheng Mengfan and Ma Yusi / 264

Abstract: With the continually upgrade influence of the coming international financial regulation standards on financial legislation and financial regulation of each country, it is vital for a country to join in the proceed of instituting international financial regulation standards initiatively and profoundly. According to the development history, we can see that China had have a low participation in the institution of international financial regulation standards. The author argues the above statement in the following content. The author, on the one hand, lists the nationality of leaders who are currently in charge of instituting international financial regulation standards in major international financial regulation organizations; on the other hand, compares China with other countries on the quantity of instituting international financial regulation standards each country had participated. Therefore, in order to organize arrangement more initiatively and profoundly, the author makes four direct suggestions or measures to expect to change the status quo and rise the significance of China to the institution of international financial regulation standards.

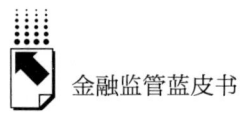

Keywords: International Financial Regulation Standards; Institution Organizations; Leadership; Instituting Rules; Coordinate and Cooperation

B. 14 Analysis on the Risk Point of China's PPP Development

Chen Xu, *Zhu He* / 270

Abstract: Since 2014, PPP has become the main providing way for infrastructure and public services. However, with the rapid expansion of the PPP and the arrival of financial supervision era, PPP may bring fiscal risks and financial risks. This paper starts with the process and structure of China's PPP development, analyzes PPP and risk points, the logic of the fiscal risk caused by the PPP, and the relationship between PPP and central enterprises' leverage ratio. The result shows that the local government bond size cannot meet the demand of local government's strong investment demand, which brings about the PPP risk point. In addition, central enterprises make a design of limited partnership fund as the main shareholder of the PPP project to avoid the increase of leverage. However, the regulatory rules such as article 192 of SASAC and new regulations on asset management, have blocked the way of central enterprises and have a significant impact on the participation of central enterprises in PPP.

Keywords: Central Enterprise Leverage Ratio; PPP; Fiscal Risk

B. 15 The Monitoring and Measurement of Systematic Financial Risk
—Based on Risk Dashboard Approach   *Wang Yihan* / 288

Abstract: In the post-financial crisis era, prevention of systemic financial risks has become one of the focuses of our country's central economic work. Effective identification and measurement of systemic risk helps prevent systemic risks. This article breaks through the limitation of establishing systematic risk index system based on financial market department and attempts to establish the index system of systematic risk from the perspective of risk category based on the method of risk dashboard and uses the CISS method to synthesize systematic risk Composite Index CSRI. Empirical studies in this paper show that CSRI basically reflects the systematic risk situation of China's financial market, and it is robust to measuring China's systemic financial risk.

Keywords: Risk Dashboard; CSRI; VAR Model

B.16 The Development of Big Data in the Field of Internet Financial Supervision *Xiao Jie, Yin Zhentao* / 305

Abstract: Online finance relies on the Internet as a carrier and relies on technologies such as big data to shorten the transaction path through advanced technical means to form a typical financial innovation business. The essence of Online finance is the business change under the premise of information technology revolution. Under the new technology, through interpersonal and interpersonal relationships, we will participate in financial activities, including enterprises and individuals, to realize the essence of inclusive financial services and make better use of the market value of Online finance. Of course, this also virtually changed the pattern of the government's financial supervision in the past, bringing new challenges to financial regulation.

Online finance is based on the new means of information technology on the traditional business innovation, and the regulation of Online finance can't stay in the traditional ways and means. In the new era, it is of vital importance to use the technology of big data to monitor and supervise the Online finance industry, to achieve a high-quality and efficient regulatory strategy, to safeguard the interests of investors to the greatest extent and to ensure the normal operation of the market. This article is mainly from the Internet financial data monitoring and analysis as well as the Internet financial public opinion monitoring point of view, on the big data technology in the Internet financial regulatory means and methods for a preliminary study.

Keywords: Internet Finance; Big Data; P2P; Cash Loan; Public Opinion; Crawler

B. 17 An Analysis and Comparative Study on FinTech Supervisory Policies *Du Xiaoyu, Ba Jieru* / 322

Abstract: Representing the trend of comprehensive integration of finance and technology, the term of "FinTech" emphasizes the supplementary, supporting and optimizing functions of innovative technology on the financial services sectors. Due to the characteristics such as mixed-operation and decentralization of FinTech, highly sophisticated financial products that cross the regulatory regimes may emerge, bringing impacts and challenges to the existing regulatory framework. This article analyzes some of the domestic regulations and policies introduced to FinTech sectors in 2017, and sorts out the FinTech policies and positions of oversea regulatory bodies and international organizations. Finally, based on the market practices, this article puts forward specific suggestions on the sustainable developments of FinTech industry.

Keywords: FinTech; Regulations and Policies; Comparative Study; RegTech

B. 18 The International Experience and Enlightenment of Systemic Risk Macro Prudential Supervision

Xia Shiyuan / 350

Abstract: After the global financial crisis in 2008, the world's main economies began to re-examine the drawbacks of systemic risk and micro prudential supervision, and take the important transformation based on macro prudential supervision. At present, the new financial formats develop rapidly, and has greatly expanded the tentacles and operation boundaries of financial system, and at the same time, it also makes China's systemic financial risk management face greater challenges. China's economy has entered a period of high financial risk. However, the current segregation supervision model is faced with many challenges, like severe challenges brought by the transformation of the financial separation business pattern to the mixed operation pattern. Drawing lessons from the experience of policy reform in macro Prudential Management of the developed countries, it is an important way to prevent and resolve systemic financial risks by thoroughly analyzing the difficulties in the supervision of separate supervision system in China.

Keywords: Systemic Risk; Reverse Cycle; Macro Prudence; Financial Regulatory Model; International Experience

B.19 New Challenges in the Nexus of FinTech Innovation and Regulatory Models

Li Zeguang, Qian Ruochen and Ma Nan / 362

Abstract: This paper discusses the new characteristics and the amplification effects of the "new risks" brought by FinTech. We also investigate the new challenges to the RegTech from FinTech. First of all, this paper compares and analyzes each country's new ideological trend in FinTech. Then, we focus on the application of FinTech in risk control, development policy and practice of sandbox supervision and RegTech. And the main trends and models of different countries are sorted out in detail. Based on this, this paper makes an analysis from the perspective of FinTech's innovation and regulatory mismatch, so as to find out how to improve the regulation of Chinese FinTech industry.

Keywords: FinTech; Regulatory Sandbox; RegTech; Supervisory Mismatch

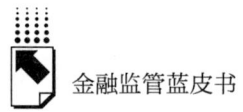

B. 20 The Risk Management Effects and System Improvement of

C‐ROSS *Wang Xiangnan, Zhou Hualin* / 385

Abstract: Since China's risk-oriented solvency system (C-ROSS) has been officially implemented, many problems of China's insurance market have been exposed. Those problems show the risk sensitivity of C-ROSS's indicators, but some problems also reveal the weakness of the C-ROSS. After analyzing the achievements and weakness of the C-ROSS's risk management, this report puts forward some regulatory proposals to increase the risk management ability of C-ROSS.

Keywords: Insurance Regulation; C-ROSS; Emerging Risk; Capital; Liquidity

B. 21 The Impact of High-frequency Trading on Market

—*Taking China as an Example* *Wu Liang* / 400

Abstract: High-frequency trading is a product of financial markets technical progress, which is a "double-edged sword" on capital market. On the one hand, high-frequency trading can smooth different markets, and provide liquidity in the market, improve the efficiency of price discovery, overcome the influence of human factors in trading. On the other hand, high-frequency trading has also increased market volatility, affect the market fairness, increase technology system stress. Specific to the Chinese market, we analyzed the actual transaction data from June to September 2015 and tried to study the market impact of high-frequency trading in the extreme scenario of the Chinese market, trying to explore the law and characteristics of high-frequency trading and help strengthen and improve regulatory effectiveness in China.

Keywords: Programming Trading; Financial Regulation; Financial Risk; High-frequency Trading

B. 22　The Risk Features and Regulation of Private Funds in China

Yang Kai / 414

Abstract: This paper analyzes the rapid growth of private funds in these years firstly. Then, according to the operations of different kinds of private funds, we find out the risk features that private funds may have from two aspects, the steadiness of a fund and its impact on systemic risk. After that, we introduces some problems of private funds in practice, and the main challenges which private funds will meet in the development process as well as the mismatch between the regulation and risks. Our research shows that the regulation in terms of risks created by asymmetry information has been fully noticed, but the flexibility can still be improved. Meanwhile, it is necessary to enhance the regulation on other types of fund, private equity funds and venture capital funds. Finally, we propose some relevant advices.

Keywords: Private Funds; Risk Features; Regulation

Ⅳ　Appendix

B. 23　Financial Regulation Events 2017　　*Lv Zhicheng / 429*

《中国金融监管报告（2019）》
征 稿 启 事

  金融法律与金融监管研究基地主要从事金融法律与金融监管的理论研究、教学以及咨询、培训、学术交流等工作，致力于从监管的角度跟踪研究我国金融领域的各方面问题，并向社会公布其研究成果。该基地整合中国社会科学院院内院外多学科专家、学者的研究力量，并与我国金融监管部门、相关金融机构及研究机构建立稳定的合作关系。自2005年起，基地每年组织编写《中国金融监管报告》，作为该领域的年度出版物，集中、系统、全面、持续地反映中国金融监管的现状、发展和改革进程。

  《中国金融监管报告》的定位是"记载事实"、"客观评论"，以及"金融和法律交叉研究"。资料翔实、系统，评论客观、准确，金融学和法学的多视角分析，是我们的基本要求。

  《中国金融监管报告（2019）》一书的编写工作将于2018年9月开始，我们欢迎金融领域的专家、学者和其他专业人士赐稿。来稿形式不拘，字数10000～15000字。稿件可以用纸面或者电子邮件方式发出。来稿应具有一定的理论高度或者具有重要的现实意义，文献引注规范，并且未公开发表。来稿请注明作者的姓名、单位、职务、职称和联系方式。稿件发出后2个月如无回复可另投其他出版物。

  金融法律与金融监管研究基地期待以《中国金融监管报告》为媒介和平台，与社会各界进行广泛的合作和交流，共同为中国金融法治和监管事业而努力。

联系地址：北京市朝阳区曙光西里28号中冶大厦1101室
     金融法律与金融监管研究基地
邮政编码：100028
联系电话：（010）59868205
联 系 人：尹振涛
电子信箱：flr-cass@cass.org.cn

金融法律与金融监管研究基地
2018年3月

社会科学文献出版社　　　　　　　　　　　　　　　皮书系列

❖ 皮书起源 ❖

"皮书"起源于十七、十八世纪的英国,主要指官方或社会组织正式发表的重要文件或报告,多以"白皮书"命名。在中国,"皮书"这一概念被社会广泛接受,并被成功运作、发展成为一种全新的出版形态,则源于中国社会科学院社会科学文献出版社。

❖ 皮书定义 ❖

皮书是对中国与世界发展状况和热点问题进行年度监测,以专业的角度、专家的视野和实证研究方法,针对某一领域或区域现状与发展态势展开分析和预测,具备原创性、实证性、专业性、连续性、前沿性、时效性等特点的公开出版物,由一系列权威研究报告组成。

❖ 皮书作者 ❖

皮书系列的作者以中国社会科学院、著名高校、地方社会科学院的研究人员为主,多为国内一流研究机构的权威专家学者,他们的看法和观点代表了学界对中国与世界的现实和未来最高水平的解读与分析。

❖ 皮书荣誉 ❖

皮书系列已成为社会科学文献出版社的著名图书品牌和中国社会科学院的知名学术品牌。2016年,皮书系列正式列入"十三五"国家重点出版规划项目;2013~2018年,重点皮书列入中国社会科学院承担的国家哲学社会科学创新工程项目;2018年,59种院外皮书使用"中国社会科学院创新工程学术出版项目"标识。

中国皮书网

（网址：www.pishu.cn）

发布皮书研创资讯，传播皮书精彩内容
引领皮书出版潮流，打造皮书服务平台

栏目设置

关于皮书：何谓皮书、皮书分类、皮书大事记、皮书荣誉、
皮书出版第一人、皮书编辑部

最新资讯：通知公告、新闻动态、媒体聚焦、网站专题、视频直播、下载专区

皮书研创：皮书规范、皮书选题、皮书出版、皮书研究、研创团队

皮书评奖评价：指标体系、皮书评价、皮书评奖

互动专区：皮书说、社科数托邦、皮书微博、留言板

所获荣誉

2008年、2011年，中国皮书网均在全国新闻出版业网站荣誉评选中获得"最具商业价值网站"称号；

2012年，获得"出版业网站百强"称号。

网库合一

2014年，中国皮书网与皮书数据库端口合一，实现资源共享。

权威报告·一手数据·特色资源

皮书数据库
ANNUAL REPORT(YEARBOOK) DATABASE

当代中国经济与社会发展高端智库平台

所获荣誉

- 2016年，入选"'十三五'国家重点电子出版物出版规划骨干工程"
- 2015年，荣获"搜索中国正能量 点赞2015""创新中国科技创新奖"
- 2013年，荣获"中国出版政府奖·网络出版物奖"提名奖
- 连续多年荣获中国数字出版博览会"数字出版·优秀品牌"奖

成为会员

通过网址www.pishu.com.cn或使用手机扫描二维码进入皮书数据库网站，进行手机号码验证或邮箱验证即可成为皮书数据库会员（建议通过手机号码快速验证注册）。

会员福利

- 使用手机号码首次注册的会员，账号自动充值100元体验金，可直接购买和查看数据库内容（仅限使用手机号码快速注册）。
- 已注册用户购书后可免费获赠100元皮书数据库充值卡。刮开充值卡涂层获取充值密码，登录并进入"会员中心"—"在线充值"—"充值卡充值"，充值成功后即可购买和查看数据库内容。

数据库服务热线：400-008-6695
数据库服务QQ：2475522410
数据库服务邮箱：database@ssap.cn
图书销售热线：010-59367070/7028
图书服务QQ：1265056568
图书服务邮箱：duzhe@ssap.cn

社会科学文献出版社 皮书系列
SOCIAL SCIENCES ACADEMIC PRESS (CHINA)

卡号：993273363292
密码：

S 基本子库
SUB DATABASE

中国社会发展数据库（下设12个子库）

全面整合国内外中国社会发展研究成果，汇聚独家统计数据、深度分析报告，涉及社会、人口、政治、教育、法律等12个领域，为了解中国社会发展动态、跟踪社会核心热点、分析社会发展趋势提供一站式资源搜索和数据分析与挖掘服务。

中国经济发展数据库（下设12个子库）

基于"皮书系列"中涉及中国经济发展的研究资料构建，内容涵盖宏观经济、农业经济、工业经济、产业经济等12个重点经济领域，为实时掌控经济运行态势、把握经济发展规律、洞察经济形势、进行经济决策提供参考和依据。

中国行业发展数据库（下设17个子库）

以中国国民经济行业分类为依据，覆盖金融业、旅游、医疗卫生、交通运输、能源矿产等100多个行业，跟踪分析国民经济相关行业市场运行状况和政策导向，汇集行业发展前沿资讯，为投资、从业及各种经济决策提供理论基础和实践指导。

中国区域发展数据库（下设6个子库）

对中国特定区域内的经济、社会、文化等领域现状与发展情况进行深度分析和预测，研究层级至县及县以下行政区，涉及地区、区域经济体、城市、农村等不同维度。为地方经济社会宏观态势研究、发展经验研究、案例分析提供数据服务。

中国文化传媒数据库（下设18个子库）

汇聚文化传媒领域专家观点、热点资讯，梳理国内外中国文化发展相关学术研究成果、一手统计数据，涵盖文化产业、新闻传播、电影娱乐、文学艺术、群众文化等18个重点研究领域。为文化传媒研究提供相关数据、研究报告和综合分析服务。

世界经济与国际关系数据库（下设6个子库）

立足"皮书系列"世界经济、国际关系相关学术资源，整合世界经济、国际政治、世界文化与科技、全球性问题、国际组织与国际法、区域研究6大领域研究成果，为世界经济与国际关系研究提供全方位数据分析，为决策和形势研判提供参考。

法律声明

"皮书系列"(含蓝皮书、绿皮书、黄皮书)之品牌由社会科学文献出版社最早使用并持续至今,现已被中国图书市场所熟知。"皮书系列"的相关商标已在中华人民共和国国家工商行政管理总局商标局注册,如LOGO( )、皮书、Pishu、经济蓝皮书、社会蓝皮书等。"皮书系列"图书的注册商标专用权及封面设计、版式设计的著作权均为社会科学文献出版社所有。未经社会科学文献出版社书面授权许可,任何使用与"皮书系列"图书注册商标、封面设计、版式设计相同或者近似的文字、图形或其组合的行为均系侵权行为。

经作者授权,本书的专有出版权及信息网络传播权等为社会科学文献出版社享有。未经社会科学文献出版社书面授权许可,任何就本书内容的复制、发行或以数字形式进行网络传播的行为均系侵权行为。

社会科学文献出版社将通过法律途径追究上述侵权行为的法律责任,维护自身合法权益。

欢迎社会各界人士对侵犯社会科学文献出版社上述权利的侵权行为进行举报。电话:010-59367121,电子邮箱:fawubu@ssap.cn。

社会科学文献出版社

皮书系列

2018年

智库成果出版与传播平台

社会科学文献出版社
SOCIAL SCIENCES ACADEMIC PRESS (CHINA)

社长致辞

蓦然回首,皮书的专业化历程已经走过了二十年。20年来从一个出版社的学术产品名称到媒体热词再到智库成果研创及传播平台,皮书以专业化为主线,进行了系列化、市场化、品牌化、数字化、国际化、平台化的运作,实现了跨越式的发展。特别是在党的十八大以后,以习近平总书记为核心的党中央高度重视新型智库建设,皮书也迎来了长足的发展,总品种达到600余种,经过专业评审机制、淘汰机制遴选,目前,每年稳定出版近400个品种。"皮书"已经成为中国新型智库建设的抓手,成为国际国内社会各界快速、便捷地了解真实中国的最佳窗口。

20年孜孜以求,"皮书"始终将自己的研究视野与经济社会发展中的前沿热点问题紧密相连。600个研究领域,3万多位分布于800余个研究机构的专家学者参与了研创写作。皮书数据库中共收录了15万篇专业报告,50余万张数据图表,合计30亿字,每年报告下载量近80万次。皮书为中国学术与社会发展实践的结合提供了一个激荡智力、传播思想的入口,皮书作者们用学术的话语、客观翔实的数据谱写出了中国故事壮丽的篇章。

20年跬步千里,"皮书"始终将自己的发展与时代赋予的使命与责任紧紧相连。每年百余场新闻发布会,10万余次中外媒体报道,中、英、俄、日、韩等12个语种共同出版。皮书所具有的凝聚力正在形成一种无形的力量,吸引着社会各界关注中国的发展,参与中国的发展,它是我们向世界传递中国声音、总结中国经验、争取中国国际话语权最主要的平台。

皮书这一系列成就的取得,得益于中国改革开放的伟大时代,离不开来自中国社会科学院、新闻出版广电总局、全国哲学社会科学规划办公室等主管部门的大力支持和帮助,也离不开皮书研创者和出版者的共同努力。他们与皮书的故事创造了皮书的历史,他们对皮书的拳拳之心将继续谱写皮书的未来!

现在,"皮书"品牌已经进入了快速成长的青壮年时期。全方位进行规范化管理,树立中国的学术出版标准;不断提升皮书的内容质量和影响力,搭建起中国智库产品和智库建设的交流服务平台和国际传播平台;发布各类皮书指数,并使之成为中国指数,让中国智库的声音响彻世界舞台,为人类的发展做出中国的贡献——这是皮书未来发展的图景。作为"皮书"这个概念的提出者,"皮书"从一般图书到系列图书和品牌图书,最终成为智库研究和社会科学应用对策研究的知识服务和成果推广平台这整个过程的操盘者,我相信,这也是每一位皮书人执着追求的目标。

"当代中国正经历着我国历史上最为广泛而深刻的社会变革,也正在进行着人类历史上最为宏大而独特的实践创新。这种前无古人的伟大实践,必将给理论创造、学术繁荣提供强大动力和广阔空间。"

在这个需要思想而且一定能够产生思想的时代,皮书的研创出版一定能创造出新的更大的辉煌!

社会科学文献出版社社长
中国社会学会秘书长
2017年11月

社会科学文献出版社简介

社会科学文献出版社（以下简称"社科文献出版社"）成立于1985年，是直属于中国社会科学院的人文社会科学学术出版机构。成立至今，社科文献出版社始终依托中国社会科学院和国内外人文社会科学界丰厚的学术出版和专家学者资源，坚持"创社科经典，出传世文献"的出版理念、"权威、前沿、原创"的产品定位以及学术成果和智库成果出版的专业化、数字化、国际化、市场化的经营道路。

社科文献出版社是中国新闻出版业转型与文化体制改革的先行者。积极探索文化体制改革的先进方向和现代企业经营决策机制，社科文献出版社先后荣获"全国文化体制改革工作先进单位"、中国出版政府奖·先进出版单位奖，中国社会科学院先进集体、全国科普工作先进集体等荣誉称号。多人次荣获"第十届韬奋出版奖""全国新闻出版行业领军人才""数字出版先进人物""北京市新闻出版广电行业领军人才"等称号。

社科文献出版社是中国人文社会科学学术出版的大社名社，也是以皮书为代表的智库成果出版的专业强社。年出版图书2000余种，其中皮书400余种，出版新书字数5.5亿字，承印与发行中国社科院院属期刊72种，先后创立了皮书系列、列国志、中国史库、社科文献学术译库、社科文献学术文库、甲骨文书系等一大批既有学术影响又有市场价值的品牌，确立了在社会学、近代史、苏东问题研究等专业学科及领域出版的领先地位。图书多次荣获中国出版政府奖、"三个一百"原创图书出版工程、"五个'一'工程奖"、"大众喜爱的50种图书"等奖项，在中央国家机关"强素质·做表率"读书活动中，入选图书品种数位居各大出版社之首。

社科文献出版社是中国学术出版规范与标准的倡议者与制定者，代表全国50多家出版社发起实施学术著作出版规范的倡议，承担学术著作规范国家标准的起草工作，率先编撰完成《皮书手册》对皮书品牌进行规范化管理，并在此基础上推出中国版芝加哥手册——《社科文献出版社学术出版手册》。

社科文献出版社是中国数字出版的引领者，拥有皮书数据库、列国志数据库、"一带一路"数据库、减贫数据库、集刊数据库等4大产品线11个数据库产品，机构用户达1300余家，海外用户百余家，荣获"数字出版转型示范单位""新闻出版标准化先进单位""专业数字内容资源知识服务模式试点企业标准化示范单位"等称号。

社科文献出版社是中国学术出版走出去的践行者。社科文献出版社海外图书出版与学术合作业务遍及全球40余个国家和地区，并于2016年成立俄罗斯分社，累计输出图书500余种，涉及近20个语种，累计获得国家社科基金中华学术外译项目资助76种、"丝路书香工程"项目资助60种、中国图书对外推广计划项目资助71种以及经典中国国际出版工程资助28种，被五部委联合认定为"2015-2016年度国家文化出口重点企业"。

如今，社科文献出版社完全靠自身积累拥有固定资产3.6亿元，年收入3亿元，设置了七大出版分社、六大专业部门，成立了皮书研究院和博士后科研工作站，培养了一支近400人的高素质与高效率的编辑、出版、营销和国际推广队伍，为未来成为学术出版的大社、名社、强社，成为文化体制改革与文化企业转型发展的排头兵奠定了坚实的基础。

 宏观经济类 | 皮书系列 重点推荐

宏观经济类

经济蓝皮书
2018年中国经济形势分析与预测
李平 / 主编　2017年12月出版　定价：89.00元

◆ 本书为总理基金项目，由著名经济学家李扬领衔，联合中国社会科学院等数十家科研机构、国家部委和高等院校的专家共同撰写，系统分析了2017年的中国经济形势并预测2018年中国经济运行情况。

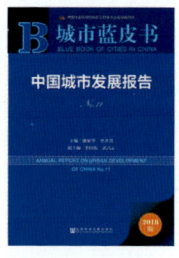

城市蓝皮书
中国城市发展报告 No.11
潘家华　单菁菁 / 主编　2018年9月出版　估价：99.00元

◆ 本书是由中国社会科学院城市发展与环境研究中心编著的，多角度、全方位地立体展示了中国城市的发展状况，并对中国城市的未来发展提出了许多建议。该书有强烈的时代感，对中国城市发展实践有重要的参考价值。

人口与劳动绿皮书
中国人口与劳动问题报告 No.19
张车伟 / 主编　2018年10月出版　估价：99.00元

◆ 本书为中国社会科学院人口与劳动经济研究所主编的年度报告，对当前中国人口与劳动形势做了比较全面和系统的深入讨论，为研究中国人口与劳动问题提供了一个专业性的视角。

皮书系列 重点推荐 宏观经济类·区域经济类

中国省域竞争力蓝皮书
中国省域经济综合竞争力发展报告（2017~2018）
李建平 李闽榕 高燕京 / 主编　2018年5月出版　估价：198.00元

◆ 本书融多学科的理论为一体，深入追踪研究了省域经济发展与中国国家竞争力的内在关系，为提升中国省域经济综合竞争力提供有价值的决策依据。

金融蓝皮书
中国金融发展报告（2018）
王国刚 / 主编　2018年2月出版　估价：99.00元

◆ 本书由中国社会科学院金融研究所组织编写，概括和分析了2017年中国金融发展和运行中的各方面情况，研讨和评论了2017年发生的主要金融事件，有利于读者了解掌握2017年中国的金融状况，把握2018年中国金融的走势。

区域经济类

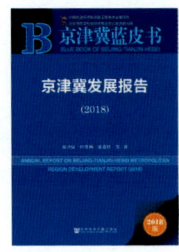

京津冀蓝皮书
京津冀发展报告（2018）
祝合良　叶堂林　张贵祥 / 等著　2018年6月出版　估价：99.00元

◆ 本书遵循问题导向与目标导向相结合、统计数据分析与大数据分析相结合、纵向分析和长期监测与结构分析和综合监测相结合等原则，对京津冀协同发展新形势与新进展进行测度与评价。

社 会 政 法 类

社会蓝皮书
2018年中国社会形势分析与预测
李培林 陈光金 张翼 / 主编　2017年12月出版　定价：89.00元

◆ 本书由中国社会科学院社会学研究所组织研究机构专家、高校学者和政府研究人员撰写，聚焦当下社会热点，对2017年中国社会发展的各个方面内容进行了权威解读，同时对2018年社会形势发展趋势进行了预测。

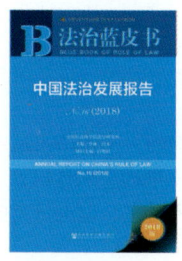

法治蓝皮书
中国法治发展报告No.16（2018）
李林 田禾 / 主编　2018年3月出版　估价：118.00元

◆ 本年度法治蓝皮书回顾总结了2017年度中国法治发展取得的成就和存在的不足，对中国政府、司法、检务透明度进行了跟踪调研，并对2018年中国法治发展形势进行了预测和展望。

教育蓝皮书
中国教育发展报告（2018）
杨东平 / 主编　2018年4月出版　估价：99.00元

◆ 本书重点关注了2017年教育领域的热点，资料翔实，分析有据，既有专题研究，又有实践案例，从多角度对2017年教育改革和实践进行了分析和研究。

皮书系列 重点推荐 社会政法类

社会体制蓝皮书
中国社会体制改革报告 No.6（2018）

龚维斌 / 主编　2018 年 3 月出版　估价：99.00 元

◆ 本书由国家行政学院社会治理研究中心和北京师范大学中国社会管理研究院共同组织编写，主要对 2017 年社会体制改革情况进行回顾和总结，对 2018 年的改革走向进行分析，提出相关政策建议。

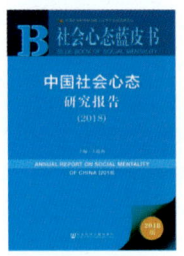

社会心态蓝皮书
中国社会心态研究报告（2018）

王俊秀　杨宜音 / 主编　2018 年 12 月出版　估价：99.00 元

◆ 本书是中国社会科学院社会学研究所社会心理研究中心"社会心态蓝皮书课题组"的年度研究成果，运用社会心理学、社会学、经济学、传播学等多种学科的方法进行了调查和研究，对于目前中国社会心态状况有较广泛和深入的揭示。

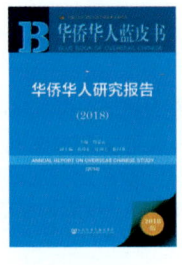

华侨华人蓝皮书
华侨华人研究报告（2018）

贾益民 / 主编　2018 年 1 月出版　估价：139.00 元

◆ 本书关注华侨华人生产与生活的方方面面。华侨华人是中国建设 21 世纪海上丝绸之路的重要中介者、推动者和参与者。本书旨在全面调研华侨华人，提供最新涉侨动态、理论研究成果和政策建议。

民族发展蓝皮书
中国民族发展报告（2018）

王延中 / 主编　2018 年 10 月出版　估价：188.00 元

◆ 本书从民族学人类学视角，研究近年来少数民族和民族地区的发展情况，展示民族地区经济、政治、文化、社会和生态文明"五位一体"建设取得的辉煌成就和面临的困难挑战，为深刻理解中央民族工作会议精神、加快民族地区全面建成小康社会进程提供了实证材料。

产业经济类

房地产蓝皮书
中国房地产发展报告 No.15（2018）

李春华　王业强 / 主编　2018 年 5 月出版　估价：99.00 元

◆ 2018 年《房地产蓝皮书》持续追踪中国房地产市场最新动态，深度剖析市场热点，展望 2018 年发展趋势，积极谋划应对策略。对 2017 年房地产市场的发展态势进行全面、综合的分析。

新能源汽车蓝皮书
中国新能源汽车产业发展报告（2018）

中国汽车技术研究中心　日产（中国）投资有限公司
东风汽车有限公司 / 编著　2018 年 8 月出版　估价：99.00 元

◆ 本书对中国 2017 年新能源汽车产业发展进行了全面系统的分析，并介绍了国外的发展经验。有助于相关机构、行业和社会公众等了解中国新能源汽车产业发展的最新动态，为政府部门出台新能源汽车产业相关政策法规、企业制定相关战略规划，提供必要的借鉴和参考。

行业及其他类

旅游绿皮书
2017～2018 年中国旅游发展分析与预测

中国社会科学院旅游研究中心 / 编　2018 年 2 月出版　估价：99.00 元

◆ 本书从政策、产业、市场、社会等多个角度勾画出 2017 年中国旅游发展全貌，剖析了其中的热点和核心问题，并就未来发展作出预测。

民营医院蓝皮书
中国民营医院发展报告（2018）
薛晓林 / 主编　2018年1月出版　估价：99.00元

◆ 本书在梳理国家对社会办医的各种利好政策的前提下，对我国民营医疗发展现状、我国民营医院竞争力进行了分析，并结合我国医疗体制改革对民营医院的发展趋势、发展策略、战略规划等方面进行了预估。

会展蓝皮书
中外会展业动态评估研究报告（2018）
张敏 / 主编　2018年12月出版　估价：99.00元

◆ 本书回顾了2017年的会展业发展动态，结合"供给侧改革"、"互联网+"、"绿色经济"的新形势分析了我国展会的行业现状，并介绍了国外的发展经验，有助于行业和社会了解最新的展会业动态。

中国上市公司蓝皮书
中国上市公司发展报告（2018）
张平　王宏淼 / 主编　2018年9月出版　估价：99.00元

◆ 本书由中国社会科学院上市公司研究中心组织编写的，着力于全面、真实、客观反映当前中国上市公司财务状况和价值评估的综合性年度报告。本书详尽分析了2017年中国上市公司情况，特别是现实中暴露出的制度性、基础性问题，并对资本市场改革进行了探讨。

工业和信息化蓝皮书
人工智能发展报告（2017～2018）
尹丽波 / 主编　2018年6月出版　估价：99.00元

◆ 本书国家工业信息安全发展研究中心在对2017年全球人工智能技术和产业进行全面跟踪研究基础上形成的研究报告。该报告内容翔实、视角独特，具有较强的产业发展前瞻性和预测性，可为相关主管部门、行业协会、企业等全面了解人工智能发展形势以及进行科学决策提供参考。

 国际问题与全球治理类 皮书系列 重点推荐

国际问题与全球治理类

世界经济黄皮书
2018年世界经济形势分析与预测

张宇燕 / 主编　2018年1月出版　估价：99.00元

◆ 本书由中国社会科学院世界经济与政治研究所的研究团队撰写，分总论、国别与地区、专题、热点、世界经济统计与预测等五个部分，对2018年世界经济形势进行了分析。

国际城市蓝皮书
国际城市发展报告（2018）

屠启宇 / 主编　2018年2月出版　估价：99.00元

◆ 本书作者以上海社会科学院从事国际城市研究的学者团队为核心，汇集同济大学、华东师范大学、复旦大学、上海交通大学、南京大学、浙江大学相关城市研究专业学者。立足动态跟踪介绍国际城市发展时间中，最新出现的重大战略、重大理念、重大项目、重大报告和最佳案例。

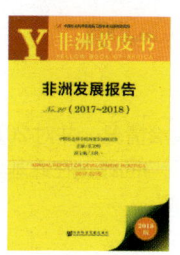

非洲黄皮书
非洲发展报告No.20（2017~2018）

张宏明 / 主编　2018年7月出版　估价：99.00元

◆ 本书是由中国社会科学院西亚非洲研究所组织编撰的非洲形势年度报告，比较全面、系统地分析了2017年非洲政治形势和热点问题，探讨了非洲经济形势和市场走向，剖析了大国对非洲关系的新动向；此外，还介绍了国内非洲研究的新成果。

皮书系列
重点推荐　国别类

国别类

美国蓝皮书
美国研究报告（2018）
郑秉文　黄平 / 主编　2018年5月出版　估价：99.00元

◆ 本书是由中国社会科学院美国研究所主持完成的研究成果，它回顾了美国2017年的经济、政治形势与外交战略，对美国内政外交发生的重大事件及重要政策进行了较为全面的回顾和梳理。

德国蓝皮书
德国发展报告（2018）
郑春荣 / 主编　2018年6月出版　估价：99.00元

◆ 本报告由同济大学德国研究所组织编撰，由该领域的专家学者对德国的政治、经济、社会文化、外交等方面的形势发展情况，进行全面的阐述与分析。

俄罗斯黄皮书
俄罗斯发展报告（2018）
李永全 / 编著　2018年6月出版　估价：99.00元

◆ 本书系统介绍了2017年俄罗斯经济政治情况，并对2016年该地区发生的焦点、热点问题进行了分析与回顾；在此基础上，对该地区2018年的发展前景进行了预测。

 文化传媒类　　皮书系列 重点推荐

文化传媒类

新媒体蓝皮书
中国新媒体发展报告No.9（2018）
唐绪军 / 主编　　2018年6月出版　　估价：99.00元

◆ 本书是由中国社会科学院新闻与传播研究所组织编写的关于新媒体发展的最新年度报告，旨在全面分析中国新媒体的发展现状，解读新媒体的发展趋势，探析新媒体的深刻影响。

移动互联网蓝皮书
中国移动互联网发展报告（2018）
余清楚 / 主编　　2018年6月出版　　估价：99.00元

◆ 本书着眼于对2017年度中国移动互联网的发展情况做深入解析，对未来发展趋势进行预测，力求从不同视角、不同层面全面剖析中国移动互联网发展的现状、年度突破及热点趋势等。

文化蓝皮书
中国文化消费需求景气评价报告（2018）
王亚南 / 主编　　2018年2月出版　　估价：99.00元

◆ 本书首创全国文化发展量化检测评价体系，也是至今全国唯一的文化民生量化检测评价体系，对于检验全国及各地"以人民为中心"的文化发展具有首创意义。

地方发展类

北京蓝皮书
北京经济发展报告（2017~2018）

杨松 / 主编　2018年6月出版　估价：99.00元

◆ 本书对2017年北京市经济发展的整体形势进行了系统性的分析与回顾，并对2018年经济形势走势进行了预测与研判，聚焦北京市经济社会发展中的全局性、战略性和关键领域的重点问题，运用定量和定性分析相结合的方法，对北京市经济社会发展的现状、问题、成因进行了深入分析，提出了可操作性的对策建议。

温州蓝皮书
2018年温州经济社会形势分析与预测

蒋儒标　王春光　金浩 / 主编　2018年4月出版　估价：99.00元

◆ 本书是中共温州市委党校和中国社会科学院社会学研究所合作推出的第十一本温州蓝皮书，由来自党校、政府部门、科研机构、高校的专家、学者共同撰写的2017年温州区域发展形势的最新研究成果。

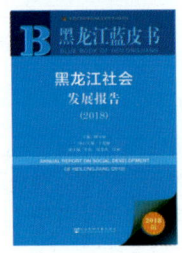

黑龙江蓝皮书
黑龙江社会发展报告（2018）

王爱丽 / 主编　2018年6月出版　估价：99.00元

◆ 本书以千份随机抽样问卷调查和专题研究为依据，运用社会学理论框架和分析方法，从专家和学者的独特视角，对2017年黑龙江省关系民生的问题进行广泛的调研与分析，并对2017年黑龙江省诸多社会热点和焦点问题进行了有益的探索。这些研究不仅可以为政府部门更加全面深入了解省情、科学制定决策提供智力支持，同时也可以为广大读者认识、了解、关注黑龙江社会发展提供理性思考。

宏观经济类

城市蓝皮书
中国城市发展报告（No.11）
著(编)者：潘家华 单菁菁
2018年9月出版 / 估价：99.00元
PSN B-2007-091-1/1

城乡一体化蓝皮书
中国城乡一体化发展报告（2018）
著(编)者：付崇兰
2018年9月出版 / 估价：99.00元
PSN B-2011-226-1/2

城镇化蓝皮书
中国新型城镇化健康发展报告（2018）
著(编)者：张占斌
2018年8月出版 / 估价：99.00元
PSN B-2014-396-1/1

创新蓝皮书
创新型国家建设报告（2018~2019）
著(编)者：詹正茂
2018年12月出版 / 估价：99.00元
PSN B-2009-140-1/1

低碳发展蓝皮书
中国低碳发展报告（2018）
著(编)者：张希良 齐晔
2018年6月出版 / 估价：99.00元
PSN B-2011-223-1/1

低碳经济蓝皮书
中国低碳经济发展报告（2018）
著(编)者：薛进军 赵忠秀
2018年11月出版 / 估价：99.00元
PSN B-2011-194-1/1

发展和改革蓝皮书
中国经济发展和体制改革报告No.9
著(编)者：邹东涛 王再文
2018年1月出版 / 估价：99.00元
PSN B-2008-122-1/1

国家创新蓝皮书
中国创新发展报告（2017）
著(编)者：陈劲
2018年3月出版 / 估价：99.00元
PSN B-2014-370-1/1

金融蓝皮书
中国金融发展报告（2018）
著(编)者：王国刚
2018年2月出版 / 估价：99.00元
PSN B-2004-031-1/7

经济蓝皮书
2018年中国经济形势分析与预测
著(编)者：李平　2017年12月出版 / 定价：89.00元
PSN B-1996-001-1/1

经济蓝皮书春季号
2018年中国经济前景分析
著(编)者：李扬　2018年5月出版 / 估价：99.00元
PSN B-1999-008-1/1

经济蓝皮书夏季号
中国经济增长报告（2017~2018）
著(编)者：李扬　2018年9月出版 / 估价：99.00元
PSN B-2010-176-1/1

经济信息绿皮书
中国与世界经济发展报告（2018）
著(编)者：杜平
2017年12月出版 / 估价：99.00元
PSN G-2003-023-1/1

农村绿皮书
中国农村经济形势分析与预测（2017~2018）
著(编)者：魏后凯 黄秉信
2018年4月出版 / 估价：99.00元
PSN G-1998-003-1/1

人口与劳动绿皮书
中国人口与劳动问题报告No.19
著(编)者：张车伟　2018年11月出版 / 估价：99.00元
PSN G-2000-012-1/1

新型城镇化蓝皮书
新型城镇化发展报告（2017）
著(编)者：李伟 宋敏 沈体雁
2018年3月出版 / 估价：99.00元
PSN B-2005-038-1/1

中国省域竞争力蓝皮书
中国省域经济综合竞争力发展报告（2016~2017）
著(编)者：李建平 李闽榕 高燕京
2018年2月出版 / 估价：198.00元
PSN B-2007-088-1/1

中小城市绿皮书
中国中小城市发展报告（2018）
著(编)者：中国城市经济学会中小城市经济发展委员会
　　　　　中国城镇化促进会中小城市发展委员会
　　　　　《中国中小城市发展报告》编纂委员会
　　　　　中小城市发展战略研究院
2018年11月出版 / 估价：128.00元
PSN G-2010-161-1/1

皮书系列 2018全品种
区域经济类 · 社会政法类

区域经济类

东北蓝皮书
中国东北地区发展报告（2018）
著（编）者：姜晓秋　2018年11月出版／估价：99.00元
PSN B-2006-067-1/1

金融蓝皮书
中国金融中心发展报告（2017~2018）
著（编）者：王力　黄育华　2018年11月出版／估价：99.00元
PSN B-2011-186-6/7

京津冀蓝皮书
京津冀发展报告（2018）
著（编）者：祝合良　叶堂林　张贵祥
2018年6月出版／估价：99.00元
PSN B-2012-262-1/1

西北蓝皮书
中国西北发展报告（2018）
著（编）者：任宗哲　白宽犁　王建康
2018年4月出版／估价：99.00元
PSN B-2012-261-1/1

西部蓝皮书
中国西部发展报告（2018）
著（编）者：璋勇　任保平　2018年8月出版／估价：99.00元
PSN B-2005-039-1/1

长江经济带产业蓝皮书
长江经济带产业发展报告（2018）
著（编）者：吴传清　2018年11月出版／估价：128.00元
PSN B-2017-666-1/1

长江经济带蓝皮书
长江经济带发展报告（2017~2018）
著（编）者：王振　2018年11月出版／估价：99.00元
PSN B-2016-575-1/1

长江中游城市群蓝皮书
长江中游城市群新型城镇化与产业协同发展报告（2018）
著（编）者：杨刚强　2018年11月出版／估价：99.00元
PSN B-2016-578-1/1

长三角蓝皮书
2017年创新融合发展的长三角
著（编）者：刘飞跃　2018年3月出版／估价：99.00元
PSN B-2005-038-1/1

长株潭城市群蓝皮书
长株潭城市群发展报告（2017）
著（编）者：张萍　朱有志　2018年1月出版／估价：99.00元
PSN B-2008-109-1/1

中部竞争力蓝皮书
中国中部经济社会竞争力报告（2018）
著（编）者：教育部人文社会科学重点研究基地南昌大学中国中部经济社会发展研究中心
2018年12月出版／估价：99.00元
PSN B-2012-276-1/1

中部蓝皮书
中国中部地区发展报告（2018）
著（编）者：宋亚平　2018年12月出版／估价：99.00元
PSN B-2007-089-1/1

区域蓝皮书
中国区域经济发展报告（2017~2018）
著（编）者：赵弘　2018年5月出版／估价：99.00元
PSN B-2004-034-1/1

中三角蓝皮书
长江中游城市群发展报告（2018）
著（编）者：秦尊文　2018年9月出版／估价：99.00元
PSN B-2014-417-1/1

中原蓝皮书
中原经济区发展报告（2018）
著（编）者：李英杰　2018年6月出版／估价：99.00元
PSN B-2011-192-1/1

珠三角流通蓝皮书
珠三角商圈发展研究报告（2018）
著（编）者：王先庆　林至颖　2018年7月出版／估价：99.00元
PSN B-2012-292-1/1

社会政法类

北京蓝皮书
中国社区发展报告（2017~2018）
著（编）者：于燕燕　2018年9月出版／估价：99.00元
PSN B-2007-083-5/8

殡葬绿皮书
中国殡葬事业发展报告（2017~2018）
著（编）者：李伯森　2018年4月出版／估价：158.00元
PSN G-2010-180-1/1

城市管理蓝皮书
中国城市管理报告（2017-2018）
著（编）者：刘林　刘承水　2018年5月出版／估价：158.00元
PSN B-2013-336-1/1

城市生活质量蓝皮书
中国城市生活质量报告（2017）
著（编）者：张连城　张平　杨春学　郎丽华
2018年2月出版／估价：99.00元
PSN B-2013-326-1/1

社会政法类 | **皮书系列 2018全品种**

城市政府能力蓝皮书
中国城市政府公共服务能力评估报告（2018）
著(编)者：何艳玲　　2018年4月出版／估价：99.00元
PSN B-2013-338-1/1

创业蓝皮书
中国创业发展研究报告（2017~2018）
著(编)者：黄群慧　赵卫星　钟宏武
2018年11月出版／估价：99.00元
PSN B-2016-577-1/1

慈善蓝皮书
中国慈善发展报告（2018）
著(编)者：杨团　　2018年6月出版／估价：99.00元
PSN B-2009-142-1/1

党建蓝皮书
党的建设研究报告No.2（2018）
著(编)者：崔建民　陈东平　　2018年1月出版／估价：99.00元
PSN B-2016-523-1/1

地方法治蓝皮书
中国地方法治发展报告No.3（2018）
著(编)者：李林　田禾　　2018年3月出版／估价：118.00元
PSN B-2015-442-1/1

电子政务蓝皮书
中国电子政务发展报告（2018）
著(编)者：李季　　2018年8月出版／估价：99.00元
PSN B-2003-022-1/1

法治蓝皮书
中国法治发展报告No.16（2018）
著(编)者：吕艳滨　　2018年3月出版／估价：118.00元
PSN B-2004-027-1/3

法治蓝皮书
中国法院信息化发展报告No.2（2018）
著(编)者：李林　田禾　　2018年2月出版／估价：108.00元
PSN B-2017-604-3/3

法治政府蓝皮书
中国法治政府发展报告（2018）
著(编)者：中国政法大学法治政府研究院
2018年4月出版／估价：99.00元
PSN B-2015-502-1/2

法治政府蓝皮书
中国法治政府评估报告（2018）
著(编)者：中国政法大学法治政府研究院
2018年9月出版／估价：168.00元
PSN B-2016-576-2/2

反腐倡廉蓝皮书
中国反腐倡廉建设报告No.8
著(编)者：张英伟　　2018年12月出版／估价：99.00元
PSN B-2012-259-1/1

扶贫蓝皮书
中国扶贫开发报告（2018）
著(编)者：李培林　魏后凯　　2018年12月出版／估价：128.00元
PSN B-2016-599-1/1

妇女发展蓝皮书
中国妇女发展报告No.6
著(编)者：王金玲　　2018年9月出版／估价：158.00元
PSN B-2006-069-1/1

妇女教育蓝皮书
中国妇女教育发展报告No.3
著(编)者：张李玺　　2018年10月出版／估价：99.00元
PSN B-2008-121-1/1

妇女绿皮书
2018年：中国性别平等与妇女发展报告
著(编)者：谭琳　　2018年12月出版／估价：99.00元
PSN G-2006-073-1/1

公共安全蓝皮书
中国城市公共安全发展报告（2017~2018）
著(编)者：黄育华　杨文明　赵建辉
2018年6月出版／估价：99.00元
PSN B-2017-628-1/1

公共服务蓝皮书
中国城市基本公共服务力评价（2018）
著(编)者：钟君　刘志昌　吴正昊
2018年12月出版／估价：99.00元
PSN B-2011-214-1/1

公民科学素质蓝皮书
中国公民科学素质报告（2017~2018）
著(编)者：李群　陈雄　马宗文
2018年1月出版／估价：99.00元
PSN B-2014-379-1/1

公益蓝皮书
中国公益慈善发展报告（2016）
著(编)者：朱健刚　胡小军　　2018年2月出版／估价：99.00元
PSN B-2012-283-1/1

国际人才蓝皮书
中国国际移民报告（2018）
著(编)者：王辉耀　　2018年2月出版／估价：99.00元
PSN B-2012-304-3/4

国际人才蓝皮书
中国留学发展报告（2018）No.7
著(编)者：王辉耀　苗绿　　2018年12月出版／估价：99.00元
PSN B-2012-244-2/4

海洋社会蓝皮书
中国海洋社会发展报告（2017）
著(编)者：崔凤　宋宁而　　2018年3月出版／估价：99.00元
PSN B-2015-478-1/1

行政改革蓝皮书
中国行政体制改革报告No.7（2018）
著(编)者：魏礼群　　2018年6月出版／估价：99.00元
PSN B-2011-231-1/1

华侨华人蓝皮书
华侨华人研究报告（2017）
著(编)者：贾益民　　2018年1月出版／估价：139.00元
PSN B-2011-204-1/1

社会政法类

环境竞争力绿皮书
中国省域环境竞争力发展报告（2018）
著(编)者：李建平 李闽榕 王金南
2018年11月出版 / 估价：198.00元
PSN G-2010-165-1/1

环境绿皮书
中国环境发展报告（2017~2018）
著(编)者：李波 2018年4月出版 / 估价：99.00元
PSN G-2006-048-1/1

家庭蓝皮书
中国"创建幸福家庭活动"评估报告（2018）
著(编)者：国务院发展研究中心"创建幸福家庭活动评估"课题组
2018年12月出版 / 估价：99.00元
PSN B-2015-508-1/1

健康城市蓝皮书
中国健康城市建设研究报告（2018）
著(编)者：王鸿春 盛继洪 2018年12月出版 / 估价：99.00元
PSN B-2016-564-2/2

健康中国蓝皮书
社区首诊与健康中国分析报告（2018）
著(编)者：高和荣 杨叔禹 姜杰
2018年4月出版 / 估价：99.00元
PSN B-2017-611-1/1

教师蓝皮书
中国中小学教师发展报告（2017）
著(编)者：曾晓东 鱼霞 2018年6月出版 / 估价：99.00元
PSN B-2012-289-1/1

教育扶贫蓝皮书
中国教育扶贫报告（2018）
著(编)者：司树杰 王文静 李兴洲
2018年12月出版 / 估价：99.00元
PSN B-2016-590-1/1

教育蓝皮书
中国教育发展报告（2018）
著(编)者：杨东平 2018年4月出版 / 估价：99.00元
PSN B-2006-047-1/1

金融法治建设蓝皮书
中国金融法治建设年度报告（2015~2016）
著(编)者：朱小黄 2018年6月出版 / 估价：99.00元
PSN B-2017-633-1/1

京津冀教育蓝皮书
京津冀教育发展研究报告（2017~2018）
著(编)者：方中雄 2018年4月出版 / 估价：99.00元
PSN B-2017-608-1/1

就业蓝皮书
2018年中国本科生就业报告
著(编)者：麦可思研究院 2018年6月出版 / 估价：99.00元
PSN B-2009-146-1/2

就业蓝皮书
2018年中国高职高专生就业报告
著(编)者：麦可思研究院 2018年6月出版 / 估价：99.00元
PSN B-2015-472-2/2

科学教育蓝皮书
中国科学教育发展报告（2018）
著(编)者：王康友 2018年10月出版 / 估价：99.00元
PSN B-2015-487-1/1

劳动保障蓝皮书
中国劳动保障发展报告（2018）
著(编)者：刘燕斌 2018年9月出版 / 估价：158.00元
PSN B-2014-415-1/1

老龄蓝皮书
中国老年宜居环境发展报告（2017）
著(编)者：党俊武 周燕珉 2018年1月出版 / 估价：99.00元
PSN B-2013-320-1/1

连片特困区蓝皮书
中国连片特困区发展报告（2017~2018）
著(编)者：游俊 冷志明 丁建军
2018年4月出版 / 估价：99.00元
PSN B-2013-321-1/1

流动儿童蓝皮书
中国流动儿童教育发展报告（2017）
著(编)者：杨东平 2018年1月出版 / 估价：99.00元
PSN B-2017-600-1/1

民调蓝皮书
中国民生调查报告（2018）
著(编)者：谢耘耕 2018年12月出版 / 估价：99.00元
PSN B-2014-398-1/1

民族发展蓝皮书
中国民族发展报告（2018）
著(编)者：王延中 2018年10月出版 / 估价：188.00元
PSN B-2006-070-1/1

女性生活蓝皮书
中国女性生活状况报告No.12（2018）
著(编)者：韩湘景 2018年7月出版 / 估价：99.00元
PSN B-2006-071-1/1

汽车社会蓝皮书
中国汽车社会发展报告（2017~2018）
著(编)者：王俊秀 2018年1月出版 / 估价：99.00元
PSN B-2011-224-1/1

青年蓝皮书
中国青年发展报告（2018）No.3
著(编)者：廉思 2018年4月出版 / 估价：99.00元
PSN B-2013-333-1/1

青少年蓝皮书
中国未成年人互联网运用报告（2017~2018）
著(编)者：季为民 李文革 沈杰
2018年11月出版 / 估价：99.00元
PSN B-2010-156-1/1

社会政法类 — 皮书系列 2018全品种

人权蓝皮书
中国人权事业发展报告No.8（2018）
著（编）者：李君如　2018年9月出版 / 估价：99.00元
PSN B-2011-215-1/1

社会保障绿皮书
中国社会保障发展报告No.9（2018）
著（编）者：王延中　2018年1月出版 / 估价：99.00元
PSN G-2001-014-1/1

社会风险评估蓝皮书
风险评估与危机预警报告（2017~2018）
著（编）者：唐钧　2018年8月出版 / 估价：99.00元
PSN B-2012-293-1/1

社会工作蓝皮书
中国社会工作发展报告（2016~2017）
著（编）者：民政部社会工作研究中心
2018年8月出版 / 估价：99.00元
PSN B-2009-141-1/1

社会管理蓝皮书
中国社会管理创新报告No.6
著（编）者：连玉明　2018年11月出版 / 估价：99.00元
PSN B-2012-300-1/1

社会蓝皮书
2018年中国社会形势分析与预测
著（编）者：李培林　陈光金　张翼
2017年12月出版 / 定价：89.00元
PSN B-1998-002-1/1

社会体制蓝皮书
中国社会体制改革报告No.6（2018）
著（编）者：龚维斌　2018年3月出版 / 估价：99.00元
PSN B-2013-330-1/1

社会心态蓝皮书
中国社会心态研究报告（2018）
著（编）者：王俊秀　2018年12月出版 / 估价：99.00元
PSN B-2011-199-1/1

社会组织蓝皮书
中国社会组织报告（2017-2018）
著（编）者：黄晓勇　2018年1月出版 / 估价：99.00元
PSN B-2008-118-1/2

社会组织蓝皮书
中国社会组织评估发展报告（2018）
著（编）者：徐家良　2018年12月出版 / 估价：99.00元
PSN B-2013-366-2/2

生态城市绿皮书
中国生态城市建设发展报告（2018）
著（编）者：刘举科　孙伟平　胡文臻
2018年9月出版 / 估价：158.00元
PSN G-2012-269-1/1

生态文明绿皮书
中国省域生态文明建设评价报告（ECI 2018）
著（编）者：严耕　2018年12月出版 / 估价：99.00元
PSN G-2010-170-1/1

退休生活蓝皮书
中国城市居民退休生活质量指数报告（2017）
著（编）者：杨一帆　2018年5月出版 / 估价：99.00元
PSN B-2017-618-1/1

危机管理蓝皮书
中国危机管理报告（2018）
著（编）者：文学国　范正青
2018年8月出版 / 估价：99.00元
PSN B-2010-171-1/1

学会蓝皮书
2018年中国学会发展报告
著（编）者：麦可思研究院
2018年12月出版 / 估价：99.00元
PSN B-2016-597-1/1

医改蓝皮书
中国医药卫生体制改革报告（2017~2018）
著（编）者：文学国　房志武
2018年11月出版 / 估价：99.00元
PSN B-2014-432-1/1

应急管理蓝皮书
中国应急管理报告（2018）
著（编）者：宋英华　2018年9月出版 / 估价：99.00元
PSN B-2016-562-1/1

政府绩效评估蓝皮书
中国地方政府绩效评估报告 No.2
著（编）者：贠杰　2018年12月出版 / 估价：99.00元
PSN B-2017-672-1/1

政治参与蓝皮书
中国政治参与报告（2018）
著（编）者：房宁　2018年8月出版 / 估价：128.00元
PSN B-2011-200-1/1

政治文化蓝皮书
中国政治文化报告（2018）
著（编）者：邢元敏　魏大鹏　龚克
2018年8月出版 / 估价：128.00元
PSN B-2017-615-1/1

中国传统村落蓝皮书
中国传统村落保护现状报告（2018）
著（编）者：胡彬彬　李向军　王晓波
2018年12月出版 / 估价：99.00元
PSN B-2017-663-1/1

中国农村妇女发展蓝皮书
农村流动女性城市生活发展报告（2018）
著（编）者：谢丽华　2018年12月出版 / 估价：99.00元
PSN B-2014-434-1/1

宗教蓝皮书
中国宗教报告（2017）
著（编）者：邱永辉　2018年8月出版 / 估价：99.00元
PSN B-2008-117-1/1

产业经济类

保健蓝皮书
中国保健服务产业发展报告 No.2
著(编)者：中国保健协会　　中共中央党校
2018年7月出版 / 估价：198.00元
PSN B-2012-272-3/3

保健蓝皮书
中国保健食品产业发展报告 No.2
著(编)者：中国保健协会
　　　　　中国社会科学院食品药品产业发展与监管研究中心
2018年8月出版 / 估价：198.00元
PSN B-2012-271-2/3

保健蓝皮书
中国保健用品产业发展报告 No.2
著(编)者：中国保健协会
　　　　　国务院国有资产监督管理委员会研究中心
2018年3月出版 / 估价：198.00元
PSN B-2012-270-1/3

保险蓝皮书
中国保险业竞争力报告（2018）
著(编)者：保监会　2018年12月出版 / 估价：99.00元
PSN B-2013-311-1/1

冰雪蓝皮书
中国冰上运动产业发展报告（2018）
著(编)者：孙承华　杨占武　刘戈　张鸿俊
2018年9月出版 / 估价：99.00元
PSN B-2017-648-3/3

冰雪蓝皮书
中国滑雪产业发展报告（2018）
著(编)者：孙承华　伍斌　魏庆华　张鸿俊
2018年9月出版 / 估价：99.00元
PSN B-2016-559-1/3

餐饮产业蓝皮书
中国餐饮产业发展报告（2018）
著(编)者：邢颖
2018年6月出版 / 估价：99.00元
PSN B-2009-151-1/1

茶业蓝皮书
中国茶产业发展报告（2018）
著(编)者：杨江帆　李闽榕
2018年10月出版 / 估价：99.00元
PSN B-2010-164-1/1

产业安全蓝皮书
中国文化产业安全报告（2018）
著(编)者：北京印刷学院文化产业安全研究院
2018年12月出版 / 估价：99.00元
PSN B-2014-378-12/14

产业安全蓝皮书
中国新媒体产业安全报告（2016~2017）
著(编)者：肖丽　2018年6月出版 / 估价：99.00元
PSN B-2015-500-14/14

产业安全蓝皮书
中国出版传媒产业安全报告（2017~2018）
著(编)者：北京印刷学院文化产业安全研究院
2018年3月出版 / 估价：99.00元
PSN B-2014-384-13/14

产业蓝皮书
中国产业竞争力报告（2018）No.8
著(编)者：张其仔　2018年12月出版 / 估价：168.00元
PSN B-2010-175-1/1

动力电池蓝皮书
中国新能源汽车动力电池产业发展报告（2018）
著(编)者：中国汽车技术研究中心
2018年8月出版 / 估价：99.00元
PSN B-2017-639-1/1

杜仲产业绿皮书
中国杜仲橡胶资源与产业发展报告（2017~2018）
著(编)者：杜红岩　胡文臻　俞锐
2018年1月出版 / 估价：99.00元
PSN G-2013-350-1/1

房地产蓝皮书
中国房地产发展报告No.15（2018）
著(编)者：李春华　王业强
2018年5月出版 / 估价：99.00元
PSN B-2004-028-1/1

服务外包蓝皮书
中国服务外包产业发展报告（2017~2018）
著(编)者：王晓红　刘德军
2018年6月出版 / 估价：99.00元
PSN B-2013-331-2/2

服务外包蓝皮书
中国服务外包竞争力报告（2017~2018）
著(编)者：刘春生　王力　黄育华
2018年12月出版 / 估价：99.00元
PSN B-2011-216-1/2

工业和信息化蓝皮书
世界信息技术产业发展报告（2017~2018）
著(编)者：尹丽波　2018年6月出版 / 估价：99.00元
PSN B-2015-449-2/6

工业和信息化蓝皮书
战略性新兴产业发展报告（2017~2018）
著(编)者：尹丽波　2018年6月出版 / 估价：99.00元
PSN B-2015-450-3/6

产业经济类 — 皮书系列 2018全品种

客车蓝皮书
中国客车产业发展报告（2017~2018）
著（编）者：姚蔚　　2018年10月出版 / 估价：99.00元
PSN B-2013-361-1/1

流通蓝皮书
中国商业发展报告（2018~2019）
著（编）者：王雪峰　林诗慧
2018年7月出版 / 估价：99.00元
PSN B-2009-152-1/2

能源蓝皮书
中国能源发展报告（2018）
著（编）者：崔民选　王军生　陈义和
2018年12月出版 / 估价：99.00元
PSN B-2006-049-1/1

农产品流通蓝皮书
中国农产品流通产业发展报告（2017）
著（编）者：贾敬敦　张东科　张玉玺　张鹏毅　周伟
2018年1月出版 / 估价：99.00元
PSN B-2012-288-1/1

汽车工业蓝皮书
中国汽车工业发展年度报告（2018）
著（编）者：中国汽车工业协会
　　　　　　中国汽车技术研究中心
　　　　　　丰田汽车公司
2018年5月出版 / 估价：168.00元
PSN B-2015-463-1/2

汽车工业蓝皮书
中国汽车零部件产业发展报告（2017~2018）
著（编）者：中国汽车工业协会
　　　　　　中国汽车工程研究院深圳市沃特玛电池有限公司
2018年9月出版 / 估价：99.00元
PSN B-2016-515-2/2

汽车蓝皮书
中国汽车产业发展报告（2018）
著（编）者：中国汽车工程学会
　　　　　　大众汽车集团（中国）
2018年11月出版 / 估价：99.00元
PSN B-2008-124-1/1

世界茶业蓝皮书
世界茶业发展报告（2018）
著（编）者：李闽榕　冯廷佺
2018年5月出版 / 估价：168.00元
PSN B-2017-619-1/1

世界能源蓝皮书
世界能源发展报告（2018）
著（编）者：黄晓勇　　2018年6月出版 / 估价：168.00元
PSN B-2013-349-1/1

体育蓝皮书
国家体育产业基地发展报告（2016~2017）
著（编）者：李颖川　　2018年4月出版 / 估价：168.00元
PSN B-2017-609-5/5

体育蓝皮书
中国体育产业发展报告（2018）
著（编）者：阮伟　钟秉枢
2018年12月出版 / 估价：99.00元
PSN B-2010-179-1/5

文化金融蓝皮书
中国文化金融发展报告（2018）
著（编）者：杨涛　金巍
2018年5月出版 / 估价：99.00元
PSN B-2017-610-1/1

新能源汽车蓝皮书
中国新能源汽车产业发展报告（2018）
著（编）者：中国汽车技术研究中心
　　　　　　日产（中国）投资有限公司
　　　　　　东风汽车有限公司
2018年8月出版 / 估价：99.00元
PSN B-2013-347-1/1

薏仁米产业蓝皮书
中国薏仁米产业发展报告No.2（2018）
著（编）者：李发耀　石明　秦礼康
2018年8月出版 / 估价：99.00元
PSN B-2017-645-1/1

邮轮绿皮书
中国邮轮产业发展报告（2018）
著（编）者：汪泓　　2018年10月出版 / 估价：99.00元
PSN G-2014-419-1/1

智能养老蓝皮书
中国智能养老产业发展报告（2018）
著（编）者：朱勇　　2018年10月出版 / 估价：99.00元
PSN B-2015-488-1/1

中国节能汽车蓝皮书
中国节能汽车发展报告（2017~2018）
著（编）者：中国汽车工程研究院股份有限公司
2018年9月出版 / 估价：99.00元
PSN B-2016-565-1/1

中国陶瓷产业蓝皮书
中国陶瓷产业发展报告（2018）
著（编）者：左和平　黄速建
2018年10月出版 / 估价：99.00元
PSN B-2016-573-1/1

装备制造业蓝皮书
中国装备制造业发展报告（2018）
著（编）者：徐东华　　2018年12月出版 / 估价：118.00元
PSN B-2015-505-1/1

行业及其他类

"三农"互联网金融蓝皮书
中国"三农"互联网金融发展报告（2018）
著（编）者：李勇坚 王弢
2018年8月出版 / 估价：99.00元
PSN B-2016-560-1/1

SUV蓝皮书
中国SUV市场发展报告（2017～2018）
著（编）者：靳军 2018年9月出版 / 估价：99.00元
PSN B-2016-571-1/1

冰雪蓝皮书
中国冬季奥运会发展报告（2018）
著（编）者：孙承华 伍斌 魏庆华 张鸿俊
2018年9月出版 / 估价：99.00元
PSN B-2017-647-2/3

彩票蓝皮书
中国彩票发展报告（2018）
著（编）者：益彩基金 2018年4月出版 / 估价：99.00元
PSN B-2015-462-1/1

测绘地理信息蓝皮书
测绘地理信息供给侧结构性改革研究报告（2018）
著（编）者：库热西·买合苏提
2018年12月出版 / 估价：168.00元
PSN B-2009-145-1/1

产权市场蓝皮书
中国产权市场发展报告（2017）
著（编）者：曹和平 2018年5月出版 / 估价：99.00元
PSN B-2009-147-1/1

城投蓝皮书
中国城投行业发展报告（2018）
著（编）者：华景斌
2018年11月出版 / 估价：300.00元
PSN B-2016-514-1/1

大数据蓝皮书
中国大数据发展报告（No.2）
著（编）者：连玉明 2018年5月出版 / 估价：99.00元
PSN B-2017-620-1/1

大数据应用蓝皮书
中国大数据应用发展报告No.2（2018）
著（编）者：陈军君 2018年8月出版 / 估价：99.00元
PSN B-2017-644-1/1

对外投资与风险蓝皮书
中国对外直接投资与国家风险报告（2018）
著（编）者：中债资信评估有限责任公司
中国社会科学院世界经济与政治研究所
2018年4月出版 / 估价：189.00元
PSN B-2017-606-1/1

工业和信息化蓝皮书
人工智能发展报告（2017～2018）
著（编）者：尹丽波 2018年6月出版 / 估价：99.00元
PSN B-2015-448-1/6

工业和信息化蓝皮书
世界智慧城市发展报告（2017～2018）
著（编）者：尹丽波 2018年6月出版 / 估价：99.00元
PSN B-2017-624-6/6

工业和信息化蓝皮书
世界网络安全发展报告（2017～2018）
著（编）者：尹丽波 2018年6月出版 / 估价：99.00元
PSN B-2015-452-5/6

工业和信息化蓝皮书
世界信息化发展报告（2017～2018）
著（编）者：尹丽波 2018年6月出版 / 估价：99.00元
PSN B-2015-451-4/6

工业设计蓝皮书
中国工业设计发展报告（2018）
著（编）者：王晓红 于炜 张立群 2018年9月出版 / 估价：168.00元
PSN B-2014-420-1/1

公共关系蓝皮书
中国公共关系发展报告（2018）
著（编）者：柳斌杰 2018年11月出版 / 估价：99.00元
PSN B-2016-579-1/1

管理蓝皮书
中国管理发展报告（2018）
著（编）者：张晓东 2018年10月出版 / 估价：99.00元
PSN B-2014-416-1/1

海关发展蓝皮书
中国海关发展前沿报告（2018）
著（编）者：干春晖 2018年6月出版 / 估价：99.00元
PSN B-2017-616-1/1

互联网医疗蓝皮书
中国互联网健康医疗发展报告（2018）
著（编）者：芮晓武 2018年6月出版 / 估价：99.00元
PSN B-2016-567-1/1

黄金市场蓝皮书
中国商业银行黄金业务发展报告（2017～2018）
著（编）者：平安银行 2018年3月出版 / 估价：99.00元
PSN B-2016-524-1/1

会展蓝皮书
中外会展业动态评估研究报告（2018）
著（编）者：张敏 任中峰 聂鑫焱 牛盼强
2018年12月出版 / 估价：99.00元
PSN B-2013-327-1/1

基金会蓝皮书
中国基金会发展报告（2017～2018）
著（编）者：中国基金会发展报告课题组
2018年4月出版 / 估价：99.00元
PSN B-2013-368-1/1

基金会绿皮书
中国基金会发展独立研究报告（2018）
著（编）者：基金会中心网 中央民族大学基金会研究中心
2018年6月出版 / 估价：99.00元
PSN G-2011-213-1/1

行业及其他类 | 皮书系列 2018全品种

基金会透明度蓝皮书
中国基金会透明度发展研究报告（2018）
著(编)者：基金会中心网
　　　　　清华大学廉政与治理研究中心
2018年9月出版 / 估价：99.00元
PSN B-2013-339-1/1

建筑装饰蓝皮书
中国建筑装饰行业发展报告（2018）
著(编)者：葛道顺 刘晓一
2018年10月出版 / 估价：198.00元
PSN B-2016-553-1/1

金融监管蓝皮书
中国金融监管报告（2018）
著(编)者：胡滨　　2018年5月出版 / 估价：99.00元
PSN B-2012-281-1/1

金融蓝皮书
中国互联网金融行业分析与评估（2018~2019）
著(编)者：黄国平 伍旭川　　2018年12月出版 / 估价：99.00元
PSN B-2016-585-7/7

金融科技蓝皮书
中国金融科技发展报告（2018）
著(编)者：李扬 孙国峰　　2018年10月出版 / 估价：99.00元
PSN B-2014-374-1/1

金融信息服务蓝皮书
中国金融信息服务发展报告（2018）
著(编)者：李平　　2018年5月出版 / 估价：99.00元
PSN B-2017-621-1/1

京津冀金融蓝皮书
京津冀金融发展报告（2018）
著(编)者：王爱俭 王璟怡　　2018年10月出版 / 估价：99.00元
PSN B-2016-527-1/1

科普蓝皮书
国家科普能力发展报告（2018）
著(编)者：王康友　　2018年5月出版 / 估价：138.00元
PSN B-2017-632-4/4

科普蓝皮书
中国基层科普发展报告（2017~2018）
著(编)者：赵立新 陈玲　　2018年9月出版 / 估价：99.00元
PSN B-2016-568-3/4

科普蓝皮书
中国科普基础设施发展报告（2017~2018）
著(编)者：任福君　　2018年6月出版 / 估价：99.00元
PSN B-2010-174-1/3

科普蓝皮书
中国科普人才发展报告（2017~2018）
著(编)者：郑念 任嵘嵘　　2018年7月出版 / 估价：99.00元
PSN B-2016-512-2/2

科普能力蓝皮书
中国科普能力评价报告（2018~2019）
著(编)者：李富强 李群　　2018年8月出版 / 估价：99.00元
PSN B-2016-555-1/1

临空经济蓝皮书
中国临空经济发展报告（2018）
著(编)者：连玉明　　2018年9月出版 / 估价：99.00元
PSN B-2014-421-1/1

旅游安全蓝皮书
中国旅游安全报告（2018）
著(编)者：郑向敏 谢朝武　　2018年5月出版 / 估价：158.00元
PSN B-2012-280-1/1

旅游绿皮书
2017~2018年中国旅游发展分析与预测
著(编)者：宋瑞　　2018年2月出版 / 估价：99.00元
PSN G-2002-018-1/1

煤炭蓝皮书
中国煤炭工业发展报告（2018）
著(编)者：岳福斌　　2018年12月出版 / 估价：99.00元
PSN B-2008-123-1/1

民营企业社会责任蓝皮书
中国民营企业社会责任报告（2018）
著(编)者：中华全国工商业联合会
2018年12月出版 / 估价：99.00元
PSN B-2015-510-1/1

民营医院蓝皮书
中国民营医院发展报告（2017）
著(编)者：薛晓林　　2018年1月出版 / 估价：99.00元
PSN B-2012-299-1/1

闽商蓝皮书
闽商发展报告（2018）
著(编)者：李闽榕 王日根 林琛
2018年12月出版 / 估价：99.00元
PSN B-2012-298-1/1

农业应对气候变化蓝皮书
中国农业气象灾害及其灾损评估报告（No.3）
著(编)者：矫梅燕　　2018年1月出版 / 估价：118.00元
PSN B-2014-413-1/1

品牌蓝皮书
中国品牌战略发展报告（2018）
著(编)者：汪同三　　2018年10月出版 / 估价：99.00元
PSN B-2016-580-1/1

企业扶贫蓝皮书
中国企业扶贫研究报告（2018）
著(编)者：钟宏武　　2018年12月出版 / 估价：99.00元
PSN B-2016-593-1/1

企业公益蓝皮书
中国企业公益研究报告（2018）
著(编)者：钟宏武 汪杰 黄晓娟
2018年12月出版 / 估价：99.00元
PSN B-2015-501-1/1

企业国际化蓝皮书
中国企业全球化报告（2018）
著(编)者：王辉耀 苗绿　　2018年11月出版 / 估价：99.00元
PSN B-2014-427-1/1

皮书系列
2018全品种 行业及其他类

企业蓝皮书
中国企业绿色发展报告No.2（2018）
著（编）者：李红玉 朱光辉
2018年8月出版 / 估价：99.00元
PSN B-2015-481-2/2

企业社会责任蓝皮书
中资企业海外社会责任研究报告（2017~2018）
著（编）者：钟宏武 叶柳红 张蒽
2018年1月出版 / 估价：99.00元
PSN B-2017-603-2/2

企业社会责任蓝皮书
中国企业社会责任研究报告（2018）
著（编）者：黄群慧 钟宏武 张蒽 汪杰
2018年11月出版 / 估价：99.00元
PSN B-2009-149-1/2

汽车安全蓝皮书
中国汽车安全发展报告（2018）
著（编）者：中国汽车技术研究中心
2018年8月出版 / 估价：99.00元
PSN B-2014-385-1/1

汽车电子商务蓝皮书
中国汽车电子商务发展报告（2018）
著（编）者：中华全国工商业联合会汽车经销商商会
　　　　　　北方工业大学
　　　　　　北京易观智库网络科技有限公司
2018年10月出版 / 估价：158.00元
PSN B-2015-485-1/1

汽车知识产权蓝皮书
中国汽车产业知识产权发展报告（2018）
著（编）者：中国汽车工程研究院股份有限公司
　　　　　　中国汽车工程学会
　　　　　　重庆长安汽车股份有限公司
2018年12月出版 / 估价：99.00元
PSN B-2016-594-1/1

青少年体育蓝皮书
中国青少年体育发展报告（2017）
著（编）者：刘扶民 杨桦　2018年1月出版 / 估价：99.00元
PSN B-2015-482-1/1

区块链蓝皮书
中国区块链发展报告（2018）
著（编）者：李伟　2018年9月出版 / 估价：99.00元
PSN B-2017-649-1/1

群众体育蓝皮书
中国群众体育发展报告（2017）
著（编）者：刘国永 戴健　2018年5月出版 / 估价：99.00元
PSN B-2014-411-1/3

群众体育蓝皮书
中国社会体育指导员发展报告（2018）
著（编）者：刘国永 王欢　2018年4月出版 / 估价：99.00元
PSN B-2016-520-3/3

人力资源蓝皮书
中国人力资源发展报告（2018）
著（编）者：余兴安　2018年11月出版 / 估价：99.00元
PSN B-2012-287-1/1

融资租赁蓝皮书
中国融资租赁业发展报告（2017~2018）
著（编）者：李光荣 王力　2018年8月出版 / 估价：99.00元
PSN B-2015-443-1/1

商会蓝皮书
中国商会发展报告No.5（2017）
著（编）者：王钦敏　2018年7月出版 / 估价：99.00元
PSN B-2008-125-1/1

商务中心区蓝皮书
中国商务中心区发展报告No.4（2017~2018）
著（编）者：李国红 单菁菁　2018年9月出版 / 估价：99.00元
PSN B-2015-444-1/1

设计产业蓝皮书
中国创新设计发展报告（2018）
著（编）者：王晓红 张立群 于炜
2018年11月出版 / 估价：99.00元
PSN B-2016-581-2/2

社会责任管理蓝皮书
中国上市公司社会责任能力成熟度报告No.4（2018）
著（编）者：肖红军 王晓光 李伟阳
2018年12月出版 / 估价：99.00元
PSN B-2015-507-2/2

社会责任管理蓝皮书
中国企业公众透明度报告No.4（2017~2018）
著（编）者：黄速建 熊梦 王晓光 肖红军
2018年4月出版 / 估价：99.00元
PSN B-2015-440-1/2

食品药品蓝皮书
食品药品安全与监管政策研究报告（2016~2017）
著（编）者：唐民皓　2018年6月出版 / 估价：99.00元
PSN B-2009-129-1/1

输血服务蓝皮书
中国输血行业发展报告（2018）
著（编）者：孙俊　2018年12月出版 / 估价：99.00元
PSN B-2016-582-1/1

水利风景区蓝皮书
中国水利风景区发展报告（2018）
著（编）者：董建文 兰思仁
2018年10月出版 / 估价：99.00元
PSN B-2015-480-1/1

私募市场蓝皮书
中国私募股权市场发展报告（2017~2018）
著（编）者：曹和平　2018年12月出版 / 估价：99.00元
PSN B-2010-162-1/1

碳排放权交易蓝皮书
中国碳排放权交易报告（2018）
著（编）者：孙永平　2018年11月出版 / 估价：99.00元
PSN B-2017-652-1/1

碳市场蓝皮书
中国碳市场报告（2018）
著（编）者：定金彪　2018年11月出版 / 估价：99.00元
PSN B-2014-430-1/1

皮书系列 2018全品种 — 行业及其他类

体育蓝皮书
中国公共体育服务发展报告（2018）
著(编)者：戴健　2018年12月出版 / 估价：99.00元
PSN B-2013-367-2/5

土地市场蓝皮书
中国农村土地市场发展报告（2017～2018）
著(编)者：李光荣　2018年3月出版 / 估价：99.00元
PSN B-2016-526-1/1

土地整治蓝皮书
中国土地整治发展研究报告（No.5）
著(编)者：国土资源部土地整治中心
2018年7月出版 / 估价：99.00元
PSN B-2014-401-1/1

土地政策蓝皮书
中国土地政策研究报告（2018）
著(编)者：高延利　李宪文　2017年12月出版 / 估价：99.00元
PSN B-2015-506-1/1

网络空间安全蓝皮书
中国网络空间安全发展报告（2018）
著(编)者：惠志斌　覃庆玲
2018年11月出版 / 估价：99.00元
PSN B-2015-466-1/1

文化志愿服务蓝皮书
中国文化志愿服务发展报告（2018）
著(编)者：张永新　良警宇　2018年11月出版 / 估价：128.00元
PSN B-2016-596-1/1

西部金融蓝皮书
中国西部金融发展报告（2017～2018）
著(编)者：李忠民　2018年8月出版 / 估价：99.00元
PSN B-2010-160-1/1

协会商会蓝皮书
中国行业协会商会发展报告（2017）
著(编)者：景朝阳　李勇　2018年4月出版 / 估价：99.00元
PSN B-2015-461-1/1

新三板蓝皮书
中国新三板市场发展报告（2018）
著(编)者：王力　2018年8月出版 / 估价：99.00元
PSN B-2016-533-1/1

信托市场蓝皮书
中国信托业市场报告（2017～2018）
著(编)者：用益金融信托研究院
2018年1月出版 / 估价：198.00元
PSN B-2014-371-1/1

信息化蓝皮书
中国信息化形势分析与预测（2017～2018）
著(编)者：周宏仁　2018年8月出版 / 估价：99.00元
PSN B-2010-168-1/1

信用蓝皮书
中国信用发展报告（2017～2018）
著(编)者：章政　田侃　2018年4月出版 / 估价：99.00元
PSN B-2013-328-1/1

休闲绿皮书
2017～2018年中国休闲发展报告
著(编)者：宋瑞　2018年7月出版 / 估价：89.00元
PSN G-2010-158-1/1

休闲体育蓝皮书
中国休闲体育发展报告（2017～2018）
著(编)者：李相如　钟秉枢
2018年10月出版 / 估价：99.00元
PSN B-2016-516-1/1

养老金融蓝皮书
中国养老金融发展报告（2018）
著(编)者：董克用　姚余栋
2018年9月出版 / 估价：99.00元
PSN B-2016-583-1/1

遥感监测绿皮书
中国可持续发展遥感监测报告（2017）
著(编)者：顾行发　汪克强　潘教峰　李闽榕　徐东华　王琦安
2018年6月出版 / 估价：298.00元
PSN B-2017-629-1/1

药品流通蓝皮书
中国药品流通行业发展报告（2018）
著(编)者：佘鲁林　温再兴
2018年7月出版 / 估价：198.00元
PSN B-2014-429-1/1

医疗器械蓝皮书
中国医疗器械行业发展报告（2018）
著(编)者：王宝亭　耿鸿武
2018年10月出版 / 估价：99.00元
PSN B-2017-661-1/1

医院蓝皮书
中国医院竞争力报告（2018）
著(编)者：庄一强　曾益新　2018年3月出版 / 估价：118.00元
PSN B-2016-528-1/1

瑜伽蓝皮书
中国瑜伽业发展报告（2017~2018）
著(编)者：张永建　徐华锋　朱泰余
2018年6月出版 / 估价：198.00元
PSN B-2017-625-1/1

债券市场蓝皮书
中国债券市场发展报告（2017～2018）
著(编)者：杨农　2018年10月出版 / 估价：99.00元
PSN B-2016-572-1/1

志愿服务蓝皮书
中国志愿服务发展报告（2018）
著(编)者：中国志愿服务联合会
2018年11月出版 / 估价：99.00元
PSN B-2017-664-1/1

中国上市公司蓝皮书
中国上市公司发展报告（2018）
著(编)者：张鹏　张平　黄胤英
2018年9月出版 / 估价：99.00元
PSN B-2014-414-1/1

皮书系列 2018全品种
行业及其他类 · 国际问题与全球治理类

中国新三板蓝皮书
中国新三板创新与发展报告（2018）
著（编）者：刘平安 闻召林
2018年8月出版 / 估价：158.00元
PSN B-2017-638-1/1

中医文化蓝皮书
北京中医药文化传播发展报告（2018）
著（编）者：毛嘉陵 2018年5月出版 / 估价：99.00元
PSN B-2015-468-1/2

中医文化蓝皮书
中国中医药文化传播发展报告（2018）
著（编）者：毛嘉陵 2018年7月出版 / 估价：99.00元
PSN B-2016-584-2/2

中医药蓝皮书
北京中医药知识产权发展报告No.2
著（编）者：汪洪 屠志涛 2018年4月出版 / 估价：168.00元
PSN B-2017-602-1/1

资本市场蓝皮书
中国场外交易市场发展报告（2016~2017）
著（编）者：高峦 2018年3月出版 / 估价：99.00元
PSN B-2009-153-1/1

资产管理蓝皮书
中国资产管理行业发展报告（2018）
著（编）者：郑智 2018年7月出版 / 估价：99.00元
PSN B-2014-40/-2/2

资产证券化蓝皮书
中国资产证券化发展报告（2018）
著（编）者：纪志宏 2018年11月出版 / 估价：99.00元
PSN B-2017-660-1/1

自贸区蓝皮书
中国自贸区发展报告（2018）
著（编）者：王力 黄育华 2018年6月出版 / 估价：99.00元
PSN B-2016-558-1/1

国际问题与全球治理类

"一带一路"跨境通道蓝皮书
"一带一路"跨境通道建设研究报告（2018）
著（编）者：郭业洲 2018年8月出版 / 估价：99.00元
PSN B-2016-557-1/1

"一带一路"蓝皮书
"一带一路"建设发展报告（2018）
著（编）者：王晓泉 2018年6月出版 / 估价：99.00元
PSN B-2016-552-1/1

"一带一路"投资安全蓝皮书
中国"一带一路"投资与安全研究报告（2017~2018）
著（编）者：邹统钎 梁昊光 2018年4月出版 / 估价：99.00元
PSN B-2017-612-1/1

"一带一路"文化交流蓝皮书
中阿文化交流发展报告（2017）
著（编）者：王辉 2018年9月出版 / 估价：99.00元
PSN B-2017-655-1/1

G20国家创新竞争力黄皮书
二十国集团（G20）国家创新竞争力发展报告（2017~2018）
著（编）者：李建平 李闽榕 赵新力 周天勇
2018年7月出版 / 估价：168.00元
PSN Y-2011-229-1/1

阿拉伯黄皮书
阿拉伯发展报告（2016~2017）
著（编）者：罗林 2018年3月出版 / 估价：99.00元
PSN Y-2014-381-1/1

北部湾蓝皮书
泛北部湾合作发展报告（2017~2018）
著（编）者：吕余生 2018年12月出版 / 估价：99.00元
PSN B-2008-114-1/1

北极蓝皮书
北极地区发展报告（2017）
著（编）者：刘惠荣 2018年7月出版 / 估价：99.00元
PSN B-2017-634-1/1

大洋洲蓝皮书
大洋洲发展报告（2017~2018）
著（编）者：喻常森 2018年10月出版 / 估价：99.00元
PSN B-2013-341-1/1

东北亚区域合作蓝皮书
2017年"一带一路"倡议与东北亚区域合作
著（编）者：刘亚政 金美花 2018年5月出版 / 估价：99.00元
PSN B-2017-631-1/1

东盟黄皮书
东盟发展报告（2017）
著（编）者：杨晓强 庄国土
2018年3月出版 / 估价：99.00元
PSN Y-2012-303-1/1

东南亚蓝皮书
东南亚地区发展报告（2017~2018）
著（编）者：王勤 2018年12月出版 / 估价：99.00元
PSN B-2012-240-1/1

非洲黄皮书
非洲发展报告No.20（2017~2018）
著（编）者：张宏明 2018年7月出版 / 估价：99.00元
PSN Y-2012-239-1/1

非传统安全蓝皮书
中国非传统安全研究报告（2017~2018）
著（编）者：潇枫 罗中枢 2018年8月出版 / 估价：99.00元
PSN B-2012-273-1/1

国际问题与全球治理类

皮书系列 2018全品种

国际安全蓝皮书
中国国际安全研究报告（2018）
著(编)者：刘慧　2018年7月出版 / 估价：99.00元
PSN B-2016-521-1/1

国际城市蓝皮书
国际城市发展报告（2018）
著(编)者：屠启宇　2018年2月出版 / 估价：99.00元
PSN B-2012-260-1/1

国际形势黄皮书
全球政治与安全报告（2018）
著(编)者：张宇燕　2018年1月出版 / 估价：99.00元
PSN Y-2001-016-1/1

公共外交蓝皮书
中国公共外交发展报告（2018）
著(编)者：赵启正　雷蔚真　2018年4月出版 / 估价：99.00元
PSN B-2015-457-1/1

金砖国家黄皮书
金砖国家综合创新竞争力发展报告（2018）
著(编)者：赵新力　李闽榕　黄茂兴
2018年8月出版 / 估价：128.00元
PSN Y-2017-643-1/1

拉美黄皮书
拉丁美洲和加勒比发展报告（2017～2018）
著(编)者：袁东振　2018年6月出版 / 估价：99.00元
PSN Y-1999-007-1/1

澜湄合作蓝皮书
澜沧江-湄公河合作发展报告（2018）
著(编)者：刘稚　2018年9月出版 / 估价：99.00元
PSN B-2011-196-1/1

欧洲蓝皮书
欧洲发展报告（2017～2018）
著(编)者：黄平　周弘　程卫东
2018年6月出版 / 估价：99.00元
PSN B-1999-009-1/1

葡语国家蓝皮书
葡语国家发展报告（2016～2017）
著(编)者：王成安　张敏　刘金兰
2018年4月出版 / 估价：99.00元
PSN B-2015-503-1/2

葡语国家蓝皮书
中国与葡语国家关系发展报告·巴西（2016）
著(编)者：张曙光　2018年8月出版 / 估价：99.00元
PSN B-2016-563-2/2

气候变化绿皮书
应对气候变化报告（2018）
著(编)者：王伟光　郑国光　2018年11月出版 / 估价：99.00元
PSN G-2009-144-1/1

全球环境竞争力绿皮书
全球环境竞争力报告（2018）
著(编)者：李建平　李闽榕　王金南
2018年12月出版 / 估价：198.00元
PSN B-2013-363-1/1

全球信息社会蓝皮书
全球信息社会发展报告（2018）
著(编)者：丁波涛　唐涛　2018年10月出版 / 估价：99.00元
PSN B-2017-665-1/1

日本经济蓝皮书
日本经济与中日经贸关系研究报告（2018）
著(编)者：张季风　2018年6月出版 / 估价：99.00元
PSN B-2008-102-1/1

上海合作组织黄皮书
上海合作组织发展报告（2018）
著(编)者：李进峰　2018年6月出版 / 估价：99.00元
PSN Y-2009-130-1/1

世界创新竞争力黄皮书
世界创新竞争力发展报告（2017）
著(编)者：李建平　李闽榕　赵新力
2018年1月出版 / 估价：168.00元
PSN Y-2013-318-1/1

世界经济黄皮书
2018年世界经济形势分析与预测
著(编)者：张宇燕　2018年1月出版 / 估价：99.00元
PSN Y-1999-006-1/1

丝绸之路蓝皮书
丝绸之路经济带发展报告（2018）
著(编)者：任宗哲　白宽犁　谷孟宾
2018年1月出版 / 估价：99.00元
PSN B-2014-410-1/1

新兴经济体蓝皮书
金砖国家发展报告（2018）
著(编)者：林跃勤　周文　2018年8月出版 / 估价：99.00元
PSN B-2011-195-1/1

亚太蓝皮书
亚太地区发展报告（2018）
著(编)者：李向阳　2018年5月出版 / 估价：99.00元
PSN B-2001-015-1/1

印度洋地区蓝皮书
印度洋地区发展报告（2018）
著(编)者：汪戎　2018年6月出版 / 估价：99.00元
PSN B-2013-334-1/1

渝新欧蓝皮书
渝新欧沿线国家发展报告（2018）
著(编)者：杨柏　黄森　2018年6月出版 / 估价：99.00元
PSN B-2017-626-1/1

中阿蓝皮书
中国-阿拉伯国家经贸发展报告（2018）
著(编)者：张廉　段庆林　王林聪　杨巧红
2018年12月出版 / 估价：99.00元
PSN B-2016-598-1/1

中东黄皮书
中东发展报告No.20（2017～2018）
著(编)者：杨光　2018年10月出版 / 估价：99.00元
PSN Y-1998-004-1/1

中亚黄皮书
中亚国家发展报告（2018）
著(编)者：孙力　2018年6月出版 / 估价：99.00元
PSN Y-2012-238-1/1

国别类

澳大利亚蓝皮书
澳大利亚发展报告（2017-2018）
著(编)者：孙有中 韩锋　2018年12月出版 / 估价：99.00元
PSN B-2016-587-1/1

巴西黄皮书
巴西发展报告（2017）
著(编)者：巴西国枝　2018年5月出版 / 估价：99.00元
PSN Y-2017-614-1/1

德国蓝皮书
德国发展报告（2018）
著(编)者：郑春荣　2018年6月出版 / 估价：99.00元
PSN B-2012-278-1/1

俄罗斯黄皮书
俄罗斯发展报告（2018）
著(编)者：李永全　2018年6月出版 / 估价：99.00元
PSN Y-2006-061-1/1

韩国蓝皮书
韩国发展报告（2017）
著(编)者：牛林杰 刘宝全　2018年5月出版 / 估价：99.00元
PSN B-2010-155-1/1

加拿大蓝皮书
加拿大发展报告（2018）
著(编)者：唐小松　2018年9月出版 / 估价：99.00元
PSN B-2014-389-1/1

美国蓝皮书
美国研究报告（2018）
著(编)者：郑秉文 黄平　2018年5月出版 / 估价：99.00元
PSN B-2011-210-1/1

缅甸蓝皮书
缅甸国情报告（2017）
著(编)者：孔鹏 杨祥章　2018年1月出版 / 估价：99.00元
PSN B-2013-343-1/1

日本蓝皮书
日本研究报告（2018）
著(编)者：杨伯江　2018年6月出版 / 估价：99.00元
PSN B-2002-020-1/1

土耳其蓝皮书
土耳其发展报告（2018）
著(编)者：郭长刚 刘义　2018年9月出版 / 估价：99.00元
PSN B-2014-412-1/1

伊朗蓝皮书
伊朗发展报告（2017~2018）
著(编)者：冀开运　2018年10月 / 估价：99.00元
PSN B-2016-574-1/1

以色列蓝皮书
以色列发展报告（2018）
著(编)者：张倩红　2018年8月出版 / 估价：99.00元
PSN B-2015-483-1/1

印度蓝皮书
印度国情报告（2017）
著(编)者：吕昭义　2018年4月出版 / 估价：99.00元
PSN B-2012-241-1/1

英国蓝皮书
英国发展报告（2017~2018）
著(编)者：王展鹏　2018年12月出版 / 估价：99.00元
PSN B-2015-486-1/1

越南蓝皮书
越南国情报告（2018）
著(编)者：谢林城　2018年1月出版 / 估价：99.00元
PSN B-2006-056-1/1

泰国蓝皮书
泰国研究报告（2018）
著(编)者：庄国土 张禹东 刘文正
2018年10月出版 / 估价：99.00元
PSN B-2016-556-1/1

文化传媒类

"三农"舆情蓝皮书
中国"三农"网络舆情报告（2017~2018）
著(编)者：农业部信息中心
2018年6月出版 / 估价：99.00元
PSN B-2017-640-1/1

传媒竞争力蓝皮书
中国传媒国际竞争力研究报告（2018）
著(编)者：李本乾 刘强 王大可
2018年8月出版 / 估价：99.00元
PSN B-2013-356-1/1

传媒蓝皮书
中国传媒产业发展报告（2018）
著(编)者：崔保国　2018年5月出版 / 估价：99.00元
PSN B-2005-035-1/1

传媒投资蓝皮书
中国传媒投资发展报告（2018）
著(编)者：张向东 谭云明
2018年6月出版 / 估价：148.00元
PSN B-2015-474-1/1

文化传媒类 皮书系列 2018全品种

非物质文化遗产蓝皮书
中国非物质文化遗产发展报告（2018）
著（编）：陈平　　2018年5月出版／估价：128.00元
PSN B-2015-469-1/2

非物质文化遗产蓝皮书
中国非物质文化遗产保护发展报告（2018）
著（编）：宋俊华　　2018年10月出版／估价：128.00元
PSN B-2016-586-2/2

广电蓝皮书
中国广播电影电视发展报告（2018）
著（编）：国家新闻出版广电总局发展研究中心
2018年7月出版／估价：99.00元
PSN B-2006-072-1/1

广告主蓝皮书
中国广告主营销传播趋势报告No.9
著（编）：黄升民　杜国清　邵华冬　等
2018年10月出版／估价：158.00元
PSN B-2005-041-1/1

国际传播蓝皮书
中国国际传播发展报告（2018）
著（编）：胡正荣　李继东　姬德强
2018年12月出版／估价：99.00元
PSN B-2014-408-1/1

国家形象蓝皮书
中国国家形象传播报告（2017）
著（编）：张昆　　2018年3月出版／估价：128.00元
PSN B-2017-605-1/1

互联网治理蓝皮书
中国网络社会治理研究报告（2018）
著（编）：罗昕　支庭荣
2018年9月出版／估价：118.00元
PSN B-2017-653-1/1

纪录片蓝皮书
中国纪录片发展报告（2018）
著（编）：何苏六　　2018年10月出版／估价：99.00元
PSN B-2011-222-1/1

科学传播蓝皮书
中国科学传播报告（2016~2017）
著（编）：詹正茂　　2018年6月出版／估价：99.00元
PSN B-2008-120-1/1

两岸创意经济蓝皮书
两岸创意经济研究报告（2018）
著（编）：罗昌智　董泽平
2018年10月出版／估价：99.00元
PSN B-2014-437-1/1

媒介与女性蓝皮书
中国媒介与女性发展报告（2017~2018）
著（编）：刘利群　　2018年5月出版／估价：99.00元
PSN B-2013-345-1/1

媒体融合蓝皮书
中国媒体融合发展报告（2017）
著（编）：梅宁华　支庭荣　2018年1月出版／估价：99.00元
PSN B-2015-479-1/1

全球传媒蓝皮书
全球传媒发展报告（2017~2018）
著（编）者：胡正荣　李继东　2018年6月出版／估价：99.00元
PSN B-2012-237-1/1

少数民族非遗蓝皮书
中国少数民族非物质文化遗产发展报告（2018）
著（编）者：肖远平（彝）　柴立（满）
2018年10月出版／估价：118.00元
PSN B-2015-467-1/1

视听新媒体蓝皮书
中国视听新媒体发展报告（2018）
著（编）者：国家新闻出版广电总局发展研究中心
2018年7月出版／估价：118.00元
PSN B-2011-184-1/1

数字娱乐产业蓝皮书
中国动画产业发展报告（2018）
著（编）者：孙立军　孙平　牛兴侦
2018年10月出版／估价：99.00元
PSN B-2011-198-1/2

数字娱乐产业蓝皮书
中国游戏产业发展报告（2018）
著（编）者：孙立军　刘跃军
2018年10月出版／估价：99.00元
PSN B-2017-662-2/2

文化创新蓝皮书
中国文化创新报告（2017·No.8）
著（编）者：傅才武　　2018年4月出版／估价：99.00元
PSN B-2009-143-1/1

文化建设蓝皮书
中国文化发展报告（2018）
著（编）者：江畅　孙伟平　戴茂堂
2018年5月出版／估价：99.00元
PSN B-2014-392-1/1

文化科技蓝皮书
文化科技创新发展报告（2018）
著（编）者：于平　丁凤亮　2018年10月出版／估价：99.00元
PSN B-2013-342-1/1

文化蓝皮书
中国公共文化服务发展报告（2017~2018）
著（编）者：刘新成　张永新　张旭
2018年12月出版／估价：99.00元
PSN B-2007-093-2/10

文化蓝皮书
中国少数民族文化发展报告（2017~2018）
著（编）者：武翠英　张晓明　任乌晶
2018年9月出版／估价：99.00元
PSN B-2013-369-9/10

文化蓝皮书
中国文化产业供需协调检测报告（2018）
著（编）者：王亚南　　2018年2月出版／估价：99.00元
PSN B-2013-323-8/10

皮书系列 2018全品种

文化传媒类 · 地方发展类-经济

文化蓝皮书
中国文化消费需求景气评价报告（2018）
著（编）者：王亚南　2018年2月出版／估价：99.00元
PSN B-2011-236-4/10

文化蓝皮书
中国公共文化投入增长测评报告（2018）
著（编）者：王亚南　2018年2月出版／估价：99.00元
PSN B-2014-435-10/10

文化品牌蓝皮书
中国文化品牌发展报告（2018）
著（编）者：欧阳友权　2018年5月出版／估价：99.00元
PSN B-2012-277-1/1

文化遗产蓝皮书
中国文化遗产事业发展报告（2017~2018）
著（编）者：苏杨　张颖岚　卓杰　白海峰　陈晨　陈叙图
2018年8月出版／估价：99.00元
PSN B-2008-119-1/1

文学蓝皮书
中国文情报告（2017~2018）
著（编）者：白烨　2018年5月出版／估价：99.00元
PSN B-2011-221-1/1

新媒体蓝皮书
中国新媒体发展报告No.9（2018）
著（编）者：唐绪军　2018年7月出版／估价：99.00元
PSN B-2010-169-1/1

新媒体社会责任蓝皮书
中国新媒体社会责任研究报告（2018）
著（编）者：钟瑛　2018年12月出版／估价：99.00元
PSN B-2014-423-1/1

移动互联网蓝皮书
中国移动互联网发展报告（2018）
著（编）者：余清楚　2018年6月出版／估价：99.00元
PSN B-2012-282-1/1

影视蓝皮书
中国影视产业发展报告（2018）
著（编）者：司若　陈鹏　陈锐　2018年4月出版／估价：99.00元
PSN B-2016-529-1/1

舆情蓝皮书
中国社会舆情与危机管理报告（2018）
著（编）者：谢耘耕　2018年9月出版／估价：138.00元
PSN B-2011-235-1/1

地方发展类-经济

澳门蓝皮书
澳门经济社会发展报告（2017~2018）
著（编）者：吴志良　郝雨凡　2018年7月出版／估价：99.00元
PSN B-2009-138-1/1

澳门绿皮书
澳门旅游休闲发展报告（2017~2018）
著（编）者：郝雨凡　林广志　2018年5月出版／估价：99.00元
PSN G-2017-617-1/1

北京蓝皮书
北京经济发展报告（2017~2018）
著（编）者：杨松　2018年6月出版／估价：99.00元
PSN B-2006-054-2/8

北京旅游绿皮书
北京旅游发展报告（2018）
著（编）者：北京旅游学会
2018年7月出版／估价：99.00元
PSN G-2012-301-1/1

北京体育蓝皮书
北京体育产业发展报告（2017~2018）
著（编）者：钟秉枢　陈杰　杨铁黎
2018年9月出版／估价：99.00元
PSN B-2015-475-1/1

滨海金融蓝皮书
滨海新区金融发展报告（2017）
著（编）者：王爱俭　李向前　2018年4月出版／估价：99.00元
PSN B-2014-424-1/1

城乡一体化蓝皮书
北京城乡一体化发展报告（2017~2018）
著（编）者：吴宝新　张宝秀　黄序
2018年5月出版／估价：99.00元
PSN B-2012-258-2/2

非公有制企业社会责任蓝皮书
北京非公有制企业社会责任报告（2018）
著（编）者：宋贵伦　冯培　2018年6月出版／估价：99.00元
PSN B-2017-613-1/1

福建旅游蓝皮书
福建省旅游产业发展现状研究（2017~2018）
著（编）者：陈敏华　黄远水
2018年12月出版／估价：128.00元
PSN B-2016-591-1/1

福建自贸区蓝皮书
中国（福建）自由贸易试验区发展报告(2017~2018)
著（编）者：黄茂兴　2018年4月出版／估价：118.00元
PSN B-2016-531-1/1

甘肃蓝皮书
甘肃经济发展分析与预测（2018）
著（编）者：安文华　罗哲　2018年1月出版／估价：99.00元
PSN B-2013-312-1/6

甘肃蓝皮书
甘肃商贸流通发展报告（2018）
著（编）者：张应华　王福生　王晓芳
2018年1月出版／估价：99.00元
PSN B-2016-522-6/6

地方发展类-经济

甘肃蓝皮书
甘肃县域和农村发展报告（2018）
著(编)者：朱智文　包东红　王建兵
2018年1月出版 / 估价：99.00元
PSN B-2013-316-5/6

甘肃农业科技绿皮书
甘肃农业科技发展研究报告（2018）
著(编)者：魏胜文　乔德华　张东伟
2018年12月出版 / 估价：198.00元
PSN B-2016-592-1/1

巩义蓝皮书
巩义经济社会发展报告（2018）
著(编)者：丁同民　朱军　2018年4月出版 / 估价：99.00元
PSN B-2016-532-1/1

广东外经贸蓝皮书
广东对外经济贸易发展研究报告（2017~2018）
著(编)者：陈万灵　2018年6月出版 / 估价：99.00元
PSN B-2012-286-1/1

广西北部湾经济区蓝皮书
广西北部湾经济区开放开发报告（2017~2018）
著(编)者：广西壮族自治区北部湾经济区和东盟开放合作办公室
　　　　广西社会科学院
　　　　广西北部湾发展研究院
2018年2月出版 / 估价：99.00元
PSN B-2010-181-1/1

广州蓝皮书
广州城市国际化发展报告（2018）
著(编)者：张跃国　2018年8月出版 / 估价：99.00元
PSN B-2012-246-11/14

广州蓝皮书
中国广州城市建设与管理发展报告（2018）
著(编)者：张其学　陈小钢　王宏伟　2018年8月出版 / 估价：99.00元
PSN B-2007-087-4/14

广州蓝皮书
广州创新型城市发展报告（2018）
著(编)者：尹涛　2018年6月出版 / 估价：99.00元
PSN B-2012-247-12/14

广州蓝皮书
广州经济发展报告（2018）
著(编)者：张跃国　尹涛　2018年7月出版 / 估价：99.00元
PSN B-2005-040-1/14

广州蓝皮书
2018年中国广州经济形势分析与预测
著(编)者：魏明海　谢博能　李华
2018年6月出版 / 估价：99.00元
PSN B-2011-185-9/14

广州蓝皮书
中国广州科技创新发展报告（2018）
著(编)者：于欣伟　陈爽　邓佑满　2018年8月出版 / 估价：99.00元
PSN B-2006-065-2/14

广州蓝皮书
广州农村发展报告（2018）
著(编)者：朱名宏　2018年7月出版 / 估价：99.00元
PSN B-2010-167-8/14

广州蓝皮书
广州汽车产业发展报告（2018）
著(编)者：杨再高　冯兴亚　2018年7月出版 / 估价：99.00元
PSN B-2006-066-3/14

广州蓝皮书
广州商贸业发展报告（2018）
著(编)者：张跃国　陈杰　荀振英
2018年7月出版 / 估价：99.00元
PSN B-2012-245-10/14

贵阳蓝皮书
贵阳城市创新发展报告No.3（白云篇）
著(编)者：连玉明　2018年5月出版 / 估价：99.00元
PSN B-2015-491-3/10

贵阳蓝皮书
贵阳城市创新发展报告No.3（观山湖篇）
著(编)者：连玉明　2018年5月出版 / 估价：99.00元
PSN B-2015-497-9/10

贵阳蓝皮书
贵阳城市创新发展报告No.3（花溪篇）
著(编)者：连玉明　2018年5月出版 / 估价：99.00元
PSN B-2015-490-2/10

贵阳蓝皮书
贵阳城市创新发展报告No.3（开阳篇）
著(编)者：连玉明　2018年5月出版 / 估价：99.00元
PSN B-2015-492-4/10

贵阳蓝皮书
贵阳城市创新发展报告No.3（南明篇）
著(编)者：连玉明　2018年5月出版 / 估价：99.00元
PSN B-2015-496-8/10

贵阳蓝皮书
贵阳城市创新发展报告No.3（清镇篇）
著(编)者：连玉明　2018年5月出版 / 估价：99.00元
PSN B-2015-489-1/10

贵阳蓝皮书
贵阳城市创新发展报告No.3（乌当篇）
著(编)者：连玉明　2018年5月出版 / 估价：99.00元
PSN B-2015-495-7/10

贵阳蓝皮书
贵阳城市创新发展报告No.3（息烽篇）
著(编)者：连玉明　2018年5月出版 / 估价：99.00元
PSN B-2015-493-5/10

贵阳蓝皮书
贵阳城市创新发展报告No.3（修文篇）
著(编)者：连玉明　2018年5月出版 / 估价：99.00元
PSN B-2015-494-6/10

贵阳蓝皮书
贵阳城市创新发展报告No.3（云岩篇）
著(编)者：连玉明　2018年5月出版 / 估价：99.00元
PSN B-2015-498-10/10

贵州房地产蓝皮书
贵州房地产发展报告No.5（2018）
著(编)者：武廷方　2018年7月出版 / 估价：99.00元
PSN B-2014-426-1/1

贵州蓝皮书
贵州册亨经济社会发展报告（2018）
著（编）者：黄德林　　2018年3月出版 / 估价：99.00元
PSN B-2016-525-8/9

贵州蓝皮书
贵州地理标志产业发展报告（2018）
著（编）者：李发耀　黄其松　　2018年8月出版 / 估价：99.00元
PSN B-2017-646-10/10

贵州蓝皮书
贵安新区发展报告（2017~2018）
著（编）者：马长青　吴大华　　2018年6月出版 / 估价：99.00元
PSN B-2015-459-4/10

贵州蓝皮书
贵州国家级开放创新平台发展报告（2017~2018）
著（编）者：申晓庆　吴大华　季泓
2018年11月出版 / 估价：99.00元
PSN B-2016-518-7/10

贵州蓝皮书
贵州国有企业社会责任发展报告（2017~2018）
著（编）者：郭丽　　2018年12月出版 / 估价：99.00元
PSN B-2015-511-6/10

贵州蓝皮书
贵州民航业发展报告（2017）
著（编）者：申振东　吴大华　　2018年1月出版 / 估价：99.00元
PSN B-2015-471-5/10

贵州蓝皮书
贵州民营经济发展报告（2017）
著（编）者：杨静　吴大华　　2018年3月出版 / 估价：99.00元
PSN B-2016-530-9/9

杭州都市圈蓝皮书
杭州都市圈发展报告（2018）
著（编）者：沈翔　威建敏　　2018年5月出版 / 估价：128.00元
PSN B-2012-302-1/1

河北经济蓝皮书
河北省经济发展报告（2018）
著（编）者：马树强　金浩　张贵　　2018年4月出版 / 估价：99.00元
PSN B-2014-380-1/1

河北蓝皮书
河北经济社会发展报告（2018）
著（编）者：康振海　　2018年1月出版 / 估价：99.00元
PSN B-2014-372-1/3

河北蓝皮书
京津冀协同发展报告（2018）
著（编）者：陈璐　　2018年1月出版 / 估价：99.00元
PSN B-2017-601-2/3

河南经济蓝皮书
2018年河南经济形势分析与预测
著（编）者：王世炎　　2018年3月出版 / 估价：99.00元
PSN B-2007-086-1/1

河南蓝皮书
河南城市发展报告（2018）
著（编）者：张占仓　王建国　　2018年5月出版 / 估价：99.00元
PSN B-2009-131-3/9

河南蓝皮书
河南工业发展报告（2018）
著（编）者：张占仓　　2018年5月出版 / 估价：99.00元
PSN B-2013-317-5/9

河南蓝皮书
河南金融发展报告（2018）
著（编）者：喻新安　谷建全
2018年6月出版 / 估价：99.00元
PSN B-2014-390-7/9

河南蓝皮书
河南经济发展报告（2018）
著（编）者：张占仓　完世伟
2018年4月出版 / 估价：99.00元
PSN B-2010-157-4/9

河南蓝皮书
河南能源发展报告（2018）
著（编）者：国网河南省电力公司经济技术研究院
　　　　　河南省社会科学院
2018年3月出版 / 估价：99.00元
PSN B-2017-607-9/9

河南商务蓝皮书
河南商务发展报告（2018）
著（编）者：焦锦淼　穆荣国　　2018年5月出版 / 估价：99.00元
PSN B-2014-399-1/1

河南双创蓝皮书
河南创新创业发展报告（2018）
著（编）者：喻新安　杨雪梅　　2018年8月出版 / 估价：99.00元
PSN B-2017-641-1/1

黑龙江蓝皮书
黑龙江经济发展报告（2018）
著（编）者：朱宇　　2018年1月出版 / 估价：99.00元
PSN B-2011-190-2/2

湖南城市蓝皮书
区域城市群整合
著（编）者：童中贤　韩未名　　2018年12月出版 / 估价：99.00元
PSN B-2006-064-1/1

湖南蓝皮书
湖南城乡一体化发展报告（2018）
著（编）者：陈文胜　王文强　陆福兴
2018年8月出版 / 估价：99.00元
PSN B-2015-477-8/8

湖南蓝皮书
2018年湖南电子政务发展报告
著（编）者：梁志峰　　2018年5月出版 / 估价：128.00元
PSN B-2014-394-6/8

湖南蓝皮书
2018年湖南经济发展报告
著（编）者：卞鹰　　2018年5月出版 / 估价：128.00元
PSN B-2011-207-2/8

湖南蓝皮书
2016年湖南经济展望
著（编）者：梁志峰　　2018年5月出版 / 估价：128.00元
PSN B-2011-206-1/8

地方发展类-经济

湖南蓝皮书
2018年湖南县域经济社会发展报告
著(编)者：柴志峰　2018年5月出版 / 估价：128.00元
PSN B-2014-395-7/8

湖南县域绿皮书
湖南县域发展报告（No.5）
著(编)者：袁准　周小毛　黎仁寅
2018年3月出版 / 估价：99.00元
PSN G-2012-274-1/1

沪港蓝皮书
沪港发展报告（2018）
著(编)者：尤安山　2018年9月出版 / 估价：99.00元
PSN B-2013-362-1/1

吉林蓝皮书
2018年吉林经济社会形势分析与预测
著(编)者：邵汉明　2017年12月出版 / 估价：99.00元
PSN B-2013-319-1/1

吉林省城市竞争力蓝皮书
吉林省城市竞争力报告（2018~2019）
著(编)者：崔岳春　张磊　2018年12月出版 / 估价：99.00元
PSN B-2016-513-1/1

济源蓝皮书
济源经济社会发展报告（2018）
著(编)者：喻新安　2018年4月出版 / 估价：99.00元
PSN B-2014-387-1/1

江苏蓝皮书
2018年江苏经济发展分析与展望
著(编)者：王庆五　吴先满　2018年7月出版 / 估价：128.00元
PSN B-2017-635-1/3

江西蓝皮书
江西经济社会发展报告（2018）
著(编)者：陈石俊　龚建文　2018年10月出版 / 估价：128.00元
PSN B-2015-484-1/2

江西蓝皮书
江西设区市发展报告（2018）
著(编)者：姜玮　梁勇　2018年10月出版 / 估价：99.00元
PSN B-2016-517-2/2

经济特区蓝皮书
中国经济特区发展报告（2017）
著(编)者：陶一桃　2018年1月出版 / 估价：99.00元
PSN B-2009-139-1/1

辽宁蓝皮书
2018年辽宁经济社会形势分析与预测
著(编)者：梁启东　魏红江　2018年6月出版 / 估价：99.00元
PSN B-2006-053-1/1

民族经济蓝皮书
中国民族地区经济发展报告（2018）
著(编)者：李曦辉　2018年7月出版 / 估价：99.00元
PSN B-2017-630-1/1

南宁蓝皮书
南宁经济发展报告（2018）
著(编)者：胡建华　2018年9月出版 / 估价：99.00元
PSN B-2016-569-2/3

浦东新区蓝皮书
上海浦东经济发展报告（2018）
著(编)者：沈开艳　周奇　2018年2月出版 / 估价：99.00元
PSN B-2011-225-1/1

青海蓝皮书
2018年青海经济社会形势分析与预测
著(编)者：陈玮　2017年12月出版 / 估价：99.00元
PSN B-2012-275-1/2

山东蓝皮书
山东经济形势分析与预测（2018）
著(编)者：李广杰　2018年7月出版 / 估价：99.00元
PSN B-2014-404-1/5

山东蓝皮书
山东省普惠金融发展报告（2018）
著(编)者：齐鲁财富网
2018年9月出版 / 估价：99.00元
PSN B2017-676-5/5

山西蓝皮书
山西资源型经济转型发展报告（2018）
著(编)者：李志强　2018年7月出版 / 估价：99.00元
PSN B-2011-197-1/1

陕西蓝皮书
陕西经济发展报告（2018）
著(编)者：任宗哲　白宽犁　裴成荣
2018年1月出版 / 估价：99.00元
PSN B-2009-135-1/6

陕西蓝皮书
陕西精准脱贫研究报告（2018）
著(编)者：任宗哲　白宽犁　王建康
2018年6月出版 / 估价：99.00元
PSN B-2017-623-6/6

上海蓝皮书
上海经济发展报告（2018）
著(编)者：沈开艳
2018年2月出版 / 估价：99.00元
PSN B-2006-057-1/7

上海蓝皮书
上海资源环境发展报告（2018）
著(编)者：周冯琦　汤庆合
2018年2月出版 / 估价：99.00元
PSN B-2006-060-4/7

上饶蓝皮书
上饶发展报告（2016~2017）
著(编)者：廖其志　2018年3月出版 / 估价：128.00元
PSN B-2014-377-1/1

深圳蓝皮书
深圳经济发展报告（2018）
著(编)者：张骁儒　2018年6月出版 / 估价：99.00元
PSN B-2008-112-3/7

四川蓝皮书
四川城镇化发展报告（2018）
著(编)者：侯水平　陈炜
2018年4月出版 / 估价：99.00元
PSN B-2015-456-7/7

皮书系列 2018全品种　　地方发展类-经济 · 地方发展类-社会

四川蓝皮书
2018年四川经济形势分析与预测
著(编)者：杨钢　　2018年1月出版 / 估价：99.00元
PSN B-2007-098-2/7

四川蓝皮书
四川企业社会责任研究报告（2017～2018）
著(编)者：侯水平 盛毅　　2018年5月出版 / 估价：99.00元
PSN B-2014-386-4/7

四川蓝皮书
四川生态建设报告（2018）
著(编)者：李晟之　　2018年5月出版 / 估价：99.00元
PSN B-2015-455-6/7

体育蓝皮书
上海体育产业发展报告（2017~2018）
著(编)者：张林 黄海燕　　2018年10月出版 / 估价：99.00元
PSN B-2015-454-4/5

体育蓝皮书
长三角地区体育产业发展报告（2017～2018）
著(编)者：张林　　2018年4月出版 / 估价：99.00元
PSN B-2015-453-3/5

天津金融蓝皮书
天津金融发展报告（2018）
著(编)者：王爱俭 孔德昌　　2018年3月出版 / 估价：99.00元
PSN B-2014-418-1/1

图们江区域合作蓝皮书
图们江区域合作发展报告（2018）
著(编)者：李铁　　2018年6月出版 / 估价：99.00元
PSN B-2015-464-1/1

温州蓝皮书
2018年温州经济社会形势分析与预测
著(编)者：蒋儒标 王春光 金浩
2018年4月出版 / 估价：99.00元
PSN B-2008-105-1/1

西咸新区蓝皮书
西咸新区发展报告（2018）
著(编)者：李扬 王军
2018年6月出版 / 估价：99.00元
PSN B-2016-534-1/1

修武蓝皮书
修武经济社会发展报告（2018）
著(编)者：张占仓 袁凯声
2018年10月出版 / 估价：99.00元
PSN B-2017-651-1/1

偃师蓝皮书
偃师经济社会发展报告（2018）
著(编)者：张占仓 袁凯声 何武周
2018年7月出版 / 估价：99.00元
PSN B-2017-627-1/1

扬州蓝皮书
扬州经济社会发展报告（2018）
著(编)者：陈扬
2018年12月出版 / 估价：108.00元
PSN B-2011-191-1/1

长垣蓝皮书
长垣经济社会发展报告（2018）
著(编)者：张占仓 袁凯声 秦保建
2018年10月出版 / 估价：99.00元
PSN B-2017-654-1/1

遵义蓝皮书
遵义发展报告（2018）
著(编)者：邓彦 曾征 龚永育
2018年9月出版 / 估价：99.00元
PSN B-2014-433-1/1

地方发展类-社会

安徽蓝皮书
安徽社会发展报告（2018）
著(编)者：程桦　　2018年4月出版 / 估价：99.00元
PSN B-2013-325-1/1

安徽社会建设蓝皮书
安徽社会建设分析报告（2017～2018）
著(编)者：黄家海 蔡宪
2018年11月出版 / 估价：99.00元
PSN B-2013-322-1/1

北京蓝皮书
北京公共服务发展报告（2017～2018）
著(编)者：施昌奎　　2018年3月出版 / 估价：99.00元
PSN B-2008-103-7/8

北京蓝皮书
北京社会发展报告（2017～2018）
著(编)者：李伟东
2018年7月出版 / 估价：99.00元
PSN B-2006-055-3/8

北京蓝皮书
北京社会治理发展报告（2017～2018）
著(编)者：殷星辰　　2018年7月出版 / 估价：99.00元
PSN B-2014-391-8/8

北京律师蓝皮书
北京律师发展报告No.3（2018）
著(编)者：王隽　　2018年12月出版 / 估价：99.00元
PSN B-2011-217-1/1

地方发展类-社会

皮书系列
2018全品种

北京人才蓝皮书
北京人才发展报告（2018）
著（编）者：敏华　2018年12月出版／估价：128.00元
PSN B-2011-201-1/1

北京社会心态蓝皮书
北京社会心态分析报告（2017～2018）
著（编）者：北京市社会心理服务促进中心
2018年10月出版／估价：99.00元
PSN B-2014-422-1/1

北京社会组织管理蓝皮书
北京社会组织发展与管理（2018）
著（编）者：黄江松
2018年4月出版／估价：99.00元
PSN B-2015-446-1/1

北京养老产业蓝皮书
北京居家养老发展报告（2018）
著（编）者：陆杰华　周明明
2018年8月出版／估价：99.00元
PSN B-2015-465-1/1

法治蓝皮书
四川依法治省年度报告No.4（2018）
著（编）者：李林　杨天宗　田禾
2018年3月出版／估价：118.00元
PSN B-2015-447-2/3

福建妇女发展蓝皮书
福建省妇女发展报告（2018）
著（编）者：刘群英　2018年11月出版／估价：99.00元
PSN B-2011-220-1/1

甘肃蓝皮书
甘肃社会发展分析与预测（2018）
著（编）者：安文华　包晓霞　谢增虎
2018年1月出版／估价：99.00元
PSN B-2013-313-2/6

广东蓝皮书
广东全面深化改革研究报告（2018）
著（编）者：周林生　涂成林
2018年12月出版／估价：99.00元
PSN B-2015-504-3/3

广东蓝皮书
广东社会工作发展报告（2018）
著（编）者：罗观翠　2018年6月出版／估价：99.00元
PSN B-2014-402-2/3

广州蓝皮书
广州青年发展报告（2018）
著（编）者：徐柳　张强
2018年8月出版／估价：99.00元
PSN B-2013-352-13/14

广州蓝皮书
广州社会保障发展报告（2018）
著（编）者：张跃国　2018年8月出版／估价：99.00元
PSN B-2014-425-14/14

广州蓝皮书
2018年中国广州社会形势分析与预测
著（编）者：张强　郭志勇　何镜清
2018年6月出版／估价：99.00元
PSN B-2008-110-5/14

贵州蓝皮书
贵州法治发展报告（2018）
著（编）者：吴大华　2018年5月出版／估价：99.00元
PSN B-2012-254-2/10

贵州蓝皮书
贵州人才发展报告（2017）
著（编）者：于杰　吴大华
2018年9月出版／估价：99.00元
PSN B-2014-382-3/10

贵州蓝皮书
贵州社会发展报告（2018）
著（编）者：王兴骥　2018年4月出版／估价：99.00元
PSN B-2010-166-1/10

杭州蓝皮书
杭州妇女发展报告（2018）
著（编）者：魏颖　2018年10月出版／估价：99.00元
PSN B-2014-403-1/1

河北蓝皮书
河北法治发展报告（2018）
著（编）者：康振海　2018年6月出版／估价：99.00元
PSN B-2017-622-3/3

河北食品药品安全蓝皮书
河北食品药品安全研究报告（2018）
著（编）者：丁锦霞　2018年10月出版／估价：99.00元
PSN B-2015-473-1/1

河南蓝皮书
河南法治发展报告（2018）
著（编）者：张林海　2018年7月出版／估价：99.00元
PSN B-2014-376-6/7

河南蓝皮书
2018年河南社会形势分析与预测
著（编）者：牛苏林　2018年5月出版／估价：99.00元
PSN B-2005-043-1/9

河南民办教育蓝皮书
河南民办教育发展报告（2018）
著（编）者：胡大白　2018年9月出版／估价：99.00元
PSN B-2017-642-1/1

黑龙江蓝皮书
黑龙江社会发展报告（2018）
著（编）者：谢宝禄　2018年1月出版／估价：99.00元
PSN B-2011-189-1/2

湖南蓝皮书
2018年湖南两型社会与生态文明建设报告
著（编）者：卞鹰　2018年5月出版／估价：128.00元
PSN B-2011-208-3/8

湖南蓝皮书
2018年湖南社会发展报告
著（编）者：卞鹰　2018年5月出版／估价：128.00元
PSN B-2014-393-5/8

健康城市蓝皮书
北京健康城市建设研究报告（2018）
著（编）者：王鸿春　盛继洪　2018年9月出版／估价：99.00元
PSN B-2015-460-1/2

33

皮书系列 2018全品种　　地方发展类-社会　·　地方发展类-文化

江苏法治蓝皮书
江苏法治发展报告No.6（2017）
著(编)者：蔡道通　龚廷泰　　2018年8月出版 / 估价：99.00元
PSN B-2012-290-1/1

江苏蓝皮书
2018年江苏社会发展分析与展望
著(编)者：王庆五　刘旺洪　　2018年8月出版 / 估价：128.00元
PSN B-2017-636-2/3

南宁蓝皮书
南宁法治发展报告（2018）
著(编)者：杨维超　　2018年12月出版 / 估价：99.00元
PSN B-2015-509-1/3

南宁蓝皮书
南宁社会发展报告（2018）
著(编)者：胡建华　　2018年10月出版 / 估价：99.00元
PSN B-2016-570-3/3

内蒙古蓝皮书
内蒙古反腐倡廉建设报告 No.2
著(编)者：张志华　　2018年6月出版 / 估价：99.00元
PSN B-2013-365-1/1

青海蓝皮书
2018年青海人才发展报告
著(编)者：王宇燕　　2018年9月出版 / 估价：99.00元
PSN B-2017-650-2/2

青海生态文明建设蓝皮书
青海生态文明建设报告（2018）
著(编)者：张西明　高华　　2018年12月出版 / 估价：99.00元
PSN B-2016-595-1/1

人口与健康蓝皮书
深圳人口与健康发展报告（2018）
著(编)者：陆杰华　傅崇辉　　2018年11月出版 / 估价：99.00元
PSN B-2011-228-1/1

山东蓝皮书
山东社会形势分析与预测（2018）
著(编)者：李善峰　　2018年6月出版 / 估价：99.00元
PSN B-2014-405-2/5

陕西蓝皮书
陕西社会发展报告（2018）
著(编)者：任宗哲　白宽犁　牛昉　　2018年1月出版 / 估价：99.00元
PSN B-2009-136-2/6

上海蓝皮书
上海法治发展报告（2018）
著(编)者：叶必丰　　2018年9月出版 / 估价：99.00元
PSN B-2012-296-6/7

上海蓝皮书
上海社会发展报告（2018）
著(编)者：杨雄　周海旺　　2018年2月出版 / 估价：99.00元
PSN B-2006-058-2/7

社会建设蓝皮书
2018年北京社会建设分析报告
著(编)者：宋贵伦　冯虹　　2018年9月出版 / 估价：99.00元
PSN B-2010-173-1/1

深圳蓝皮书
深圳法治发展报告（2018）
著(编)者：张骁儒　　2018年6月出版 / 估价：99.00元
PSN B-2015-470-6/7

深圳蓝皮书
深圳劳动关系发展报告（2018）
著(编)者：汤庭芬　　2018年8月出版 / 估价：99.00元
PSN B-2007-097-2/7

深圳蓝皮书
深圳社会治理与发展报告（2018）
著(编)者：张骁儒　　2018年6月出版 / 估价：99.00元
PSN B-2008-113-4/7

生态安全绿皮书
甘肃国家生态安全屏障建设发展报告（2018）
著(编)者：刘举科　喜文华　　2018年10月出版 / 估价：99.00元
PSN G-2017-659-1/1

顺义社会建设蓝皮书
北京市顺义区社会建设发展报告（2018）
著(编)者：王学武　　2018年9月出版 / 估价：99.00元
PSN B-2017-658-1/1

四川蓝皮书
四川法治发展报告（2018）
著(编)者：郑泰安　　2018年1月出版 / 估价：99.00元
PSN B-2015-441-5/7

四川蓝皮书
四川社会发展报告（2018）
著(编)者：李羚　　2018年6月出版 / 估价：99.00元
PSN B-2008-127-3/7

云南社会治理蓝皮书
云南社会治理年度报告（2017）
著(编)者：晏雄　韩全芳　　2018年5月出版 / 估价：99.00元
PSN B-2017-667-1/1

地方发展类-文化

北京传媒蓝皮书
北京新闻出版广电发展报告（2017~2018）
著(编)者：王志　　2018年11月出版 / 估价：99.00元
PSN B-2016-588-1/1

北京蓝皮书
北京文化发展报告（2017~2018）
著(编)者：李建盛　　2018年5月出版 / 估价：99.00元
PSN B-2007-082-4/8

地方发展类-文化 | 皮书系列 2018全品种

创意城市蓝皮书
北京文化创意产业发展报告（2018）
著（编）者：郭万超 张京成　2018年12月出版 / 估价：99.00元
PSN B-2012-263-1/7

创意城市蓝皮书
天津文化创意产业发展报告（2017~2018）
著（编）者：谢思全　2018年6月出版 / 估价：99.00元
PSN B-2016-536-7/7

创意城市蓝皮书
武汉文化创意产业发展报告（2018）
著（编）者：黄永林 陈汉桥　2018年12月出版 / 估价：99.00元
PSN B-2013-354-4/7

创意上海蓝皮书
上海文化创意产业发展报告（2017~2018）
著（编）者：王慧敏 王兴全　2018年8月出版 / 估价：99.00元
PSN B-2016-561-1/1

非物质文化遗产蓝皮书
广州市非物质文化遗产保护发展报告（2018）
著（编）者：宋俊华　2018年12月出版 / 估价：99.00元
PSN B-2016-589-1/1

甘肃蓝皮书
甘肃文化发展分析与预测（2018）
著（编）者：王俊莲 周小华　2018年1月出版 / 估价：99.00元
PSN B-2013-314-3/6

甘肃蓝皮书
甘肃舆情分析与预测（2018）
著（编）者：陈双梅 张谦元　2018年1月出版 / 估价：99.00元
PSN B-2013-315-4/6

广州蓝皮书
中国广州文化发展报告（2018）
著（编）者：屈哨兵 陆志强　2018年6月出版 / 估价：99.00元
PSN B-2009-134-7/14

广州蓝皮书
广州文化创意产业发展报告（2018）
著（编）者：徐咏虹　2018年7月出版 / 估价：99.00元
PSN B-2008-111-6/14

海淀蓝皮书
海淀区文化和科技融合发展报告（2018）
著（编）者：陈名杰 孟景伟　2018年5月出版 / 估价：99.00元
PSN B-2013-329-1/1

河南蓝皮书
河南文化发展报告（2018）
著（编）者：卫绍生　2018年7月出版 / 估价：99.00元
PSN B-2008-106-2/9

湖北文化产业蓝皮书
湖北省文化产业发展报告（2018）
著（编）者：黄晓华　2018年9月出版 / 估价：99.00元
PSN B-2017-656-1/1

湖北文化蓝皮书
湖北文化发展报告（2017~2018）
著（编）者：湖北大学高等人文研究院
　　　　　　中华文化发展湖北省协同创新中心
2018年10月出版 / 估价：99.00元
PSN B-2016-566-1/1

江苏蓝皮书
2018年江苏文化发展分析与展望
著（编）者：王庆五 樊和平　2018年9月出版 / 估价：128.00元
PSN B-2017-637-3/3

江西文化蓝皮书
江西非物质文化遗产发展报告（2018）
著（编）者：张圣才 傅安平　2018年12月出版 / 估价：128.00元
PSN B-2015-499-1/1

洛阳蓝皮书
洛阳文化发展报告（2018）
著（编）者：刘福兴 陈启明　2018年7月出版 / 估价：99.00元
PSN B-2015-476-1/1

南京蓝皮书
南京文化发展报告（2018）
著（编）者：中共南京市委宣传部
2018年12月出版 / 估价：99.00元
PSN B-2014-439-1/1

宁波文化蓝皮书
宁波"一人一艺"全民艺术普及发展报告（2017）
著（编）者：张爱琴　2018年11月出版 / 估价：128.00元
PSN B-2017-668-1/1

山东蓝皮书
山东文化发展报告（2018）
著（编）者：涂可国　2018年5月出版 / 估价：99.00元
PSN B-2014-406-3/5

陕西蓝皮书
陕西文化发展报告（2018）
著（编）者：任宗哲 白宽犁 王长寿
2018年1月出版 / 估价：99.00元
PSN B-2009-137-3/6

上海蓝皮书
上海传媒发展报告（2018）
著（编）者：强荧 焦雨虹　2018年2月出版 / 估价：99.00元
PSN B-2012-295-5/7

上海蓝皮书
上海文学发展报告（2018）
著（编）者：陈圣来　2018年6月出版 / 估价：99.00元
PSN B-2012-297-7/7

上海蓝皮书
上海文化发展报告（2018）
著（编）者：荣跃明　2018年2月出版 / 估价：99.00元
PSN B-2006-059-3/7

深圳蓝皮书
深圳文化发展报告（2018）
著（编）者：张骁儒　2018年7月出版 / 估价：99.00元
PSN B-2016-554-7/7

四川蓝皮书
四川文化产业发展报告（2018）
著（编）者：向宝云 张立伟　2018年4月出版 / 估价：99.00元
PSN B-2006-074-1/7

郑州蓝皮书
2018年郑州文化发展报告
著（编）者：王哲　2018年9月出版 / 估价：99.00元
PSN B-2008-107-1/1

社会科学文献出版社　　　　　　　　　　　**皮书系列**

❖ 皮书起源 ❖

"皮书"起源于十七、十八世纪的英国,主要指官方或社会组织正式发表的重要文件或报告,多以"白皮书"命名。在中国,"皮书"这一概念被社会广泛接受,并被成功运作、发展成为一种全新的出版形态,则源于中国社会科学院社会科学文献出版社。

❖ 皮书定义 ❖

皮书是对中国与世界发展状况和热点问题进行年度监测,以专业的角度、专家的视野和实证研究方法,针对某一领域或区域现状与发展态势展开分析和预测,具备原创性、实证性、专业性、连续性、前沿性、时效性等特点的公开出版物,由一系列权威研究报告组成。

❖ 皮书作者 ❖

皮书系列的作者以中国社会科学院、著名高校、地方社会科学院的研究人员为主,多为国内一流研究机构的权威专家学者,他们的看法和观点代表了学界对中国与世界的现实和未来最高水平的解读与分析。

❖ 皮书荣誉 ❖

皮书系列已成为社会科学文献出版社的著名图书品牌和中国社会科学院的知名学术品牌。2016年,皮书系列正式列入"十三五"国家重点出版规划项目;2013~2018年,重点皮书列入中国社会科学院承担的国家哲学社会科学创新工程项目;2018年,59种院外皮书使用"中国社会科学院创新工程学术出版项目"标识。

中国皮书网

（网址：www.pishu.cn）

发布皮书研创资讯，传播皮书精彩内容
引领皮书出版潮流，打造皮书服务平台

栏目设置

关于皮书：何谓皮书、皮书分类、皮书大事记、皮书荣誉、
皮书出版第一人、皮书编辑部

最新资讯：通知公告、新闻动态、媒体聚焦、网站专题、视频直播、下载专区

皮书研创：皮书规范、皮书选题、皮书出版、皮书研究、研创团队

皮书评奖评价：指标体系、皮书评价、皮书评奖

互动专区：皮书说、社科数托邦、皮书微博、留言板

所获荣誉

2008年、2011年，中国皮书网均在全国新闻出版业网站荣誉评选中获得"最具商业价值网站"称号；

2012年，获得"出版业网站百强"称号。

网库合一

2014年，中国皮书网与皮书数据库端口合一，实现资源共享。

权威报告·一手数据·特色资源

皮书数据库
ANNUAL REPORT(YEARBOOK) DATABASE

当代中国经济与社会发展高端智库平台

所获荣誉

- 2016年,入选"'十三五'国家重点电子出版物出版规划骨干工程"
- 2015年,荣获"搜索中国正能量 点赞2015""创新中国科技创新奖"
- 2013年,荣获"中国出版政府奖·网络出版物奖"提名奖
- 连续多年荣获中国数字出版博览会"数字出版·优秀品牌"奖

成为会员

通过网址www.pishu.com.cn或使用手机扫描二维码进入皮书数据库网站,进行手机号码验证或邮箱验证即可成为皮书数据库会员(建议通过手机号码快速验证注册)。

会员福利

- 使用手机号码首次注册的会员,账号自动充值100元体验金,可直接购买和查看数据库内容(仅限使用手机号码快速注册)。
- 已注册用户购书后可免费获赠100元皮书数据库充值卡。刮开充值卡涂层获取充值密码,登录并进入"会员中心"—"在线充值"—"充值卡充值",充值成功后即可购买和查看数据库内容。

数据库服务热线:400-008-6695
数据库服务QQ:2475522410
数据库服务邮箱:database@ssap.cn
图书销售热线:010-59367070/7028
图书服务QQ:1265056568
图书服务邮箱:duzhe@ssap.cn

更多信息请登录

皮书数据库
http://www.pishu.com.cn

中国皮书网
http://www.pishu.cn

皮书微博
http://weibo.com/pishu

皮书微信"皮书说"

请到当当、亚马逊、京东或各地书店购买，也可办理邮购

咨询 / 邮购电话：010-59367028　59367070
邮　　箱：duzhe@ssap.cn
邮购地址：北京市西城区北三环中路甲29号院3号楼
　　　　　华龙大厦13层读者服务中心
邮　　编：100029
银行户名：社会科学文献出版社
开户银行：中国工商银行北京北太平庄支行
账　　号：0200010019200365434